税收学

SHUISHOUXUE

主编 蔡昌 李为人

高等学校财政税务系列教材

中国教育出版传媒集团

高等教育出版社·北京

内容提要

本书为高等学校财政税务系列教材,参考税务硕士研究生考试大纲编写。

本书分为税收原理、中国税制实务与税收征管、国际与前沿税收理论三篇,主要内容包括:税收与税法概述、税收原则、税收经济效应与最优税收理论、税制结构理论、宏观税负理论与税负转嫁理论、税收成本理论、税权划分与税收法治理论、产权税收理论、税收信用理论、货劳税理论与政策、所得税理论与政策、财产和行为税理论与政策、环境保护税和资源税理论与政策、税收征收管理和税务行政法治理论与政策、国际税收理论与政策和税收前沿理论与政策。

本书专设"中国智慧"专栏,介绍税收理论在中国的发展以及税收制度在中国的实践,分享中国实践、中国道路、中国理论。本书习题多为历年税务硕士考研真题,简述题与论述题多为税务硕士面试真题。

本书既可作为税收学、财政学等相关本科专业教学用书,也可作为税务研究生相关课程的教学用书。

图书在版编目(CIP)数据

税收学 / 蔡昌,李为人主编. —北京:高等教育出版社,2023.1
ISBN 978 - 7 - 04 - 059655 - 7

Ⅰ.①税… Ⅱ.①蔡… ②李… Ⅲ.①国家税收—中国 Ⅳ.①F812.42

中国国家版本馆 CIP 数据核字(2023)第 007839 号

策划编辑 金 越	责任编辑 金 越	封面设计 张文豪	责任印制 高忠富

出版发行	高等教育出版社	网　　址	http://www.hep.edu.cn
社　　址	北京市西城区德外大街4号		http://www.hep.com.cn
邮政编码	100120	网上订购	http://www.hepmall.com.
印　　刷	上海当纳利印刷有限公司		http://www.hepmall.com
开　　本	787mm×1092mm　1/16		http://www.hepmall.cn
印　　张	22.75		
字　　数	539 千字	版　　次	2023 年 1 月第 1 版
购书热线	010-58581118	印　　次	2023 年 1 月第 1 次印刷
咨询电话	400-810-0598	定　　价	48.00 元

本书如有缺页、倒页、脱页等质量问题,请到所购图书销售部门联系调换

教师教学资源服务指南

教师可扫描下方二维码，关注微信公众号"高教财经教学研究"，免费申请课件和样书、下载试卷、观看师资培训课程和直播录像、浏览教材样章等。

课件申请

点击导航栏中的"教学服务"，点击子菜单中的"资源下载"，注册登录后即可免费申请课件。

样书申请

点击导航栏中的"教学服务"，点击子菜单中的"免费样书"，填写相关信息即可免费申请样书。

试卷下载

点击导航栏中的"教学服务"，点击子菜单中的"免费试卷"，填写相关信息即可免费下载试卷，试卷涵盖基础会计学、中级财务会计、审计学、税法等多门课程。

教师培训

点击导航栏中的"教师培训"，点击子菜单中的"培训课程"，即可选择相应课程进行学习：
①点击"培训专栏"可以观看教师培训课程，由名师分享财会类课程的教学重点、难点及经验。
②点击"直播回放"可以回看"名师谈教学与科研直播讲堂"的直播录像。

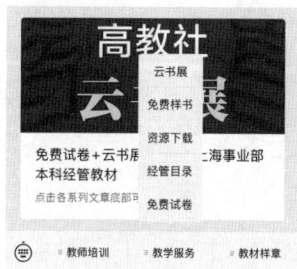

前　言

自从税收诞生以来,人类社会既离不开税收,又对税收怀有一种复杂的情愫。一方面,人类社会离不开税收,国防、公共安全、公共设施、社会秩序、环境保护、教科文卫、社会保障等公共产品,需要由税收提供资金来源;另一方面,税收作为一种对私人财产的强制性课征,直接减少了纳税人的可支配收入,因而没有人愿意交税。税收的历史和国家一样久远,它伴随着人类文明的足迹一路走来,是文明演进的一个重要组成部分,与人类文明社会进步相辅相成。

随着经济社会的发展,国家的职能和政府的行为不断拓展,增大了对税收收入的需求;与此同时,人们对税收的调控功能的期望值也在不断提高,从资源配置到国民收入分配、从产业发展到环境治理、从经济稳定到社会发展,无一不渗透着税收调控的作用。尤其最近十几年来,随着互联网、大数据技术的飞速发展,税收的透明度日益提高,纳税人的权利意识不断觉醒,社会各界对税收负担和税收公平的关注不断提升。面对纷繁复杂的税收现象及其影响因素,掌握正确的税收学理论及其分析方法,是解读各项税收政策和税收数据,正确辨识、理解和评判税收对经济社会的深刻影响的基础,是破解一切税收问题的根源。

本书致力于梳理、构建一整套解释、评判税收现象,解读税收政策及其经济调控手段的系统化税收学理论体系,旨在培养学生掌握现代社会条件下的税收学理论范式、研究方法以及对待税收问题的思维方式。本书主要有以下特点:

(1) 在具体内容安排上,本书着重于税收基本理论的阐释。本书先介绍税收原则、税收经济效应等基本理论知识,在此基础上进一步讨论最优税收理论、税制结构理论、宏观税负理论、税负转嫁理论、税收成本理论、税权划分理论、税收法治理论、产权税收理论、税收信用理论等,对税收学的多个层面、多个维度进行理论概括与总结。此外,本书还特别重视货劳税、所得税、财产和行为税等税类理论与政策,以及税收征管与税收救济理论与政策的介绍。

(2) 在阐述重点内容时,本书特别注意与“财政学”“中国税制”“税收管理”“税收筹划”“国际税收”等课程的紧密衔接,既避免不同课程内容上的重复,又兼顾其间的联系。

(3) 本书力求突出新时代税收治理在国家治理中的作用和地位,对国际税收与前沿税收理论与政策加大阐释力度,从区块链、人工智能税收应用前沿,共享经济、数字经济税收治理前沿等角度研究新经济、新技术的税收治理原理与实践应用。

(4) 本书加强了对习近平新时代中国特色社会主义经济思想的研究阐释,深入总结提炼了改革开放以来我国税制改革的成功经验、税收理论体系的创新、经济数字化的国际税收挑战的认真应对,进一步揭示了税收的本质特点和发展规律,为税收改革发展提供前瞻性理论指导。

本书主要供高等院校税务、财政、会计、工商管理、金融学等相关经济管理类本科生使用,也可供相关专业硕士研究生、博士研究生学习使用。本书亦适用于财政、税务、会计、金融等领域的社会从业者,帮助其构建税收学知识框架、提高其税收应用技能。教师在使用本书授课时,可根据教学对象在税收理论与政策、税收学理论前沿等方面有所侧重。

本书由蔡昌(中央财经大学)、李为人(中国社会科学院大学)任主编,负责大纲设计与总纂定稿。林高怡(广东外语外贸大学)、李梦娟(河北大学)、李劲微(香港科技大学)、曹晓敏(中央财经大学)等参与本书编写工作,中国社会科学院大学 2020 级税务硕士高爽、于露、郁慧琳、赵梦媛、浙江财经大学 2021 级税务硕士胡淑慧、陈珂亦、刘金子、罗贤臻等也参与书稿修改工作。

限于编者水平和时间,书中疏漏在所难免,希望广大读者不吝指正,以便再版提高。

编 者
2023 年 1 月

目　录

第一篇　税收原理

第一章　税收与税法概述 ··· 2

　　本章要点 ··· 2

　　案例导入 ··· 2

　　第一节　税收的概念与本质 ··· 2

　　第二节　税收法律体系 ··· 5

　　第三节　税收基本原则 ··· 9

　　第四节　税收法理 ··· 11

　　本章小结 ··· 14

　　复习思考题 ··· 14

第二章　税收原则 ··· 17

　　本章要点 ··· 17

　　案例导入 ··· 17

　　第一节　古代的治税思想和税收原则 ··· 17

　　第二节　近现代的税收原则 ··· 20

　　第三节　当代税收原则 ··· 23

　　本章小结 ··· 27

　　复习思考题 ··· 27

第三章　税收经济效应与最优税收理论 ··· 29

　　本章要点 ··· 29

　　案例导入 ··· 29

　　第一节　税收的微观经济效应 ··· 30

　　第二节　税收的宏观经济效应 ··· 33

　　第三节　最优税收理论的原则 ··· 38

　　第四节　最优商品税 ··· 38

第五节　最优所得税 ………………………………………………………… 41
第六节　直接税与间接税的最优均衡 ……………………………………… 43
本章小结 ……………………………………………………………………… 45
复习思考题 …………………………………………………………………… 46

第四章　税制结构理论 ………………………………………………………… 51
本章要点 ……………………………………………………………………… 51
案例导入 ……………………………………………………………………… 51
第一节　税制结构概述 ……………………………………………………… 52
第二节　影响税制结构的因素 ……………………………………………… 56
第三节　经济转型时期中国税制结构的选择 ……………………………… 58
本章小结 ……………………………………………………………………… 60
复习思考题 …………………………………………………………………… 61

第五章　宏观税负理论与税负转嫁理论 …………………………………… 63
本章要点 ……………………………………………………………………… 63
案例导入 ……………………………………………………………………… 63
第一节　税收负担水平的测算与衡量 ……………………………………… 63
第二节　最优宏观税负理论 ………………………………………………… 68
第三节　我国宏观税收负担的比较和评价 ………………………………… 71
第四节　微观税收负担及其转嫁与归宿 …………………………………… 74
第五节　税负转嫁与归宿的局部均衡分析 ………………………………… 80
第六节　税负转嫁与归宿的一般均衡分析 ………………………………… 82
本章小结 ……………………………………………………………………… 85
复习思考题 …………………………………………………………………… 86

第六章　税收成本理论 ………………………………………………………… 89
本章要点 ……………………………………………………………………… 89
案例导入 ……………………………………………………………………… 89
第一节　税收成本的衡量 …………………………………………………… 89
第二节　税收成本管理 ……………………………………………………… 93
本章小结 ……………………………………………………………………… 99
复习思考题 …………………………………………………………………… 99

第七章　税权划分与税收法治理论 ………………………………………… 100
本章要点 ……………………………………………………………………… 100
案例导入 ……………………………………………………………………… 100
第一节　税权划分的概念、内容及理论依据 ……………………………… 100
第二节　税权划分的模式 …………………………………………………… 102

第三节　我国现行税权划分框架及改进思路 ································· 104

第四节　我国税收法治 ·· 109

本章小结 ··· 116

复习思考题 ·· 116

第八章　产权税收理论 ·· 120

本章要点 ··· 120

案例导入 ··· 120

第一节　产权与所有制 ·· 121

第二节　产权税收理论的思想渊源 ·· 124

第三节　产权税收基本理论 ·· 127

本章小结 ··· 132

复习思考题 ·· 132

第九章　税收信用理论 ·· 134

本章要点 ··· 134

案例导入 ··· 134

第一节　税收信用理论的基本内容 ·· 135

第二节　法人纳税信用体系建设 ·· 137

第三节　自然人纳税信用体系构建 ·· 142

第四节　数字经济背景下的税收信用体系建设 ································ 144

复习思考题 ·· 146

第二篇　中国税制实务与税收征管

第十章　货劳税理论与政策 ·· 150

本章要点 ··· 150

案例导入 ··· 150

第一节　货劳税理论 ·· 150

第二节　增值税 ·· 152

第三节　消费税 ·· 156

第四节　关税 ·· 160

本章小结 ··· 163

复习思考题 ·· 164

第十一章　所得税理论与政策 ·· 171

本章要点 ··· 171

案例导入 ··· 171

第一节　所得税理论 ·· 172

第二节　企业所得税 ⋯⋯⋯⋯⋯⋯⋯⋯⋯⋯⋯⋯⋯⋯⋯⋯⋯⋯⋯⋯⋯⋯⋯⋯⋯⋯⋯⋯⋯ 175
第三节　个人所得税 ⋯⋯⋯⋯⋯⋯⋯⋯⋯⋯⋯⋯⋯⋯⋯⋯⋯⋯⋯⋯⋯⋯⋯⋯⋯⋯⋯⋯⋯ 181
本章小结 ⋯⋯⋯⋯⋯⋯⋯⋯⋯⋯⋯⋯⋯⋯⋯⋯⋯⋯⋯⋯⋯⋯⋯⋯⋯⋯⋯⋯⋯⋯⋯⋯⋯⋯⋯ 189
复习思考题 ⋯⋯⋯⋯⋯⋯⋯⋯⋯⋯⋯⋯⋯⋯⋯⋯⋯⋯⋯⋯⋯⋯⋯⋯⋯⋯⋯⋯⋯⋯⋯⋯⋯⋯ 190

第十二章　财产和行为税理论与政策 ⋯⋯⋯⋯⋯⋯⋯⋯⋯⋯⋯⋯⋯⋯⋯⋯⋯⋯⋯⋯ 197
本章要点 ⋯⋯⋯⋯⋯⋯⋯⋯⋯⋯⋯⋯⋯⋯⋯⋯⋯⋯⋯⋯⋯⋯⋯⋯⋯⋯⋯⋯⋯⋯⋯⋯⋯⋯⋯ 197
案例导入 ⋯⋯⋯⋯⋯⋯⋯⋯⋯⋯⋯⋯⋯⋯⋯⋯⋯⋯⋯⋯⋯⋯⋯⋯⋯⋯⋯⋯⋯⋯⋯⋯⋯⋯⋯ 197
第一节　财产税理论 ⋯⋯⋯⋯⋯⋯⋯⋯⋯⋯⋯⋯⋯⋯⋯⋯⋯⋯⋯⋯⋯⋯⋯⋯⋯⋯⋯⋯⋯ 197
第二节　财产税 ⋯⋯⋯⋯⋯⋯⋯⋯⋯⋯⋯⋯⋯⋯⋯⋯⋯⋯⋯⋯⋯⋯⋯⋯⋯⋯⋯⋯⋯⋯⋯ 201
第三节　行为税 ⋯⋯⋯⋯⋯⋯⋯⋯⋯⋯⋯⋯⋯⋯⋯⋯⋯⋯⋯⋯⋯⋯⋯⋯⋯⋯⋯⋯⋯⋯⋯ 213
本章小结 ⋯⋯⋯⋯⋯⋯⋯⋯⋯⋯⋯⋯⋯⋯⋯⋯⋯⋯⋯⋯⋯⋯⋯⋯⋯⋯⋯⋯⋯⋯⋯⋯⋯⋯⋯ 232
复习思考题 ⋯⋯⋯⋯⋯⋯⋯⋯⋯⋯⋯⋯⋯⋯⋯⋯⋯⋯⋯⋯⋯⋯⋯⋯⋯⋯⋯⋯⋯⋯⋯⋯⋯⋯ 233

第十三章　环境保护税和资源税理论与政策 ⋯⋯⋯⋯⋯⋯⋯⋯⋯⋯⋯⋯⋯⋯⋯⋯ 239
本章要点 ⋯⋯⋯⋯⋯⋯⋯⋯⋯⋯⋯⋯⋯⋯⋯⋯⋯⋯⋯⋯⋯⋯⋯⋯⋯⋯⋯⋯⋯⋯⋯⋯⋯⋯⋯ 239
案例导入 ⋯⋯⋯⋯⋯⋯⋯⋯⋯⋯⋯⋯⋯⋯⋯⋯⋯⋯⋯⋯⋯⋯⋯⋯⋯⋯⋯⋯⋯⋯⋯⋯⋯⋯⋯ 239
第一节　环境保护税理论 ⋯⋯⋯⋯⋯⋯⋯⋯⋯⋯⋯⋯⋯⋯⋯⋯⋯⋯⋯⋯⋯⋯⋯⋯⋯⋯ 240
第二节　环境保护税 ⋯⋯⋯⋯⋯⋯⋯⋯⋯⋯⋯⋯⋯⋯⋯⋯⋯⋯⋯⋯⋯⋯⋯⋯⋯⋯⋯⋯⋯ 242
第三节　资源税 ⋯⋯⋯⋯⋯⋯⋯⋯⋯⋯⋯⋯⋯⋯⋯⋯⋯⋯⋯⋯⋯⋯⋯⋯⋯⋯⋯⋯⋯⋯⋯ 249
本章小结 ⋯⋯⋯⋯⋯⋯⋯⋯⋯⋯⋯⋯⋯⋯⋯⋯⋯⋯⋯⋯⋯⋯⋯⋯⋯⋯⋯⋯⋯⋯⋯⋯⋯⋯⋯ 256
复习思考题 ⋯⋯⋯⋯⋯⋯⋯⋯⋯⋯⋯⋯⋯⋯⋯⋯⋯⋯⋯⋯⋯⋯⋯⋯⋯⋯⋯⋯⋯⋯⋯⋯⋯⋯ 257

第十四章　税收征收管理和税务行政法治理论与政策 ⋯⋯⋯⋯⋯⋯⋯⋯⋯⋯ 265
本章要点 ⋯⋯⋯⋯⋯⋯⋯⋯⋯⋯⋯⋯⋯⋯⋯⋯⋯⋯⋯⋯⋯⋯⋯⋯⋯⋯⋯⋯⋯⋯⋯⋯⋯⋯⋯ 265
案例导入 ⋯⋯⋯⋯⋯⋯⋯⋯⋯⋯⋯⋯⋯⋯⋯⋯⋯⋯⋯⋯⋯⋯⋯⋯⋯⋯⋯⋯⋯⋯⋯⋯⋯⋯⋯ 265
第一节　税收征收管理制度 ⋯⋯⋯⋯⋯⋯⋯⋯⋯⋯⋯⋯⋯⋯⋯⋯⋯⋯⋯⋯⋯⋯⋯⋯⋯ 265
第二节　税收争议与税收救济 ⋯⋯⋯⋯⋯⋯⋯⋯⋯⋯⋯⋯⋯⋯⋯⋯⋯⋯⋯⋯⋯⋯⋯ 270
第三节　税务行政复议制度 ⋯⋯⋯⋯⋯⋯⋯⋯⋯⋯⋯⋯⋯⋯⋯⋯⋯⋯⋯⋯⋯⋯⋯⋯⋯ 271
第四节　税务行政诉讼制度 ⋯⋯⋯⋯⋯⋯⋯⋯⋯⋯⋯⋯⋯⋯⋯⋯⋯⋯⋯⋯⋯⋯⋯⋯⋯ 274
第五节　税务行政赔偿制度 ⋯⋯⋯⋯⋯⋯⋯⋯⋯⋯⋯⋯⋯⋯⋯⋯⋯⋯⋯⋯⋯⋯⋯⋯⋯ 276
本章小结 ⋯⋯⋯⋯⋯⋯⋯⋯⋯⋯⋯⋯⋯⋯⋯⋯⋯⋯⋯⋯⋯⋯⋯⋯⋯⋯⋯⋯⋯⋯⋯⋯⋯⋯⋯ 279
复习思考题 ⋯⋯⋯⋯⋯⋯⋯⋯⋯⋯⋯⋯⋯⋯⋯⋯⋯⋯⋯⋯⋯⋯⋯⋯⋯⋯⋯⋯⋯⋯⋯⋯⋯⋯ 280

第三篇　国际与前沿税收理论

第十五章　国际税收理论与政策 ⋯⋯⋯⋯⋯⋯⋯⋯⋯⋯⋯⋯⋯⋯⋯⋯⋯⋯⋯⋯⋯⋯ 284
本章要点 ⋯⋯⋯⋯⋯⋯⋯⋯⋯⋯⋯⋯⋯⋯⋯⋯⋯⋯⋯⋯⋯⋯⋯⋯⋯⋯⋯⋯⋯⋯⋯⋯⋯⋯⋯ 284
案例导入 ⋯⋯⋯⋯⋯⋯⋯⋯⋯⋯⋯⋯⋯⋯⋯⋯⋯⋯⋯⋯⋯⋯⋯⋯⋯⋯⋯⋯⋯⋯⋯⋯⋯⋯⋯ 284

第一节　国际税收协定 ·· 285

第二节　"一带一路"倡议下的国际税收合作 ··························· 287

第三节　BEPS、CRS 与国际反避税 ··· 289

本章小结 ·· 295

复习思考题 ·· 295

第十六章　税收前沿理论与政策 ··· 300

本章要点 ·· 300

案例导入 ·· 300

第一节　区块链税收应用前沿 ··· 301

第二节　人工智能税收应用前沿 ·· 312

第三节　共享经济税收治理应用前沿 ·· 318

第四节　数字经济税收治理应用前沿 ·· 328

第五节　大数据技术税收信用管理应用前沿 ······························ 339

本章小结 ·· 342

复习思考题 ·· 343

参考文献 ·· 350

拓展阅读目录

关于税收本质的争议 ·· 5

何时设置税收基本法？ ··· 6

税收法定原则的起源 ·· 9

后"营改增"时期如何实现增值税的税收中性？ ············· 26

最优税收理论的产生和发展 ··· 38

最优税收理论的发展趋势 ·· 38

最优税收理论与世界性税制改革 ··································· 45

税制结构的发展演变 ·· 52

OECD 国家的税种设置 ··· 54

十九至二十世纪各国税制结构变化及税制结构影响因素 ··· 56

改革开放以来我国税制改革进程 ··································· 58

RTS 法的具体测算步骤 ·· 74

税收成本理论的发展和完善 ··· 92

我国分税制改革历史进程 ·· 104

中国税收法治之路 ·· 111

产权结构与税收模式的演进路径 ··································· 126

中国产权制度及其变迁 ··· 132

我国大数据在税收领域的应用背景 ································ 145

增值税的产生与发展 ·· 152

特朗普减税改革 ··· 174

我国企业所得税的发展历程 ··· 176

企业所得税的发展趋势 ··· 181

我国企业所得税的改革方向 ··· 181

个人所得税的发展趋势 ··· 189

我国个人所得税的改革方向 ··· 189

环境保护税的最新发展 ·································· 249

资源税沿革 ··· 249

资源税从价计征改革的相关规定 ······················ 254

资源税的改革方向 ····································· 256

税收救济的发展趋势 ·································· 279

区块链技术税收应用研究现状 ························· 301

区块链技术推进税收征管创新的挑战与建议 ··········· 312

基于人工智能技术的智慧税务场景构建 ··············· 318

DIYIPIAN

SHUISHOU YUANLI

第一篇
税收原理

第一章　税收与税法概述

本 章 要 点

1. 税收的概念与本质
2. 税收法律体系
3. 我国现行税制体系
4. 税收基本原则
5. 税收权力

案 例 导 入

曹操开征租调税

建安九年,曹操颁布租调制,明令规定:田租(税)按亩征收,每亩土地每年纳租谷四升;户调按户征收,每户纳绢二匹、绵二斤。同时,租调制还规定,各地要严加检查,不许豪强地主漏缴田租、户调。租调制的实施使战乱后的社会经济得到了恢复和发展,并为后来隋唐实行租庸调制奠定了基础。

曹操颁布租调制后,带头守法,"以己率下,每岁发调",向国家缴纳赋税,还大力支持地方官员依法征税,打击违法的豪强地主,并重用严于执法的官员。曹洪自恃曹操的堂弟,居功自傲,公然支持他在长社县的宾客拒不缴纳田租、户调,阻止租调制的实行。长社县令杨沛依法办事,果断把那些违法不缴税的宾客"收而治之"。曹洪闻讯后,急忙找曹操请求惩处杨沛。杨沛毫不畏惧,依法诛杀了抗税不缴的宾客。曹操听说此事后,反而表扬了杨沛,还重用杨沛为京兆尹。

思考:根据上述案例,请评价曹操在税收制度建设方面的历史贡献,并从税制演变视角进行评价。

第一节　税收的概念与本质

税收的历史与国家的历史一样久远,税收是政府取得财政收入的最佳、最有效的形式。数千年前的古希腊、古罗马和古埃及就已存在税收。中国五千年的文明史,从来都是和税收紧密联系在一起的。

税收是民众不可逃避的责任。唐代诗人杜荀鹤关于赋税的名句"任是深山更深处,也应无计避征徭"流传至今。英文中的税收一词"tax",来自拉丁文"taxo",是必须忍受、必须负担的意思。英美很早就有"只有死亡和纳税是逃脱不了的"之类的名言。可以说,税收是与人类的文明史相伴随的。

一、税收的概念

税收是国家凭借其政治权力,强制、无偿地征收货币或实物以取得财政收入的一种工具,从本质上说是一种政府理财行为。

马克思说,国家存在的经济体现就是捐税。捐税体现着表现在经济上的国家存在,官吏和僧侣、士兵和女舞蹈家、教师和警察、希腊式的博物馆和哥特式的尖塔、王室费用和官阶表这一切童话般的存在物于胚胎时期就已安睡在一个共同的种子——捐税之中了。列宁说,所谓税赋,就是国家不付任何报酬而向居民取得东西。税收在国家政治、经济生活中起着越来越重要的作用。

从公共产品理论角度分析,税收是公共产品的价格。布坎南认为税收是个人为支付由政府通过集体筹资所提供的商品与劳务的价格。应该说,税收是公共产品的价格。我们之所以能享受政府的公共产品,是因为我们作为纳税人支付了税收。综上所述,税收本质上是政府与纳税人之间的一种利益交换关系。

从法学角度分析,税收是以法的形式存在的。法律上,税收的概念是指作为法律上的权利与义务主体的纳税者(公民),以自己的给付使用于宪法规定的各项权利为前提,并在此范围内,依照遵从宪法制定的税法为依据,承担的物质性给付义务。

【中国智慧】

"税"字的左边是禾木旁,右边是一个"兑"。从"税"字构成来看,税最早是和农业联系在一起的——"税"的探源性解释为:税取之于民,民以禾为兑。从历史发展来看,我国最早出现的确实是农业税。从夏代开始就有"任土作贡",即按土地的好坏分等级征税。《孟子》中有这样的记载:"夏后氏五十而贡,殷人七十而助,周人百亩而彻,其实皆什一也。"这里的"贡""助""彻"都是比较原始的土地税征收形式。"五十""七十""百亩"均是计算征税土地的数量单位,而"其实皆什一也"则是说征收率均为1/10的定率税。

商代的井田制在历史上非常有名。《孟子》载:"方里而井,井九百亩,其中为公田。八家皆私百亩,同养成公田,公事毕,然后敢治私事。"这段话讲的就是井田制的基本模式,即在一块方形的土地上按照"井"字形把土地平分为九份,最中间的一份是公田,其余八份是私田。公田由耕种私田的农户共同耕种。井田制九份土地中只有中间一份土地的收入用来缴税,因此当时农业税的税率相当于九分之一,这在古代也是相当高的。

二、税收的本质

(一) 税收是社会再生产中的一个分配范畴

(1) 社会再生产由生产、流通、分配、消费、服务等环节组成,分配是在人与人之间划分社会产品占有和支配权的一个环节。税收是社会产品分配体系中一种十分重要的分配形式。

(2) 社会总产品从物质形态上可划分为必要产品和剩余产品两部分,从价值形态上可划分为 $C^{①}+V^{②}$ 和 $M^{③}$ 两部分。必要产品或 $C+V$ 是用于社会简单再生产的补偿部分,一般不能用于社会范围内的集中分配。**剩余产品或 M 是可用于社会扩大再生产的积累部分,是税收分配的主要对象或根本源泉。**

(3) 税收总体上是在社会产品初分配基础上的再分配。

(4) 税收分配由两个相互关联但性质不同的过程构成:① 部分社会剩余产品从纳税人手中向国家的单向转移和集中过程;② 国家与纳税人及相关主体之间在社会生活中的身份地位及相互关系的变化和再生产过程。前者体现人与物的关系,后者体现人与人的关系。人与物的关系是最基础的关系,人与人的关系则是更深层、更复杂的关系。

(5) 税收是一个分配范畴,是从微观经济角度对税收本质属性的一种概括,但从宏观经济角度来看,税收本质又可概括为与提供社会再生产正常循环周转的外部条件紧密相连的社会公共费用,或纳税人为享受社会公共产品和公共服务而向提供方支付的一种报酬或对价。

(二) 税收是以国家为主体的特殊分配范畴

税收不仅与经济基础有紧密的内在联系,也与上层建筑有紧密的内在联系。具体表现在:

(1) 税收是阶级社会的产物,是伴随着国家的产生而产生的。

(2) 税收是维护国家机器正常运转、支持其实现社会公共职能的最重要的物质手段。

(3) 国家是税收分配的唯一主体。任何单位和个人未经国家授权,都不能代表国家以筹集社会公用经费为名向微观经济主体征税。

(4) 税收分配以国家的政治权力为依托。政治权力是国家拥有的对社会生活进行调节、控制、监督、引导和服务的一种特权和能力,它以社会公共权力为基础,以法律法规和政府各职能部门的立法、执法和司法权力为具体表现形式,是保证税收分配过程顺利进行、分配目标圆满实现的坚实后盾。

(5) 税收分配的根本目的是满足社会公共需要。社会公共需要的社会经济表现一般是公民对生产和生活的一般外部条件的需要或对社会公共产品和服务的需要,而其政治表现则是国家履行其公共事务职能的物质需要。税收为国家筹集必要的财政收入,并适当发挥经济调节作用,其实质作用就是支持政府履行公共事务职能从而向公民提供优质高效的公共产品和公共服务。

(6) 税收分配在现象形态上表现为国家和纳税人之间的征纳关系,即国家处于权利主体的地位,纳税人处于义务主体的地位,征纳双方的权利和义务是不对等的,国家与纳税人之间不存在市场经济内部的等价交换关系。从税法是公民意志的集中体现和税收分

---

① C 即商品生产过程中所消耗的生产资料转移价值,由物化劳动创造。
② V 即工资,是劳动者为自己创造的价值。
③ M 即剩余价值或盈利,是劳动者为社会创造的价值。

配归根到底是为社会公共需要服务来看,在民主法治社会,国家与纳税人在税收分配活动中的权利和义务又是对等的,国家必须依法向公民提供优质高效的社会公共产品和公共服务,维护公民的私人财产权及其他合法权益,公民必须依法履行纳税义务,为享受社会公共产品和服务而承担必要的补偿费用。从这个意义上,**税法也可理解为国家与纳税人之间就公共产品和公共服务的生产和消费问题达成的具有普遍约束力的社会契约。**

（三）税收是一个历史范畴

人类社会产生以来,已经经历了奴隶社会、封建社会、资本主义社会和社会主义社会等多个不同的社会形态,每个社会形态下的税收都有不同于其他社会形态下税收的性质和特点,这就是税收的社会特殊性。税收是以国家为主体的社会产品分配形式,这是从其共性本质而言的,但不同国家有不同的政治经济体制和社会管理模式,不同社会形态又有不同的阶级构成和生产力发展状况,因而不同社会形态的社会公共需要不仅在具体内容上而且在实现形式上都存在明显的差异,现实生活中的税收都是公共性与阶级性的有机统一体。因此,对税收本质问题的研究不能只强调其共性的一面而忽视或抹杀其特殊性的一面,或只强调其特殊性的一面而忽视或抹杀其共性的一面。否则,就会得出资本主义社会的税收是税收,社会主义社会的税收不是税收或者社会主义的税收是真正意义上的税收,资本主义社会以前的税收都是剥削的手段的错误结论。

拓展阅读

关于税收本质的争议

第二节 税收法律体系

一、税收法律体系的构成

税收法律体系是由众多的法律、法规和规章相互联系、构成的一个系统性税法体系。税收法律体系有狭义和广义之分。

狭义的税收法律体系是指在宪法的框架内制定的、对税款征收与税收管理进行规范的税收实体法和程序法的总称。

广义的税收法律体系包括宪法的涉税条款、税收基本法、税收实体法和程序法、税收行政法规与规章,以及与税收有密切关系的其他法律五个层次。这里重点对广义的税收法律体系的前三个层次进行介绍。

（一）宪法中的涉税条款

宪法是一国的根本法律,对该国的社会制度、国家制度、国家机构、公民的基本权利和义务进行规定,在该国的法律体系中具有最高的权威和最大的效力。只有**在宪法中加入涉税条款**,才能**从根本上规范国家征税权**,并进一步对**税收基本制度、税收立法权、税权分配进行规范,防止国家征税权的过度膨胀,在国家征税权和公民财产权之间实现平衡。**

在现代法治国家中,宪法的涉税条款主要包括三方面内容:

(1) 确认税收法定原则,规定税收征纳双方的规范必须依据立法机关的法律。

(2) 明确各级立法机关的税权划分,主要是中央与地方各级立法机关之间税收立法权的划分。

（3）以禁止性条款防止行政权力的扩张和滥用,保证重要税收的立法权由立法机关行使。

（二）税收基本法

税收基本法也称税法通则,是对各类税收中的共性问题进行规范的法律,对各单行税收实体法和税收程序法起统领、约束、指导、协调作用。除宪法的涉税条款之外,税收基本法在税法体系中具有**最高法律地位和法律效力**,其他所有税收法律法规均不得与其相抵触。

拓展阅读

何时设置税收基本法?

【中国智慧】

　　并非所有国家都在税法体系中设置税收基本法,目前中国就没有设置税收基本法。

　　思考:查阅资料,分析中国目前为何没有设置税收基本法,以后是否需要设置税收基本法。

（三）税收实体法和程序法

税收实体法和程序法是对专门税收事项进行规范的法律,二者的区别在于功能不同。

税收实体法是规定各税种的征收对象、征收范围、税目、税率、纳税地点等课税要素的法律,如《中华人民共和国企业所得税法》《中华人民共和国环境保护税法》。

税收程序法是为保证税收实体法的实施,对税务管理进行规范的法律,如《中华人民共和国税收征收管理法》。

二、我国的税收法律级次

我国现行税法的法律级次如下:

（1）全国人民代表大会及其常务委员会制定的税收法律,如《企业所得税法》《个人所得税法》《车船税法》《环境保护税法》《税收征收管理法》。

（2）全国人民代表大会或其常务委员会授权立法制定的税收法规,如国务院经授权立法制定的《增值税暂行条例》《消费税暂行条例》《土地增值税暂行条例》。

（3）国务院制定的税收行政法规,如国务院制定并颁布的《税收征收管理法实施细则》《企业所得税法实施条例》。

（4）地方人民代表大会及其常务委员会制定的税收地方性法规。

（5）国务院税务主管部门制定的税收部门规章,如财政部颁发的《增值税暂行条例实施细则》、国家税务总局颁发的《税务代理试行办法》。

（6）地方政府制定的税收地方规章,如《上海市城市维护建设税实施细则》《重庆市个人住房房产税征收管理实施细则》等。

三、我国现行税收法律体系

（一）我国现行税收实体法体系

我国自1994年进行市场化的税制改革以来,基本形成以货劳税、所得税为主体的税收法律体系(见图1-1)。现行税收实体法体系中共有18个税种,分别由税务机关和海关负责征收。

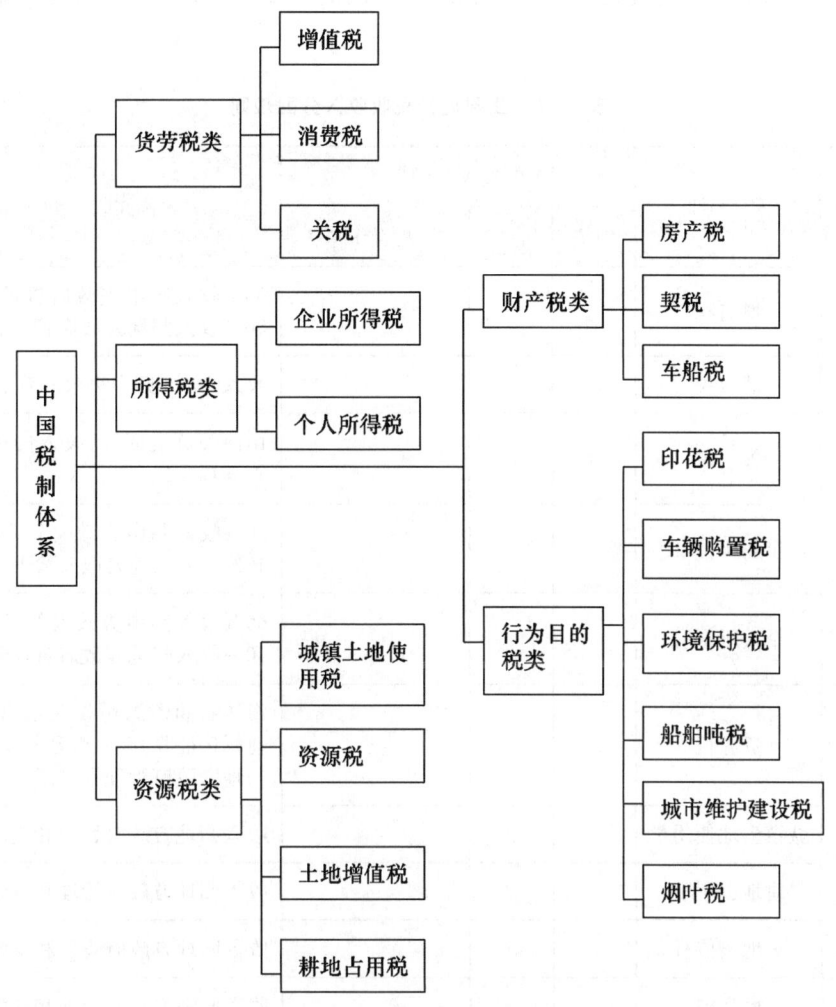

图1-1 我国现行税收法律体系

(1) 由税务机关负责征收的税种有:增值税、消费税、资源税、企业所得税、个人所得税、土地增值税、城镇土地使用税、房产税、城市维护建设税、车船税、车辆购置税、印花税、耕地占用税、环境保护税、契税、烟叶税等16种。

(2) 由海关机关负责征收的税种有:关税、船舶吨税等2种。

(二)我国现行税收程序法体系

我国对税收征收管理适用的法律制度是按照税收管理机关的不同而分别规定的:由税务机关负责征收16种税的征收管理,按照全国人民代表大会及其常务委员会发布实施的《税收征收管理法》执行;由海关机关负责征收2种税的征收管理,按照《中华人民共和国海关法》(简称《海关法》)及《中华人民共和国进出口关税条例》(简称《进出口关税条例》)等有关规定执行。

四、我国现行税收收入分配规则

目前,我国不同税种税收收入在中央和地方之间的分配不同,具体分配规则如表 1-1 所示。

表 1-1 我国现行税收收入分配规则

税类	税种	税收收入归属			税收收入分配
		中央	地方	中央地方共享	
货劳税	增值税			√	50%收入归中央政府管理和支配,50%收入归地方政府管理和支配
	消费税	√			收入 100%归中央政府管理和支配
	关税	√			由海关负责征管,收入归中央政府管理和支配
所得税	企业所得税			√	60%收入归中央政府管理和支配,40%收入归地方政府管理和支配
	个人所得税			√	60%收入归中央政府管理和支配,40%收入归地方政府管理和支配
资源税	资源税			√	海洋石油资源税收入划归中央(目前暂停征收)政府管理和支配,其他归地方政府管理和支配
	城镇土地使用税		√		收入归地方政府管理和支配
	耕地占用税		√		收入归地方政府管理和支配
	土地增值税		√		收入归地方政府管理和支配
财产税	房产税		√		收入归地方政府管理和支配
	契税		√		收入归地方政府管理和支配
	车船税		√		收入归地方政府管理和支配
行为目的税	印花税			√	证券交易印花税收入自 2016 年 1 月 1 日起归中央政府管理和支配,其他印花税收入归地方政府管理和支配
	城市维护建设税			√	铁路总公司、各银行总行、各保险总公司集中缴纳的部分归中央政府管理和支配,其余部分归地方政府管理和支配
	车辆购置税	√			收入归中央政府管理和支配

税　类	税　种	税收收入归属			税收收入分配
		中央	地方	中央地方共享	
行为 目的税	环境保护税		✓		收入归地方政府管理和支配
	烟叶税		✓		收入归地方政府管理和支配
	船舶吨税	✓			由海关代为征收,收入归中央财政 管理和支配

第三节　税收基本原则

一、税收法定原则

税收法定原则是税收领域最为重要的基本原则或称最高法律原则。该原则的基本含义可以表述为:**税法主体及其权利和义务必须由法律加以确定,税法的各类构成要素皆必须且只能由法律予以明确规定,没有法律依据,任何主体不得征税,国民也不得被要求缴纳税款。**其实质在于对国家的权力加以限制,即要求国家征税权的行使须得到全国人民通过其代表机关以制定有关法律的方式表示同意,一切税的课征须以国家立法机关制定颁布的法律为根据。

税收法定原则是民主原则和法治原则等现代宪法原则在税法上的表现,对于保障人权、维护国家利益和社会公益举足轻重、不可或缺。只有按照税收法定原则建立起来的税法和税法体系,经过代表全民意志的立法机关立法,才能保证贯彻税收的公平原则和税收的实质征税原则。

税收法定原则可以概括为课税要素法定原则、课税要素明确原则和课税程序合法原则三个原则。

(1) **课税要素法定原则**要求课税要素必须且只能由议会在法律中加以规定,无法律规定,政府无权向私人征税。课税要素法定原则与刑法上的罪刑法定原则的法理是一致的,凡涉及可能不利于国民或加重其负担的规范,均应严格由代表民意的议会来制定,而不应由政府决定。

(2) **课税要素明确原则**是指在税法体系中,凡构成课税要素和税收征收程序的法律规定,必须尽量明确且不出现歧义、不出现矛盾,在基本内容上不出现漏空,以保证执法机关能够准确地执行税法。

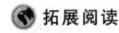

(3) **课税程序合法原则**是指税务机关作为税收债权人及国家的代表,在课税要素充分满足的条件下,应以法律所赋予的一切必要手段,依法确定有效地履行其职责。

税收法定原则的起源

二、税法适用原则

税法适用原则是在税法的解释、税收的征纳等具体适用税法的过程中应遵循的准则。

税法适用原则主要有实质课税原则、诚信原则、法律不溯及既往原则、上位法优于下位法原则、特别法优于一般法原则。

（一）实质课税原则

实质课税原则是指政府对纳税人审查征税要件要从实质上去审查，要看纳税人实际负担能力，而不能仅根据其外观和形式确定是否应予课税。进行税收法律解释时，必须考虑国民思想、税法目的、经济意义，以及上述诸多因素的相互关系。

实质课税原则，或称经济观察法，是税法适用的重要原则，也是弥补税法疏漏的重要方法，具有普遍性和特殊性。普遍性，是指在广义的税法解释方面具有重要意义，并且为各国（地区）税法所规定。特殊性，是指不得违背税收法定原则，在特定的适用范围内进行。在存在税收规避、虚伪行为等情况时，适用实质课税原则对有效征税有重要作用。

依据实质课税原则，课税的具体对象如果仅在名义上归属某主体而在事实上归属其他主体，则应以实质的归属人为纳税人并适用税法；另外，在计税标准上也不应拘于税法上关于所得、财产、收益等各类课税对象名称或形式的规定，而应按其实质内容适用税法。

（二）诚信原则

诚信原则是公法与私法共通的一般法律原则，同样适用于税收法律关系。**诚信原则要求征纳双方在履行各自的义务时，都应讲信用，诚实地履行义务。**诚信原则的本质由三个层面构成：一是道德心理层面；二是法律规范层面；三是客观事实层面。诚信原则是一项以道德为内核而具有法律强制力的行为规范。从诚信原则的法律规范性特征来看，诚信原则是以法的形式表达了命令性规范。从诚信原则的道德规范性特征来看，诚信原则在内容上要求当事人在进行民商活动时善意真诚、恪守诺言、不欺不诈、讲究公平合理。

诚信原则的适用有利于保护当事人的信赖利益，是对税收法定原则形式上适用的补充。诚信原则作为一般性法律条款，其在内涵和外延上都具有不确定性，为了贯彻诚信原则，在税法领域必须建立征税主体与纳税人之间平等的税收征纳关系的诚信观，并建立良好的诚信纳税、依法治税的客观信用环境。

（三）法律不溯及既往原则

在税收领域，法律不溯及既往原则为许多国家所坚持，其出发点在于**维护税法的稳定性和可预测性，使纳税人能在知道纳税结果的前提下做出相应的经济决策，这样税收的调节作用才会有效。**

法律不溯及既往原则要求**新颁布实施的税收实体法仅对其生效后发生的应税事实或经济关系产生效力，**而不能对其生效之前所发生的应税事实或经济关系溯及课税，这是对纳税主体的实体权利的保障。

法律不溯及既往原则在税法上往往表现为"**实体从旧，程序从新**"原则，其含义包括两个方面：

（1）实体法不具备溯及力，新税法与旧税法的界限仍是新税法的实施日期，在此之前发生的纳税义务，当时有效的旧税法仍具支配力。

（2）程序法在特定条件下具备一定的溯及力，即对于一笔新税法公布实施以前发生的税收债务在新税法公布实施以后进入税款征收程序的，原则上新税法具有约束力。**此原则的适用仅限于一笔税收涉及税收债务的发生与征收跨越程序性的新税法与旧税法交**

替时期的特殊情况,而不是说新的程序税法普遍具有溯及力。

（四）上位法优于下位法原则

上位法优于下位法原则的基本含义为法律的效力高于行政立法的效力,即当位阶低的税法与位阶高的税法发生冲突时,位阶低的法应当服从位阶高的法。该原则在税法中的作用主要体现在处理不同位阶税法的关系上。宪法的效力优于税收法律的效力,税收法律的效力优于税收行政法规的效力,税收行政法规的效力优于税收行政规章的效力。

（五）特别法优于一般法原则

特别法优于一般法原则的含义是对同一事项两部法律分别定有一般和特别规定时,特别规定的效力高于一般规定的效力。凡是特别法中作出规定的,即排斥一般法的适用。特别法优于一般法原则的功能主要在于处理税法稳定性与灵活性的关系,避免效力上的冲突。当对某些税收问题需要重新做出特殊规定,但又不便于普遍修订税法时,即可通过特别法的形式予以规范。

第四节 税 收 法 理

一、税收权力

（一）税收立法权

税收立法是整个税收活动的起点。税收立法一般是指有关立法的国家机关依照其职权范围通过一定程序制定(包括修订和废止)税收法律规范的活动,包括对税收法律、法规、规章和规范性文件的制定、修订、解释或废止。从权力的构成来看,税收立法权又可进一步划分为税法制定权、审议权、表决权、批准权和公布权。

1. 税收立法权的行使机关

依据税收法定原则,税收立法权理应由国家权力机关行使,但在现实中,国家权力机关也会通过一定的授权将税收立法权部分地交由国家行政机关行使。因此,行政机关也具有一定的税收立法权,可以制定某些税收行政法规、规章和规范性文件。国家权力机关和行政部门制定的税法在税收法律层次上有区别,国家权力机关制定的税法在效力上要高于行政机关制定的税法。行政机关具有立法权,往往会造成行政机关权力的过度膨胀。因此,税收法定原则需要规范税收立法主体,对行政机关的立法权进行约束与控制。

2. 税收立法权在各级国家机关中的划分

税收立法权需要在中央和地方之间进行合理划分。由于各国政府集权程度不同,税收立法权在中央和地方之间的划分也有差别。实行彻底分级财政管理体制的联邦制国家,一级政府一级预算,各级政府的财政相对独立,地方政府拥有相对独立的立法权。实行中央集权的国家,即使实行分级财政管理体制,税收立法权也多集中于中央,地方只拥有极少的立法权。中央和地方的税权划分应该遵循宪政原则,坚持中央统一领导下的适度放权,既要维护国家法制的完整统一,又要调动中央、地方两个积极性。

实践中,税收立法权宜划归中央的税种有:① 与宏观经济稳定密切相关的税种;

② 与公平收入分配密切相关的税种；③ 与资源流动性密切相关的税种；④ 辖区间税基分布不均匀的税种和容易导致辖区间税负输出的税种。

赋予地方税收立法权，应坚持以下基本原则：① 地方税收立法要以宪法和有关税收法律、法规为依据，不得与中央立法相抵触；② 地方自行决定开征的地方税，不得侵蚀中央税和共享税的税基，影响中央收入；③ 地方税收立法必须符合国家经济目标，不得破坏全国统一的市场；④ 税收立法权只能授予享有地方性法规、规章制定权的特定机关，具体指省、自治区、直辖市和省、自治区政府所在地的市及国务院批准的较大的市的人大和人民政府，未经中央许可，税收立法权不能层层下放。

（二）税收征收管理权

税收征收管理权是指依据税收法律对税收进行征收并对税务工作进行管理的权力，包括税收征收权与税收管理权。税收征收权涵盖了税收的开征、停征以及减税、免税、退税、补税。税收管理权涵盖了对税务登记、账簿管理和纳税申报等的管理。**税收征收管理权属于税务机关**。税收征收管理权的划分应坚持经济效率与行政效率两个基本原则。税收的经济效率原则是指税收的征收应尽量减少对资源有效配置的干扰，不扭曲市场机制的正常运行。税收的行政效率原则是指为使社会资源得到更加有效的配置，应当以最小的税收成本取得最大的税收收入。

从税收的经济效率原则出发，影响范围覆盖全国的中央税和共享税由中央税务机关征收，影响范围具有地域性的地方税由地方税务机关征收。考虑到税收的行政效率，部分税种由中央税务机关之外的部门（海关、财政部门）代征；地方税务机关除地方税种之外，也可以代征部分中央税和共享税；某些地方税也可以部分地交由中央税务机关代征。

有些国家不存在中央税与地方税的区分，也不存在中央税务机关与地方税务机关等征管机构，此时税收征收管理权划分的问题主要是指税务机关与其他机关之间的征收管理权划分，以及各地区税务机关在征收管理权重叠、缺失时的协调。

（三）税收收入归属权

税收收入归属权也称税收分配权或税收收益权，指各级国家机关依据法律规定占有、使用税收收入的权力。税收收入归属权是财政预算问题，是税收征收管理权的一项附随性权力，因税收征收管理权的实现而产生。

在分税制下，税收收入的归属按照税种划分：一般是中央税收入归属中央政府；地方税收入归属地方政府；共享税收入由中央政府和地方政府按一定比例分享。由于中央和地方的财政支出责任和事权的调整，中央和地方税收归属也在不断调整，主要表现为不同税种和共享税的收入分享比例在中央和地方之间的调整。

在没有实行分税制的国家，税收收入归属权的划分与财政管理体制的某种财政收入分成方式相联系，包括总额分成、超收分成等。

税收收入归属权与税收征收管理权可能存在差异。当地方税务机关代征部分中央税、中央税务机关代征部分地方税时，税收收入归属权与税收征收管理权是不一致的。地方税务机关有代征中央税的税收征收管理权，但没有相应的税收收入归属权；中央税务机关有代征地方税的税收征收管理权，但没有相应的税收收入归属权。此外，由于政府之间存在税收返还和转移支付，中央税收入经过税收返还和转移支付后，其税收收入实际上也可能归地方政府所有。

（四）税收司法权

税收司法权是指国家指定的国家司法机关依照宪法和相关法律规定,按照法定程序对有关税务刑事诉讼案件和税务行政诉讼案件进行审判,并通过执行判决、裁定和其他司法活动维护税收秩序的权力。按照所涵盖的司法活动范围,税收司法权有狭义与广义之分。狭义的税收司法权仅包括审判权,即指定司法机构依据相关法律和行政法规审判税收案件的权力。广义的税收司法权包括侦查权、审判权和执行权等一系列权力,即指定国家机关依据相关法律、行政法规对税收案件进行侦查、检察、审判并执行,以保证税收法律得以正确贯彻的全部权力。税收司法权的实施效果受以下因素影响。

（1）税收司法权可能由不同的司法机关在司法程序中的不同阶段分别行使,这就形成了司法掣肘,加上各司法机关之间的信息不对称,可能造成一些税务机关对涉税案件该移送的不移送,严重影响税收司法权的有效实施。

（2）行政机关的行政权也可能对税收司法权的实施造成干扰。当税收司法机关的人事、行政、经费均依赖于行政机关时,税收司法机关难以做到司法的独立性。

（3）由于税收司法权在不同司法机关之间的分割,对税收具有专业知识的税务机关行使税收司法权的权力常被弱化,严重的涉税犯罪常被移至不具备专业税务知识的公安机关,这也降低了税收司法权的效力。

二、税权特性与效力原理

（一）税权特性原理

（1）国家行使的税权介于经济权力与行政权力之间,主要运用行政权力调整税收关系。从内容上看,税收关系属于经济关系,税权属于经济权力范畴;从形式上看,在税法规定的权利义务关系中,必然有一方是国家,并且国家总是以享有征税权的身份出现。如果不存在国家,那么无论是自然人之间、法人之间,还是自然人与法人之间都不会发生税法所规定的税收权利义务,因此税权又属于行政权力范畴。

（2）征纳双方的税收权利具有不对等性。征纳双方不是按照协商、等价、有偿等原则建立税收关系的,而是有着不同的权利和义务,各自具有不同的应该实施行为和禁止实施行为。

（二）税权效力原理

税权效力是指税法的适用范围包括其法律强制力所能达到的纳税人范围、地域范围和时间范围。

（1）税法适用的纳税人范围与税收管辖权问题密切相关。国家的政治权力只能扩展到本国公民或在本国地域的外国公民,因此,纳税人只能是本国公民及在本国发生经济行为的外国公民。一般而言,税收管辖权采用三个原则:① 以纳税人的应税行为是否发生在本国领域内为征税标准的属地原则;② 以纳税人是否具有本国国籍为征税标准的属人原则;③ 兼顾属地和属人原则的折中原则。

（2）税法适用的地域范围取决于立法主体的管辖范围。一般而言,税法适用的地域范围与税法立法主体的管辖范围一致:中央税法适用于全国,地方税法仅适用于所在地区。

（3）税法适用的时间范围指税法生效时间、失效时间和对既往行为的溯及力。其中,生效时间通常在公布时间之后或与公布时间一致；失效时间取决于税法存在的客观条件是否不能满足、新税法是否出现、税法是否与上位法相抵触；溯及力则因实体法和程序法而有所区别。

本 章 小 结

　　1. 税收是国家凭借其政治权力，强制、无偿地征收货币或实物以取得财政收入的一种工具。税收具有强制性、无偿性和固定性的特点。

　　2. 税收的产生取决于相互制约的两个条件：一是前提条件——国家的产生和存在；二是经济条件——私有制的存在及发展。

　　3. 税收法律制度是国家制定的用以调整国家和纳税人之间征纳活动的权利与义务关系的法律规范的总称。它是国家依法征税、纳税人依法纳税的行为规范。税法与宪法、民法、刑法等密切相关，与税收、税制是辩证统一、互为因果的关系。

　　4. 税收法律体系有狭义和广义之分。狭义的税收法律体系是指在宪法的框架内制定的、对税款征收与税收管理进行规范的税收实体法、程序法的总称。广义的税收法律体系包括宪法的涉税条款、税收基本法、税收程序法和实体法、税收行政法规与规章，以及与税收有密切关系的其他法律五个层次。

　　5. 税收法律关系是国家与纳税人之间在税收分配及其管理活动中，以国家强制力保护实施的，具有经济内容的权利与义务的关系。其主体是指参与税收法律关系并享有权利和承担义务的人；客体是指税收法律关系主体的权利和义务共同指向的对象；内容是指税收法律关系主体所享有的权利和所承担的义务。

　　6. 税收立法是指国家立法机关或其授权机关根据一定的立法程序，制定税收法律规范的一系列活动，包括制定、修改和废止税收法律等环节。

　　7. 税收基本原则，主要包括税收法定原则、税法适用原则。

　　8. 税收权力有税收立法权、税收征收管理权、税收收入归属权、税收司法权。

复习思考题

一、单项选择题

　　1. ［中央财经大学 2019 研］下列权利中作为国家征税依据的是（　　）。

　　　A. 管理权力　　　B. 政治权力　　　C. 社会权力　　　D. 财产权力

　　2. ［中央财经大学 2019 研］下列说法中，规定具体征税范围、体现征税广度的是（　　）。

　　　A. 税率　　　　　B. 纳税环节　　　C. 税目　　　　　D. 纳税对象

3. [中央财经大学 2013 研,四川大学 2016、2015 研]税收管理体制的核心内容是（　　）。

A. 事权的划分　　B. 财权的划分　　C. 收入的划分　　D. 税权的划分

4. [对外经济贸易大学 2018 研]德国财政学家瓦格纳指出,税种的选择应考虑税负转嫁问题,尽量选择难以转嫁或转嫁方向明确的税种,这是（　　）。

A. 财政收入原则　　　　　　　　　B. 国民经济原则

C. 社会正义原则　　　　　　　　　D. 税务行政原则

5. [对外经济贸易大学 2018 研]考虑税收对居民储蓄的影响时,同时存在收入效应和替代效应,这两者之间的关系是（　　）。

A. 作用方向相同,且收入效应占优　　B. 作用方向相同,孰强孰弱不确定

C. 作用方向相反,且替代效应占优　　D. 作用方向相反,孰强孰弱不确定

6. [对外经济贸易大学 2018 研]在商品市场或劳动力市场里,（　　）多负担税收。

A. 富有弹性的一方　　　　　　　　B. 缺乏弹性的一方

C. 本地居民　　　　　　　　　　　D. 本地厂商

二、多项选择题

1. 下列关于税法原则的表述中,正确的有（　　　　）。

A. 税收法定原则是税法基本原则中的核心

B. 税收效率原则要求税法的制定要有利于节约税收征管成本

C. 制定税法时禁止在没有正当理由的情况下给予特定纳税人特别优惠这一做法体现了税收公平原则

D. 税收行政法规的效力优于税收行政规章的效力体现了法律优位原则

2. 以下关于税法要素的表述正确的有（　　　　）。

A. 比例税率计算简单、税负透明度高,符合税收效率原则

B. 比例税率不能针对不同的收入水平的纳税人实施不同的税收负担,在调节纳税人的收入水平方面难以体现税收的公平原则

C. 累进税率一般在所得课税中使用,可以有效地调节纳税人的收入,正确处理税收负担的横向公平问题

D. 我国税收体系中采用超率累进税率的是土地增值税

3. [经济师 2020]以下属于税收的基本职能的有（　　　　）。

A. 领导职能　　B. 经济职能　　C. 财政职能　　D. 监督职能

E. 行政职能

4. [经济师 2020]阿道夫·瓦格纳在其税收原则理论中认为,财政政策原则包括（　　　　）。

A. 收入充分原则　　　　　　　　　B. 收入弹性原则

C. 慎选税源原则　　　　　　　　　D. 慎选税种原则

E. 普遍原则

5. [经济师2020]根据税收弹性原则,税收弹性包括(   )。

A. 税收收入弹性   B. 税率弹性

C. 计税依据弹性   D. 税目弹性

E. 应纳税额弹性

三、简述题

1. 如何理解税收的概念?

2. 税收的本质是什么?

3. 简述我国税收法律体系的构成。

4. 税收原则分为税收法定原则和税法适用原则,这些原则分别是什么含义?

四、论述题

解析

1. 税法是国家制定的用以调节国家与纳税人之间在征纳税方面的权利及义务关系的法律规范的总称,而我国法律有很多,税法和其他部门法存在什么关系?请具体回答税法与宪法、民法、行政法、经济法和刑法的关系。

2. 论述税收法定原则的含义及其在我国税收立法实践中的应用。

第二章 税收原则

本章要点

1. 古代的治税思想和税收原则
2. 近现代税收原则
3. 当代税收原则(税务硕士研究生考试重要考点)
4. 税收中性理论

案例导入

苏东坡治税

苏东坡是宋代的大文豪,他的词以"豪放"著称于世。苏东坡在任杭州知府时,审理了一件偷税案。苏东坡见作案人清秀文雅不像商贾,顿生疑惑,一问才知此人叫吴味道,赴京应考路过杭州,因缺路费故运"建阳纱"到京城出售。他为不缴关税,以伪装的书卷夹带"建阳纱",伪装的书卷冒题苏东坡名号,并封呈京师苏辙(苏东坡的弟弟)收。这些伪装的书卷被公差查获。鉴明原委后,苏东坡判决:"念你一介寒士能知罪认罚,且偷税目的是筹应考路费,故从宽发落,但务必缴清税款,方可北上赴考。"苏东坡虽未追究书生的冒名罪,但在征税上却分文不饶。可见,东坡先生当时对税收原则的理解已能体现税收法定原则。

税收原则是政府在设计税收制度和税收政策时遵循的原则,也是评价税收制度和税收政策优劣的准绳。

思考:苏东坡先生审理偷税案,体现了哪些治税思想?请进一步分析古今治税认识的差别。

第一节 古代的治税思想和税收原则

一、管仲的治税思想

(一)适度

管仲认为"取于民有度,用之有止,国虽小必安;取于民无度,用之不止,国虽大必危"。

简单而言,国家在征收赋税方面要认识到取之有度,用之有节,切不可横征暴敛。"相地而衰征"是该思想最直观的体现,可分为两个部分:① "均地分力",即按劳动力平均分配全部耕地(公田);② "与之分货",即根据每亩土地肥力等级分别收取地租,鼓励百姓的生产积极性,使纳税者安心生产。

（二）税收普遍性

《管子》中写道:"天子籍于币,诸侯籍于食。中岁之谷,粜石十钱。大男食四石,月有四十之籍;大女食三石,月有三十之籍;吾子食二石,月有二十之籍。岁凶谷贵,粜石二十钱,则大男有八十之籍,大女有六十之籍,吾子有四十之籍。是人君非发号令收啬而户籍也,彼人君守其本委谨,而男女诸君吾子无不服籍者也。"意思是政府设立税种时应该考虑到税收的普遍性。这样做,一方面可以扩大税基,另一方面可以避免征税扭曲市场经济活动。

（三）避免重复征税

管仲指出"征于关者,勿征于市;征于市者,勿征于关。虚车勿索,徒负勿入",强调了税种的设置要尽量避免重复征税,降低纳税人的税收负担,优化税收结构。

二、孔子的治税思想

（一）轻赋薄敛

"施取其厚,事举其中,敛从其薄,如是则以丘足矣。"孔子认为丘赋足以支持财政,不应该继续给人民加重负担。

（二）培育税源

孔子认为"百姓足,君孰与不足;百姓不足,君孰与足"。也就是说,人民富裕是财政充裕的基础,孔子强调国家应注重税源的培育,不可竭泽而渔。

三、傅玄的治税思想

傅玄(217—278),西晋时期的哲学家、思想家。与前人不同的是,虽然他没有明确地提出"税收原则"这个概念,但他率先在《傅子》一书中较为系统地总结了"用之至平""积俭而趣公""有常"三种赋税思想。因此,后人常将傅玄的赋税思想称为"赋税三原则",并将之与亚当·斯密的税收四原则比较,探讨中西方在治税理念上的异同。

（一）用之至平

傅玄认为,利国利民的赋税政策,不仅仅是轻徭薄赋,更应该"至平",即公平税负。只有"计民丰约而平均之",才能使人民劳而不怨。

（二）积俭而趣公

傅玄在其治税思想中提出,赋税和徭役是为了国家而存在的,决不能服务于统治者的一己之私。只有坚持这一原则,人民才会愿意承担赋税和徭役。

（三）有常

傅玄的治税思想强调的是课税应该有明确的规章制度,不可轻易变动。正所谓"国有定制,下供常事;赋役有常,而业不废"。一个朝令夕改的税制,会平添许多的征税成本和纳税成本,将极大地影响人民的生活和生产。因此,确立一个清晰的赋役制度,能让人民对征税的有关规定有明确的了解,提高征税效率,降低税收成本。

"有常"并不意味着课税活动是固定不变的。傅玄还提出"世有事,即役烦而赋重;世无事,则役简而赋轻"。具体而言,就是国家制定的赋税政策既要能够为国家稳定提供足够的资金支持,也要尽力做到财政开支与民力相适应。因此,国家的赋税政策应该相机而动:在国家蒙受危难之际,可以加重赋役,确保国家安定;在渡过危机后,应该减轻人民的税赋,休养生息,发展生产。

四、王安石的治税思想

王安石(1021—1086),北宋的思想家、改革家。其治税思想中最为突出的一点是因天下之力生天下之财。王安石极力强调培育税源的重要性。这与王安石所处的社会环境不无关系。北宋王朝建立后,实行"不抑兼并"的政策,致使土地兼并日益加剧,百姓流离失所,严重影响了政府的赋税收入。王安石主张"以摧抑兼并,均济贫乏,变通天下之财"。这是他改革赋税的中心思想,力求从地主豪强手中分割部分权益,弥补财政亏空,同时也使中小地主和自耕农民得到一些好处。他曾以"将欲取之必先予之"的古训批评那些聚敛之臣是"尽财利于毫末之间,而不知与之为取之过也"。除此之外,王安石充分肯定发展生产是财政收入的重要保证,颁布农田水利法、青苗法等政策,积极推动农业生产。

五、托马斯·霍布斯的税收原则

托马斯·霍布斯(1588—1667)是英国政治家、哲学家。

(一)交换说

托马斯·霍布斯认为国家负有保障个人财产和个人安心从事劳动的职责,国家必须把课税权、军事权与司法权充分结合起来。人民分享和平的福利,必须以货币或劳动的形式为公共福利作出自己的贡献。因为国家取代人民进行防卫,一旦战争爆发,人民仍可以正常地从事生产劳动和生活。这种作为人民生产劳动的保护者的主权,正是靠人民勤奋劳动所缴纳的赋税来维持的。

(二)课税平等

霍布斯认为封建国家以财产税等为主体税的税收制度赋予了封建贵族、僧侣等阶层税收豁免特权,鼓励了消费上的奢侈和浪费,应当按照人民从国家享受到的利益成比例地纳税,这样税收收入才能与日益增长的财政支出相匹配。

【中国智慧】

古代文人治税故事

元稹是唐代中期负有盛名的诗人之一。他写下了不少诗文和传奇,深受人们喜爱。公元809年,元稹以监察御史的身份奉命到四川视察,发现原剑南东川节度使严石历一伙人"违章擅赋",即违反税法规定,以税谋私。对这伙贪官污吏,他不怕打击报复,给予及时的揭露和有力的打击。

公元822年,元稹出任同州刺史。他认真研究税收,发现同州七县的税额,还是三十六年前定下来的。在这期间,户口、田地均发生很大变化。尤其是靠近黄河诸县的田地,经常遭受河水的侵吞,逐步减少,而人们需交纳的税款却依然未变。针对这种情况,元稹决定对税收进行整顿。首先,他叫民众自行申报原有和现有田地亩数,并明白告知这是为了平衡赋税负担。然后,他根据申报的亩数,减除逃户荒地及河浸、沙掩等地,定出现存田亩。最后,他取两税原额地数,统计七县土地肥情,无论贫户富户,一律按亩数和土地计算征税。

第二节　近现代的税收原则

一、亚当·斯密的税收原则

亚当·斯密(1723—1790)是18世纪英国资产阶级古典经济学的创始人,他反对重商主义,提倡自由主义,认为政府应减少对市场的干预,充分发挥"看不见的手"的作用。以自由主义思想为基础,斯密提出了税收四原则——平等原则、确定原则、便利原则、最少征收费用原则。

(一)平等原则

"一国国民,都须在可能范围内按照各自能力的比例,即按照各自在国家保护下享有的收入的比例纳税,以维持政府。"该原则蕴含了两层含义:第一,不分尊卑贵贱,每个人都需要缴纳赋税;第二,国民的收入需要按照一定的比例纳税。

(二)确定原则

"各国民应当缴纳的赋税必须是确定的,不得随意变更,即税收的各项规定和准则,征税行为应以税法为准绳,做到有法可依,有法必依。缴纳的日期、方式、数额都应当让一切纳税者及其他所有人了解得十分清楚。……赋税如不确定,哪怕是不专横、不腐化的税吏,也由此变得专横和腐化。"

(三)便利原则

亚当·斯密指出:"各种赋税征税的日期和方法,必须给予纳税者最大的便利。"便利原则要求政府应尽可能地为纳税人履行纳税义务提高便利,如简化纳税手续、在交通便利的场所设置税务机关等。

(四)最少征收费用原则

"一切赋税的征收要有所安排,设法使从人民那里的征收,尽可能等于最终国家得到的收入。"最少征收费用原则要求税务机关合理安排征管工作,简化征税手续,降低征税成本,减少人民肩上不必要的税收负担,把征税时所耗的费用减少到最低程度。

二、西斯蒙第的税收原则

在工业革命后,税收成为资本主义国家财政收入的主要来源。与此同时,税收原则的内容也日渐丰富,以求能更好地评判税制优劣或税收政策的效用。西斯蒙第(1773—1842)在亚当·斯密的税收原则的基础上,结合当时的社会经济环境,提出了另外四项税收原则,它们集中反映了资产阶级对资本积累的诉求。西斯蒙第认为,税收应该对资本流量征税,而不应该对资本存量增税。如果对后者进行征税,"国家就会很快地陷入贫困、破产,甚至灭亡。"

(一)税收不可侵及资本

"一切赋税必须以收入而不以资本为对象。对前者征税,国家只是支出个人所应支出的东西;对后者征税,就是毁灭应该用于维护个人和国家生存的财富。"

(二)不能以总收入为课税对象

"制定赋税标准时,不应该把每年的总产品和收入混淆不清,因为每年的总产品除了年收入还包括全部流动资本,必须保留这部分产品,以维持或增加各种固定资本,以一切积累起来的产品保证或提供所有生产工人的生活。"

(三)纳税人的最低生活不予征税

"赋税是公民换得享受的代价,所以不应该向得不到任何享受的人征税。也就是说,永远不能对纳税人维持生活所需的那部分收入征税。"

(四)不可使本国资本流向国外

"不能因为征税导致本国的资本流向国外,所以在对最容易逃出国外的财富进行征税的时候,应该特别缜密考虑。赋税决不应该触及保持这项财富所必需的那部分收入。"

三、让·巴蒂斯特·萨伊的税收原则

生活于法国资产阶级革命后社会矛盾开始激化时期的法国古典经济学家让·巴蒂斯特·萨伊(1767—1832)认为,政府通过征税筹集资金时指向私人部门征收一部分财产,用于保障公共需要,纳税人缴纳税收后,政府不再返还。政府是非生产性的单位,因此预算的最小化就是最好的财政预算,同理,最轻的税负就是最好的税收。基于此,他提出了五项税收原则。

(一)税率适度原则

让·巴蒂斯特·萨伊指出政府征税事实上剥夺了纳税人用于满足个人需要的或用于再生产的产品,因此,税率越低,相应的税负越低,对纳税人的剥夺就越少,对再生产的破坏作用也越小,有利于社会财富的增加。

(二)节约征收费用原则

让·巴蒂斯特·萨伊强调税收的征收费用对人民来说是一种负担,对国家也没有益处,因此他主张节省征收费用。这样便达到了既减少纳税人的负担又不给国库充盈增加困难的效果。

（三）社会成员公平负担原则

让·巴蒂斯特·萨伊认为税收对纳税人而言是负担,当每个纳税人承受同样的(相对的)税收负担时,每个人的负担必然是最轻的。如果税负不公平,那么势必引起相对不公平的纳税人反对,甚至抗税,损害个人的利益,也有损国家的收入。

（四）妨碍再生产最小化原则

让·巴蒂斯特·萨伊认为资本的积累有利于再生产,而税收的存在会妨碍生产性资本的积累,最终危害生产的发展。因此,对资本课税应当是最轻的。

（五）有助于国民道德提高的原则

让·巴蒂斯特·萨伊指出,税收不仅是政府获取公共收入的工具,还可以有效地作用于改善或败坏人民道德,促进勤劳或懒惰以及鼓励节约或奢侈的行为。因此,政府征税必须着眼于普及有益的社会习惯和增进国民道德。

四、阿道夫·瓦格纳的税收原则

阿道夫·瓦格纳(1835—1917)是近代德国社会政策学派的代表人物。他处于自由资本主义过渡到垄断资本主义的变革时期,各种社会矛盾日益激化。于是,阿道夫·瓦格纳基于资本主义社会变革所反映出来的现实,反对自由放任的经济政策,认为政府应该加强经济干预力度,扩大财政支出。尤其是在税收问题上,政府要通过累进税制来调和社会矛盾,维护社会稳定。瓦格纳把前人的税收观点和税收原则进行了整合,形成"四端九项"税收原则。

（一）财政政策原则

财政政策原则,又称财政收入原则。该原则可细分为收入充分原则和收入弹性原则。**收入充分原则**认为税收收入必须能充分满足财政支出的需要,尽可能避免出现收不抵支的情况。**收入弹性原则**则认为税收收入的增减应该与财政需要,或者经济变动同步。总而言之,征税的目的是实现政府职能,所以税收总量应随政府职能的需要变化而变动。如果政府职能不断扩大,税收收入也应同步增长;反之则应同步。

（二）国民经济原则

国民经济原则包括慎选税源原则和慎选税种原则。**慎选税源原则**要求政府慎重地选择税源,保护税本,保护国民经济的发展,突出税源保护的理念。**慎选税种原则**则要求在选择税种时关注税负转嫁问题,应尽可能选择不容易转嫁或者不能转嫁税负的税种。这是因为税负转嫁直接影响国民收入的分配,使税负归于本不该承担的人,加重消费者的负担。

（三）社会正义原则

社会正义强调税收负担应平等、普遍地分配给每个社会成员。**普遍原则**强调税法面前人人平等,不因为身份、地位等因素存在特权。**平等原则**则强调每个人的税收负担应和其收入能力相称。

（四）税务行政原则

税务行政原则包括确实原则和便利原则。**确实原则**指税收制度和政策必须明确,尤其是纳税的数额、时间、地点和方法均应提前告知纳税人,不得随意变更。**便利原则**指政府应为纳税人履行纳税义务提供便利,如在交通便利的地方设置办税大厅。**节省原则**则要求尽可能地降低征税管理费用,降低征税成本和纳税成本。

五、理查德·阿贝尔·马斯格雷夫的税收原则

理查德·阿贝尔·马斯格雷夫(1910—2007)是美国现代著名财政学家,被誉为"现代财政学之父"。他不但归纳总结了前人提出的税收原则,还把这些原则与当时的社会发展需要相结合,提出了自己的六项税收原则。

(1)**公平原则**。税负应该是公平的,应使每个人都支付合理的份额。

(2)**效率原则**。政府应尽量选择对市场效率干预较小的方式征税,最小化税收的额外负担。

(3)**政策原则**。如果将税收政策用于实现刺激投资等其他目标,应尽量不影响税制的公平性。

(4)**稳定原则**。税收结构应有助于实现以经济稳定增长为目标的财政政策。

(5)**明确原则**。税收制度应明晰而无行政争议,并且要让纳税人易于理解。

(6)**省费原则**。税收的管理和征收费用应在考虑其他目标的基础上尽量降低。

第三节　当代税收原则

当代税收原则是在亚当·斯密和阿道夫·瓦格纳等人的税收原则基础上发展起来的,包括税收的财政原则、公平原则和效率原则等。税收的基本功能是组织财政收入,确保政府提供公共产品所需要的财力及时足额地供给。税收的效率、公平与稳定原则都只能在财政组织收入的过程中实现。

一、财政原则

财政原则应是税制的基本原则。组织财政收入是税收的重要职责,也是税收政策制定、税收制度设计的基本出发点。

(1)**财政原则必须保证税收收入充足**。当前,我国的经济体制为中国特色社会主义市场经济体制,强调充分发挥市场在资源配置中的决定性作用。而市场缺陷的存在意味着政府要合理运用财政政策来满足市场对公共物品和公共服务的需要。这就需要充足的税收收入作为支撑。因此,我国应该选择税源大且稳定的税收作为主体税种,确保足额的税收收入。

(2)**充足的税收收入应建立在适度征税的基础上**。税收收入作为财政支出的重要保障,自然是越多越好。可是,纳税人的负担能力是有限的,税负不能超过其承受范围。征税行为实质上是国家以提供公共服务和公共职能为由,参与人民的收入分配。这就意味着税收负担的变化会影响人民对劳动和闲暇的选择。当增加劳动所带来的边际收益低于边际成本,人民会选择闲暇而非劳动。换句话,如果政府苛捐杂税,使税负超过了人民的

负担能力,会影响社会的生产积极性,使经济发展降速,税收收入不增反降。该变化即拉弗曲线。

(3)**财政原则要求税务部门必须依法办事、依率计征。**合理的税收制度确定以后,能否正确贯彻财政原则,关键在于依法治税水平的高低。依法治税是指税收分配要通过税法的形式来体现并加以规范,所有的税收行为都必须有法可依、有法必依、执法必严、违法必究。税务部门要从严管理,做到执法必严和违法必究,既不能多收,也不能违反税法规定少收或不收。

二、公平原则

公平原则指税收政策应坚持征税普遍性和税负公平性,是让人民认可税收制度、拥护税收制度,维持税收制度正常运行的重要保障。

征税普遍性要求消除一切税收上的特权,取消某些行为主体不应有的减税和免税,对具有纳税能力的个体一视同仁,使税收普及每一个经济个体,体现出税法面前人人平等的理念。

税负公平性可分解为横向税负公平和纵向税负公平。**横向税负公平**要求政府应对具有同等承担能力的个体征收同样的税款;**纵向税负公平**则要求政府对不同承担能力的个体征收不同的税收。值得注意的是,横向公平追求的是为市场中的经济个体创造一个公平竞争的市场环境;而纵向公平的理念在于通过调节收入分配弥补初始禀赋差距,缩小社会贫富差距,维护社会稳定。

对公平的标准,不同的阶级会因为其收入的高低、对公共服务的偏好等因素给出不同的结论。当税收政策缓和了激烈尖锐的税收矛盾,或维护了社会经济基本秩序的正常运转,从政府的角度来看,该政策已然贯彻了公平原则。

三、效率原则

税收的效率原则可分为行政效率和经济效率两个方面。

(一)行政效率

行政效率要求征税过程所耗费的成本最小。该效率可用税收征收成本和税收收入的比率来衡量,比率越低,行政效率越高,反之,则行政效率越低。

其中,税收征收成本指在征税的过程中发生的一切费用,可分为征税成本和纳税成本。征税成本主要指税务行政机关因征税而发生的支出;纳税成本指纳税人因纳税而发生的支出。税务行政机关在完成税收任务的前提下,应节约费用,减少开支,降低征税成本。同时,纳税人在纳税过程中所发生的费用实质上也是社会资源的一种损失,构成了纳税成本。纳税成本也应最小化。总之,要提高税收行政效率,就要在保证税收收入和提高税收质量的前提下,简化税制,严密税法,减少税收漏洞,合理设置机构,提高人员素质,改进征管手段,加强征收管理,提高工作效率,从而达到降低税收成本,提高税收效率的目的。亚当·斯密的"最少征收费用原则"和阿道夫·瓦格纳的"节省原则"本质上都是在要求行政效率最大化。

(二)经济效率

经济效率指税收政策要能够促进资源的有效利用。这句话可以从两个角度进行解释:

(1)**超额负担最小化。**税收的超额负担指征税导致的资源配置效率的下降。在经济正常运行的情况下,税收政策扭曲了经济活动,使得社会福利损失的份额超过税收收入。在这种情况下,唯有使超额负担最小化,即让税收保持中性,才能构建一个对企业和个人的市场活动扭曲影响最小的税收制度。

(2) **通过税收分配来提高资源配置效率。**由于市场失灵和市场缺陷的存在,政府在必要的时期要以财政、税收政策对市场进行干预,引导经济重回正轨。虽然税收会产生超额负担,使社会效率下降,但并不意味着征税是一种不可取的行为。正如公平原则所强调的,国家的长治久安,需要的不仅是绝对的效率,还有相对的公平。此外,当市场存在外部性等问题时,如果运用合理的税收政策进行调控,虽然同样会产生超额负担,但政策造成的社会总福利的增加将超过社会总成本的增加,使得征税有利可图。

专栏 2-1 税收中性

税收中性可从两种角度解释。第一种是**效率角度**,即国家征税时应最大限度地降低纳税人和社会的超额负担。正如哥尔柏所言:"税收这种技术,就是拔最多的鹅毛,听最少的鹅叫。"第二种是**调控角度**,即在经济正常运行的情况下,国家征税时应避免对经济活动或资源配置产生干扰,尤其是不能让税收政策越位,代替市场在资源配置中起决定性作用。

但是,直至今日,税收中性仍只是一种理论上的设想,并没有成为现实。其原因有二:

(1) **超额负担是不可避免的。**以下用等价变化来衡量税收造成的超额负担。图 2-1 是小明关于玉米和大麦的预算约束。在征收大麦税前,他的初始财富为 W,预算约束线为 AD。如果要实现效用最大化,那么应该选择无差异曲线 i 与预算约束线 AD 的交点 E_1,消费 B_1 的大麦和 C_1 的玉米。在政府征收大麦税后,大麦单位价格上升,使得财富 W 所能消费的大麦和玉米减少,预算约束线变为 AF。至于如何衡量大麦税税额的大小,我们可以先假设玉米的价格为 1。在没有征税之前,财富 W 可以购买 B_a 单位的大麦和 C_a 单位的玉米。可是征税之后,玉米价格仍为 1,大麦价格上升,使得财富 W 在购买 B_a 单位大麦的情况下,只能购买 C_b 单位的玉米。从而距离 $C_a - C_b$ 就代表了玉米价格为 1 时,财富为 W,征收大麦税所能获得的税收收入。

接下来分析征收大麦税形成的税收收入与小明所承受的损失(见图 2-2)。征税后的预算约束 AF 与无差异曲线 ii 相切,形成新的效应最大化点 E_2。征税形成的等价变化,相当于"在征税前,如果要让小明的最大化效用等于征税后的最大化效用 E_2,那么应该从他的财富中拿走多少"。那么,把 AD 向左移到 HI,使 HI 与 ii 相切于 E_3,就得到了点 E_3,该点效用与 E_2 一致。从而 AD 与 HI 之间的直线距离 ME_3 就代表了等价变化,反映了征税后小明所承受的损失。因为 AD 与 HI 平行,所以 ME_3 等于 GN,所以 ME_3 肯定大于 GE_2,即大麦税造成的小明的损失大于大麦税税收收入,产生超额负担。

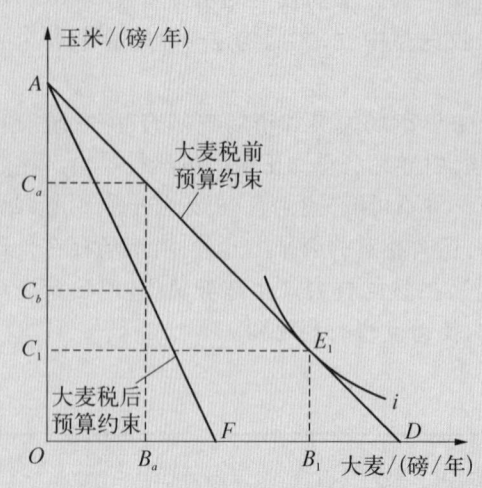

图 2-1 关于玉米和大麦的预算约束

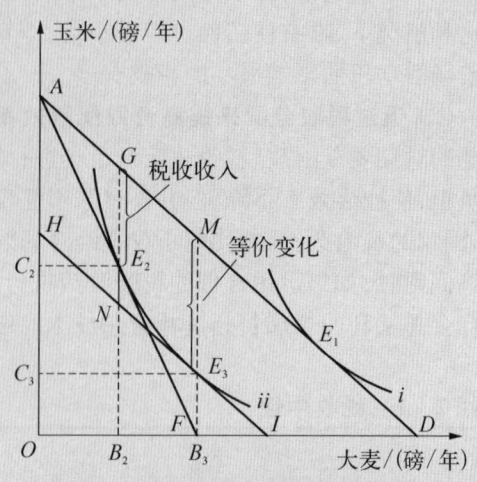

图 2-2 征收大麦税形成的税收收入与小明所承受的损失

值得注意的是,并不是所有税都会产生超额负担。一次总付税(lump sum tax),即纳税人必须支付一定数额的费用的税,与纳税人的行为无关。以上面的例子进行说明,当政府直接向小明征收一笔税款,那么可以视为政府从初始财富 W 中直接拿走了一部分,而没有改变商品的相对价格。拿走的那部分刚好使预算约束线从 AD 移动到 HI。那么这一次总付税所收到的税收收入刚好等于等价变化 ME_3,征税没有造成超额负担。一次总付税的征税手段和所得税、财产税等直接税相似,会影响初始财富。那么直接税就不会形成超额负担吗?当政府规定超过 10 000 元的人要缴 1 000 税,不超过的只缴 100 税,那么人们将调整其工作和储蓄决策以求避税,从而会以另一种途径产生超额负担。

(2)税收政策对经济的干扰不可避免。理论上,因为税收政策的影响面非常广,所以每一次税收政策的调整必然会对经济产生影响,区别在于影响的深度和广度。正因为如此,税收政策在资源配置中的角色应当且仅应当是一名辅助者,而不是决定者。税收政策的作用只有在经济偏离轨道的时候,才能较好地体现。

综上所述,我们可以看到,税收中性和税收调控其实是一对矛盾体。税收中性要求政府征税尽可能少地产生超额负担和尽可能不干预经济,但税收调控正是政府希望通过税收政策对经济产生正向影响,但各式税种的开征又不可避免地会产生超额负担。片面地强调税收中性或者税收调控,只会顾此失彼。因此,在未来的税制改革中,我们应该在税收中性和税收调控之间建立更完善的相机抉择机制。**在经济正常运行时,坚持税收中性;在经济偏离轨道时,进行税收调控。**相机抉择的基本出发点,则是税收中性和税收调控中哪一个更利于社会总效率的改善。

拓展阅读

后"营改增"时期如何实现增值税的税收中性?

本 章 小 结

1. 税收原则是政府在设计税收制度和税收政策时遵循的原则,也是评价税收制度和税收政策优劣的准绳。

2. 当代税收原则主要包括财政原则、公平原则和效率原则。其中财政原则又分为财政收入原则和收入弹性原则;公平原则分为税负公平原则和普遍性原则;效率原则分为行政效率原则和经济效率原则。

3. 在市场对经济资源配置无效的情况下,应强化税收杠杆作用,通过税收对经济资源的重新配置,提高资源配置效率;在市场对经济资源配置有效的情况下,应保持税收中性,尽量避免或减少税收对经济的干预,以减少效率损失,使税收超额负担最小化。

复习思考题

一、单项选择题

1. 在社会主义市场经济条件下税收的公平原则是指(　　)。

 A. 通过征税完全消除收入差距,实现收入的绝对平均

 B. 税收负担应普遍分配给全社会成员,纳税能力不同,税收负担应有所区别

 C. 纳税能力不同,税收负担应相同

 D. 以最小的税收成本取得最大的税收收入

2. 德国19世纪新历史学派的代表(　　),其所著财政学的最大特色,就是以社会政策思想为主论,确定社会政策的财政制度。

 A. 瓦格纳　　　　　　　　　　B. 尤斯迪

 C. 西斯蒙第　　　　　　　　　D. 威廉·配第

3. 瓦格纳的财政税收基本理论,提出了(　　)。

 A. 三条税收标准　　　　　　　B. 征税的六条原则

 C. 四端九项原则　　　　　　　D. 税收四原则

二、多项选择题

1. [经济师2020]阿道夫·瓦格纳在其税收原则理论中认为,财政政策原则包括(　　　)。

 A. 收入充分原则　　　　　　　B. 收入弹性原则

 C. 慎选税源原则　　　　　　　D. 慎选税种原则

 E. 普遍原则

2. [经济师2020]根据税收弹性原则,税收弹性包括(   )。

    A. 税收收入弹性   B. 税率弹性

    C. 计税依据弹性   D. 税目弹性

    E. 应纳税额弹性

三、简述题

1. 比较分析中外税收原则理论的异同点。

2. 税制设计如何兼顾横向公平和纵向公平?

3. 我国古代的治税思想有哪些?

4. 亚当·斯密提出的税收四原则是什么?

5. 瓦格纳的税收原则和亚当·斯密的税收原则的区别是什么?

四、案例分析

个人所得税改革公平吗?

    2018年的个人所得税改革之前,政府向公众征求对《中华人民共和国个人所得税法(征求意见稿)》的意见,是社会主义国家税收民主的表现,也是税收法治化的要求。通过征求意见,民意可以得到更充分的表达。在互联网时代,网民意见可以更直接更便利地送达。人们很自然地会关心:网民的意见最终有多少可能被采用?如何看待网民的意见?2011年,个人所得税改革,工资、薪金所得减除费用标准(免征额)公布的征求意见方案是每月3 000元,最后通过的方案是每月3 500元。不少人认为,这是因为征求意见中超过83%的意见指向提高这一标准。2018年,新个人所得税法将这一标准进一步提高至每月5 000元。

    正常情况下,少数服从多数,绝对多数的意见在民主社会中易被接受。但是,23万多条意见只是8万多人提出的。这些建议者可以代表全体人民吗?从人数来看,他们在13亿人口中的占比几乎可以忽略不计。有人据此认为,少数人通过互联网绑架了多数人。如果是这样的话,那么你为什么不上网反映意见呢?事情不是这么简单。如果这些人可以作为代表总体的样本呢?那么据此作出选择就无可厚非。问题是,是否采取有效的方法对样本的代表性作出了判断?

解析

    再者,个人所得税是对个人征税,常规做法是收入水平高的个人多纳税,这样的税与公平有着天然的联系。富人多纳税,这看上去没有什么问题。但是,富人为什么要多纳税?纯粹公平的理由能成立吗?

    讨论:结合所给案例材料,查阅相关文献和资料,从税收公平与效率角度出发,讨论个人所得税改革是否公平。

第三章　税收经济效应与
最优税收理论

本 章 要 点

1. 税收的微观经济效应
2. 税收的替代效应与收入效应
3. 税收的宏观经济效应
4. 相机抉择与自动稳定器
5. 最优税制理论研究方法
6. 最优商品税理论
7. 最优所得税理论
8. 最优税制理论的实践

案 例 导 入

应该开征身高税吗？

著名经济学家、哈佛大学教授曼昆（N. Gregory Mankiw）和他的合作者在 2010 年发表了一篇文章,讨论身高与最优税收问题,探讨是否应该对矮个子实行税收抵免,而对高个子征收附加税。在标准的功利主义框架下,他们作出了肯定的回答:通过对身高和工资数据研究,赚 50 000 美元,高个子应该比矮个子多支付 4 500 美元的税;在决定税收时,与工资有关的个人特征也应被考虑在内。这样的身高税被废弃不用的话,标准的功利主义框架一定不能把握分配公正的直观概念。他们还讨论了身高税是否导致帕累托改善的问题。他们认为经济学家可能对这样的税过于敏感。其实,用身高来衡量个人工资,进而找到个人的能力信息一点也不奇怪。1971 年,莫里斯的文章就提到了众多可能显示个人赚钱能力的指标,如智商、学位数量、住址、年龄或肤色。还有人从男女劳动供给弹性的差异出发,专门用性别来取代赚钱能力。外生指标不容易造假,虽然有局限性,但经济学家用来分析最优税收问题时却乐此不疲。

思考:最优税收理论的关注点是什么？你认为如何在经济中研究最优税收问题？

第一节　税收的微观经济效应

微观经济效应指税收对微观经济个体的经济行为的影响,如税收对劳动供给的影响、税收对储蓄的影响、税收对投资的影响。

一、税收对微观经济行为的作用

(一)税收的收入效应和替代效应

微观经济效应主要表现为收入效应和替代效应。**收入效应指政府以征税的方式直接减少了个人的实际可支配收入,使得人们减少了对其他商品的消费。替代效应则是指政府对商品、劳动等要素征税,会提高商品、劳务相对于其他未被征税要素的价格,使得人们对要素的消费选择发生变化。**

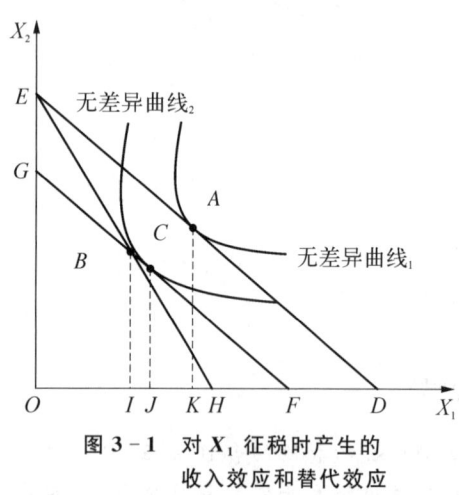

图 3-1　对 X_1 征税时产生的
收入效应和替代效应

图 3-1 展示的是政府对 X_1 征税时产生的收入效应和替代效应。其中,A 点为初始选择,B 点为最终选择,C 点与 B 点处于不同消费束上,但效用一致。ED 为初始消费束,EH 为税后消费束,GF 为收入效应下的消费束,与 ED 平行。现假定政府对商品 X_1 征税,这将提高 X_1 对 X_2 的相对价格,使消费者减少 X_1 的消费,消费束从 ED 移动到 EH。征税造成的总效应大小为 IK。

由于收入效应代表因实际购买力变化引起的需求变化,而政府对商品 X_1 征税意味着实际购买力下降,为了观察收入效应的大小,我们需要把消费束 ED 向原点方向平移,直至消费束与无差异曲线 2 相切。这样做的目的是观察从初始收入中拿走多大的份额,会使得选择 C 与选择 B 所能得到的效用一样大。因此,JK 代表了收入效应。

替代效应代表两种商品间的交换比例的变化引起的需求变化,而消费束 EH 和 GF 刚好反映了商品 X_1 价格变化时,消费者为了确保效用不变,对两种商品的消费数量进行的调整。因此,IJ 代表了替代效应。

综上可得,征税造成的总效应大小为收入效应和替代效应之和。

(二)税收归宿

图 3-2 所示为税收对微观经济行为的作用机理。虽然在微观领域,税收对经济的影响主要是通过税收的收入效应和替代效应传导的,但在形成收入效应和替代效应之前,税收

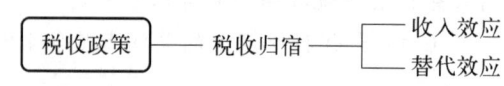

图 3-2　税收对微观经济行为的作用机理

政策先要据需求供给弹性来确定其税收归宿。这里,我们使用局部均衡模型,以开征商品单位税市场中只有生产者和消费者两种对象为例进行讨论。

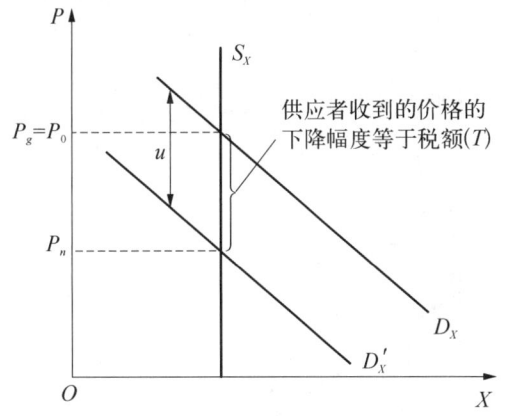

图 3-3　供给有完全弹性时的税收归宿

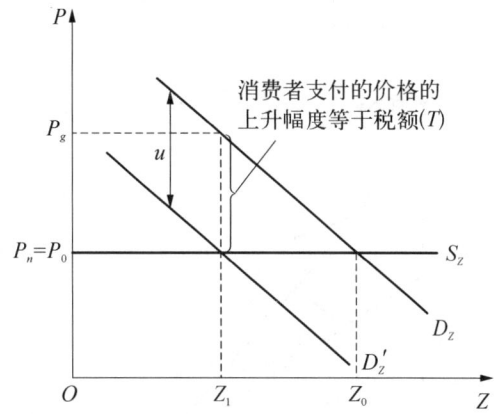

图 3-4　供给完全无弹性时的税收归宿

图 3-3 所示为供给有完全弹性时的税收归宿。图 3-3 中,S_x 和 D_x 为商品 X 的供给需求曲线,D_x' 为对商品 X 征税后的需求曲线。税前,消费者支付的价格和生产者收到的价格均为 P_0。税后,消费者支付的价格为 P_g,生产者收到的价格为 P_n。由图 3-3 可知,税后,生产者支付的价格 $P_g = P_0$,表明当商品 X 的供给完全无弹性时,对商品 X 征税,生产者将承担全部税负。这意味着该商品主要对生产者产生收入效应和替代效应。

图 3-4 所示为供给完全无弹性时的税收归宿。在图 3-4 中,此时的供给有完全弹性,税后,消费者支付的价格 $P_g = P_0 + T$,表明消费者将承担全部税负。这就意味着在这种情况下对商品 X 征税,主要对消费者产生收入效应和替代效应。

二、税收对劳动力供给的影响

现在我们假设劳动和闲暇是两种相互替代的商品,人们可以为了增加收入而减少闲暇的时间,也可以选择减少收入享受闲暇。图 3-5 中,AB 是初始预算约束线,其与无差异曲线 I_1 的交点 E_1 是效用最大化点。此时人们选择收入为 OD,闲暇时间为 OL_1。现假定政府对收入进行征税,这意味着收入相对于闲暇的价格下降了,从而使得预算约束线 AB 下移至 AC,与无差异曲线 I_2 相切于 E_2,税后,人们的收入为 OF,闲暇时间为 OL_2。由此可见,征税使得劳动供给由 AL_1 减少到了 AL_2。

但是,当人们的偏好发生变化时,同样的税收政策可能导致不同的结果。图 3-6 中,税前的预算约束线仍为 AB,此时人们选择收入为 OD,闲暇时间为 OL_1。在征税后,预算约束线下移到 AC,与无差异曲线 I_3 相切于 E_3。此时,人们选择收入为 OG,闲暇时间为 OL_3。这意味着对收入征税反而增加了市场上的劳动供给。我们可发现,虽然同样是征税,但人们对闲暇和收入的偏好不一样,政策的效果不一样。这主要是因为征税分别对劳动供给产生了收入效应和替代效应。这里的**收入效应指对收入征税后,个人的实际可支配收入减少,为了维持既定的收入水平和消费水平,个人必须减少或放弃闲暇,增加工作时间。替代效应指政府征税会使闲暇与劳动的相对价格发生变化,闲暇价格相对降低,促**

使人们选择闲暇以替代工作。这两种效应对劳动供给的作用是相反的,税收对劳动供给的总的影响,取决于收入效应和替代效应的净效应的大小。在现实中,除了人们的偏好以外,工资率的高低(即闲暇的机会成本)、税收大小等因素同样会导致税收对劳动力供给产生不一样的影响。

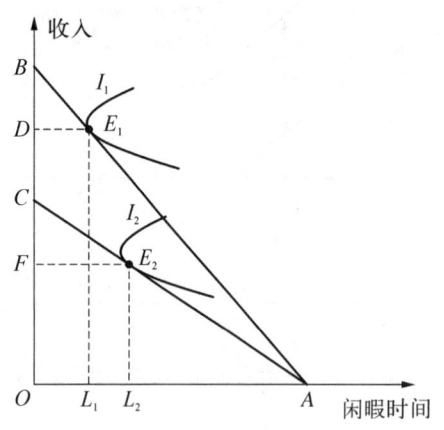

图 3-5 第一种偏好下,税收对劳动力供给的影响

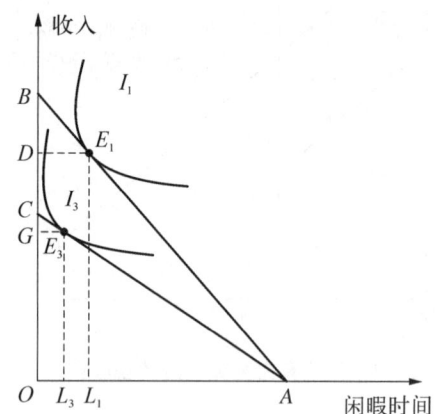

图 3-6 第二种偏好下,税收对劳动力供给的影响

三、税收对储蓄的影响

税收对储蓄的影响主要通过影响个人可支配收入和利息来实现。其基本逻辑与税收对劳动供给的影响相似,主要通过收入效应和替代效应表现。这里的**收入效应是指当政府对收入征税时,将降低实际所支配收入,从而减少储蓄。替代效应是指当政府对储蓄利息征税,那么将降低储蓄相对于消费的吸引力,使得人们增加消费,减少储蓄。**

专栏 3-1 税收的有限作用

税收可以在一定程度上影响储蓄,但总体而言,税收的作用是有限的:

(1)影响储蓄的关键因素是收入,而不是税收。从现代经济学史来看,无论哪一种理论,都把收入视为决定储蓄行为的主要因素。

(2)储蓄与人们对未来收入和未来需要的不确定性有密切联系。人们对未来的预期不同,税收对储蓄的作用也不同。

(3)社会储蓄包括政府储蓄和家庭储蓄。家庭储蓄只是社会总储蓄的一部分,对一个经济社会来说,最重要的变量是社会总储蓄。如果政府在对私人储蓄征税的同时,增加政府税收收入,意味着政府储蓄部分可能增加,那么,即使私人储蓄下降,社会总储蓄也可能上升或保持不变。因此,在平均一项税收政策对家庭储蓄的影响时,要综合考虑社会储蓄总量的变动。

四、税收对投资的影响

投资不同于储蓄。储蓄主要取决于家庭,而投资(净资本形成)大部分都由企业完成的。在各种税中,公司所得税对投资的影响最大,公司所得税的税率、税前扣除规定和税收优惠等措施影响纳税人的投资收益和投资成本。税收对投资的影响,同样表现为替代效应和收入效应。

(一)税收对投资收益和投资成本比的影响

政府征税会降低私人投资收益率的水平,并使投资收益和投资成本的对比发生变动,从而对纳税人的投资行为产生方向相反的两种效应:**如果其影响是降低了投资对纳税人的吸引力,造成了纳税人以消费代替投资,即发生了替代效应;如果其影响是减少了纳税人的可支配收益,促使纳税人为维持以往的收益水平而增加投资,即产生了收入效应。**

(二)考虑折旧时,税收对投资的影响

在对投资的影响中,**折旧是一个重要的影响因素。**各国税收制度规定的税收折旧与实际折旧通常并不一致,比如有的国家在企业所得税法中规定企业可以采用加速折旧法,包括双倍余额递减法、年数总和法等;依据这些方法求得的折旧数额超过设备的实际折旧,对投资起激励作用。若按照税法规定的折旧计提方法计提的折旧与企业的实际折旧情况相符,则税收对私人投资的影响表现为中性;若按税法规定计提的折旧数额小于企业实际机器磨损情况,则税收对私人投资会产生抑制作用。

第二节 税收的宏观经济效应

税收的宏观经济效应指税收政策对整个经济运行的影响,包括税收稳定经济运行的效应,税收的收入分配效应、税收的调控效应等。

一、税收稳定经济运行的效应

经济的增长必须在一个稳定的经济环境中进行。经济稳定以价格稳定和产出稳定为主要特征,集中表现为总供给和总需求的平衡。为此,我们需要用到 IS-LM 和 AD=AS 模型进行分析。

产出和价格水平由总需求和总供给共同决定。税收稳定经济运行的过程中,IS 曲线和 AD 曲线的移动如图 3-7 所示。税收主要通过影响总需求影响产出和价格水平。如果政府进行减税,那么收入会上升[①],投资增加,IS 曲线右移至 IS′,利率上升。由于在短期均衡中,价格具有粘性,价格水平维持不变,产出增加,表现为 AD 曲线(总需求曲线)向右移动至 AD′。

---

① 收入变动的份额受边际消费倾向影响。

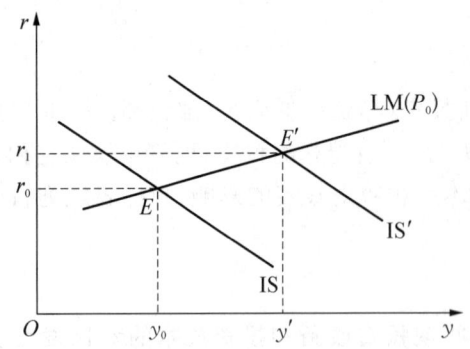
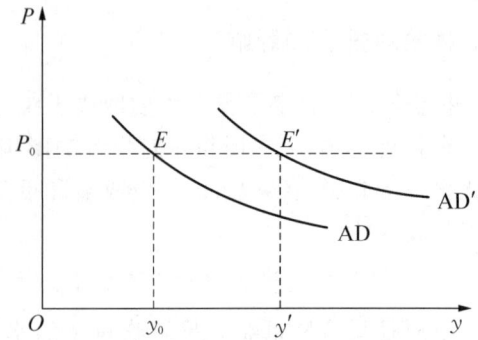

图 3-7 税收稳定经济运行的过程中,IS 曲线和 AD 曲线的移动

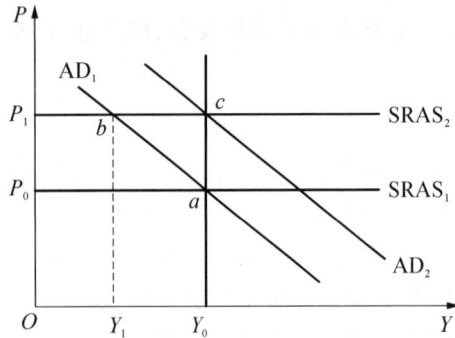

图 3-8 税收政策对产出和价格水平的影响

接下来,我们引入总供给曲线,同时考虑短期和长期均衡状态,观测税收政策对产出和价格水平的影响。如图 3-8 所示,自然水平产出为 Y_0,自然水平价格为 P_0。当发生不利的冲击推高成本时,短期供给曲线 $SRAS_1$ 会移动到 $SRAS_2$。因为总需求 AD_1 维持不变,所以均衡点从 a 点移动到 b 点,价格水平上升。这时的产出为 Y_1,价格水平为 P_1。

如果政府想让价格恢复到 P_0,那么可以选择袖手旁观,但是要经历长时间的"阵痛期"。因为这时候的产出和就业低于自然水平,所以随着时间推移,价格会逐步下降,产出会恢复到自然水平,均衡点从 b 点移动到 a 点,不利事件的冲击影响消失。

如果政府想尽快让产出从 Y_1 恢复到自然水平 Y_0,那么可以选择使用扩张性的财政政策(如减税)。这会使得总需求曲线 AD_1 右移到 AD_2,**产出会在短时间内恢复到自然水平,但是价格水平却维持在 P_1,永久性地提高了。**由此可见,用税收政策调整总需求,使经济回到正轨,不是一个百利而无一害的方法。但是,税收政策不失为应对不利冲击的好方法。

税收除了可以对价格、产出产生影响,同样可以对就业产生影响。税收作为总需求的一个重要变量因素影响总需求的变动,并间接影响就业水平的变动。**当现实的国民收入水平小于潜在的国民收入水平时,降低税率、减少税额有利于扩大需求,增加产出,增加就业;反之,提高税率、增加税额,会减少产出,减少就业。**

专栏 3-2　拉弗曲线

20 世纪 70 年代,美国经济学家阿瑟·拉弗提出了"拉弗曲线"理论。整个 80 年代,拉弗曲线和它所代表的供应学派税收理论在西方经济学界轰动一时,引发了世界规模的税制改革和经济调整。

传统供应学派意义上的拉弗曲线（见图3-9）的主旨在于说明税率、税收乃至总产出之间的辩证作用关系：当税率为零时，企业生产虽然因免税获取了最大化利润，但税收为零，政府不可能存在，经济处于无政府状态。当税率为百分之百时，企业的全部收入上缴政府，货币经济中的全部生产将因无利可图而停止，并为逃税转向物物交换经济。由于货币经济的中断，百分之百的税率下，政府收入仍是零。拉弗曲线正是存在于上述两种极端情况之间的一条曲线：当税率由低点上升时，税收也上升；到达某一点时，税收达到了顶点；税率由这一点继续上升便进入了阴影区，即过高的税率抑制了劳动、投资、储蓄等生产性活动的积极性，使社会生产下降，以至于较高的税率下反而得到较低的税收。

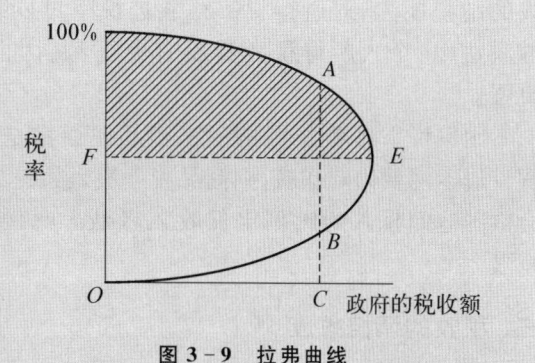

图3-9 拉弗曲线

拉弗曲线将税率视为影响总产出的决定性因素，同时认为税率变化导致的要素供给变化最终决定了总产出等宏观经济变量，因而从微观经济因素的角度，为宏观经济控制提供了新的思路，将抽象的经济原理引入了一个可以操作，可以量化分析的领域。

二、税收的收入分配效应

税收对收入分配的影响是指对初次分配和再分配产生影响，以兼顾效率与公平。我国现行的税中，流转税（增值税、消费税）属于初次分配，非流转税（所得税、财产税等）属于再分配。以消费税为例，政府可以通过税基、税率和征税方式三个方面影响人们的实际可支配收入，使他们的实际购买力发生变化。至于影响的大小，取决于具体的税收政策。值得注意的是，**政府在使用税收政策对收入分配进行调整时，需要同时考虑税负转嫁问题**。因为间接税的税收法定归宿并不一定是经济归宿，税收负担最终是由生产者还是消费者负担取决于供需弹性、成本变化等多种因素。

（一）征收税种对收入分配的影响

在复合税制下，征收不同的税种也会对收入产生不同的影响。个人所得税一般采用累进税率，而且不容易转嫁，因而能够直接调节个人的可支配收入。对奢侈品课征消费税有助于实现收入分配的公平，因为奢侈品的消费者大多为高收入者。对存款利息和遗产课税能够降低资本要素所有者的报酬，从而提升社会公平。流转税调节收入的作用有限，一个可行的方法就是对不同的商品和服务实行差别税率，但这又会对市场造成扭曲。

（二）税率形式对收入分配的影响

采用累进税率还是比例税率同样会带来不同的收入分配效应。

所得税直接以个人或企业的所得为计税依据，由于所得的大小最容易体现纳税人的纳税能力,对所得税实行累进税率可以有效达到收入再分配的目的。此外,在各国税法中,个人所得税大都没有免征额,因而所得税的累退性[①]更高,收入分配效应更强。

比例税率通常用于商品税,商品税通常是根据商品或服务的交易额按比例计征的。假设边际消费倾向递减,则商品税一般是累退的。一般而言,高收入者购买商品和服务的金额占他们收入的比例比低收入者低。比例税的低累退性使它调节收入的作用非常有限。

三、税收的调控效应

(一) 自动稳定器

自动稳定器(亦称内在稳定器),是与稳定性政策相对的一种税收政策工具。当经济出现变动时,自动稳定器不需要政府采取任何额外行动,就会自动对经济变动做出适当的反应,从而影响产出水平和价格水平。这种自动稳定器通常包括实行累进制的税种和部分政府的转移性支出。例如,所得税的多档税率使得经济进入萧条时期时,政府不需要采取任何行动,即可降低人民的税收负担,利于经济复苏。同样,当经济进入萧条时期,政府的转移性支出,如失业保障和福利制度,会因为人们的收入下降,有更多人申请保障福利,而自动增加该项转移性支付。更重要的是,这种自发的调控是即时的,它很好地克服了税收政策的时滞性问题。

自动稳定器虽好,但我们也要正确看待其中的问题,尤其是累进税制隐含的问题。累进税制的根本目的,是让收入高的人多缴税,收入低的人少缴税,在一定程度上缓和社会的贫富差距,实现大义上的公平。但是高收入的人往往是能力非常出众的人,他们的收入有多种组成方式,这也就意味着高收入人群有更多的税收筹划选择,可以尽可能降低实际税负。而低收入人群的收入来源单一,通常不存在税收筹划选择。从这个角度看,累进税制未能很好地履行其职能。此外,因为应缴税款是随着收入增长而增长的,所以在经济复苏时期,一部分增加的收入可能会被应缴税款吸收,影响需求的增加。

(二) 相机抉择机制

相机抉择机制是指政府根据经济运行中反映出的问题,主动采取财政、货币政策来解决问题。相机抉择具体可分为发现问题时的相机抉择和实施政策时的相机抉择。该机制赋予了政府极大的政策制定、政策执行的主动权。以央行的货币供给为例,央行年初可能会定下当年货币供给增长目标为 3%,但是发生意外的冲击时,央行相机抉择,加大了货币供给量,使当年增长远超 3%。

关于政府是否应该使用相机抉择机制,经济学界存在一定的争论。支持者认为,这个机制可以有效调节社会总需求和总供给,熨平经济的周期性波动,使经济处于相对平稳状态。而反对者认为,因为相机抉择机制会影响私人决策者的预期,所以不一定有用。这里以通胀为例解释:首先,当出现通货膨胀时,央行可能会公布要降低通胀。这是发现问题时的相机抉择。一旦人们相信了公告,通胀预期形成,央行就有动机不主动降低通胀,因

---

① 累退性,指纳税人的税收负担随着收入的增加而变小。

为低通胀意味着高失业。这是实施政策时的相机抉择。如果人们从开始就不相信央行，那么央行只能按所公布的去做——降低通胀，也就意味着取消相机抉择。

专栏 3–3   税收调控经济的局限性

1. 受限于国民收入的增长

根据税收乘数原理，税收收入的增长与国民收入的增长呈反比关系。也就是说，随着税收负担水平的提高，国民收入将会出现负增长。另外根据美国供给学派代表人物阿瑟·拉弗设计的拉弗曲线，我们可以知道，在税率低于某一拐点时，税收收入随着税率的提高而增长，但当税率超过该拐点时，随着税率的提高，税收收入将逐渐减少。因此，**税收的调控要以保持国民收入的适度增长为前提**，不能竭泽而渔。

2. 受限于税负转嫁的程度

税负转嫁是指纳税人在名义上缴纳税款之后，主要以改变价格的方式将税收负担转嫁给他人的过程。也就是说，最初的纳税人不一定是最终的实际负担者。从最初的纳税人到最终的负担者，这中间该项税收可能经过多次转嫁。**税负转嫁会导致税收对目标主体行为调节的失效。**

3. 受限于税收时滞的大小

税收调节经济会受到税收时滞问题的影响。税收政策的实施一般会产生以下五种时滞：认识时滞、行政时滞（行动时滞）、决策时滞、执行时滞和效果时滞。由于存在时滞，**税收调控具有滞后性，缺乏时效性和灵活性。**

4. 受限于税收的特定调控对象

税收调控的对象具有特定性。它只能针对纳税人。对于非纳税人，税收手段则鞭长莫及。另外，当公民的收入水平太低时，一些新税种的设置会受限制，如我国的遗产税迟迟不能出台，一个很重要的原因就是公民的收入水平总体偏低。

5. 受限于税收效率与公平的背离

税收公平包括普遍征税和平等征税两个方面。税收效率有两层含义：一是指征税过程本身的效率，即较少的征收费、便利的方法等；二是征税对经济运转效率的影响。

税收的公平与效率是密切相关的。从总体上讲，税收的公平与效率是互相促进、互为条件的统一体。首先，效率是公平的前提；其次，公平是效率的必要条件。只有坚持了公平与效率两个方面的税制才是好的税制。但就具体的税种而言，公平和效率往往不能兼得。为此，在宏观调控中要充分发挥好税收的应有作用，就一定要清楚地认识税收的作用点、力度和局限性，明白国家宏观调控需要财力作后盾，税收是国家财力的主要来源，要合理定位税收在 GDP 中的比重，清理税外的不合理收费，不断增加支出的透明度和纳税人对财政支出的知情、监督权，从建设服务型政府的要求出发，按照事权来合理划分中央财政收入和地方财政收入的比例。

第三节　最优税收理论的原则

最优税收理论主要包括公平原则和效率原则两大原则。

一、公平原则

最优税收理论的产生和发展

公平原则指出税收负担应公平合理地分配于全体社会成员之间,又称社会正义原则,是设计和实施税收制度的最重要的原则。公平原则可以分为受益原则与支付能力原则。

(一)受益原则

受益原则是指一个人从政府支出中得到的好处越多,他应缴纳的税额就越多;如果两个人获得了相同的好处,他们就应缴纳相同的税额。

(二)支付能力原则

最优税收理论的发展趋势

支付能力原则是指税收只对有纳税能力的人征税,并且征收额的大小应依各自不同的纳税能力变化。该原则又包含横向公平和纵向公平。简单地说,横向公平是指对相同的人给予相同的对待,即假定两人税前福利状况相同,横向公平要求税后两个人还拥有相同的福利状况。纵向公平是指对不同的人给予不同的对待,即如果两个人福利状况不同,那么,应该对二人征不同的税。

二、效率原则

税收的效率原则强调税收的中性原则,即税收不干预资源的配置,以免造成对纳税人的行为的扭曲。即税收只有收入效应,而不产生替代效应。在收入效应中,只有资源从私人的手中转移到政府的手中,而替代效应则会因为个人行为的扭曲而产生效率的损失。然而这种最优原则在税制设计中无法实现,因此,加拿大经济学家李普斯和美国经济学家兰卡斯特提出次优原则:**在维持一定的政府税收收入的前提下,使课税行为所导致的效率损失达到最小化。**

第四节　最优商品税

一、最优课税范围

(一)商品税的类型及其超额负担

商品税按课税范围大小分为一般商品税和选择商品税。一般商品税是指对所有流通中的商品征税,而选择商品税则是指对流通中的一部分商品征税。政府为获得确定的税收收入,应结合税收的公平与效率原则进行分析,应课征一般商品税还是仅选择其中一部分商品征税。

税收产生的超额负担是影响税收效率原则的重要因素,最优税制理论要求在保证政府获得一定税收收入的前提下,政府的征税行为带来的超额负担最小。为简化分析,我们在两种商品的情况下,比较一般商品税与选择商品税的超额负担。

假设市场上只有甲和乙两种商品,如图 3 - 10 所示。政府征税以前,消费者的收入预算约束线是 AB,斜率为商品甲和商品乙的价格之比。预算约束线 AB 与无差异曲线 U_1 相切,得到均衡消费组合 E_1。现在,如果政府决定对所有商品开征一般商品税,且对商品甲和商品乙适用相同的税率,那么商品甲和商品乙的价格将提高相同比例,商品甲和商品乙的税后价格之比不变,但消费者可购买的商品甲和商品乙的最大数量将会因价格的提高而下降。于是,征收一般商品税后,消费者的收入预算约束线会平行于 AB 并向内移动而变为 CD。它与无差异曲线 U_2 相切

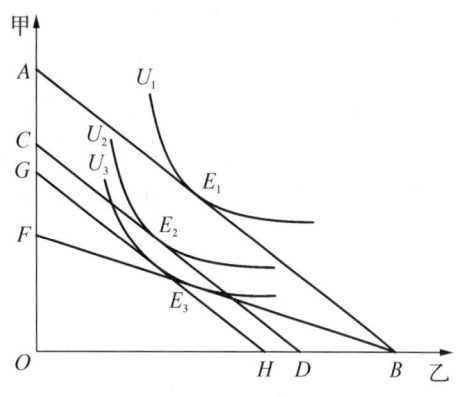

图 3 - 10   一般商品税与选择商品税
超额负担的比较

而得到新的均衡消费组合 E_2。如果政府决定只对商品甲课征选择商品税,并且保证可以获得与课征一般商品税相同的税收收入,则选择商品税的税率应高于一般商品税的税率。由于对商品甲征税而使商品甲的价格上升,消费者可以购买的商品甲的最大数量应低于征税前的水平,但是又因为没有对商品乙征税,所以商品乙的价格没有变化,则消费者可以购买的商品乙的最大数量也没有变化。因而,消费者的收入预算约束线将以 B 点为支点向左内旋而变为 BF,它与无差异曲线 U_3 相切得新均衡消费组合 E_3。显然,无差异曲线 U_2 的位置要高于无差异曲线 U_3,也就是说,一般商品税给消费者带来的福利损失要小于选择商品税给消费者造成的福利损失。

(二)从效率与公平两个角度探索最优税收制度

从效率原则的角度分析,一般商品税要优于选择商品税。通过比较课征一般商品税与选择商品税后形成的两个均衡消费组合 E_2 与 E_3,可以看出,在税收收入一定的情况下一般商品税比选择商品税更符合税收效率原则的要求。因为,用相同税率对所有商品征税只会产生税收的收入效应,不会产生替代效应,因而也不会扭曲消费者的消费选择,不会造成税收的超额负担;而对其中一部分商品课征选择商品税,不仅会产生收入效应,还会产生替代效应,从而使商品之间的边际替代率不再等于边际转换率,其结果必然会影响消费者的消费选择,并产生超额负担。图 4 - 1 中,平行直线 CD 与 GH 之间的垂直距离可以代表选择性商品税造成的超额负担的大小。

从社会公平的角度分析,对全部或大部分商品课征一般商品税,虽然可以减少税收造成的超额负担,有利于提高经济效率,但这种大范围的征税不可避免地会涉及一般生活必需品,而对生活必需品征税具有较强的累退性,因为与高收入者相比,低收入者通常将其大部分收入用于生活必需品的消费,这样低收入者承担的税收负担就可能高于高收入者承担的税收负担,从而使一般商品税不符合税收的公平原则。因此,最优商品税收制度要兼顾税收的效率与公平原则,**在尽可能广泛课征商品税的基础上,对一些基本的生活必需**

品给予免税,这种做法在许多国家的税收制度设计实践中得到广泛的应用。

二、最优税率结构

(一)拉姆齐法则

最优商品税问题的现代分析最早起源于拉姆齐(Ramsey,1927)的文章。根据对完全竞争市场中的单一家庭经济的分析考察,拉姆齐指出:最优税制应当使对每种商品的补偿需求均以税前状态的同等比例下降为标准,**即如果要实现最优商品税或者要使政府征税带来的超额负担最小,那么选择的税率应当使各种商品在需求量上按相同的比例减少**,公式表示如下:

$$\frac{\mathrm{d}x_1}{x_1} = \frac{\mathrm{d}x_2}{x_2} = \cdots = \frac{\mathrm{d}x_n}{x_n} \tag{3-1}$$

式中:x_n——政府课税前某一种商品的需求量;$\mathrm{d}x_n$——政府课税所导致的某一种商品需求的减少数量

(二)逆弹性法则

假定课税商品之间不存在交叉价格效应,鲍莫尔和布莱德福特(Baumol and Bradford,1970)在拉姆齐法则的基础上推导出逆弹性法则:**两种商品的税率应与其需求弹性成反比**,用公式表达为:

$$\frac{t_e}{t_i} = \frac{\eta_i}{\eta_e} \tag{3-2}$$

式中:t_e、t_i、η_e、η_i 分别代表有弹性商品和无弹性商品的税率和需求价格弹性。

专栏 3-4 拉姆齐法则的局限性

从理论上看,拉姆齐法则立论的前提条件在现实中是不存在的:其一,现实中任何一个国家的经济都处于不完全竞争状态,或者更准确地讲是处于垄断竞争状态之中。其二,现实中任何一个国家的经济一般也不处于没有国际贸易的封闭状态之中。其三,生产并不总是等于消费,经济中经常出现供给不足或者供给过剩的问题。其四,现实中,私人产品和公共产品并不总是相等,以及很少不发生外部性问题;货币的边际效用也不是常数,税收也不仅仅只是政府取得一定财政收入的手段,而政府不会不考虑收入分配调节问题,也不会不考虑相应的财政支出产生的各种影响问题。

从实践上看,拉姆齐法则在现实中也存在重大缺陷:第一,逆弹性的拉姆齐法则违背了税收的公平原则和社会公正价值观。比如,从商品的需求弹性来看,需求弹性的大小往往与商品的性质有关,一般来讲,属于生活必需品的商品往往需求弹性较小,而普通人在这方面需求占收入的比重较高相反,属于生活非必需品,尤其是奢侈品的商品往往需求弹性较大,而富人的这方面需求占收入的比重较高。如果按照拉姆齐的逆弹性法则设计商品税税率,必然导致负税能力小的普通人承担相对更重的税负,而负税能力强的富人承担相对更轻的税负,这不符合税收的公平原则和社会公正价值观。第二,按照拉姆齐的逆弹性法则设计商品税税率在征税实践上不可行。假定我们像拉姆齐一样只考虑税收的效率问题而不考虑公平问题,按照拉姆齐的逆弹性法则设计商品税税率,由于现实中的商品成千上万,其供给弹性、需求弹性又各不相同,政府要设计出符合拉姆齐法则的有效的商品税税率,首先就要充分掌握这近乎无穷多的商品的弹性信息,这在实践上是根本不可能的。其次,即使政府能设计出来,其商品税税率及税制也是非常复杂的,在实际操作中也是不可能的。

(三)对拉姆齐法则的修正

基于效率的要求,并不需要对所有商品按相同的税率来征税。最优商品税要求对需求弹性相对较小的商品课以相对高的税率,而对需求弹性相对较大的商品课以相对低的税率。这是因为一种商品的需求弹性越大,对其征税产生的潜在扭曲效应也就越大;反之,征税带来的扭曲效应就越小。但这样一来,就暴露了一个十分严重的问题,它忽略了收入分配具有内在的不公平性。为改变拉姆齐法则置分配公平于不顾的境地,理所当然应当对其加以适当的修正。

戴蒙德和米尔利斯(Diamond and Mirrlees,1971)将拉姆齐法则中的单个家庭经济扩展至多个家庭经济:**在需求独立的情况下,一种商品的最优税率不仅取决于其需求价格的逆弹性,而且取决于它的收入弹性。**这意味着最优税率的设定中引入了公平原则:对许多价格弹性和收入弹性都较低的商品来说,应当将实行高税率的分配不公问题和实行低税率的效率损失问题进行比较。具体来说,基于公平的考虑,对于高收入阶层尤其偏好的商品,无论其价格弹性是否很高也应确定一个较高的税率;而对低收入阶层尤其偏好的商品,即便其价格弹性很低也应确定一个较低的税率。

第五节 最优所得税

一、埃奇沃斯模型

(一)埃奇沃思模型的主要观点和经济含义

19 世纪末,埃奇沃斯建立了一个简单的模型,考察了最优所得税问题,在取得既定的税收收入前提下,**最优所得税的目标是尽可能使个人的效用之和达到最大。**用公式表示,如果 u_i 代表第 i 个人的效用,W 代表社会福利,税收制度应当满足:

$$\text{Max.} W = u_1 + u_2 + \cdots + u_n \qquad (3-3)$$

式 3-3 中,n 代表社会中的人数。

埃奇沃斯假定每个人的效用函数完全相同且收入固定,效用的大小仅取决于人们的所得水平。由于效用函数相同,只有当所得水平相同时,所得的边际效用才能相同。这就要求所设计的税制应当**使税后所得分配尽可能平等**。为实现这一目标,就应当对富人的所得课以高税,因为富人损失的边际效用比穷人的小。在所得分配已达到完全平等的情况下,政府还要增加税收收入,增加的税负应平均分配。可见,埃奇沃斯模型意味着**所得税制要实行高度累进税率制度,从最高所得一端开始削减所得,直至达到所得完全平等。**这实际上意味着高所得者的边际税率为100%。

（二）埃奇沃斯模型的假设条件

埃奇沃斯模型的假设条件是非常严格的。

(1)埃奇沃斯模型假定社会可能的所得总额是固定的,这意味着,即使税率达到100%,对产出水平也没有任何影响。

(2)个人效用水平仅取决于所得,没有考虑到闲暇。一旦考虑到个人效用不仅取决于所得,而且还取决闲暇,所得税就会扭曲工作决策,带来额外负担。

二、斯特恩模型

斯特恩(Stern,1976)根据一些不同的劳动供给函数、财政收入的需要和公平观点,提出了**最优线性所得税模型**。他得出的结论是,线性所得税的最优边际税率随着闲暇和商品之间的替代弹性的减小而增加,随着财政收入的需要和更加公平的评价而增加。斯特恩考虑了所得税对劳动供给的影响,并结合负所得税设想,得出了一种线性所得税模型。这是一种具有固定的边际税率和固定的截距的线性税收模型,公式如下:

$$T = -G + tY \qquad\qquad (3-4)$$

式3-4中：G——政府对个人的总额补助；T——税收收入；t——税率；Y——个人的全部所得。

当 $Y=0$ 时,税收为负值,即纳税人可以从政府那里得到 G 元的补助。当 $G/t \geqslant Y > 0$ 时,纳税人每获得1元所得必须向政府缴纳 t 元的税收。因此,t 是边际税率,即最后1元所得中应纳税额的比例,它是一个固定不变的常数。

斯特恩经过研究认为,劳动的供给弹性越大,边际税率 t 的值应当越小。最优税率与劳动供给的反应灵敏度、财政收入的需要和收入分配的价值判断密切相关,假如我们能够计算或者确定这些参数值,我们就可以计算出最优税率。因此,斯特恩模型对最优所得税制的设计具有指导意义。

三、米尔利斯模型

米尔利斯模型是最优非线性所得税研究的重要成果。

（一）米尔利斯模型的基本考虑和假设

1. 米尔利斯模型的基本考虑

(1)为了在税收中引入公平因素,米尔利斯设想无税状态下的经济均衡具有一种不公平的所得分配。所得分配由模型内生而成,同时每个家庭获取的所得各不相同。

（2）为了引入效率因素,所得税必须影响家庭的劳动供给决策。

（3）经济要具有充分灵活性,以便不对税收函数施加任何事先的约束。

2. **米尔利斯模型的假设**

米尔利斯对个人的效用函数进行假设,它假定消费与闲暇是可以替代的,从而构造出个人效用的无差异曲线,每个能力不同的人会根据自己的效用函数选择不同的工作时间和努力程度,最大化自己的效用。高能力者多工作,政府可以实现征税目标,因此政府的税收政策必须起正激励作用,税率应该是非线性的。

（二）米尔利斯模型的主要结论

在劳动力能力分布状况、政府财政收入最大化、劳动者效用最大化以及不确定性、无外部性等一系列严格的假设条件下,斯特恩将米尔利斯以及后来的相关研究取得的成果概括为以下三个观点并通称为米尔利斯模型的结论:

（1）边际税率应在 0 与 1 之间。

（2）有最高所得的个人的边际税率为 0。

（3）如果具有最低所得的个人按最优状态工作,则他们面临的边际税率应当为 0。

这就是著名的"倒 U 形"税率结构,即**个人所得适用的边际税率应该先累进,然后转向累退**。

第六节　直接税与间接税的最优均衡

一、希克斯和约瑟夫的理论

希克斯和约瑟夫利用序数福利经济学的方法,论证了直接税(对所得课税)和间接税(对商品课税)在中性方面的优劣,试图说明如何在使消费者福利减少最小的情况下课征所得税和商品税,或者说,在征收某种税后,相对其他税种而言,可使消费者处于最高的无差异曲线上。这实质上分析的就是"最优直接税与间接税"的问题。该理论假设:① 市场是完全竞争的;② 储蓄供给和劳动供给是固定的;③ 政府的税收收入是既定的。

希克斯和约瑟夫在分别分析了课税对在某种商品和其他商品间选择的影响、课税对在工作与闲暇间选择的影响、课税对在消费与储蓄间选择的影响之后,得出直接税(所得税)优于间接税(商品税)的结论。其原因在于:

（1）所得税不会引起消费者商品消费选择的重新组合,即不会因选择被扭曲而承担超额负担。

（2）在消费者必须支付一定税额的情况下,他更愿意缴纳所得税,而不愿政府对他所购买的商品课征同样多的税。

（3）所得税和一次总付税,在对消费与储蓄的影响上都优于商品税。

二、莫格的理论

希克斯和约瑟夫的理论是以税收收入既定或税收收入相同的假定为基础的。自凯恩斯革命以来,政府征税已不再局限于征收一定数额的收入,而是以税收为调节个人可支配收入的手段。因此,税收征策经常变动。在这种情况下,希克斯和约瑟夫的结论就不正确了。

莫格(Morag)在 1959 年分析指出,当政府课税并非以既定的税收收入数额为前提时,为实现减少等量的消费数量,间接税(消费税)优于直接税(所得税)。但是,莫格的结论是以消费者在课征消费税的情况下愿意保持一定的储蓄、减少消费为条件的,倘若消费者在课征消费税的情况下减少储蓄以维持税前消费水平,那么,莫格的结论就需要进一步的论证。

三、弗里德曼的理论

希克斯和约瑟夫的理论及莫格的理论都属于局部均衡分析,只考虑政府的征税行为对商品价格和消费选择的影响,而忽略了生产者生产成本的变动。美国经济学家弗里德曼在 1952 年利用一般均衡分析,同时考虑了课税对消费和生产两方面的影响,将模型的假设条件放松至不受完全竞争假定的限制、商品生产成本递增、税收收入不固定的情况。

如果以其他商品的减少为生产商品 X 的生产成本(机会成本),则商品 X 的生产结构是递增成本,即若要增加商品 X 的生产,就必须以递增方式减少其他商品的生产。假如政府征收所得税,则没有对商品 X 与其他商品 Y 之间的消费和生产之间产生任何扭曲。因为所得税既没有改变商品 X 与其他商品之间的产品边际替代率 MRSx(MRS 代表边际替代率),也没有改变商品 X 与其他商品 Y 之间的产品边际转换率 MRTx(MRT 代表边际转换率),两者都仍然等于商品 X 与其他商品 Y 之间的价格比,即:

$$MRSn = MRTx = Px/Py \qquad\qquad (3-5)$$

假如政府对商品 X 征收商品税,虽然政府也能够获得相同的税收收入,但会扭曲 MRSx 与 MRTx。因为,对于消费者来说,对商品 X 征收商品税会提高商品 X 相对于其他商品 Y 的价格,从而使商品 X 的价格因为征税而提高到高于其边际生产成本的程度,使消费者的税后无差异曲线位于较低的位置,降低了消费者的福利水平。不仅如此,该无差异曲线不再与生产转换曲线相切而是相交,从而产生了超额负担。

上述分析表明,选择性商品税扭曲了消费者在商品 X 与其他商品 Y 之间的消费选择,产生了超额负担,因此证明,所得税要优于选择性商品税。

四、李特尔的理论

李特尔 1951 年将闲暇引入分析框架,认为无论是征收直接税还是间接税,劳动供给都不能假定为是固定不变的。李特尔分析了政府征收各种商品税和所得税对商品 X、其他商品 Y 及闲暇 Z 的影响。

当政府征收商品税时,相对于其他商品价格来说,商品税将扭曲课税商品的价格;而当政府征收所得税时,假设所得税仍然是对两种商品按比例课征的税,则相对于工资率而言,所得税将扭曲这两种商品的价格。比如,如果对商品 X 征收商品税,那么,该商品税将提高商品 X 的价格,从而改变了商品 X 与其他商品 Y、闲暇 Z 之间的价格比;如果征收比例所得税,那么,虽然该比例所得税没有改变商品 X 与其他商品 Y 的价格,即商品 X

与其他商品 Y 之间的价格比并没有改变,但相对于劳动力市场的工资率来说,由于所得税改变了劳动者实际获得的工资水平,所得税改变了商品 X 商品 Y 与闲暇之间的价格比。进一步来说,对商品 X 征收商品税,由于改变了商品 X 与其他商品 Y 及闲暇 Z 之间的价格比,使商品 X 与其他商品 Y、商品 X 与闲暇 Z 之间的边际替代率不再等于边际转换率,对商品 X 课征商品税不是"最优税";而若征收所得税,虽然对商品 X 与其他商品 Y 来说,由于所得税并没有改变两种商品之间的价格比,商品 X 与其他商品 Y 的边际替代率仍然等于边际转换率,但是,所得税改变了劳动力市场的实际工资率,商品 X 与闲暇 Z、商品 Y 与闲暇 Z 之间的边际替代率不再等于边际转换率,因此,所得税也扭曲了商品 X 与闲暇 Z、商品 Y 与闲暇 Z 之间的选择,故而所得税也不能认为是"最优税"。由此可见,任何一种税都会对三个市场中的两个市场造成价格扭曲,因此无法判断哪一种税制更优。

五、科利特和黑格的理论

科利特(E. J. Corlett)和黑格(D. C. Hague)把最优税制理论与闲暇需求之间的关系进行了具体化。他们认为,**在设计商品课税的税率结构时,应对与闲暇互补的商品(如游艇)实行高税率,而对与闲暇互替的商品(如工作服)实行低税率。**这就是所谓的"科利特-黑格法则"(Corlett & Hague Rule)。

如果提高对某种商品的课税而降低对另一种商品的课税,以便获得相同的税收收入,那么,消费者的福利水平能否得到提高呢?对此,科利特和黑格得出的结论是,如果这种边际变化使消费者占有的闲暇减少,那么该消费者的福利水平就会提高。由于税务当局无法对闲暇征税,无法根据闲暇的需求弹性实行拉姆齐法则,但税务当局可以通过对与闲暇有关的商品的课税来间接实现对闲暇的课税。如果税率被提高的那种商品是与闲暇具有很大互补性的商品,税收的边际变化可能会使消费者占有的闲暇减少,从而使该商品税类似于对闲暇课征的一种间接税。

拓展阅读

最优税收理论与世界性税制改革

📁 ≡ **本 章 小 结**

----

1. 税收政策对经济的影响,包括税收对劳动力供给的影响,税收对储蓄的影响,税收对投资的影响,税收对产出水平、价格水平、收入分配的影响。

2. 在微观分析中,税收主要通过改变要素相对价格或者改变消费者实际可支配收入来对劳动力供给、储蓄、投资产生影响。在宏观分析中,税收主要通过推动总需求的移动,使其与总供给形成新的均衡点,从而对产出水平、价格水平、就业率产生影响。

3. 税收政策虽然可以用于维持经济平稳运行,但我们不能忽视税收政策本身的局限,如税负转嫁、政策调控空间有限、时滞性。这些局限的存在,要求政府在制定税收政策的过程中,要考虑得更全面、充分,且应该用"组合拳"进行政策调控。

4. 最优税制理论旨在寻求政府征税过程中权衡公平与效率的思路和方法,按照次优原则提供实现税收扭曲效应或福利损失最小化的途径。

5. 最优商品税理论所研究的就是通过对商品课税来取得既定税收收入时，应如何确定应税商品的范围和税率，才能使政府课征商品税带来的效率损失最小化。

6. 从效率原则的角度分析，一般商品税优于选择商品税。从社会公平的角度分析，一般商品税不符合税收的公平原则。

7. 拉姆齐法则又称等比例减少法则。该法则认为，如果商品课税是最优的或者说要使政府征税带来的超额负担最小化，那么选择的税率应当使各种商品在需求量上按相同的比例减少。

8. 递弹性法则是指在最优商品课税体系中，当对各种商品的需求是相互独立时，对各种商品课征的税率必须与该商品自身的价格弹性呈反比例关系。

9. 米尔利斯最优非线性所得税模型结论有三：第一，边际税率处在0和1之间；第二，对最高收入的个人的边际税应为0；第三，如果具有最低工资率的人正在最优状态下工作，那么对他们的边际税率也应为0。

10. 科利特和黑格法则认为，为纠正商品税对工作闲暇关系的干扰，有必要在设计商品税的税率结构时采取一种补偿性措施，即对与闲暇互补的商品课征较高的税率，而对与闲暇替代的商品课征较低的税率。

 复习思考题

一、单项选择题

1. 关于税收引起人们在劳动和闲暇之间的选择，可以认为，平均税率的变动引起（　　），边际税率的变动产生（　　）。
   A. 收入效应，替代效应
   B. 收入效应，收入效应
   C. 替代效应，收入效应
   D. 替代效应，替代效应

2. 以下对经济效率的不利影响最小的（　　）。
   A. 所得税
   B. 增值税
   C. 选择性商品税
   D. 人头税

3. 把税收和税率联系在一起的曲线是（　　）。
   A. 税收曲线
   B. 洛伦兹曲线
   C. 收益曲线
   D. 拉弗曲线

4. 税收的横向公平是指（　　）。
   A. 通过公平税负，创造一个公平的外部税收环境
   B. 具有相同纳税能力的人承担相同的税收
   C. 具有不相同纳税能力的人承担不相同的税收
   D. 收入的公平分配

5. 把税收分为直接税和间接税是按（　　　）来分类的。

A. 课税对象的性质　　　　　　　　B. 税负能否转嫁

C. 价税关系　　　　　　　　　　　D. 计税标准

6. 在累进税制的情况下，平均税率随边际税率的提高而上升，但平均税率（　　　）边际税率。

A. 高于　　　　　B. 低于　　　　　C. 等于　　　　　D. 无关于

7. [厦门大学 2011 年研]调节纳税人税收负担纵向平衡问题的税率形式多为（　　　）。

A. 比例税率　　　B. 累进税率　　　C. 边际税率　　　D. 固定税率

8. 从资源配置角度分析，一般商品税所造成的超税负担要（　　　）选择性商品税。

A. 小于　　　　　B. 等于　　　　　C. 大于　　　　　D. 以上都不对

二、多项选择题

1. 下列原则属于税收效率类原则的有（　　　　　）。

A. 受益原则　　　　　　　　　　　B. 促进经济发展原则

C. 征税费用最小化原则　　　　　　D. 能力原则

2. 下列原则属于税收公平类原则的有（　　　　　）。

A. 受益原则　　　　　　　　　　　B. 促进经济发展原则

C. 征税费用最小化原则　　　　　　D. 能力原则

3. 税收是调节收入分配的一个极其重要的经济杠杆，税收对收入分配的调节作用，主要体现在（　　　　　）。

A. 累进的个人所得税对高收入阶层收入的调节

B. 消费税对高收入阶层支付能力的调节

C. 比例的财产税对财富过度集中的调节

D. 社会保险税对高收入阶层收入的调节

4. 税收所造成的超额负担同以下（　　　　　）因素相关。

A. 商品的弹性　　　　　　　　　　B. 税率

C. 税前购买支出　　　　　　　　　D. 商品的价格

5. 有利于改善资源配置状况，产生增进社会福利的政府课税有（　　　　　）。

A. 开征环境保护税

B. 促进欠发达地区经济增长的税收优惠

C. 与"幼稚产业"的进口制成品征收高关税

D. 对风险投资的税收鼓励

三、简述题

1. 税收调控的局限性。

2. 联系我国目前收入分配实际，探讨税收对收入分配的作用。

3. 税收是如何影响劳动供给的？

4. 税收是如何影响产出水平的？

5. 分析自动稳定器的优劣。

6. 简述最优税制理论的基本原理。

7. 拉姆齐最优商品税理论有何重要学术贡献？

8. 简述拉姆齐法则与逆弹性法则的联系。

9. 简评逆弹性法则在税收实践中的可行性。

10. 米尔利斯最优所得税理论有何重要学术贡献？

四、案例分析

案例一　房地产税改革公平吗？

（一）房地产税改革试点的背景

目前，我国房产税主要针对商用房征收，税收收入规模小，收入分配调节作用弱。为加大税收调节作用，坚持"房住不炒"，稳定房价，房产税的征收需要扩围到居住用房，并把城镇土地使用税合并进来，统称"房地产税"。党的十八届三中全会决定提出"加快房地产税立法并实施推进改革"，房地产税改革纳入税收法治化轨道。2021年10月23日，第十三届全国人民代表大会常务委员会第三十一次会议通过了《关于授予国务院在部分地区开展房地产税改革试点工作的决定》。这标志着我国房地产税立法终于迈出了实质性的一步。房地产税的后续试点工作与后续推出拥有了法律的正当性。

（二）房地产税改革试点的意义

房地产税改革试点推行意义重大：一是调节国民收入分配，抑制炒房、挤出囤积空置住房，响应国家"房住不炒"的战略定位，这对于实现共同富裕具有重要意义。二是健全地方财政收入体系，提升国家治理能力与治理体系现代化。由于房地产税具有税源稳定、抗周期性强的特征，地方政府可以根据当地情况酌情征收，发挥补充财力、提供公共产品的作用，促进地方经济高质量发展。

（三）房地产税改革试点阶段的政策选择

房地产税改革试点的一大特点是尝试"多级立法"，实现"一城一策"，即国务院授权给财政部、国家税务总局，以两部委联合发文的形式颁布试点办法，授权试点地区根据当地实际情况细化试点征税方案，充分发挥了地方的积极性。

房地产税改革试点工作最为关键的是采用什么样的房地产税制，以及如何构建科学的征收方式与监管机制。2011年，上海、重庆首先试点实施了房地产税。根据国民经济统计数据，2020年上海征收的房产税为198亿元，重庆征收的房产税为71.7亿元，占当地财政收入和土地出让收入的比重微乎其微，上海、重庆的房产税试点效果欠佳或未能达到预期效果。

重庆的房产税只对高档住房征收，重庆每年会设一个高档住宅的均价红线，这个红线一般定在全市房产均价的2倍左右。针对高端住宅用户，税率设置为0.5%～1.2%。由于纳税对象主要是高端住宅用户，税基不够宽广，税率也不算高，征收的税额就非常有限。上海的房产税只针对增量房产征收，即征税对象是

2011年1月27日以后购买的上海房产,房产税的税基只针对在沪居民家庭第二套和第二套以上住房,上海还设置了人均60平方米的免税面积,即一家三口180平方米以下的部分不征税,税率也仅在0.4‰~0.6‰之间。我国未来房地产税试点,须同时借鉴上海方案和重庆方案,同时对税率、税基、税收优惠等税制要素做出适当调整:

(1) 对于必须监控的企业或公司拥有的住房,税率可设置得高一点;对居民拥有的商业用房,税率也可设置得高一点,以起到调节不同主体交叉投资不同性质房产的作用。

(2) 此次房地产税改革试点必须拓宽税基、适当提高税率,并区别不同性质的房产,赋予不同的税收政策。

(3) 对于免税面积,自然会继续保留,建议根据房产坐落地点给出合理的价格范围。

(4) 对于拥有多套住房的居民,房地产税采取累进税率,以调节居民财富分配差距。这与中央倡导的共同富裕政策目标相一致。

(四) 推进房地产税改革试点的政策建议

房地产税首批试点城市的选择,建议采用以下标准:一是示范性强、城市规模和人口基数较大的城市;二是经济发展水平相对较高、平均房价相对较高的城市;三是不动产信息管理完备、数字化水平高的城市。在未来5年内,为稳妥推进房地产税试点工作,建议以下城市入围首批试点城市:上海、深圳、杭州、沈阳、重庆、南京、成都、武汉、郑州、厦门、宁波、青岛和海南等。此外,也要选择部分中等城市和少量三线城市进行改革试点,以对比分析不同层次城市的改革试点效果,积累房地产税经验。

房地产税改革试点还要考虑特殊产权情况。我国有一类特殊的住房——央产房,全称是核心在京单位已购公有住房,通常由职工按成本价或标准价购买该类住房,还有个别央产经济适用房。此类住房属于单位建设安居工程住房或集资合建住房,需经本单位开具上市证明后,房产交易管理部门登记才可以上市交易,且交易时必须先缴纳综合地价款后才能在市场上买卖。未来对此类住房征收房地产税时,需要专门确认计税价格或出台优惠政策,否则按照目前的购买成本则无法与商品房共同适用一致的房地产税政策。

对小产权房是否征收房地产税问题,目前的改革试点也要充分考虑,建议不能豁免,可出台依据市场价格确定税基的征收方案,以实现对小产权房的税收监管。对于依法拥有农村宅基地及其上住宅,可暂予以豁免征税。等未来集体经营性建设用地普遍入市后,再深入研究在集体经营性建设用地上建造房地产的征税政策。

讨论:

1. 请结合我国当前经济形势,分别利用税收的宏观经济效应和微观经济效应,探讨开征房产税对我国经济的影响。

2. 分析房产税试点的利弊。

案例二　我国增值税减税降费

按照党中央、国务院部署，为进一步完善税制，支持制造业、小微企业等实体经济发展，持续为市场主体减负，从 2019 年 4 月 1 日起，一是将制造业等行业增值税税率从 16% 降至 13%，将交通运输、建筑、基础电信服务等行业及农产品等货物的增值税税率从 10% 降至 9%。二是统一增值税小规模纳税人标准。将工业企业和商业企业小规模纳税人的年销售额标准由 50 万元和 80 万元上调至 500 万元，并在一定期限内允许已登记为一般纳税人的企业转登记为小规模纳税人，让更多企业享受按较低征收率计税的优惠。三是对装备制造等先进制造业、研发等现代服务业符合条件的企业和电网企业在一定时期内未抵扣完的进项税额予以一次性退还。四是对生产、生活性服务业务纳税人提供加计扣除优惠政策。

讨论：最优税制理论对完善我国增值税制有何借鉴意义？

 解析

第四章 税制结构理论

本章要点

1. 税种的设置与不同税种在国民经济中的定位
2. 主要的税种分类
3. 税种制度要素
4. 影响税制结构的因素
5. 发达国家与发展中国家税制结构的比较
6. 经济转轨时期中国税制的选择

案例导入

增值税是怎样引进中国的？

1979年2月，财政部主办的《财务与会计》月刊第二期刊登了署名财政部科研所外国财政室的《西欧九国共同体的增值税》一文，很快引起了财政部税务总局有关处室人员、总局领导和部领导的高度重视。因为中华人民共和国成立后，税制建设的一大难题就是商品流通中的重复征税问题，而且一直未能找到比较理想的解决办法，所以上述文章中介绍的增值税让大家眼前一亮。经过研究和调查，当年3月，税务总局就在关于税制改革的调查研究报告中提出了引进增值税的建议，并引起了财政部领导的关注。经财政部批准，在调查、测算的基础上，当年9月，湖北省财政厅决定自当年10月起在襄樊市机械行业进行增值税试点。次年，财政部税务总局局长刘志城率团专程赴法国，对该国的增值税制度做了全面、深入的考察。此后，增值税试点逐步推进，征收面逐步扩大，经过1984年、1994年和2016年三次重大改革，最终得以全面推行。

我国引进增值税初期也曾经遇到一些阻力，甚至有些人把它当作资本主义的东西加以批判。这时候，财政部科研所所长许毅研究员挺身而出，坚决支持引进增值税。他在1979年5月财政部召开的全国税务工作会议上的讲话中明确提出，增值税可以解决重复征税的矛盾，不要嫌增值税这个词来自资本主义国家就全盘否定它。许毅和其他著名学者的大力支持，对我国引进增值税起到了重要的促进作用。

思考：增值税产生的时代背景是什么？当今的数字经济社会还适用增值税制度吗？请给出你的分析结论与论据。

第一节　税制结构概述

一、税制结构的概念

（一）广义的税制结构

从经济角度而言,税制结构是税种调节体系,亦称税收制度。**一个国家的税制结构是指构成税制的各税种收入之间的关系及其占税收总收入中的比重,主要是指由哪些税种构成、以哪一个或哪几种税为主要税种、哪些税为辅助税种,以及它们的调节方向和构成等。**建立税制结构中最重要的主体税种的选择问题,实际上就是以间接税还是直接税为主体的问题。从政治角度而言,税制结构是税收管理体制,指国家对税收管理工作在中央和地方之间划分各自权限的制度结构。税收管理体制主要有三种类型——中央集权制、地方分权制、集权和分权结合制。从工作规程角度看,税制结构是税收的征收管理制度。

（二）狭义的税制结构

对单个税种来说,**税制结构旨在说明税种是如何构成的,即对征纳双方有何具体规定。**一般来说,一个税种主要由纳税人、课税对象、税率、纳税环节、纳税地点、纳税期限、税收优惠、税务违章处理等 8 个要素构成。

二、广义税制结构的模式

根据税种数量的多少,可以将税制结构分为单一税制和复合税制两种类型。

（一）单一税制模式

1. 单一税制模式的概念

单一税制是指一个国家在一定时期内只以一种事物为对象设置税种所形成的制度,具体的税种数量可以是一个,也可以是经济性质相同的少数几个税种。单一税制主要包括单一土地税、单一消费税、单一资本税和单一所得税。

（1）**单一土地税**最早是由以法国布阿吉尔贝尔为代表的重农学派提出的。重农学派认为,土地是财富的唯一源泉,只有土地才能生产剩余产品,形成土地所有者的纯收益,也只有课于地租的税才不能转嫁,其他税收的负担最终都要归到地租上,因而只有地租税才有存在的必要,其他各税均应废除。

（2）**单一消费税**首先是在 17 世纪由以英国霍布斯为代表的早期重商主义者提出的。他们认为,社会中的每个人都要消费,消费税可以反映人民从政府活动中获得的利益,也只有消费税才能使税收负担普及全体人民,并限制贵族及其他阶层的免税特权。

课堂思考

19 世纪中叶,德国学者普费菲认为,消费是纳税人纳税能力的体现,消费多者,税收负担能力就强;消费少者,税收负担能力就弱,因而对消费品课税最能体现税收公平原则。

你认为这个说法现在仍合理吗?

（3）**单一资本税**最早是由法国的计拉丹和门尼埃等人提出的。他们所说的资本，指的是不产生收益的财产，他们主张课税的标准是资本的价值，因为对资本课税既可以促使资本投资于生产，也能刺激资本的形成。

（2）**单一所得税**最早是由法国人波丹提出的。他认为，所得税只是对少数富有者征收，最为公平合理，所得税富有弹性，能满足政府的财政需要，而且实行累进税率的所得税，还可以平衡社会财富。

2. **单一税制模式的缺陷**

从理论上来讲，单一税制的优点在于课征方法简单，征收费用少，税收负担相对较轻，而且对经济运行的扭曲也比较小。然而，由于课税对象单一，任何一个单一的税种都无法保证政府取得充裕、稳定和可靠的财政收入，而且也容易导致税源枯竭，扭曲资源的配置，从而阻碍经济的发展。此外，任何单一税制都不可能普及全部或大部分的人和物，不满足普遍课税的原则，无法实现税收负担的公平分配，也不利于税收发挥其对社会经济的调节作用。正因为这样，在历史上从未有任何一个国家全面实行过单一税制，它只不过是纯理论上的设想。但不可否认的是，**单一税制理论中所包含的简化税制、降低税率、扩大税基、减少对资源配置的扭曲以及对越来越复杂的累进税制进行适当矫正等思想**，对现代各国税收制度的建设与改革仍具有积极作用，在税收学说史中具有较大的影响。

（二）复合税制模式

1. **复合税制模式的概念**

复合税制是指一个国家在一定时期内以多种事物为对象设置税种所形成的制度，它表现为经济性质不同的多个税种的同时存在，在实践中往往形成以一个或几个税种为筹集财政收入和调节社会经济运行的主体税种。在由多税系、多税种共同构成的复合税制中，必然存在不同税系以及各税系内部各个税种之间如何协调与配合的问题。

依照主体税种数量的不同，可将复合税制分为单主体税种、双主体税种和多主体税种等三种模式。

单主体税种的复合税制是在多个税种并存的情况下，以某一个税种为主体税种的制度。在不同的经济发展阶段，曾有过不同的税种发挥主导作用，并因此形成了不同的单一主体税制模式。在自然经济条件下，土地税一直是占主导地位的税种；市场经济形成后相当长一段时期内，实行的是以商品税为主体税种的税收制度；而在市场经济高度发达时实行以所得税为主体税种的税收制度。双主体税种的复合税制是在多个税种并存的情况下，以两个税种为主体税种的税收制度。多主体税种的复合税制则是指以三个或三个以上的税种为主体税种的税收制度。在具体的实践中，绝大部分国家的税制结构采用的都是单主体税种模式，双主体税种或多主体税种的税制模式并不多见。

2. **复合税制模式的优越性**

世界各国之所以普遍实行的是复合税制，主要是因为复合税制在取得财政收入和调节社会经济运行等方面具有相对优越性，体现在以下几个方面。

（1）复合税制可以确保政府取得充足的税收收入。复合税制下开征的税种数量多、课税面宽、覆盖面广，不论是社会再生产的哪一个环节或者是国民收入分配中的哪一个层次，凡是在社会经济运行中存在的事物或发生的事实均可成为课税对象；凡是与课税对象相关的人,无论是自然人还是法人,也无论是本国人还是外国人,都负有纳税义务。在这种情况下,复合税制能够确保政府及时地取得充足的财政收入,满足社会公共需要;与此同时,复合税制也使得政府的税收收入具有一定的弹性,可以适应社会经济形势的变化。

(2)复合税制能保证税收负担的公平分配。在复合税制下,课税对象与纳税人分布广泛,可以使税收负担分配到社会经济生活各个领域中去,不会出现税负畸重畸轻的现象,有利于社会经济的均衡发展。复合税制中的各个税种还存在相互配合、相互补充的关系,在主要按照支付能力原则分配税收负担的同时,还辅以按照受益原则来分配税收负担,能够确保税收负担的分配基本做到公平合理,有利于保持经济的正常运行和社会的稳定。

拓展阅读

OECD 国家
的税种设置

(3)复合税制可以使税收在多个方面对社会经济运行进行调节。不同性质税种的课税对象存在着较大差异,从而决定了不同税种对社会经济运行的影响也是不同的。复合税制中既包括所得税和商品税,也包括财产税和其他税种。这使得复合税制能兼容各个税种对社会经济不同的调控作用,可以对社会经济生活的方方面面进行调节,从而有利于社会经济持续稳定地发展。

三、狭义税制结构的要素

每一个税种都规定有相应的征税办法。尽管各个税种有着不同的特点,而且不同时期做出的制度安排也不尽相同,但每一个税种征税办法的构成要件却是相同的,具体包括对什么征税、向谁征税、征多少税以及何时何地纳税等,它们是狭义税制结构的基本要素。从一般意义上看,狭义税制结构的基本要素包括纳税人、课税对象、税率、纳税环节、纳税期限、纳税地点、减免税和违章处理等,其中纳税人、课税对象和税率是最为重要的三个要素。狭义税制结构要素如表 4 - 1 所示。

表 4 - 1　狭义税制结构要素

税种制度要素	概　　念
纳税人	纳税人指的是根据税法的规定直接负有纳税义务的单位和个人,也常常被称为纳税义务人
课税对象	课税对象是政府征税的客体或目的物,表明政府到底对什么样的东西征税。作为狭义税制结构最基本的要素之一,课税对象在总体上确定了税种的课税范围,具体规定着税种征收的基本界限,同时也是**一个税种区别于另一个税种的根本性标志**
税率	税率是应纳税额与课税对象数额之间的比例,是计算税额的尺度,也是一个政策非常重要的税收政策工具。在课税对象既定的情况下,税率的高低反映了政府征税的深度,也直接关系到政府财政收入的多少和纳税人负担水平的高低。税率有比例税率、定额税率、累进税率、累退税率等四种基本形式
纳税环节	纳税环节指的是处于运动中的课税对象,在商品流转的众多环节中,按照税法的规定应当缴纳税款的环节。根据选择纳税环节的多少,可分成一次课征制和多次课征制两种课征制度。一次课征制只在商品流转的某一个环节征税,而多次课征制在商品流转的两个或多个环节征税

税种制度要素	概　　念
纳税地点	纳税地点是纳税人应当缴纳税款的地点。纳税地点的确定关系到税收管辖权的归属和是否便于纳税等问题。在税法中明确规定纳税地点也有利于防止漏征或重复征税。纳税地点既可以是纳税人的住所地,也可以是营业地、财产所在地或特定行为的发生地
纳税期限	纳税期限具体是指纳税人发生纳税义务后,向税务机关缴纳税款的法定时间限度,**是税收的强制性和确定性在时间上的体现**。规定纳税期限有利于政府财政收入的均衡和稳定,也有利于纳税人的资金调度和经费核算,对征纳双方都是有利的
税收优惠	按照免除或减轻税收负担具体途径的不同,税收优惠可以分为税基式优惠、税率式优惠、税额式优惠和税收递延式优惠四种基本形式。税基式优惠是通过直接缩小税基的方式来实现免除或减轻纳税人的税收负担,具体包括起征点、免征额或税收扣除、亏损递补以及跨期结转等;税率式优惠指的是对特定的纳税人或特定的经济活动,采用较正常税率低的税率征税的方式,来实现免除或减轻税收负担,具体包括减按低税率征税和实行零税率;税额式优惠指的是通过直接减少应纳税额的方式实现的免除或减轻税收负担,具体包括税收抵免、优惠退税、减税和免税等形式;税收递延也常被称为延期纳税,指的是政府准许纳税人推迟缴纳应纳税款或分期缴纳应纳税款,从而减轻其当期税负
税务违章处理	税务违章处理是指税务机关根据税法的规定对纳税人的税务违法行为所采取的惩罚措施,是维护税法严肃性的重要手段,体现了税收的强制性。纳税人的税务违法行为通常有逃税、欠税和抗税等。对纳税人税务违法行为必须依法予以行政处罚,构成犯罪的要由司法机关追究刑事责任

专栏 4-1　边际税率和平均税率、累进性和累退性

　　边际税率指的是在课税对象的一定数量水平上,课税对象的增加导致的应纳税额的增量与课税对象的增量之间的比例。平均税率是指全部税额与课税对象总量之间的比例。

　　在不同的税率形式下,边际税率和平均税率的变化趋势以及相互间的关系是不同的。在比例税率下,由于税率不随税基的变化而变化,因而当税基发生变化时,其边际税率和平均税率均保持不变,并且边际税率等于平均税率。在累进税率下,随着税基的增大,边际税率和平均税率都呈现出上升的趋势,但平均税率始终要低于边际税率;而在累退税率下,随着税基的增大,边际税率和平均税率都呈现出下降的趋势,但平均税率始终高于边际税率。

　　平均税率的高低直接关系到税收收入效应的强弱,平均税率越高,税收的收入效应也就越强,反之就越弱。然而在对经济活动主体行为的影响上,边际税率比平均税率的影响要大一些,即边际税率的高低直接关系到税收替代效应的强弱。这主要是因为如果边际税率较高,那么增加收入中的大部分都会被政府以税收的方式拿走,这无疑会极大地影响经济活动主体的积极性。

在进行税收经济分析时,还经常提到税收的累进性和累退性。税收的累进性和累退性不同于累进税率和累退税率。税收的累进性和累退性通常是以平均税率为依据,或者以纳税人承担的税收负担与其收入间的比例关系为标准来进行判断。如果纳税人的收入越高,其承担的税收负担占其收入的比例也越高,或者说平均税率随着收入的增加而上升,则可以说税收具有累进性。如果低收入阶层承担的税收负担占其收入的比重高于高收入阶层承担的税收负担占其收入的比重,则可以说税收具有累退性。另一种衡量税收累进性和累退性的方法是看其收入的弹性,收入弹性越大者若税收收入变化的比例除以收入变化的比例越大,则越具有累进性,反之,则越具有累退性。

第二节　影响税制结构的因素

拓展阅读

十九至二十世纪各国税制结构变化及税制结构影响因素

税制结构决定因素决定税制结构的方式与过程如图 4-1 所示。影响一个国家税制结构的因素,主要有经济发展水平、政府政策目标、税收征管和历史文化。

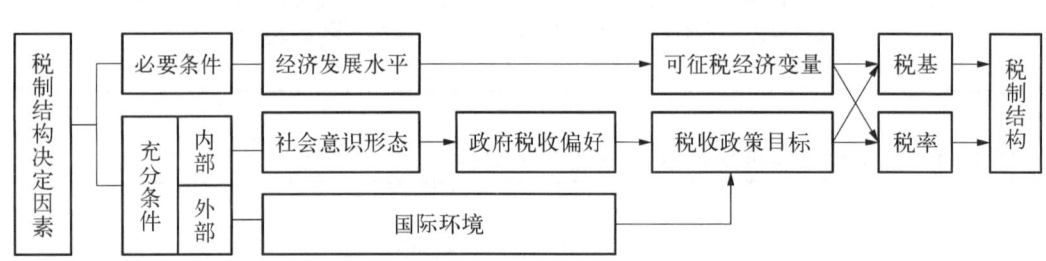

图 4-1　税制结构决定因素决定税制结构的方式与过程

一、经济发展水平

经济发展水平决定了一个国家国民经济的生产结构和分配结构,**直接制约着税收收入的绝对规模和相对规模**,制约着税种的选择和组合、税目的确定和税率的设置,并最终对一个国家税制结构的选择起决定性的作用。

经济发达国家的经济发展水平高,人均国民收入处于较高的水平,从而使个人所得税的征收具有丰富的税源。较高的经济发展水平也必然伴随着较高的经济货币化、城市化和公司化程度。在货币化程度高的经济中,个人所得主要表现为货币所得,有利于所得税的准确计算及个人所得税公平性的提高。人口集中于城市且大部分人在公司企业工作,有利于采用源泉扣缴的方法来征收所得税,也便于对个人收入水平进行核查。这些都为大规模地征收所得税创造了便利的条件。

发展中国家经济发展水平低下,人均国民收入也不高,使得个人所得税的税源较为有限。此外,生产力水平低下导致经济的商品化、货币化和社会化程度也很低,存在大量自给自足、分散经营的实物经济,所得不完全表现为货币所得,因而个人所得税的偷税现象相当严重,而且所得税也很难做到普遍征收和量能负担。再加上所得税是对所得额的课税,收入要扣除成本后才能成为征税对象,使得发展中国家如若依靠所得税将无法取得足够的财政收入。正因如此,发展中国家一般选择税基广、可以较好地保证政府财政收入稳定性的商品税为主体税种。各国的税收实践也表明,随着人均国民生产总值的提高,所得税在全部税收收入中所占的比重会逐段上升,而商品税则同步下降。

二、政府政策目标

政府在进行税制结构设计时,往往不得不在公平与效率这两个既对立又统一的目标之间进行权衡,并做出选择。

对于经济发达国家而言,发展经济的任务已经基本完成,但贫富悬殊、分配不公等问题十分突出。为了缓和社会矛盾、保持社会稳定,经济发达国家在效率与公平之间更加关注公平问题,纷纷推行以收入公平分配为目标的社会政策,通过采用具有"自动稳定器"作用的累进所得税和广泛征收的社会保障税来实现收入再分配,以达到缩小贫富差距和稳定经济运行的效果。

与经济发达国家不同的是,发展中国家面临着迅速发展本国经济的任务,因而其税收政策在效率和公平之间往往更侧重于促进经济增长的效率目标。以商品税为主体税种的税制结构,可以避免征收所得税对储蓄和投资造成的负面效应,有利于实现经济效率目标。这也是发展中国家采用以商品税为主体税种的税制结构的重要原因之一。

三、税收征管水平

经济发达国家普遍建立了完善的税收征管体制。信息化的征管系统和现代化的税收征管手段已广泛应用于纳税申报、所得税的年终汇算清缴、税务审计、税收法规和资料的存储检索以及税务咨询服务等工作。税收征管也有健全的监督制约机制。税务人员素质较高。因而,经济发达国家的所得税大体上做到了应收尽收,偷逃税款的现象不是很严重。

发展中国家的税收管理水平较低,税收征管手段和技术较为落后,加上经济货币化、城市化和公司化程度低,收入难以控制的农业就业人口和城市非正式就业人口占比较大,客观上使得所得税的有效征管面临较大的困难,从而导致发展中国家所得税偷逃现象十分严重,因而建立以所得税为主体税种的税制结构的可能性较小。

相比较而言,商品税对税收征管水平的要求比所得税低许多。商品税一般采用从价定率或从量定额征收,比采用累进税率征收的个人所得税对征管水平的要求要低许多。所有这些都决定了发展中国家更多地选择以商品税为取得财政收入的主要渠道。

四、历史文化

历史文化因素在主体税种的形成过程中也发挥了一定的作用,这主要是因为具有历史连续性的文化观念、思维习惯在左右着人们的纳税意识。不少发展中国家法治观念淡薄,社会成员的纳税意识不强,在一定程度上导致税制结构只能停留在以间接税为主体税种的水平上。经济发达国家的社会成员有良好的纳税意识,为税制结构从以间接税为主体税种平稳过渡到以直接税为主体税种提供了坚实的文化基础。

第三节　经济转型时期中国税制结构的选择

一、经济转型时期中国税制改革的背景

（一）我国经济已由高速增长阶段转向高质量发展阶段

拓展阅读

改革开放以来我国税制改革进程

改革开放以来,中国经济经历了近 40 年 9%～10% 的高速增长。但在中国经济总量规模迅速扩大的同时,经济增长效率低下,环境污染和资源浪费现象较多,经济结构不合理,收入差距扩大。党的十七大报告中正式提出了转变经济发展方式的概念,之后党的重要文件中都提出加快转变经济发展方式的要求。2012 年以来,党中央采取多项实质性措施,推进我国经济发展方式的转型。从这个时候开始,我国经济由高速增长阶段转向经济高质量发展阶段实质性启动。经济高质量发展阶段有以下几个主要特征:

1. 经济增长速度由高速增长转向中高速增长

改革开放以来,中国经济保持了四十多年的高速增长,但是这种高速增长是不可持续的。依靠政府投资拉动的经济增长进一步造成了结构不合理、资本产出率下降、全要素生产率不高等问题。世界上其他追赶型国家的历史经验表明,高速经济增长之后,经济增长速度都会放缓。因此,为了实现经济发展转型,有必要将经济增长的高速度降下来,在经济中高速增长中实现我国经济的可持续增长。从 2012 年前后开始,我国经济增长率由年均 9%～10% 降到 6%～7%。

2. 经济增长注重质量提高

通过制造业产业和产品升级,促进制造业从中低端向中高端迈进,服务业科技含量和质量不断提升,更加注重经济效率的提高。扭转资本产出率、全要素生产率下降趋势,不断提高微观效率和宏观效率。

3. 绿色经济

在高质量发展阶段,通过严格的环境保护,在经济增长的同时做到环境优化;在效率提高基础上和技术创新发展中达到资源节约。

4. 经济结构合理化

优化经济结构包括投资与消费结构、三次产业结构、区域发展结构、收入分配结构等。调整投资与消费比例,逐步提高消费比重;从供给侧解决第二产业过剩问题,淘汰落后和污染环境的制造业产能,提高第三产业比重,发展现代服务业;逐步缩小区域间经济发展和基本公共服务差距,促进地区间经济社会的协调发展;逐步缩小收入分配差距。

（二）国际经济环境错综复杂

当前的国际经济环境与21世纪初中国加入世界贸易组织时相比有了很大变化——主要表现为反经济全球化和贸易保护主义的国际潮流日益猖獗。2018年,作为世界经济第一强国的美国频繁出台贸易保护主义的措施,如提高钢铁和铝制品关税;提出针对中国出口美国的1300个中国产品(涉及航空航天、信息和通信技术、机器人、医药和机械等行业,总规模大约500亿美元)征收额外25%的关税等。从目前来看,中美贸易摩擦已经升级,这增加了国际市场和国际贸易走势的不确定性。

（三）企业经营环境成为新时代经济增长的重要条件

我国经济发展面临着转型压力和国际经济环境不确定性和复杂性的挑战。这些压力都对经济活动的微观主体——企业形成了前所未有的新挑战。企业作为经济活动基础,必须应对这些难题。这就要求政府在国内和国际环境趋紧的条件下,为企业创造转型的宽松外部环境。从这个意义上讲,为企业提供良好的经营环境成为各国政府都高度关注的宏观政策目标。近些年来,我国政府高度重视这个问题,通过各种改革措施,包括政府行政审批制度改革、政府管理体制改革,不断释放政策红利,为企业转型和市场宽松提供良好的宏观环境。税收的减税政策和税制改革是营造企业良好营商环境的重要宏观政策,其目的是通过这些改革措施和政策,助推我国经济成功转型。

二、中国税制结构调整改革

目前中国处在新时代,税制改革和调整有两个重要特点:一是税制结构性调整,体现为税制结构体系的调整——直接税和间接税比重调整;税种的调整——营业税改征增值税等。二是减税政策与税制调整融合推进,即统一进行短中期宏观政策运用与长期税制建设,尽可能将政策与制度相协调。比如,减税政策寓于"营改增"之中,降低增值税税率与直接税和间接税比重调整结合起来。

（一）短中期税收政策基调的持续

根据国内经济转型需要和国际经济环境情况,目前实行的积极财政政策、减税政策可能还会持续一段时间。随着税制改革和完善,税收减税政策的结构性特点会更明显,即实行结构性减税,有些税种是增税,有些税种是减税,总体税收占GDP的比重保持在16%左右。如果减税和税收稳定增长形成了良性循环,我国税制将会向"广税基、简税制、低税率"的公平税制发展,形成减税、经济增长和税收稳定的良性循环。

（二）中国税制结构性调整的主要内容

1. 逐步提高个人所得税和财产税的比重

经济发展将使我国人均GDP和人均可支配收入不断增长,个人财富也会不断扩大,自然人的所得和财富占税源比重将越来越大。为了在新时代解决新矛盾,促进经济社会平衡和充分的发展,我国税制改革需要以加强再分配为重要目标。为此,逐步提高个人所得税和财产税在税收收入中的比重势在必行。

从中期来看,被调整的税种主要是个人所得税和房产税。个人所得税可以从流量上发挥筹集税收收入和再分配的调节功能,房产税可以从财产存量上发挥筹集地方财政收入和再分配的调节功能。

2. 完善个人所得税

个人所得税的完善应该着力两个方面：

（1）对部分中低收入者减轻税收负担，通过扩大个人所得税的扣除项目和提高扣除数量，达到提高可支配收入的目的。

（2）通过对高收入群体的劳务性收入、资本性收入和财产性收入综合计征，强化征收管理，从事实上提高这部分人的缴税数量，防止个人所得税税款的流失。

3. 整合房产税和城镇土地使用税

保有环节的房产税税源稳定被认为是基层地方政府的重要财源，也是调节贫富差距的重要政策工具。保有环节的房产税增加了持有人的税收负担，使房地产持有者的持有成本增加，在房地产供求基本平衡的状态下，这种税收负担基本上难以转嫁给需求方。拥有过多财产的人持有成本增加，收益将减少。从这个意义上说，房产税能够调节贫富差距。

在实践上，房产税能否真正达到调节贫富差距的作用，还有赖于房产税制的具体设计。其中涉及：设立房地产税制的目的——是以筹集收入为主，还是以调节贫富差距为主？如果是前者，房地产税将采取普遍征收的制度设计；如果是后者，将采取对多占有房地产的少数人征税。另外，不同目的下的税率设置也会不同。前者采取较低税率比较合适；而后者则要采取高税率或者累进性税率。当然，房地产税的目的也可以兼顾两种目的，这样在税制要素的设计上，会有多种方案的选择。

4. 由企业法人为主体纳税人逐步转向以自然人为主体纳税人的税制体系

随着个人所得税的完善和房产税的整合性改革，当个人所得税和房产税收入占税收总收入的比重提高，我国税收过于依赖企业法人纳税的状况会向以自然人为纳税主体转变。这种税收制度的转型将更加有利于提高企业竞争力，提高自然人的纳税意识，以及增强对政府财政预算的监督作用。这种历史性的税收制度转型，同时也构成了民主法治国家建设的重要组成部分。

 本 章 小 结

1. 根据税种数量的多少，税制结构可分为单一税制和复合税制两种类型。

2. 单一税制是指一个国家在一定时期内只以一种事物为对象设置税种所形成的制度，具体的税种数量可以是一个，也可以是税种的经济性质相同的少数几个，包括单一土地税、单一消费税、单一资本税、单一所得税等。

3. 复合税制是指一个国家在一定时期内以多种事物为对象设置税种所形成的制度，表现为经济性质不同的多个税种的同时存在。依照主体税种数量的不同，复合税制可分为单主体税种、双主体税种和多主体税种等三种模式。

4. 影响一个国家税制结构的因素，主要有经济发展水平、政府政策目标、税收征管和历史文化等四个方面。

一、单项选择题

1. [经济师2020]下列减税免税方式中,属于税基式减免方式的是(   )。

   A. 项目扣除   B. 减征税额   C. 减半征收   D. 适用低税率

2. [经济师2020]深入推进增值税改革的做法,错误的是(   )。

   A. 采取税收公平原则   B. 健全抵扣链条

   C. 优化税率结构   D. 完善出口退税

3. 在税收体系中占主要地位,决定税收体系的性质和主要功能的税种称为
   (   )。

   A. 辅助税种   B. 主体税种   C. 次要税种   D. 一般税种

4. 作为主体税种某一方面的补充并起特殊调节作用的税种是(   )。

   A. 辅助税种   B. 主体税种   C. 次要税种   D. 一般税种

5. 以一种课税对象为基础设置税种所形成的税制是(   )。

   A. 单一税制   B. 复合税制   C. 一元税制   D. 多元税制

6. 我国现行税制结构以(   )为主体税种。

   A. 所得税   B. 财产税   C. 流转税   D. 行为目的税

二、多项选择题

1. 《税收征收管理法》属于我国税法体系中的(   )。

   A. 税收基本法   B. 税收实体法   C. 税收程序法   D. 国内税法

2. 税制的基本要素包括(   )。

   A. 征税对象   B. 纳税人   C. 计税依据   D. 税率

3. 课税对象构成了税收实体法诸要素中的基础性要素,主要因为(   )。

   A. 计税依据是各税种划分的最主要标志

   B. 课税对象体现着各税种的征税范围

   C. 要素中的其他要素的内容一般都是以课税对象为基础确定的

   D. 课税对象是一种区别于另一种税的最主要标志

4. 下列关于征税对象的说法,正确的有(   )。

   A. 征税对象,决定着某一种税的基本征税范围

   B. 征税对象,是税法规定的征税的目的物

   C. 征税对象,是确定是否征税的分水岭

   D. 征税对象,是区别一种税与另一种税的重要标志

5. 在整个商品流转过程中,按照纳税环节的多少,对商品流转额征税环节的选
   择,一般可分(   )。

   A. 一次课征制   B. 两次课征制

   C. 多次课征制   D. 循环课征制

三、简述题

1. 试对比例税率、累进税率和定额税率等税率形式在财政、效率和公平等方面的异同进行比较分析。

2. 为什么各国的累进税制普遍采用超额累进税率形式？

3. 简述实行复合税制的必然性。

4. 发达国家税制结构的变化呈现出什么规律性？

5. 为什么经济发达国家主要采用以所得税为主体税种的税制结构，而发展中国家却主要采用以流转税为主体税种的税制结构？

四、案例分析

为了落实减税承诺和改变前任执政期间不断增加的公共财政支出，特朗普税改于2018年1月1日生效，是继里根政府、小布什政府、奥巴马政府减税之后，美国历史上最大规模的减税，特朗普政府基于供给学派的减税理念，主要包括以下四个方面内容：一是个人所得税改革，最高个人所得税率降至37%，并提高个人免征额和儿童税收优惠额度。二是企业所得税改革，企业所得税税率由目前OECD国家中最高35%的税率降至21%的税率水平。三是对于跨国企业海外利润汇回美国，实施一次性14%低税率，从而促进有效投资，提高就业率。四是属地征税体制，依据资本输入中性原则适用来源地税收管辖，对纳税人来自国外收入不予征税，为避免境内外重复计税加重投资者税负，对海外子公司股息所得税予以豁免。同时，税改针对跨国企业设置了20%的"执行税"，旨在限制企业和境外分支机构的内部交易来规避缴税；提高遗产税起征点等。

特朗普的减税政策与以往减税的不同在于，通过"选择性"把政府的干预和自由主义市场经济结合起来，一定程度上放弃了传统的税收"中性"原则。在国内，减税政策中个人所得税的高税率级距变化，缩小遗产税征税范围，均无形中有利于高收入纳税人降低税负获得更多净收入，同时，特朗普叫停奥巴马医保计划，选择性的减少了政府福利和社会保障方面的干预，保障民生的政府支出的减少将导致贫富差距加剧。在国际上，特朗普的减税政策为体现"美国优先"原则，降低本国企业税负以吸引全球资源，促使跨国企业利润回流，也造成他国资源相对稀缺，从而引发国际税收竞争。特朗普减税可能会加剧美国财政赤字，加大美国政府债务，容易引发通货膨胀，从而导致纳税人行为扭曲和整体社会福利净损失。

讨论：特朗普税改对我国税制改革有何启示？

 解析

第五章　宏观税负理论与
税负转嫁理论

本 章 要 点

1. 宏观税收负担水平的测算与衡量
2. 最优宏观税负理论基础
3. 我国宏观税收负担的比较和评价
4. 税收负担的实质和分类
5. 宏观税收负担的衡量指标
6. 税负转嫁与税负归宿的含义
7. 税负转嫁与归宿的局部均衡分析
8. 税负转嫁与归宿的一般均衡分析

案 例 导 入

税负转嫁需慎用

　　家乐思有限责任公司是一家专门生产家用电器的企业。该企业成立于 2014 年,生产经营状况一直良好,2016 年由于偷漏税款被税务机关查处,补缴税款及罚款共 10 万元。该企业经理王某认为此次查处给企业带来了巨大的损失,应当想办法进行弥补。2017 年 4 月,企业经理王某决定提高商品的出售价格,通过税负转嫁将税款最终转移给消费者。经过此次价格调整,该企业的产品销售数量较调价之前大幅度下降,企业实际获得的收益反而减少。经过研究讨论决定,该企业于 2017 年 6 月将价格调回原来的水平,次月的销量有了小幅度的上升,但企业的实际收益较第一次调价之前仍在下降。

　　思考:税负转嫁的基本手段是销售方通过抬高价格将税款最终转嫁给消费者负担,可能会对销售方的实际收益造成负面影响,请分析原因。

第一节　税收负担水平的测算与衡量

　　税收负担问题直接关系到国家与纳税人以及纳税人之间的分配关系。国家向纳税人征税,不仅改变了纳税人占有和支配的社会产品总量,也会改变纳税人之间占有和支配的社会产品比例,由此形成了国家同纳税人及各纳税人之间的税收分配关系,是社会产品分配关系的重要组成部分。

一、税收负担及其分类

税收负担是指税收收入和可供征税的税基之间的对比关系,即纳税人对国家征税所承受的经济负担程度或负担水平。广义上讲,税收负担是指社会各阶级、各阶层和各部门对于国家课税的负担;狭义上讲,税收负担是指纳税人依法向国家缴纳的各种税收的总额。税收负担问题既涉及国家集中财力的多少,又涉及纳税人承受能力的大小,直接关系到国家、集体、个人和地区间、部门行业间、各种经济成分间、各类纳税人之间的利益分配,体现着国家的分配政策,是制定税收政策的核心,也是确定税收制度法规的依据,更是充分发挥税收应有作用的着力点。

按照考察的角度不同,税收负担可分为宏观税负、中观税负和微观税负。

(一)宏观税负

宏观税负即全社会总税收负担。宏观税负的衡量公式如下:

$$国民生产总值税收率 = \frac{税收总额}{国民生产总值} \times 100\% \qquad (5-1)$$

$$国内生产总值税收率 = \frac{税收总额}{国内生产总值} \times 100\% \qquad (5-2)$$

$$国民收入税收率 = \frac{税收总额}{国民收入} \times 100\% \qquad (5-3)$$

从宏观层面衡量税收负担,有利于从税收层面解决社会发展中的整体性问题,并可以依此进行国际税负比较。

(二)中观税负

中观税负是指某个地区、国民经济某个部门或某个税种的税收负担。从中观层面研究税收负担,有助于合理调整各地区产业结构、协调全国不同地区协调发展、衡量国民经济各部门纳税能力、整合各税种功能以发挥协整作用。

(三)微观税负

微观税负是指纳税人个体,如单个企业或居民个人的税收负担。微观税负是研究税收负担的基本因素,主要衡量指标是企业税收负担率和个人税收负担率。

微观税负的衡量公式如下:

$$企业税收负担率 = \frac{各种纳税总额}{同期销售收入} \times 100\% \qquad (5-4)$$

$$个人税收负担率 = \frac{个人实纳的税额}{个人收入的总额} \times 100\% \qquad (5-5)$$

二、衡量税收负担的指标

税收负担通常用税收率来衡量和表示,具体来说有四个指标:名义税率、宏观税率、平均税率和边际税率。

（一）名义税率

名义税率也称法定税率，是税法规定的税收征收比率。在衡量税收负担时应注意区分名义税率和实际税率，由于税收减免与扣除的存在，名义税率与实施优惠措施后的实际税率往往有较大的差别。

（二）宏观税率

宏观税率反映的是税收与国民经济总量之间的关系，体现出政府在国民收入中取得的份额，反映了政府部门和非政府部门参与全社会资源分配的程度，通常有三个不同口径的宏观税率衡量指标：

(1) 小口径的宏观税率，即税收收入占 GDP(GNP)的比重。

(2) 中口径的宏观税率，即财政收入占 GDP(GNP)的比重。财政收入包括税收收入和一些纳入财政预算内管理的收费收入。

(3) 大口径的宏观税率，即政府收入占 GDP(GNP)的比重。政府收入包括财政预算内收入、财政预算外收入、货币创造收入等，涵盖了各级政府及其部门以各种形式取得的收入。

从以上三种计算口径可以看出，**宏观税率的高低反映了政府社会经济职能的履行程度及国民经济总量的集中程度。宏观税率越高，说明政府在资源配置方面的功能相对而言要强于市场的功能，宏观税率越低，说明市场的资源配置效果更胜一筹。**

（三）平均税率

平均税率通过**某种税收占其对应税基的比重**来衡量，该指标常用于测算税种或生产要素的税收负担。

平均税率综合考虑了名义税率及税收减免、税收扣除等因素。当政策制定者希望知道某种税的影响和政策效果，如税收对经济增长的作用、对投资和工作的刺激程度、经济部门的税收负担承受程度、税收是否中性时，一般需要对某税种的平均税率进行估计。在实践中，平均税率是常用的一种测算税收负担方法，可用于对**微观经济主体的税负评估。**

 提示

用平均税率指标评估税负有两个不足之处：

(1) 易受税负转嫁的影响，由于税负转嫁的作用，纳税人缴纳的税收不等于真正负担的税收。

(2) 它容易掩盖不同经营绩效的企业的个体差异。举例来说，当用该指标计算一个地区的企业所得税平均税率时，所求得的应是盈利企业的平均税率，不应直观地通过总体税收除以总利润求得，亏损企业负利润的影响也应考虑在内。

（四）边际税率

边际税率又称边际有效税率(marginal effective tax rate, METR)，常用于对资本或投资的边际税收负担测算，反映了边际税收楔子(MTW, marginal tax wedge)的思想，即

由于对资本的征税导致最后一单位资本投入税前和税后的边际回报不一致,从而对投资的激励产生影响。

边际税率的表达式为:

$$\text{METR} = \frac{R_g - R_n}{R_g} \qquad (5-6)$$

其中,R_g 代表税前投资边际回报率;R_n 代表税后投资边际回报率。

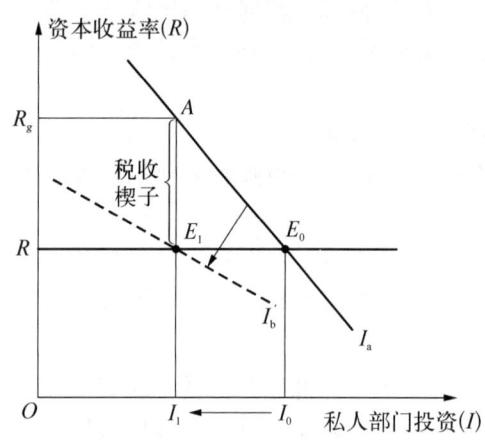

图 5-1　边际税率的测算原理

对资本征税就像是在税前投资边际回报率和税后投资边际回报率之间打入一个"楔子",这个"楔子"的值等于 $R_g - R_n$。下面用图 5-1 来说明边际税率的测算原理。

图 5-1 中,横轴代表着私人部门投资,纵轴代表着资本收益率,斜线 I_a 代表着在不同投资量下的私人资本收益率的集合,其中隐含着假设——投资越多,市场越拥挤,资本的收益越低。在没有税收介入时,市场均衡将使得资本收益率等于市场利率,私人投资量为 I_0。假定对资本征税的税率为 t,资本收益率会随之下降,市场调节将使得资本的税后收益等于市场利率,即:

$$R = R_n = R_g \cdot (1 - t) \qquad (5-7)$$

这时私人部门投资量为 I_1,私人部门投资与资本收益的组合曲线实际变成了 I_b,其中 AE_1 就是税收楔子,边际税率等于 AE_1 / AI_1。

 提示

在计算资本的税收负担时,测算边际税率与平均税率各有不同的作用。

边际税率反映的是边际投资的税前资本回报率与税后资本回报率的差距,更适合考察税收对储蓄和投资的刺激作用。

平均税率指的是现有投资已确定的税收与税基的比率,反映的是存量资本的税收负担,更适合考察整体税收的政策效果。

三、影响宏观税负的因素

(一)经济因素

影响税收负担水平最重要的因素是经济因素,包括经济发展水平、经济结构、消费者结构等。

1. 经济发展水平

经济发展水平是研究宏观税负的大背景,反映着经济发展所处的阶段,**在一定程度上**

决定着税基的大小。经济发展水平越高,社会产品极大丰富,劳动、生产和投资活跃度越高,为征税提供了宽广的税基。因此,通常可以看到,经济发展水平越高,宏观税负越高。

2. 经济结构

经济结构同样对税收负担产生重要影响。**经济结构反映企业所在地区的生产力布局情况,通常包含企业结构、产业结构和区域结构**等。企业结构对微观税负的影响较大,产业结构与区域结构的影响则会直接影响宏观税负。不同部门或不同区域的盈利水平差别会导致税基的差异,如果一国遍布盈利能力较强的产业或经济水平较高的区域,那么税基将会更丰富,该国往往会有更高的宏观税收负担。

3. 消费者结构

消费者结构也是影响宏观税负高低的重要因素。在市场经济的环境下,消费者的消费行为选择在一定程度上对商品的结构起着决定性作用,不同的商品和经济行为又会引起不同税种间的税负变化。例如,如果消费者倾向于消费白酒、烟草、高档化妆品等产品,这类产品不仅需要缴纳增值税,还需要缴纳消费税,因此会引起整体税负的增加。

(二)政治因素

经济基础决定上层建筑,上层建筑反作用于经济基础。良好的宏观税收负担水平应与一国政治环境相适应。从历史的维度上考察,过低的税负水平会导致地方经济秩序混乱、国库亏空、国防能力下降;过高的税负水平会加重民众经济负担、打击经济活跃度、影响社会和政治稳定。因此,合理的宏观税负水平与政治环境应当是在良性互动中渐趋平衡,宏观税收负担会因政治环境的变化而不断调整。

在政治因素中,**政府职能的定位**是影响宏观税收负担的重要因素。当政府职能范围较大时,往往需要更多的税收收入来支撑履行职能时所需的政府支出,反映在经济运行层面则表现出了较高的宏观税负水平;当市场是资源配置的决定性因素,政府的角色定位为服务市场时,政府只需履行基本职能,减少对经济运行的干预,此时的宏观税负水平较低。

【中国智慧·中国思想】

我国根据国情坚持政府和市场同发力、相结合。一方面通过"有效市场"充分发挥我国的要素禀赋优势,实现产业升级。另一方面,通过"有为政府"为经济发展提供稳定的政治环境,如健全的法律保护以及完善的基础设施,为实现经济的平稳发展保驾护航。深化"放管服"改革和减税降费是过去几年政策发力的重点,国家着力于释放行业供给,减轻中小企业税负压力,此类积极的财政政策对于宏观税负水平的降低有显著作用。

政府的征管能力也会对宏观税负产生影响。当政府税务机关征管能力强、效率高时,轻税收流失的情况会减少,税收收入与实际税收负担契合;当税务机关征管能力弱、效率低时,逃避税现象会增多,实际税收收入减少,宏观税收负担较低。

(三)制度因素

在制度层面,对宏观税收负担水平影响最大的是经济体制。

经济体制是国家经济组织的形式,是政府管理职能在经济领域的体现,影响整个国民经济的资源配置。

在计划经济体制下,政府决定资源配置,承担大量经济建设的职能。此种体制下,政府需要通过各种税收收入、公债收入、微观企业经营收入等来支撑大量的政府支出,财政集中度较高,在采用税收手段增加财政收入时,往往会使得宏观税负整体偏高。在市场经济体制下,市场在资源配置中起决定性作用,政府的经济职能主要体现在鼓励竞争、打压垄断、刺激生产和规范市场等方面,无需大规模征税以支撑经济建设,此时宏观税负相比于计划经济体制偏低。

一国或地区的经济制度也会影响宏观税负水平。对部分限制消费的产品征收高税额,可以达到通过商品价格影响消费规模的目的,进一步影响税基的大小,最终影响税收负担,如国家通过制定消费税和关税政策来引导消费方向、调节产品结构、协调产业发展。

第二节　最优宏观税负理论

一、宏观税负与经济增长的关系

宏观税负与经济增长之间有着密切的关系,可以用拉弗曲线描述。

在研究宏观税负时,通常要考虑政府税收收入。税率与税基决定了税收收入的大小,而税率对税基同样会产生影响。一般认为,高税率会使政府在应税所得中获得更高的税收收入;但是政府征税会导致纳税人实际报酬的减少,打击劳动或投资投入的积极性,因此提高税率不一定会增加政府税收收入,反而会抑制经济主体进行市场参与的活跃度,导致税基流失,整体税收收入下降。**拉弗曲线**说明了税率与税收之间的这种关系,反映了**宏观税率与税收收入增长之间非正向同步的关联关系**。

二、最优宏观税负理论的主要模型与理论

拉弗曲线只是从直观上说明税负与经济增长之间存在一个最优搭配,并没有解释产生最优宏观税率的原因是什么。政府该征多少税收,实际上是一种国民收入在公共部门和私人部门如何分配的问题。对企业和居民而言,征税减少他们的收入,影响了他们投资和消费的积极性。政府征税的目的是满足政府支出需要,如果政府支出对长期经济增长不产生任何作用,那么显然,宏观税率越高,对经济增长就越不利,拉弗曲线所谓的宏观税率和税收收入或经济增长之间的最优组合也就不存在。因而,问题的关键是政府支出对长期经济增长有无正向促进作用。

（一）新古典经济增长模型

在 20 世纪 60 年代和 70 年代盛行的是索洛和斯旺创立的**新古典经济增长模型**,即把**经济增长解释为生产要素(特别是物质资本)的积累过程**。该模型表明,只要投资超过重置破旧机器的必要水平,资本存量就会增加,人均产出就会增长。尽管该模型预测出短期的人均增长,但资本积累最终会出现收益递减问题,这时,人均产出停止增长。在这种理

论指导下,新古典增长论认为,长期经济增长完全是由理论本身的外生因素决定的,因此无论采取什么政策,长期增长都不变,或者说,财政政策对经济增长充其量只有短期效应,不能影响长期增长。

（二）内生增长理论

罗默的论文的发表标志着主流经济增长理论开始向"新增长理论"或"内生增长理论"（Endogenous Growth Theory）转变。相对于索洛—斯旺的新古典增长模型而言,内生增长理论则认为,**一国的经济是可以保持长期稳定增长的,经济增长由一系列内生变量决定,这些内生变量对政策（特别是财政政策）是敏感的,并受政策的影响。**如果增长率是由内生因素决定的,那么,政府就可能通过相应的政策来影响经济增长率的大小。

内生增长理论认为**公共投资具有很强的生产性。**以巴罗（Barro, 1990）的研究为代表,他将企业 i 的生产函数写作是科布-道格拉斯形式:

$$Y_i = AL_i^{1-\alpha} \cdot K_i^{\alpha} \cdot G^{1-\alpha} \qquad (5-8)$$

其中,Y、K 和 G 分别代表私人部门产出、资本存量和政府支出。从式 5-8 可看出,政府支出对私人部门产出具有生产性效应,即**政府支出增加能够促使私人部门产出增长**,例如:政府支出用于桥梁、道路等建设,能够改善交通运输状况;政府支出用于教育,可促使人力资本积累;政府支出用于警察国防等支出,可以保护稳定有序的市场环境。政府这些支出最终有利于企业生产经营活动,从而会提高资本的边际产出水平,扩大私人部门的投资意愿。

为了给政府支出融资,政府以税率 τ 向私人部门所得征税,并且政府实行平衡预算:

$$G = \tau Y_1 \qquad (5-9)$$

政府征税经过两个渠道对经济增长产生影响:一方面,征税导致投资的税后边际产出减少,抑制私人部门的投资意愿,从而对经济增长产生负效应;另一方面,征税使得政府支出规模扩大,从而为企业生产提供更多的服务,对经济增长产生正向效应。图 5-2 显示了宏观税率与经济增长之间的关系。宏观税率（$\tau = G/Y$）与人均增长率（γ）之间的关系是倒 U 字形的。在低 τ 值处,更多的 G/Y 对资本边际产出的正效应占主导地位,因此 γ 随着 τ 上升。随着 τ 的上升,扭曲性税收的负面影响变得更为重要,γ

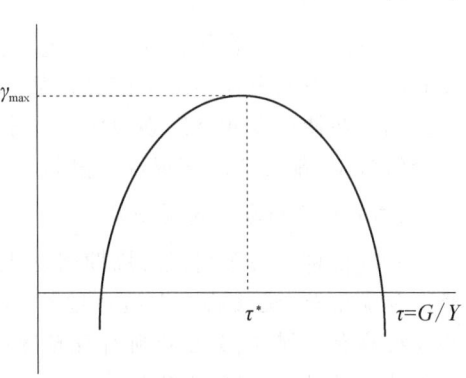

图 5-2 宏观税率与经济增长之间的关系

最终达到顶点。此后,在更高的 τ 值,税收的扭曲效应占主导地位,γ 随着 τ 下降。在这之间,存在一个最优宏观税率使得人均增长率最大化,从而证明了拉弗曲线的存在性。

 **提示**

> 宏观税率与经济增长存在最优搭配的根源在于政府支出对私人部门生产具有外部性,而这种外部性是私人部门所无法替代的,这就需要私人部门从所得中拿出一部分收入由政府支配使用。

三、影响最优税率的因素

利用宏观税率研究一个经济体的税收负担水平时,宏观税率仅反映税收与国民经济总量之间的关系,不能深刻地反映各产业、各生产要素或各微观经济主体的税负水平。因此,在经济实践中分析宏观税率时应考虑以下因素。

（一）经济结构

不同产业的适用税率和税源潜力不相同,放在一起比较宏观税率往往容易造成误判。举例来说,我国云南省是烟草加工业的集中地,烟草加工是高税负行业,云南省税收收入中大约有三分之一来自该行业的消费税,从而拉高整体经济宏观税率。在这种情况下,我们当然不能仅仅根据宏观税率认为云南其他产业也承受较高的税负。对宏观税率的国际比较也存在这样的问题,处于工业化前期国家与完成工业化的国家,由于经济结构差异很大,宏观税率往往不存在可比较性。

（二）税源与税收的背离

税源与税收背离的原因有多种,其中企业汇总纳税是主要原因之一。企业在一个区域成立总公司,负责统筹、协调、管理和控制,而在其他区域设立分公司,负责生产、销售和其他具体业务经营。由于公司汇总纳税,税源发生地可能在分公司,税收实现在总公司,造成税源与税收的背离。如果不考虑税源与税收的背离情况,仅从宏观税率入手分析必然会造成对实际税负的误判。在世界范围内,跨国公司更是设法通过转让定价等机制来转移税收,使得母公司所在地税收收入增加。

（三）逃税和地下经济

逃税是普遍存在的行为,它会造成税制的扭曲和税收公平的损失。地下经济指的是没有纳入国民核算体系的生产经营活动。在一些国家,地下经济的规模往往很大。逃税行为的存在使得在测算宏观税率时分子值降低,而地下经济的存在使得测算宏观税率时分母值减少,都会造成宏观税率扭曲。

（四）经济周期和时滞效应

一些税种的税源与经济周期密切相关,如针对投资行为的征税,当经济高涨时,固定资产投资增长,税收收入也随之增长;反之随着经济衰退,税收收入也随之减少。另有一些税种具有时滞性,如企业所得税预缴税款时,按税法规定预缴的税款可以按照上年同期数额进行预缴,这实际上体现着上年度的经营业绩,具有明显的时滞性。

（五）税收支出

税收支出(tax expenditure)是政府为了执行特定的政策,以牺牲一定的税收利益为代价,通过税收制度的安排向特定的纳税人提供的财政援助,包括税收豁免、税收扣除、税收抵免、优惠税率等一系列税收优惠措施①。下面通过一个例子来说明税收支出的存在

---

① **税收豁免**指在一定期间内,对纳税人的某些应税项目或应税来源不予征税,以免除其税收负担,如免除机器设备或建筑材料的进口关税;**税收扣除**是允许纳税人把其某种或某些合乎规定的特殊项目,按一定比率或全部预先从应税对象中扣除,以减轻其税收负担,如对企业用于公益、救济性质的捐赠款支出的扣除;**税收抵免**是准许纳税人把某种或某些合乎规定的特殊支出项目,按一定比率或全部冲抵其应纳税额,如美国联邦公司所得税制规定,企业的生产设备投资可按购置费用的 6%～10% 冲抵其当年的公司所得税纳税义务;**优惠税率**是对特定的纳税人或特定的经济活动采用较一般税率更低的税率征税。

是如何影响宏观税负的：

假定一个政府决定为企业投资行为提供财政支持，一种方式是先收再支——先组织税收收入，再通过财政支出将资金拨给企业；另一种方式是先支后收——先通过如投资抵免这样的税收支出方式直接补贴企业，再组织税收收入。那么很明显，第一种方式表现出的宏观税率将高于第二种方式，而实际上，这两种方式对企业来说承受的税收负担是相同的。

（六）社会保障

社会保障支出是财政支出的一个重要部分，西欧一些高福利国家的社会保障支出占 GDP 的比重超过了 20%，社会保障税占 GDP 的比重也高。社会保障形式的不同对宏观税率的影响也不同。

（七）税基

国内生产总值从价值形态上看，反映的是所有常住单位的增加值，但大多数税种的税基却不是增加值。税基与 GDP 的背离也会造成宏观税率的测量误差。

第三节　我国宏观税收负担的比较和评价

一、我国宏观税收负担与经济增长

我国公共财政收入与税收收入自 1994 年至 2018 年持续增长，并且进入 21 世纪后收入数额显著大于以往，充分说明伴随着我国经济的发展、制度的完善、结构的优化，物质水平极大丰富，为税收收入带来了充裕的税基。如图 5-3 所示。

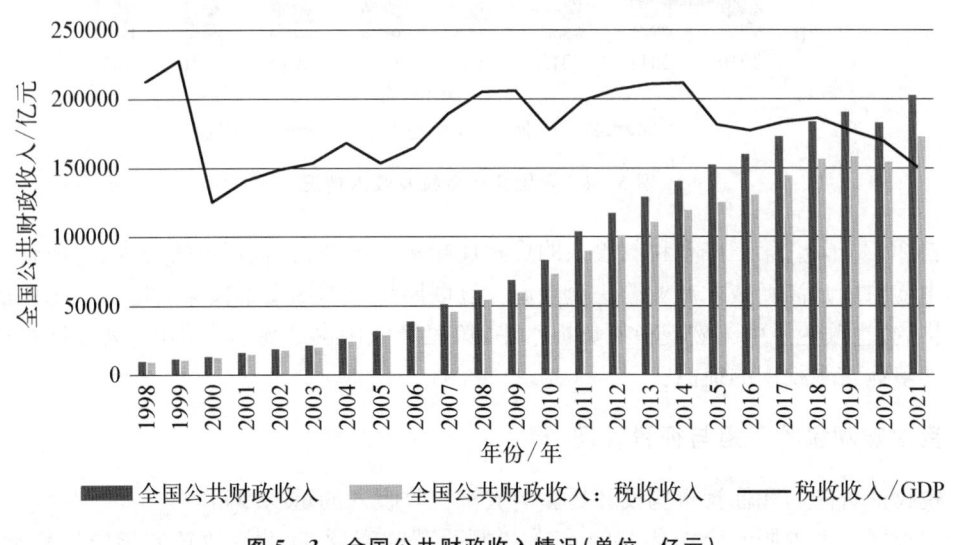

图 5-3　全国公共财政收入情况（单位：亿元）

根据图 5-3 我们可以观察到，全国公共财政收入的最主要来源是税收收入，说明税收是我国政府取得国民收入以履行政府职能的最主要方式。

值得一提的是,在 2015 年之前,税收收入占 GDP 的比重在起伏中上升且占比数值偏大,说明宏观税负水平在不断提高,宏观税收负担较重。近年来税收收入占 GDP 比重有明显的下滑,说明我国税制体系改革中一系列减税降税政策取得了显著的效果,这些减税措施不仅不会影响 GDP 增速,也在保证税收收入持续增加的基础上,合理地调节了我国宏观税负水平。总体来看,我国的宏观税负水平是与我国经济发展的历史阶段相适应的。

二、我国宏观税收负担与产业结构

我国产业结构的布局会对宏观税负产生一定的影响。

如图 5-4 所示,三大产业中,第一产业税收收入最少,第二产业、第三产业税收收入远大于第一产业,说明我国仍在不断推进工业化和城市化进程,进行产业结构优化。工业的发展增强了商品经济的活力、提供了丰富的税源,城市化进程刺激了投资与消费,两者协同助力推动税收收入高速增长。

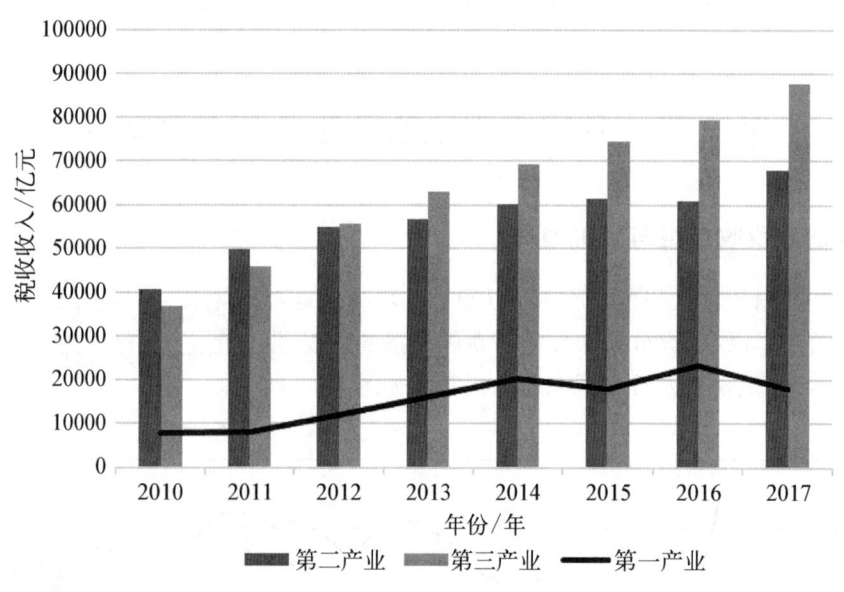

图 5-4　我国各产业税收收入情况

自 2012 年起,第三产业税收收入的贡献反超第二产业,且差距不断拉大,造成这一现象的主要原因是高新技术产业的快速发展。互联网风口的爆发不仅深刻地影响了中国的经济格局,也改变了中国宏观税收负担水平,第三产业中高税源行业集中,其发展将进一步推动整体宏观税率的提高。

三、我国宏观税收负担与征税管理

税收征管能力和征管机构设计是影响宏观税收收入的重要因素。

国税局与地税局的分立是 1994 年分税制改革的产物,在此次改革的指导思想下,形成了中央税和地方税的划分,中央税主要包含消费税、车辆购置税、关税、进口增值税等,地方税主要包含城市维护建设税、资源税、城镇土地使用税、耕地占用税、土地增值税等。

在实践中还存在中央与地方共享税,如增值税、企业所得税和个人所得税。如图 5-5 所示,在分税制财政管理体制的影响下,国税局税收收入远高于地税局,且近三年地税局税收收入不断下降,与国税局的收入差距显著拉大,从此图中可以推测近三年地税局收入规模的缩小是 2018 年国地税合并改革的前兆。

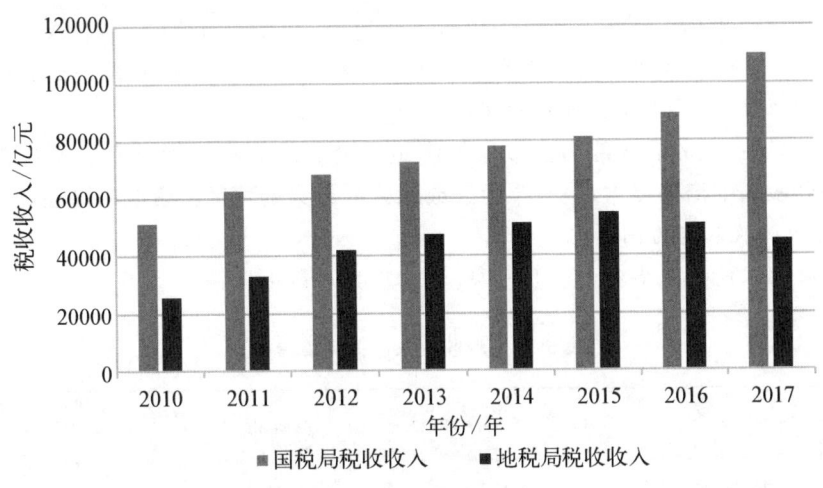

图 5-5 国地税税收收入情况

税收管理制度只有在适应经济社会发展的前提下才能发挥出应有的作用。经济的深化发展对税收征管提出了更高的要求,为了优化税营商环境、提高征管效率,国地税合并势在必行。国地税合并是落实"放管服"改革的重要举措,有助于规范税收收入、缩短管理链条、节约征纳成本,为后续税收体制改革的推进打下良好的基础。

合理的税收征管机构设计有助于提高征管能力,减少偷漏税情况的发生,在不增加额外负担的情况下最大限度地保障国家税收利益,使得征税收入真实反映实际税负,对宏观税负的预测起到关键作用。

经济体系的税收负担有一定承受限度,税负过重将阻碍经济发展、破坏经济体系。合理的宏观税收负担有利于国民经济的持续、稳定、协调发展。我国在制定宏观税收政策时,应使宏观税收负担保持在社会经济可以承受的能力范围之内,以基础理论为出发点,不断协调产业结构、优化征税管理、改善税制体系,充分发挥宏观税负促进国民经济发展的作用。

专栏 5-1　税收收入能力和税收收入能力测算

税收收入能力和税收收入能力测算是宏观税负领域研究的新趋势。

1. 税收收入能力

税收收入能力是指既定税制下一个国家或地区在其经济运行中形成的最大的**潜在税收储量**。对税收收入能力的理解,理论上可归纳为三个层面:

（1）作为**衡量税收公平的判据标准**：政府应依纳税能力平等课税，即对情况相同的人征收相同的赋税，对情况不同的人征收不同的赋税。

（2）作为**税收负担的上限**：税收收入能力是指，在生产规模保持原有生产水平不变的条件下，扣除维持生产所需的最低消费后的总生产剩余，税收最终源于社会产品中的剩余价值。

（3）作为**社会福利分配的参照系**：税收收入能力是测算政府提供公共服务支出缺口的依据，为政府预算计划管理提供辅助支持。

综上所述，税收收入能力是政府为满足其公共服务支出需求而能够从自由资源中提升收入的潜在能力，是一个国家或地区的最大的可征税资源的潜在能力。

2．税收收入能力测算

税收收入能力主要有如表 5-1 所示的几类测算指标。

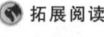

RTS 法的具体测算步骤

表 5-1　税收收入能力测算指标

序号	测算指标	测算方法	测算内容	优　点
1	可征税资源总额（TTR）	从税基的角度测算	绝对税收收入能力	可以进行时间上的纵向比较
2	法定税基与法定税率的乘积	从财税体制的角度测算		
3	RTS（代表性税制法）	从决定税收的关键影响因素的角度测算	相对税收收入能力	就相对测算样本的平均值而言，其测算结果只能在样本范围内进行横向比较
4	TE/R			
5	税收收入能力指数		相对指标	
6	税收努力指数			

第四节　微观税收负担及其转嫁与归宿

一、微观税收负担的实质

税收负担是指一定时间内因政府的课税行为而使纳税人或负税人的实际可支配收入减少，从而使其承受经济负担或者对其造成经济利益损失。这里的税收负担不考虑政府征税的用途是否会给纳税人或负税人带来经济收入或其他福利，而仅从税收本身出发。税收负担的形成、分配及其调整都是在政府征税以及纳税人纳税的整个过程中实现的。

 **提示**

> 税收负担体现的是政府与纳税人之间以及不同纳税人之间的分配关系。这种分配关系的具体表现有以下两个方面:
>
> (1) 政府与纳税人在国民经济总体中所占的份额或者对国民生产总值的支配上的此减彼增的分配关系。
>
> (2) 由于政府与纳税人之间的这种分配关系而产生的不同纳税人之间的分配关系。政府对于不同纳税人征税与不征税,多征税与少征税之间的选择,以及政府将征收的税款通过一定的方式转移给一部分社会成员的收入的行为,都会影响不同纳税人占有的收入或者财富的多少。

二、微观税收负担的分类

税收负担可以采用不同的分类标准进行分类。

(一) 直接税收负担和间接税收负担

根据税收负担是否由纳税人实际承担,可以将税收负担分为直接税收负担和间接税收负担。

直接税收负担是指纳税人直接向政府缴纳税款而实际承受的税负。在现有的情况下,纳税人依法向政府部门缴纳了税款并不一定表明纳税人承担了本应承担的全部税收负担。纳税人可能通过某种方式或途径将本该由自己承担的全部或部分税负转嫁给他人承担。也就是说,被转嫁的人虽然没有直接向政府缴纳税款,但是也确实地负担了其中的部分税款,这种税收负担也就是所说的**间接税收负担**。只要有税负转嫁的存在,就会有间接税收负担的出现。

(二) 名义税收负担和实际税收负担

以纳税人承受税收负担的度量为分类标准,可以将税收负担分为名义税收负担和实际税收负担。

名义税收负担是指按照税法的规定纳税人应当承担的税收负担,也就是按照法定的税率以及相应的计税依据所计算出来的纳税人应当缴纳的税款。**实际税收负担**是指纳税人实际向政府缴纳的税款所形成的税收负担。由于不同时期或者不同地域的税收优惠或者某些税收政策的存在,实际税收负担通常会低于名义税收负担,但也存在实际税收负担高于名义税收负担的情况。**实际税收负担更能体现经济活动主体实际承受税收负担的水平高低,它的变动也会更加直接地影响经济活动主体的行为。**

三、微观税收负担的衡量指标

微观税收负担考虑的是各个微观主体即单个纳税人在一定时期内承受的税收负担水平,反映了在经济活动中各微观主体具体承受税收负担的状况以及税收负担的结构分布。微观税收负担是在微观经济活动主体间进行税收负担横向比较分析的重要依据。

税收负担通常以相对数来表示,体现为税收负担率。以税收负担率来表示税收负担可以更好地反映出税收在国民经济总体中所占的份额以及税收在纳税人的收入和产值中所占的比例。根据纳税人的性质不同,衡量微观税收负担的指标一般有企业流转税税负率、企业所得税税负率、企业综合税收税负率和个人税收负担率。

(一)企业流转税税负率

企业流转税税负率是指在一定时期内,**企业所缴纳的流转税税额占同期企业实现的销售收入或者营业收入的比例**。其计算公式为:

$$企业流转税税负率 = \frac{企业实际缴纳流转税总额}{同期销售收入(或营业收入)} \times 100\% \qquad (5-10)$$

在其他因素不变的情况下,流转税的高低将会直接对企业的利润高低造成影响。

(二)企业所得税税负率

企业所得税税负率是指在一定时期内,**企业所缴纳的所得税税额占同期企业实现的利润总额的比例**。其计算公式为:

$$企业所得税税负率 = \frac{企业实际缴纳所得税总额}{同期利润总额} \times 100\% \qquad (5-11)$$

企业所得税税负率反映了一定时期内**企业收益在政府和企业之间的分配状况**,该税负率的高低直接影响企业的留利水平高低,是衡量企业税收负担最直接、最常用的指标。

(三)企业综合税收税负率

企业综合税收税负率是指在一定时期内,**企业缴纳的各种税款总额占同期企业销售收入总额的比例**。其计算公式为:

$$企业综合税收税负率 = \frac{企业实际缴纳各种税的总额}{同期销售收入总额} \times 100\% \qquad (5-12)$$

企业实际缴纳各种税的总额包括企业实际缴纳的流转税、财产税和所得税等全部税种的实际纳税金额。

企业综合税收税负率可以反映国家以税收形式参与企业各项收入分配的规模,表明企业对国家所做的贡献的大小,是反映企业税收负担的综合性指标,也可以用来比较不同类型企业的总体税负状况。

(四)个人税收负担率

个人税收负担率是指在一定时期内,**居民个人缴纳的税款总额占个人收入总额的比例**,其计算公式为:

$$个人税收负担率 = \frac{个人实际缴纳的税收总额}{同期个人收入总额} \times 100\% \qquad (5-13)$$

个人缴纳的税款主要包括个人缴的个人所得税、财产税和行为税等。

个人税收负担率体现了国家运用税收手段对参与个人收入分配以及对个人收入的调节程度,反映了一定时期内个人收入承受税收负担的状况。

四、税负转嫁

税负转嫁是市场经济条件下普遍存在的一种经济现象,是指纳税人将应由自己直接缴纳的税款,通过经济交易,采用各种途径和方式全部或者部分地转移给他人负担的一种经济现象,是纳税人追求自身经济利益最大化的结果。税负转嫁将会改变税收负担在不同社会成员身上的分配状况,也造成了纳税人与负税人的分离,导致税收负担的最后归宿点即税负归宿问题。

税负转嫁是一种非常复杂的经济现象,在现实的经济活动中,税收负担能否实现转嫁以及能够转嫁多少由客观经济条件决定,不以纳税人的主观意志为转移。

在发生税负转嫁的情形下,纳税人与负税人通常是互相分离的。**税负转嫁的实质就是在宏观税收负担水平既定的前提下,税收负担在纳税人与负税人之间的再分配。**也就是说,由于税负转嫁的发生,一部分人的实际可支配收入会增加;相应的,另一部分人的实际可支配收入就会减少。但从社会总体的角度来看,税负转嫁不会使政府的税收收入增加或者减少。

（一）税负转嫁的形式

1. 前转

前转也称为顺转,指的是**纳税人将其所缴纳的税款,通过提高商品或生产要素销售价格的方法,向前转移给商品或生产要素的购买者或者最终消费者承担**。例如,政府对生产制造商征税,生产制造商通过提高商品的价格将税负转嫁给批发商,而批发商又通过提高产品的批发价格将税收负担转嫁给零售商,最后零售商再一次通过提高产品的零售价格把税负转嫁给最终消费者。在此税负转嫁的各个过程中,如果加价的额度大于税款,则不仅可以实现税负转嫁,纳税人还可以得到一笔额外的收入,这种转嫁称为**超额转嫁**;如果加价额度等于税款,则称为**完全转嫁**,即纳税人将自身应承担的税负全部转嫁给了下一环节的生产者或消费者;如果加价的额度小于税款,那么纳税人自身还将承受一部分税负,这种转嫁称为**不完全转嫁**。前转是税负转嫁最典型的形式,多发生于卖方市场,一般发生在商品和劳务的课税上。

2. 后转

后转也称为逆转,指的是纳税人将其缴纳的税款通过**压低商品或要素的购进价格的方式向后转嫁给商品或生产要素的供给者**。税负的后转一般发生在对生产要素课税的情况下。例如,政府对零售环节的商品销售商征税,但销售商由于市场供求条件等原因不能通过提高商品零售价格的方式将税负转嫁给消费者,只有设法把进货价格压低从而将税收负担向后转嫁给批发商;同样,批发商也会通过压低进货价格把税收负担逆转给商品制造商,商品制造商再通过压低原材料和劳动力的价格把税收负担转嫁给原材料和劳动力的供应商。税收负担向后转嫁,在国内市场上主要出现在经济不景气的时候或者买方市场之中。

> **提示**
>
> 有一种特殊的后转方式,称作**"税收资本化"**,指的是在特定的商品交易中,买主将购入商品在以后年度所必须支付的税额在购入商品的价格中一次性扣除,从而降低商品的成交价格,将买主在以后年度所必须支付的税额在商品成交价格中扣除,从而将税款转嫁给卖主承担。税收资本化的含义就是将税负转化为资本商品的价格或价值,这种情况多发生在一些耐用资本商品(主要指土地)的交易中。

3. 混转

在现实生活中,税收负担不会只沿着一个方向仅向前转移或者仅向后转移,税负转嫁的方向,会受诸多经济因素和实际条件的影响。前转和后转这两种基本的税负转嫁方式经常会同时使用。例如,政府对产品批发商征税,那么产品批发商就可以通过提高商品的批发价格将一部分税负向前转嫁给商品的零售商,同时可以压低商品的购进价格将另一部分税负向后转嫁给商品的制造商。

(二) 影响税负转嫁的因素

在纳税人具有独立的经济利益和存在自由价格机制的前提条件下,纳税人可以进行税负转嫁,但是税负转嫁能否真正地实现以及转嫁实现的程度大小,会受到多种因素的制约。

1. 商品或生产要素的供求弹性

税负转嫁需要依靠市场交易中的自由价格机制,并且不能脱离市场交易中的供求关系和价格变化。

供求状况决定了商品或生产要素的价格,同时商品或生产要素的价格变化也影响其供求关系,二者的相互作用可以通过商品或生产要素供求的价格弹性来表示。商品或要素的供给弹性是指商品或生产要素的供给量对其价格变化的反应程度,即在市场供给曲线上的任何一点,价格变化百分之一所导致的供给量变化的百分比。商品或生产要素的供给弹性越大,表明当商品或生产要素价格变化时,供给者通过调整供给量的可能性越大。反之亦然。商品或生产要素的需求弹性是衡量商品或要素的需求量对价格变化的反应程度。商品或生产要素的需求弹性越大,商品或生产要素价格变化时,需求者调整需求量的可能性就越大。反之亦然。

通过分析和概括商品或生产要素的供求弹性和税负转嫁之间的一般规律可知:

(1) 商品或生产要素的需求弹性的大小与税负前转的程度成反比,与税负后转的程度成正比。也就是说,**商品或要素的需求弹性越大,税负前转的程度就越小,而税负后转的程度就越大**,反之亦然。当需求完全有弹性的时候,税负将全部由供给方承担,当需求完全无弹性的时候,税负将全部由需求方承担。

(2) 商品或生产要素的供给弹性的大小与税负前转的程度成正比,与税负后转的程度成反比。也就是说,**商品或要素的供给弹性越大,税负前转的程度越大,而税负后转的程度越小**,反之亦然。当供给完全无弹性的时候,税负将全部由供给方承担;但供给完全有弹性的时候,税负将全部由需求方承担。

(3) 当商品或生产要素的需求弹性大于供给弹性时,税负由需求方承担的比例小于由供给方承担的比例;当商品或生产要素的需求弹性小于供给弹性时,税负由需求方承担的比例大于由供给方承担的比例。

2. 课税范围

一般而言,**课税范围越广,税负转嫁越容易**;课税范围越窄,税负转嫁越困难。这是因为影响商品或要素的购买者是否接受商品或要素的提价的一个重要因素在于购买的商品或要素是否存在未提价的替代品。如果课税范围广,同类的商品或要素都被课税而造成提价,其购买者更可能接受因税负转嫁而产生的商品提价;反之,如果课税范围窄,市场上存在许多未被课税的同类商品或要素而保持价格不变,那么商品或要素的购买者会增加购买未被课税的商品或要素的替代品的可能性,而减少购买或者选择不购买因税负转嫁而提价的商品或要素。

3. 税种属性

税负转嫁也取决于**税种的形式**。各个税种的属性不同,在税负转嫁中表现出特点的不同。我们可以把整个税收分为直接税和间接税这两类。直接税主要包括所得税和财产税,其税负不能转嫁;而间接税主要包括流转税,其税负可以全部或部分转嫁由他人承担。

一般而言,以商品作为课税对象,与商品价格有直接联系的税种,包括增值税、消费税、关税等比较容易进行税负转嫁。而对要素收入课征的所得税,往往是不易转嫁的。

4. 反应期间

供求双方对于课税的反应期间也将影响税负转嫁的程度。

从需求方来看,在课税后的短期内,由于买方难以变更其消费习惯,需找到替代品和改变支出预算,因而对课税品的需求弹性较小,只好承担转嫁的部分或全部税负。而从长期来看,以上状况都可能发生变化,从而使得税负转嫁变得比较困难。

从供给方来看,卖方很难在课税后的短期内完成课税产品的转产等,因为这要求机器设备以及生产程序的相应变化,所以,生产者的税负有时无法在短期之内实现转嫁。但从长期来看,情况会发生变化而使税负转嫁变得相对容易。

专栏 5-2　资源税和增值税转型后煤炭企业的税负转嫁问题

煤炭产业在我国属于一种存在轻微垄断现象的产业,有机会进行税负转嫁以大大降低成本价格、获取更高利润。我国现行的资源税税收制度还是"按量征税"。假如对资源税进行改革,对其税收比率和税收方式都进行大幅度的调整,那么资源税的税额就会大幅度升高,导致煤炭企业很难像改革之前一样,稍微提高一点煤炭的价格就可以抵消税负。这样一来,煤炭企业就很难进行税负的完全转嫁,利润也会被压低,煤炭企业就会被迫提高资源的利用率以降低成本,资源税改革的目的也就达到了。

对于一些实力强大的大型企业来说,他们很可能通过某种特殊手段将税负向周边行业或者消费者转嫁,因此,增值税的转型也是十分必要的。增值税的转型使得企业主动降低设备成本,而为了达到这个目的就需要在有限的成本里提高资源回收利用率,降低生产过程中不必要的费用,从而提高生产效率,达到理想的经济效益。

就其他的税负转嫁问题而言,由于煤炭企业提高了煤炭的价格,消费者就会调整自身的消费行为,主动降低对煤炭的购买数量,从而降低对煤炭资源的依赖程度,从根本上讲也有利于降低资源的开采力度,提高资源的利用率。

五、税负归宿

税负转嫁是一个税收负担不断运动的过程,税负归宿就是税负运动的终点。政府向纳税人征税,这是税负运动的起点;纳税人把缴纳的税款转嫁给他人承担的过程,是税负转嫁;税负不再转嫁最终由负税人承担,称为税负归宿,是税负运动的终点。

税负归宿可以按纳税人和负税人的关系区分为法定税负归宿和经济税负归宿。**法定税负归宿**是税法规定的税负归着点,表明法律上应当由谁缴税。

经济税负归宿是指税收负担随着经济活动不断转嫁之后最后的税负归着点,表明由谁真正负担了税收。税负归宿是相对于税负转嫁而言的,是从税负转嫁的运动中来把握税收由谁负担。如果没有税负转嫁,那么法律上的税负归宿就是经济上的税负归宿。当发生了税负转嫁时,法定税负归宿就会与经济税负归宿发生背离,最初缴纳税款的法定纳税人就不一定是该项税收的最终承担者。

法定税负归宿与经济税负归宿之间的差异,体现的就是税负转嫁的程度。通过对法定税负归宿以及经济税负归宿的区分,可以更好地理解纳税人的税收法律责任与真实税收负担之间的差别。税负转嫁与归宿在研究方法上通常采用局部均衡分析和一般均衡分析这两种方法。

第五节　税负转嫁与归宿的局部均衡分析

税负转嫁与归宿的局部均衡分析是指在**假设某种商品或要素的价格不受其他商品或要素的供求和价格的影响的条件下,仅分析税收对征税商品或要素的直接经济影响**。

一、不同市场的税负转嫁与归宿的局部均衡分析

税负转嫁与归宿的局部均衡分析是一般均衡分析的前提,可以分别完全竞争市场和不完全竞争市场来进行分析研究。

(一)完全竞争市场的税负转嫁与归宿分析

在完全竞争市场中,存在着大量的买方和卖方,商品或要素的价格由市场供求关系决定而不受个别买卖者的影响。

1. 税负转嫁与归宿和征税方式

对商品征税的征税方式有两种形式——从价计征和从量计征。从价计征是依据商品或要素的价格或价值量征税,例如我国现行增值税采取不同比例税率的从价计征方式课税。从量计税是依据商品或要素的实际数量征税,例如我国现行的消费税对啤酒按照每吨 250 元征收消费税。

从价计征和从量计征不改变税负转嫁与归宿的性质,但会改变税负转嫁与归宿的影响方式。在通货膨胀的情况下,从价税的税率不变,随着商品价格的上升,从价税的税额也将上升;而从量税的税额保持不变,税额占销售收入的比例会下降。因此,在通货膨胀

的情况下,相对于从价税而言,从量税的税额少、税负较轻、存在着减税效应。相反地,在通货紧缩的情况下从量税的税额大、税负较重、存在着增税效应。

2. 税负转嫁与归宿和价格弹性

税负转嫁与归宿和商品供给的价格弹性以及商品需求的价格弹性的关系具有一般规律,可以概括为:

(1) 在其他条件保持不变的情况下,税负转嫁与归宿和商品的供给弹性呈正向变动关系,即商品的供给弹性越大,税负就越偏向于由消费者(买方)负担;商品的供给弹性越小,税负就越偏向于由生产者(卖方)负担。

(2) 税负转嫁与归宿和商品的需求弹性呈反向变动关系,即商品的需求弹性越大,税负就越偏向于由生产者(卖方)负担;反之,商品的需求弹性越小,税负就越偏向于由消费者(买方)负担。

(二) 不完全竞争市场的税负转嫁与归宿分析

不完全竞争市场包括独占市场和垄断竞争市场两种市场形态。

1. 独占市场的税负转嫁与归宿分析

独占市场即独家垄断市场,指的是市场完全由一家厂商所控制,处于完全被独占的状态。在独占市场中,独占市场者可以决定商品的价格,即价格完全由生产者决定。但在利益最大化的原则下,税负仍然需根据商品供给和需求的价格弹性在生产者(卖方)和消费者(买方)之间进行分配承担。

2. 垄断竞争市场的税负转嫁与归宿分析

税负转嫁与归宿分析主要在于分析征税引起课税商品的价格变化,从而得出买方市场和卖方市场对转嫁税负的接受程度,进而分析税负转嫁的可能性及税负的最终归宿。对于不完全竞争市场而言,商品的定价方法还没有一种普遍认可的模式,因此,研究垄断竞争市场的税负转嫁与归宿取决于对定价方法的假定。

如果所有的垄断竞争者都认为,对课税商品通过提价来将税负转嫁给买方会使得买方购买其他竞争者的未提价商品,那么任何生产同类商品的企业都不会采用提高征税商品价格来把税负转嫁给买方,因而税负将全部由生产者(卖方)承担。相反,如果生产同类商品的企业都不愿意承担课税商品的税负并采取联合行动,一同提高商品的价格将税负转嫁给买方承担,这种情形下,商品的税负将大部分由买方承担。此外,如果垄断竞争企业的定价方法为成本加价法或成本补足定价法,即将税收作为成本的一部分计入商品价格,也能使买方支付较高的商品价格而将税负转嫁给买方承担。

专栏 5-3　新古典经济学对税负归宿的研究

　　　自从马歇尔建立了以均衡价格为核心的现代经济学理论体系之后,对税负归宿的研究逐步向精细化方向发展。马歇尔所采用的价格弹性理论与构建的局部均衡分析框架也对后续税负归宿的研究产生了深远影响。此后,有关税负归宿的研究大都具体化为对相对价格或实际收入水平变化的分析,使用的研究方法也都是局部均衡模型与一般均衡模型。

局部均衡模型认为税负归宿与弹性呈负相关,弹性小的商品(或要素)需要承担更多的税负。哈伯格是将一般均衡模型运用于税负归宿分析的先驱者,他基于诸如封闭经济、完全竞争市场、要素的零成本流动性、生产技术规模报酬不变、要素供给总量固定等标准的新古典假设,构建了一个两部门、两要素一般均衡模型,认为市场价格调整的结果是使一般要素税或一般商品税的归宿等于其法定归宿,市场各主体会依各自对国民收入的贡献、以相同的税率承担相应的税负。而对于一般均衡模型下的局部要素(或商品)税归宿,哈伯格认为局部要素税(或差别商品税)会使高税率部门的产量减少,形成产量效应;同时,高税率部门产量的减少迫使其使用的要素需要在低税率部门找到出路。这一过程会形成要素替代效应。一般来说,在生产技术存在差异的情况下,产量效应会对要素价格形成两个方向的不同影响。因此,低税率部门对高税率部门要素吸收能力的差异最终会影响要素的相对价格。在局部要素(或商品)税情况下,税负归宿并不是很明确。

二、特定税种的税负转嫁与归宿的局部均衡分析

(一)商品税税负转嫁与归宿的局部均衡分析(假定选择对食品消费征税)

政府对食品征税,会使得食品的价格上升、产量减少,消费者会因为商品价格的提高而承受部分税收负担。同时,生产者也会因为征税后的收入减少而承受部分税收负担。商品的供求弹性以及其他有关因素将会决定生产者和消费者分别承担的税负的比重大小。

(二)要素收入税税负转嫁与归宿的局部均衡分析(假定对资本要素所得征税)

政府对资本要素所得征税,减少资本要素的净报酬率,资本要素的所有者因净报酬率的减少而承担部分税负。同时,资本需求者因支付的资本要素报酬上升,也承担部门税负。资本供给者与所有者之间的税收负担最终将根据供需弹性的对比以及其他相关因素来决定。

第六节　税负转嫁与归宿的一般均衡分析

税负转嫁与归宿的一般均衡分析是在局部均衡分析的基础上进行的。税负转嫁与归宿的局部均衡分析的优点是一次只考察一个市场,因此相对比较简单。而市场经济中存在着各种不同类型的市场,不同类型的市场又可以进一步地细分为更加具体的单个市场,并且各个市场之间也存在着相互依赖、相互影响的关系。用一般均衡分析来研究税负转嫁与归宿的问题,主要是考察特定的税收使得某一市场的供求关系发生变化之后,对其他市场产生的连锁反应。本节将在第二节的基础上进一步进行特定税种的税负转嫁与归宿

的一般均衡分析。

一、商品税税负转嫁与归宿的一般均衡分析(假定选择对食品消费征税)

商品税税负转嫁与归宿的一般均衡分析可以从生产要素和其他商品两个方面进行研究。

(一) 生产要素方面

政府对食品征税,会使得食品的价格提高,食品的消费数量减少,从而使得食品生产厂商的收益率下降,这就会导致食品的生产减少。如果食品和机器可以相互替代,人们以增加机器的消费来替代食品消费,食品生产部门中闲置的资本和劳动力将向机器生产部门流动。假定食品部门和机器部门生产要素、资本和劳动比率存在差异,要使得机器部门吸收食品部门稀出的资本和劳动力,就会使得资本和劳动力的相对价格发生变化。这种变化取决于被征税部门与不被征税部门资本和劳动力的比例。假设食品部门是劳动密集型的生产部门,而机器部门是资本密集型的生产部门,在食品部门的资本和劳动力流向机器部门时就会出现资本短缺、劳动力过剩,从而使得劳动力价格下降,这就表明劳动所有者也将承担部门由于商品征税而产生的连锁的税收负担效应。

两个部门的生产技术构成的差异越大,即劳动与资本之间的相互替代能力越弱,劳动所有者所承担的税负将越大;反之,则越小。如果两个部门的生产技术构成情况相反,假设食品部门是资本密集型的生产部门,而机器部门是劳动密集型的生产部门,那么就会出现与前面的情形相反的情况——资本的相对价格会降低,从而使得资本所有者承担部分税负。因此,对特定部门的产出课税,会导致该部门中较密集地被运用于生产的要素的相对价格降低,使得拥有该生产要素的所有者承担税负。

(二) 商品方面

政府对食品征税,会使得食品的价格提高,消费者将减少食品的消费数量,而增加机器的替代消费数量,对机器的需求增加也使得机器的价格提高,从而使机器的消费者也承担了部分税负。机器生产者和消费者的税收负担同样地也由其供求的价格弹性和其他相关因素决定。

二、要素收入税税负转嫁与归宿的一般均衡分析(假定对资本要素所得征税)

以对制造品资本所得的课税为例,对要素收入税税负转嫁与归宿进行一般均衡分析。政府对制造品的资本所得课税,会产生收入效应和替代效应。

(一) 收入效应

从收入效应的角度,政府对制造业的资本收入征税,会导致投资于制造业的资本的收益率小于投资于免税的食品业的资本的收益率,导致投资于制造业的资本向免税的食品业转移,最终使得制造业的生产数量减少、资本收益率提高,而食品业的生产数量增加、资本收益率降低。当制造业和食品业的资本收益率相同的时候,资本才会停止向免税的食品业转移。政府对制造业的资本收入征税,不仅会使制造业的投资者承担税负,食品业的投资者也承担了部分税负。这是因资本从制造业向食品业的转移而使两个行业的资本收益率实现平均化。

（二）替代效应

从替代效应的角度，当政府对制造业的资本收入征税而不对劳动收入征税时，如果资本和劳动力可以相互替代，那么就会导致制造业减少资本的使用量、增加劳动的使用量、制造业偏向于使用劳动来替代资本，使得制造业资本的相对价格下降，劳动力的相对价格上升，劳动力需求者将承担部分税负。如果资本和劳动力不能够互相替代，则资本要素的需求量下降，会使得劳动力的需求也下降，劳动力供应者将承担部分税负。

综上所述，政府对某个生产部门的某种生产要素课税，不仅该部门的该种要素会承担税负，其他部门的这种要素也会承担部分税负。如果要素在两个部门间可以相互流动，那么对其中一个部门的某种生产要素课税，不仅会影响该部门的要素收入，还会影响另一个部门的要素收入。

【例 5-1】 对二手房交易税负归宿的判断

从交易主体来看，二手房交易的卖方一般来说是已拥有自住性住房的一方，存在待价而沽的交易特征。在我国还未实行住房限购限贷政策（2011 年）以前，富有者购买多套住房的情况很普遍，加之城中村改造的补助房、单位福利房等涌入市场，使得二手住房市场的供方基本上是多套房房主。虽然媒体报道的各种估算住房空置率的方法诸如"晒水电表""晒黑灯""贴纸条"等不一定科学，但从侧面也能看出我国二手住房已形成初具规模的存量市场。

二手房交易的买方则表现出完全不同的特征——刚性需求明显。考虑到数据的可获得性，直接计算二手房的需求价格弹性存在困难，因此只能从相关调研报告中推测。2012年国家统计局成都调查队在成都第 39 届春季房交会现场采用问卷调查方式发现，有45.0% 的人选择购买现房，选择购买可直接居住的二手房的占比为 14.0%，选择各类期房的占比为 41.0%。不少民众表示期房未知因素太多，在同等条件下宁可购买现房。购房以满足居住要求的人群占被调查总人数的 44.7%，购房以改善居住条件的人群占被调查总人数的 29.3%，选择用于投资的只占被调查总人数 10.3%。

从近几年房地产调控行情来看，二手房潜在需求也开始释放。2011 年前不存在限购政策，住房投资投机性需求旺盛，二手房和现房存量不断累积。2011 年后住房限购政策陆续出台，住房需求得到一定程度的抑制，一些原打算购房的客户开始观望，但在此后房价未见明显下跌，购房需求开始逐步释放，并在一定程度上推动二手房市场走向活跃。

从供给的价格弹性来看，由于供给方多数是拥有自住型住房的多套房所有者，现房供应能力较强，在价格下跌时并不急于出售住房，供应量会急剧减少，在价格上涨时会加大住房的供应，以避免未来房产保有时期较高的税收支出。因此可认为二手房供给的价格弹性较大，此时供给曲线比较平缓。从需求的价格弹性来看，在目前的限购、限贷政策环境下，二手房需求者主要为收入不高、首次置业、婚房压力以及地区偏好群体，呈现出一定的需求刚性。因此可认为二手房需求的价格弹性较低，此时需求曲线较陡峭。基于以上分析可知，目前我国二手房交易市场中，**需求相对于供给更缺乏价格弹性，因此在征税时买方将承担更多的税负**。我国二手房交易市场个人所得税的税负归宿如图 5-6 所示。

以无税收时的均衡位置为分界点，把税负归宿分为两部分——与需求曲线相连接的部分（P_0 至 P_b 的距离）为买方承担的税负；与供给曲线相连接的部分（P_0 至 P_s 的距离）

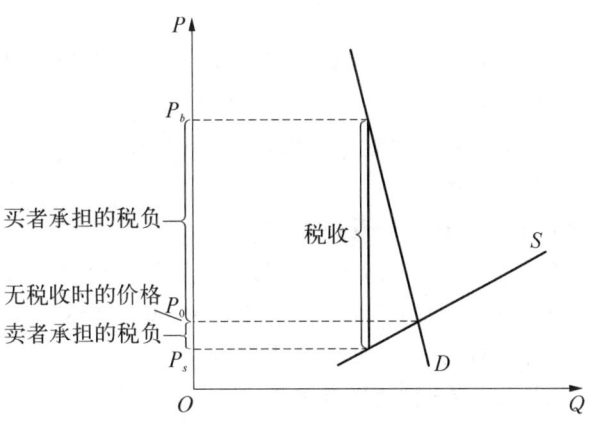

图 5 - 6　我国二手房交易市场个人所得税的税负归宿

为卖方承担的税负。可以看出,这种情况下买方承担的税负更多。对二手房交易征收个人所得税的本意是调节收入分配并抑制房价上扬,但是事与愿违,买方却承担大部分的税负,这可能会导致新的收入分配扭曲以及"误伤刚需"的后果。

　本 章 小 结

----

1. 税收负担是指税收收入和可供征税的税基之间的对比关系。宏观税负即全社会总税收负担。

2. 宏观税率和税收或经济的关系可形象地用拉弗曲线描述。高税率不一定就能够取得高收入,为取得高收入不一定要实行高税率;取得同样多的税收可采取两种不同的税率。在理论上,存在税率和税收收入或经济增长之间的最优组合。

3. 影响税收负担的因素很多,主要有经济因素、政治因素和制度因素。其中,经济因素是影响税收负担水平的最重要因素,包括经济发展水平、经济结构和消费者结构等。

4. 经济增长和产业结构对我国宏观税负存在重要影响,我国实施减免税政策、落实征管机构改革等举措有助于协调宏观税负与经济发展之间的关系,维持合理的宏观税负水平,促进经济的持续增长。

5. 税收负担是指一定时间内因政府的课税行为而使纳税人或负税人的实际可支配收入减少,从而使其承受经济负担或者对其造成经济利益损失。从实质上看,税收负担体现的是政府与纳税人之间以及不同纳税人之间的分配关系。

6. 一国的税收负担取决于经济发展水平、经济结构、政府职能范围、宏观经济政策等多方面的因素。确定合理的税收负担水平,对于经济的稳定与发展、政府履行职能、社会的和谐与稳定有着重要的意义。

7. 税负转嫁是指纳税人将自身应缴纳的税款通过各种方式转嫁给他人承担的一种经济现象。

8. 依据税收负担的运动方向,税负转嫁可分为前转、后转、混转这三种方式,此外还有一种特殊的税负转嫁方式称为"税收资本化"。

9. 税负转嫁的程度受多种因素的影响,包括商品或生产要素的供求弹性、课税范围、税种属性和反应期间等。

10. 税负归宿就是税负运动的最终归宿点。

11. 在分析税负转嫁与归宿时,可以使用局部均衡分析和一般均衡分析的方法进行研究。税负转嫁与归宿的局部均衡分析只就税收对征税商品或要素的直接经济影响进行分析;税负转嫁与归宿的一般均衡分析则是在局部均衡分析的基础之上,分析由于课税引起的一系列"连锁反应"。

 复习思考题

一、单项选择题

1. [经济师2020]关于税收负担的衡量指标,下列说法正确的是(　　)。
   A. 国民生产总值负担率＝税收总额÷国民生产总值×通货膨胀率×100%
   B. 企业综合税收负担率＝企业缴纳的各项税收的总和÷企业资产净值×100%
   C. 纯收入直接税负担率＝企业一定时期缴纳的所得税÷企业一定时期获得的毛收入×100%
   D. 企业所得税税负率＝实际缴纳的所得税税额÷同期实现利润总额×100%

2. [经济师2020]一般来说,经济发展水平与税收负担的关系是(　　)。
   A. 反比　　　　　　　　　　　B. 正比
   C. 无关　　　　　　　　　　　D. 视国家政治体制而异

3. [经济师2020](　　)是税负转嫁最典型和最普通的形式,多发生在货物和劳务征税上。
   A. 前转　　　　B. 后转　　　　C. 消转　　　　D. 税收资本化

4. [经济师2020]税负转嫁的各种形式中,多发生在货物和劳务征税上的是(　　)。
   A. 前转　　　　B. 后转　　　　C. 消转　　　　D. 税收资本化

5. [经济师2020]关于税负转嫁的说法,正确的是(　　)。
   A. 商品需求弹性大小与税负向后转嫁的程度成反比
   B. 商品供给弹性越小,税负前转的程度越大
   C. 竞争性商品的转嫁能力较强
   D. 征税范围广的税种较易转嫁

二、多项选择题

1. 税收所造成的超额负担同以下（　　　　　）因素相关。
   A. 商品的弹性
   B. 税率
   C. 税前购买支出
   D. 商品的价格

2. 有利于改善资源配置状况，产生增进社会福利的政府课税有（　　　　　）。
   A. 开征环境保护税
   B. 促进欠发达地区经济增长的税收优惠
   C. 与"幼稚产业"的进口制成品征收高关税
   D. 对风险投资的税收鼓励

3. 税收是调节收入分配的一个极其重要的经济杠杆，税收对收入分配的调节作用，主要体现在（　　　　　）。
   A. 累进的个人所得税对高收入阶层收入的调节
   B. 消费税对高收入阶层支付能力的调节
   C. 比例的财产税对财富过度集中的调节
   D. 社会保险税对高收入阶层收入的调节

4. 下列中国历史上的治税思想，（　　　　　）是从争取民心，实现社会的长治久安考虑的。
   A. 征税有义　　　B. 征税有度　　　C. 适时征税　　　D. 均平征税

三、简述题

1. 宏观税负的含义及测算方法。
2. 阐述影响宏观税负的因素。
3. 简述拉弗曲线的概念，并说明拉弗曲线对中国的启示。
4. 最优宏观税率是否存在，简述其理论基础。
5. 试评价我国宏观税负的合理性。
6. 影响税收负担的因素有哪些？
7. 衡量宏观税收负担的指标体系包括哪些内容？
8. 税负转嫁的实质是什么？
9. 影响税负转嫁的因素有哪些？
10. 税负转嫁与归宿的局部均衡和一般均衡分析有哪些主要区别？

四、案例分析

案 例 一

人们在讨论宏观税负时使用的概念大致有三种：一是小口径，仅指税收收入；二是中口径，指全部一般预算收入；三是大口径，指全部政府收入或国家综合财力。根据如上约定，表5-2为2012—2018年我国宏观税负的数值列表。

讨论：请根据表5-2及有关宏观税负统计口径的知识，尝试评价我国目前宏观税收负担水平，并给出政策建议。

表 5 - 2　　中国 2012—2018 年宏观税负数值列表　　单位：亿元人民币				
年　份	一般公共 预算收入	政府性 基金收入	国有资本 经营收入	社会保险 基金收入	合　计
2012 年	113 600.00	34 796.76	1 496.38	27 708.91	177 602.05
2013 年	129 209.64	36 756.15	1 641.51	27 023.00	194 630.30
2014 年	140 370.03	47 309.23	1 981.79	30 038.00	219 699.05
2015 年	152 269.23	48 873.38	2 263.12	33 815.00	237 220.73
2016 年	159 605.00	46 643.00	2 609.00	36 478.00	245 335.00
2017 年	172 592.77	61 479.66	2 580.90	58 437.57	295 090.90
2018 年	183 351.84	75 404.50	2 899.95	72 649.22	334 305.51

案　例　二

　　我国南方一些竹木产区生产竹木地板。这种地板的特点是清凉、透气、加工制造简单，但与革制地板、化纤地毯相比，不够美观、漂亮。生产厂商将竹木地板的定价确定为每平方米 35 元。由于竹木地板只适用于南方潮湿地区，北方多数地区无法使用（竹木地板易裂，怕干燥），市场需求量不大，结果造成竹木地板生产厂商只能简单维持企业运转。由于每平方米 35 元的价格在当时已被认为是很高的价格标准，所以有关税负只能由生产厂商负担。

　　后来，日本人发现了这种竹木地板，经他们分析测定，这种竹木地板具有很高的医学价值，使用竹木地板对维持人们体内微量元素的平衡起到重大作用。因此日本及东南亚国家纷纷到我国南方订货，竹木地板的价格一下从每平方米 35 元人民币变成每平方米 35 美元。竹木地板的生产厂商大幅提高了利润水平，其所负担的税金全部通过价格的提高实现了转嫁。

　　讨论：请结合以上案例材料，分析影响税负转嫁与归宿的因素，以及应当如何正确地看待税负转嫁与归宿。

解析

第六章　税收成本理论

本章要点

1. 税收成本的衡量指标
2. 我国税收成本的影响因素
3. 我国税收成本优化思路

案例导入

由于美国个人所得税制度十分复杂，涉及的纳税人广泛且不同纳税人纳税差别很大，在个人所得税的纳税季节（每年1月1日到4月15日为纳税申报时间），政府需要大量的工作人员。为了解决临时工作人员的需要，美国政府与非营利组织机构合作实行了志愿者服务制度，在每年征税季节之前就开始招募志愿者，志愿者主要来自各高校在校本科生和研究生，且志愿者在工作期间不会获得劳务收入以及其他的任何补贴，费用完全自负。

为了提高志愿者的积极性，各高校与政府部门配合实行实习课时制。学校要求学生必须参加实习活动，并且实习需要达到一定的时间，学校根据实习机构正式的录用和考核文件给出相应的学分，这样，学生就有很高的积极性报名参加实习活动。

为了保证志愿者服务的质量，美国政府和非营利组织设计了一整套合理的机制。经过系统的学习和考试合格以后，学生可以获得办税员的资格证书，经过再次岗前培训后就可以开始正式工作。

美国个人所得税征管的志愿者服务制度正是政府和非营利组织合作的结果，通过非营利组织招募志愿者，由广大的志愿者免费提供了大量初级的征税工作，减轻了税务机关的压力，提高了征税的效率，大大节约了征税成本。

思考：美国如何通过志愿者制度减轻征税成本？请进一步分析数字经济时代税务机关降低征税成本的基本途径与方式。

第一节　税收成本的衡量

税收成本有着广义和狭义之分。广义的税收成本是指征纳双方在征税和纳税过程中所付出的一切代价的总和,具体包括征税成本、纳税成本及课税负效应三个部分。狭义的税收成本仅包括征税成本。本章所讨论的税收成本主要是指狭义的税收成本。

各地区、各部门为了更好地控制税收成本、提高税收效率,需要建立税收成本指标体系。一般而言,衡量税收成本的指标可以分为绝对指标和相对指标。

一、绝对指标

衡量税收成本的绝对指标有税收净收益,即税收总收入减去税收成本后的余额。税收净收益的计算公式为:

税收净收益(R)=税收总收入(T)-税收成本(C)

$$(6-1)$$

税收净收益与税收成本的关系如图6-1所示。在税收总收入既定的条件下,税收净收益与税收成本呈负相关关系,即税收成本越大,税收净收益越小;税收成本越小,税收净收益越大。

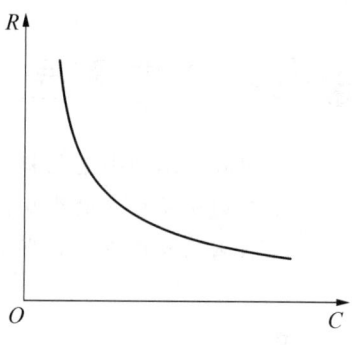

图6-1 税收净收益与税收成本的关系

二、相对指标

衡量税收成本的相对指标包括征收成本率、人均征税额、税收成本收入弹性等。

（一）征收成本率

征收成本率是指一定时期的征收成本占税收收入的比重。其计算公式为:

$$征收成本率=\frac{一定时期征收成本(J)}{一定时期税收收入(C)}\times100\%\qquad(6-2)$$

根据这一指标,可以具体计算一个国家或一个地区或具体征税单位、某一税类或税种的征收成本率;可以横向比较同一时期不同国家或地区行政效率的高低,不同税类、税种的征收难度;可以纵向比较不同时期一个国家或地区税务管理水平的变化情况,同一税类、税种的税收成本变化情况。

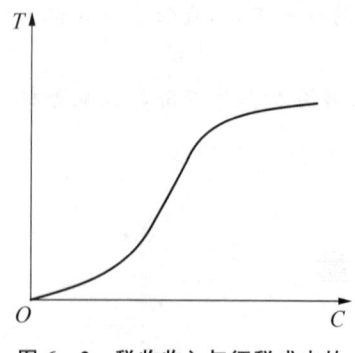

图6-2 税收收入与征税成本的非线性关系

从理论上讲,征收成本率越高,税收效率就越低;反之,征收成本率越低,税收效率就越高。在征管实践中,征收成本率往往受诸多因素的影响,如税收规模的大小、税源分布的状况、征管技术的水平、征税环境的差异等。因此,在横向比较不同地区以及征税单位的税收行政效率时,要综合考虑诸多因素。

从式6-2中可以看出,征收成本率与征收成本成正比,与税收收入成反比。从理论上讲,要降低征收成本率可以通过减少征收成本和增加税收收入来实现。但实际上并非如此。征收成本与税收收入之间在一定范围内存在正相关关系,即随着征收成本的增加,税收收入也会相应的有所增加。但是税收收入并不能无限制增加,当税收收入增加到最高点后,无论征收成本如何增长,税收收入都不会增加。此时,税收成本的投入是无效率的。图6-2表示的是税收收入与征税成本的非线性关系。

（二）人均征税额

人均征税额是指一定时期的税收收入与税务人员数量之间的比例。其计算公式如下:

$$人均征税额 = \frac{一定时期税收收入}{一定时期税务人员数量} \times 100\% \qquad (6-3)$$

一般来说,人均征税额越低,征税效率就越低。

人均征税额(RJSR)与税务人员数量(R)的关系如图6-3所示。从图6-3可以看出,随着税务人员数量的增加,人均征税额也逐渐增加,但到一定的数值以后,人均征税额逐渐下降。这说明税务机构必须配备一定的税务人员,才能保证税务机构的正常运转,税收收入才能足额上缴。但税务人员的增加不一定会带来人均征税额的增加。

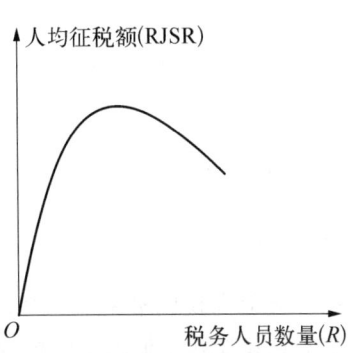

图6-3　人均征税额与税务人员数量的关系

（三）税收成本收入弹性

税收成本收入弹性,是指在一定时期内某一税种的税收成本的相对变动对于该税种的税收收入的相对变动的反应程度,是税收成本变动率与税收收入变动率之比。其计算公式如下:

$$税收成本收入弹性系数 = \frac{税收成本变动率}{税收收入变动率} \qquad (6-4)$$

可以表示为:

$$E = \frac{\dfrac{\Delta C}{C}}{\dfrac{\Delta T}{T}} = \frac{\Delta C}{\Delta T} \times \frac{T}{C} \qquad (6-5)$$

式中,E表示税收成本收入弹性系数,C代表税收成本,T代表税收收入,$\frac{\Delta C}{C}$表示税收成本变动率,$\frac{\Delta T}{T}$表示税收收入变动率。显然,$\frac{\Delta C}{\Delta T}$为税收成本收入变动率,$\frac{T}{C}$为税收成本收入率,$\frac{C}{T}$为税收成本率。

当$E < 1$时,税收成本缺乏弹性。此时,$\frac{\Delta C}{C} < \frac{\Delta T}{T}$,税收收入每变动1%,引起的税收成本变动百分比小于1%,征税是富有效率的。$E < 1$,则$\frac{\Delta C}{C} < \frac{C}{T}$,即税收成本收入变动率小于税收成本率。若存在税收流失,可通过增加税收成本来提高税收收入,即增加的

税收收入要远高于新增的税收成本,加大税收成本投入是值得的。此时,税收成本率递减。

当 $E=1$ 时,税收成本为单一弹性。此时,$\frac{\Delta C}{C}=\frac{\Delta T}{T}$,税收收入每变动 1%,引起的税收成本变动百分比等于 1%,征税仍然是有效率的。$E=1$,则 $\frac{\Delta C}{C}=\frac{C}{T}$,即税收成本收入变动率等于税收成本率。若存在税收流失,仍可通过增加税收成本来提高税收收入。一般来说,$C<T$,因此增加的税收收入绝对值仍比投入的新增税收成本大,但效率比 $E<1$ 时低。此时,税收成本率不变。

当 $E>1$ 时,税收成本富有弹性。此时,$\frac{\Delta C}{C}>\frac{\Delta T}{T}$,税收收入每变动 1%,引起的税收成本变动百分比大于 1%,征税是缺乏效率的。$E>1$,则 $\frac{\Delta C}{C}>\frac{C}{T}$,即税收成本收入变动率大于税收成本率。若存在税收流失,可通过增加税收成本来提高税收收入,但是,新增的税收收入不抵增加的税收成本,征税是一种损失。除非征税有特定目的,从财政意义上讲,已经没有继续增加税收成本的必要了,这时,税收成本率递增。

专栏 6 - 1　税收成本的其他衡量指标

(1) 每百元税收的纳税费用,包括纳税人因申报纳税所支出的人员经费、交通费、资料费等,或委托税务代理所发生的代理费支出。这一指标可以从纳税人的会计资料中分析得到。

(2) 每次纳税平均占用时间。这一指标既反映纳税人的工作效率,又反映税收征管制度的效率。

(3) 行政经费收入率,是指某一地区在一定时期内税务机关为组织税收收入而耗费的公务费和业务费之和占税收收入的比例。该指标着重考察税务机关的机构设置情况。

(4) 固定成本收入率,是指某一地区在一定时期内税务机关为组织税收收入而耗费的基建费总额和购置识别费用总和占税收收入的比率;该指标主要考核税务机关基建开支和购置设备的情况。

(5) 纳税成本指标纳税成本率,是指一定时期的纳税成本占税收收入的比重。

(6) 办税费用收入率,是指纳税人在一定时期内为履行纳税义务而发生的各项费用占税收收入的比重。

(7) 异常纳税费用收入率,指纳税人为违规违法所耗费的各项费用以及因触犯税法而受到的经济惩罚数额之和占税收收入的比重。

(8) 税收社会成本指标,一般通过考核经济发展状况来间接反映成本的高低。

拓展阅读

税收成本理论的发展和完善

第二节 税收成本管理

一、税收成本的影响因素

（一）经济发展水平因素

1. 税源集中化程度

一个国家或地区经济发展水平的高低决定了该国家或地区税源的总量状况、增量状况、分布状况和集中化程度。而税源的状况是影响征税成本的重要因素。一般情况下，**税源集中化程度越高，分布越均衡，相应的征税成本也会越少**，因此经济发展水平可以通过影响税源的情况来影响征税成本。

2. 产业结构

产业结构是指经济结构中第一、第二、第三产业在一个国家或地区经济结构中所占的比重。不同国家，产业结构不同，在不考虑其他影响因素的情况下，以第一产业为主的国家的征税成本明显高于以第二、第三产业为主的国家。我国人均征税额呈区域性差异的原因与产业结构有关。

同一国家，不同地区，产业结构不同，征税成本也不尽相同。农村地区和城市地区的产业结构差异是导致二者征税成本存在较大差异的主要原因。农村地区一般以税源集中化程度较低的第一产业为主，征管难度较大，征税成本相对较高。而城市地区一般以税源集中化程度较高的第二、第三产业为主，征管难度较小，征税成本相对较低。

【中国智慧·中国实践】

近年来，我国产业结构发生了明显的变化，从 2008 年至 2017 年，第一产业和第二产业 GDP 在各产业 GDP 总量中的比重呈总体下降趋势，而第三产业却在迅速崛起，GDP 占比由 2008 年的 42.9% 增长到 2017 年的 51.9%，如图 6-4 所示。这三大产业从 2008 年至 2017 年平均比重分别为：8.91%，44.06%，46.84%。根据国内学者相关统计资料显示，2005—2011 年发达国家三大产业占 GDP 的平均比重分别为：1.3%，23.6%，75.2%[1]。显然我国第一、第二产业的比重远远高于发达国家，而第三产业比重相比发达国家差距仍然较大。这也是我国征税成本相比发达国家偏高的一个原因。

由于我国仍为发展中国家，农村人口较多，各地区经济发展不平衡，发展第三产业的资金、空间受到一定的限制，而发达国家自工业革命以来，技术处于领先地位，资金不断增加，向第三产业转型的速度更快。

---

[1] 吴四海. 产业结构变迁对经济和就业结构的影响——以发达国家为例[J]. 商场现代化,2016(06):241 - 242.

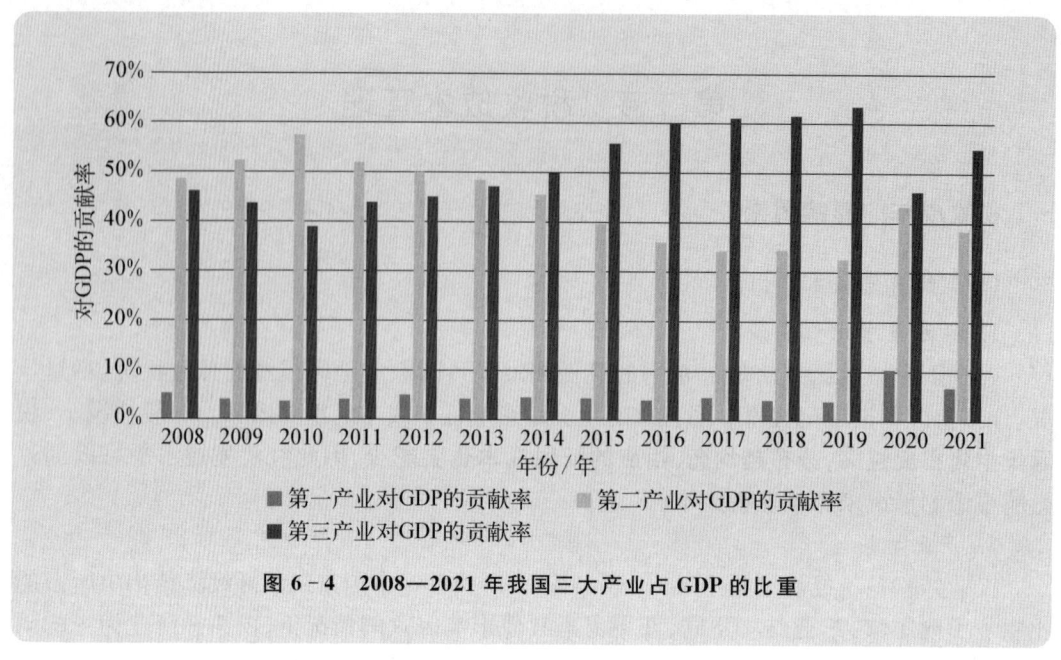

图 6-4　2008—2021 年我国三大产业占 GDP 的比重

（二）税收制度因素

1. 税收制度的复杂性

随着经济的不断发展，国际交流合作日益频繁，加之互联网信息化的不断冲击，现代市场的交易结构越来越多样化，税收征管的范围也在不断扩大。这促使政府制定的条例、规章及各类下发的税收文件不断出台。这些条例、规章及文件之间相互联系而带来的综合性影响从整体上提高了税制的复杂性水平，给针对它们的解读增加了困难，进一步增加了税制的复杂性。这无疑考验着征纳双方对税法的理解能力和掌握能力，使得征纳双方需要不断学习适应新的税法。由此所耗费的时间成本，人力成本和心理成本随之增加。这一点可以从税务机关和企业中日趋增长的税法培训教育经费中体现出来。因此，税制的复杂性是影响征税成本的一个重要因素。

2. 税收优惠政策的出台

政府出台的各类税收优惠政策也会影响征税成本。

（1）税收优惠政策本身会减少税收收入。当征税成本不变时，税收收入的减少意味着征税效率的降低。

（2）税收优惠政策过多、滥用都会导致税收制度的复杂化，使得税务机关为完成征税任务而耗费更多的执行成本，从而提高了征税成本。

（3）税收优惠政策过多而引起的税制复杂化会产生税收漏洞，具有相关利益的纳税人会利用这些有利于自己的税收优惠条款达到偷逃税款的目的，由此给征税机关带来更多的工作量来防止这类税收流失，进一步增加了征税成本。

（三）税收征管因素

1. 税收征管模式

税收征管模式是指在税收征管的过程中由各征管要素相互作用、相互制约所形成分的离与组合的形式,通常表现为"征、管、查"的有机组合,不仅可以反映税收征管制度,而且可以体现税收征管的技术水平。**"征、管、查"之间分工的合理性、职责的明确性、相互衔接的顺畅性以及信息传递与反馈的及时性都在一定程度上影响着征税成本。**

不同的征管模式下的征税成本也不同。与经济发展状况相适应的征管模式有利于开展征税活动、提高征税效率、降低征税成本。反之,则会阻碍征税活动、降低征税效率、增加征税成本。

【中国智慧·中国制度】

我国经过各级税务机关的不断探索,逐步形成了"以申报纳税和优化服务为基础,以计算机网络为依托,集中征收,重点稽查,强化管理"的征管模式,这种模式不仅普遍建立了纳税人自主申报的纳税制度,而且通过广泛应用计算机,真正实现了"征、管、查"三分离,在一定程度上降低了征税成本。

2. 税收征管技术

税收征管技术的先进程度会对征税效率的提高产生直接的影响。先进的征管技术是保证实现税收收入的重要工具。一般情况下,税收征管技术先进,不仅给征税机关和纳税人带来了便利、节约了时间成本,而且逐渐替代人工,节约了很多人力成本,从长期来看有利于降低征税成本。然而,值得注意的是,税收征管技术在不断更新发展的过程中,需要与国家的经济的发展和人员的素质相匹配,否则,可能达不到预期的效果。

二、降低税收成本的方法

统计数据显示,在世界范围内,绝大多数发展中国家的税收成本高于发达国家,因此,借鉴发达国家的税收成本管理经验,对我国税收成本控制具有重大意义。通过对中外税收成本优化措施的比较研究,可以从合理设置税务专业机构、优化税收征管程序、应用计算机和现代信息技术等3个方面进行分析借鉴。

(一)合理设置税务专业机构——分级分权管理

税收征收管理体制可以分为三种类型,具体见表6-1。

表6-1　税收征收管理体制的三种类型

类　型	体　制　设　计	应用国家	举　例
第一种类型	税务机构分为中央、地区和地方三级,实行分级管理,每一级都有相应的税收征收管理权限	美国、日本等	美国税务机构分为联邦、州和市县三级,各级都可以自行立法征税

类　型	体　制　设　计	应用国家	举　例
第二种类型	只分中央和地方两级,中央与地方分税种管理,或者是根据一个税种的不同因素、立法权和行政权来详细划分相应的税收管理权限	韩国	
第三种类型	只有中央一级的税务机构,所有税收管理权限尽归中央	新加坡	

在分级管理体制下,每一级都有相对应的税收征收管理权限,甚至具有立法权,每一级都进行税收成本控制,较易于实现税收成本的优化。

税收管理权主要有税收立法权、税收执法权和税收司法权。目前,绝大多数国家的税务机构都只拥有税收执法权和部分的司法权,负责税收征收管理并享有对纳税人进行民事处罚的司法权力。刑事处罚一般由国家的司法机关负责。少数国家尽管专门设立了税务法庭,但是税务法庭是相对独立的。只有极少数国家的税务部门,如新加坡税务署,既有税收立法权又有税收执法权,还有部分税收司法权。税收管理权限过大,必然导致税务机构和工作人员增长,容易形成税务机关和司法机关的管辖权的重复,不仅浪费资源,还会降低查处涉税案件的效率。

（二）优化税收征管程序

发达国家税收征管程序一般分为登记、申报、征税、审计、罚款或退税、上诉或起诉等六个步骤。前三个步骤对控制税收成本具有重要意义。

在登记阶段,建立全国性的纳税人登记号码并实现纳税人资料管理的计算机化,有利于征税的审计,从而降低税收成本。

在申报阶段,多采用邮寄申报或电子申报为发达国家优化税收成本提供了空间。不同的纳税申报方式带来的税收成本不同,在上门申报方式中,税务机关必须设置大量的受理申报的场所,雇用大量的人力,征税成本最大。邮寄申报、电子申报,可以免除税务机关筹建大量办公场所、雇用大量人力的费用,因而征收成本较低;电子申报相较于邮寄申报,征收成本更低。

在征税阶段,征税、纳税方式是否简便也是判断税收成本是否优化的标志。缴税手段多样化可以方便纳税人选择,纳税费用较低;缴税手段单一会增大纳税人负担。

（三）应用计算机和现代信息技术

无论是在发达国家,还是在发展中国家,在税收征管领域广泛运用科技手段都产生了明显的效益,直接或间接地优化了税收征收成本和纳税成本。

美国于 20 世纪 60 年代中期开始在全国范围内建立计算机征管网络,包括 1 个国税局税务信息处理中心、7 个大区征税服务中心(数据处理中心)和 63 个地区税务局及近 700 个基层单位。科技在税收征管中的成功运用,使税收征管发生了质的飞跃,工作效率显著提高,税收成本大幅下降。计算机在税收预测、办理登记、纳税申报、报税审核、税款征收、税务审计选案及操作过程控制、税源监控等环节发挥着极其重要的作用。

日本国税厅信息管理系统自 20 世纪 60 年代建成以来,极大地方便了纳税人。由于系统处理速度快、信息传递迅速、利用率高,使税收成本大幅度下降,每百日元税收征收成本从 1950 年的 28 日元下降为 1990 年的 0.92 日元。

三、我国税收成本优化思路

近些年来,我国的税收收入一直保持快速增长的态势,连续几年超过 GDP 增幅;但是,与此同时,政府为取得税收收入而付出的各类费用上升得也很快。和其他国家的税收成本相比,我国现阶段的税收成本明显偏高,有进一步优化税收成本的必要。

(一) 合理划分中央与地方的税收管理权限

中央政府必须统筹规划,改变税收管理权限完全集中于中央的现状,按照本国国情,正确划分中央政府和地方政府的税收管理权限,既保证中央政府对经济运行的宏观调控能力和全国的政令统一,又兼顾中央与地方利益,充分调动各级政府积极性,保证宏观经济健康协调发展。合理划分中央与地方的税收管理权限,可以降低税务机关的征收成本和纳税人的纳税成本,避免因征税在地区间存在差异而给地方经济带来的超额负担。一般而言,中央与地方的税收管理权限可以做出以下安排。

(1) 中央政府掌握以下税种的管理权:① 对整个国民经济产生全局性、战略性影响的税种;② 在国家财政体系中占据十分重要的地位,并能保证中央政府职能实现的税种;③ 涉及国家宏观管理与调控的税种。

(2) 给予地方政府更多自主、灵活处理地方税务的权力,逐渐下放部分税种税率的调整权,允许地方政府拥有开征、停征部分小税种的立法权。

(3) 具有以下属性的税种,建议划归地方管理:① 纳税环节不宜掌握、税源分散,并对宏观经济不产生直接影响的税种;② 涉及维护地方城市基础设施建设的税种;③ 与地方特性及第三产业密切关联的税种;④ 针对地方特种经营行为开征的税种等。

(二) 对税源实行专业化管理

目前,市场分工愈发精细。在征税过程中,我们须对各种税收对象进行合理科学的分类,根据管理对象所属行业、生产经营规模的不同特点,实施专业化管理,从而改善管理效率。**专业化管理即将纳税人依据其各自的生产经营范畴不同和行业不同进行合理划分,对不同的纳税人实施适合的管理方式。**由于信息管税的发展,第三方信息的采集利用、内部信息交流更加通畅,许多税务机构能够得到超越原有地域的更多纳税人的信息,从而对这些信息进行科学分析、专业管理、合理分类。

【中国智慧·中国制度】

我国于 2008 年建立了大企业税收管理司,由大企业税收管理司全权负责相关税收管理服务工作。可以说,大企业税收管理司制度是国内税源专业化管理的尝试性的一步,对我国进行试点改革具有重要意义。

（三）加强信息化建设

围绕加快实现税收现代化的目标，充分运用互联网思维和技术，实现"互联网＋税务"，进一步打造高效、安全的**电子税务局**，逐步建立并健全以需求为导向、以风险管理、网上办税、推送服务等为主要特征的现代税收管理服务体系，大力提升纳税遵从度和纳税人满意度。

充分发挥**云计算**、**大数据**等现代化信息技术的优势，进行信息的全面整合，最终寻求税务系统内部各部门之间、税务部门与外部之同的信息互联互通。

【中国智慧·中国制度】

2016 年全面上线的金税三期系统，其中一个主要功能就是更加强大的大数据评估及云计算。国家税务局运用"互联网＋"，依靠"网络爬虫[①]"技术，自主研发了互联网涉税信息监控平台，在互联网信息大海中实时查找上市公司股权交易信息等，让税收征管效率呈几何级数提高。

2022 年 1 月 1 日，我国大数据治税体系——"金税四期"上线。"金税四期"是"金税三期"的升级，能够借助大数据技术实现税收征管的数字化、自动化、智能化。"金税四期"作为大数据治税体系的代表，具有以下显著特征：

（1）第三方信息与信息共享完美结合。银税互联，真正实现资金与税务的全网、全程监控。私人账户被广泛关注，尤其关注空壳企业开户、企业身份识别、法人公司之间及其与个人的关联性揭示。

（2）税务大数据实现全业务、全流程、全数据、全国联网，实现全国税务业务通办，不断优化营商环境。

（3）纳税人的业务证据链上传，形成完整的证据链监督体系。

（4）"金税四期"为纳税人画像，形成税收信用的雏形。

（5）"金税四期"扫描公司所有开具的和收到的发票，税务风控系统将自行从成本、费用倒推企业的收入。因此，收入和费用一定要配比，若费用比例过高，风控系统将自动识别推送至税务稽查局，企业接受自查补税。"金税四期"将更加注重业务的真实性、逻辑合理性，强化税务合规性要求。

"金税四期"使"税务"与"非税"均进入监控范围，开启多维度、全方位、全流程税务监控模式。这意味着以"数据画像"为核心的智慧税务与智能监管时代的到来。未来每一家企业在税务面前都是透明的，新时代也被称为"企业家裸奔"时代。"金税四期"实现银税互联互通、信息共享、银税互动，资金严监管时代到来了。"金税四期"的一大特征是数据"云"化，即云端存储与云计算盛行。

---

① 网络爬虫，又被称为网页蜘蛛、网络机器人，是一种按照一定的规则，自动地抓取万维网信息的程序或者脚本。

本 章 小 结

1. 税收成本衡量指标主要有征税成本率、人均征税额、税收成本收入弹性等。
2. 我国税收成本优化思路可以从合理划分中央与地方的税收管理权限，提高各级政府依法行政的效率；对税源实行专业化管理，建立科学严密的税收征管系统；运用创新思维和科技手段，积极推进税收征收管理现代化进程等三个方面入手。

 复习思考题

一、简述题

1. 简要回答衡量税收成本的指标。
2. 税收成本收入弹性存在几种情况？
3. 如何优化我国税收成本？

二、案例分析

1979年经济学家卡内曼和特维斯基（Kahneman and Tversky）基于不确定条件分析个人的决策选择，并在其研究中注入心理学因素，形成了新的行为经济学，即以前景理论为核心的决策理论。该理论具有三个显著性特征：一是更加注重经验性，以大量的实验统计为依托；二是该理论并非一成不变，而是一种随着实践逐渐深入不断充实完善的动态机制；三是研究重点更加倾向于决策者本身与微观、宏观环境之间的相互影响。随着行为经济学逐渐被人们所接受，McCaffrey and Slemrod（2006）在此基础上率先引入行为财政学理念，并将行为财政学的研究内容划分为三个方面：一是肯定纳税人的有限理性而非完全理性，探究财政学的重要内容（税制建设和公共品提供机制）与有限理性之间的作用关系。二是摒弃纳税人决策的确定性标准，探究纳税人的选择偏好如何受到决策环境与决策程序等因素的影响，并分析不同时期、不同情境下选择偏好的具体变化。三是纳税遵从问题，即研究当国家拥有一定的税收准则和法律法规时，纳税人是否愿意如实缴纳税款，以及纳税遵从受哪些因素的影响和制约。一般而言，纳税遵从度越高，征税成本越低；纳税遵从度越低，征税成本越高，因而行为经济学和契约理论一般通过影响纳税遵从度进而影响税收成本。

讨论：从行为经济学的角度出发，个人决策如何影响税收成本？

 🔖 解析

第七章 税权划分与税收法治理论

本章要点

1. 我国税权划分的模式
2. 分税制改革的原因及意义
3. 国际税权划分模式
4. 我国税权划分未来完善方向
5. 完善地方税体系思路
6. 税收法治理论基础

案例导入

美国共有五十个州,各个州的课税法都不一样。某些州与州的边界线正巧穿过一些居民的房屋,房主应向哪个州交税呢?后来,美国政府规定,房主的卧室在哪个州就按哪个州的税法向哪个州交税。如果边界线穿过房主的卧室,房主的枕头在哪个州就向哪个州纳税。

思考:你对上述税收规则有何评价?

税权划分模式的选择既影响税收权力在政府机构之间的划分,也影响中央与地方之间权利与支出义务的划分。分税制改革具有重要历史意义,但其弊端也日渐凸显。我国需要不断进行税制改革以调整税权划分,保证我国税收制度的公正和平等。

第一节 税权划分的概念、内容及理论依据

一、税权的概念和内容

(一)税权的概念

税权一词在中国最早出现在第七届全国人民代表大会第四次会议通过的《中华人民共和国国民经济和社会发展十年规划和第八个五年计划纲要》中,之后又出现在1993年发布的《工商税制改革实施方案》中。学界普遍认为税权是税收的相关权力,是国家主权

在税收领域的表现形式,是国家主权的一部分,而分权是对税权的分配。

（二）税权的内容

税权的具体内容一般包括税收司法权、税收政策制定权、税收执法权、立法税权、执法税权、税收管理权、税收收入归属权、税法解释权、税收调整权,等等。本章主要侧重于政府之间的税权划分,因而不考虑纳税人的权利问题,暂默认税权包括税收立法权、税收征管权、税收政策制定权和税收收入归属权。

1. 税收立法权

税收立法权是国家政府机关依法享有的制定、修改、解释和废止税收法规的权利,是国家立法权的重要构成。税收立法权一般可以通过横向和纵向划分,在纵向方面,税收立法权可以分为中央政府的税收立法权和地方政府的税收立法权。

2. 税收征管权

税收征管权是税务行政机关依法进行税收征收、日常管理和监督检查的权力,主要包括征收、管理和稽查三个方面。

3. 税收收入归属权

税收收入归属权是指各级政府依法享有的与其履行职能相对应的税收收入的权利。

二、税权划分理论

（一）税权划分应遵循的原则

美国财政学家赛林格曼(E. A. Seligman)提出对税权的划分需遵守三个原则——效率原则、适应原则、恰当原则,即需要根据各个税种的征收效率以及对中央和地方的适应程度来进行中央税和地方税的划分。

美国财政学家迪尤(Due)认为对中央税和地方税的划分需要遵循效率原则和经济利益两个原则。遵循效率原则是为了尽量减少征管成本,遵循经济效益原则则是为了保证收入来源,归根到底都是为了保证税收收入的最大化。

马思格雷夫(Musgrave)认为税收除了有效利用资源原则以外,还需要公平权利原则,并且提出了中央与地方税种划分的七个标准,对税收的划分提出了比较系统的理论。

在总结前人理论的基础上,约翰·诺里加尔德、杰克·M.明牧相继提出比较综合和系统的税权划分理论,对税权划分领域的研究更进了一步。

不同理论下税权划分应遵循的原则如图7-1所示。

（二）税权划分的理论依据

1. 最优分权模式的菜单理论

斯蒂格勒在《地方政府功能的有理范围》一文中表示,地方政府相较于中央政府更加了解其所管辖区域内公共产品的种类及需求,同时不同区域内的居民有权利选择适合自身需求的公共产品及需求。为了实现资源的有效配置及收入的公平分配,需要将决策权下放于较低层次的行政部门。

2. 政府职能划分理论

马思格雷夫认为公共部门的活动区域一般分为资源配置、收入分配以及稳定这三类,有关于资源配置的职能在各个地区可以不同,这取决于各地区居民的偏好不同,政府以此

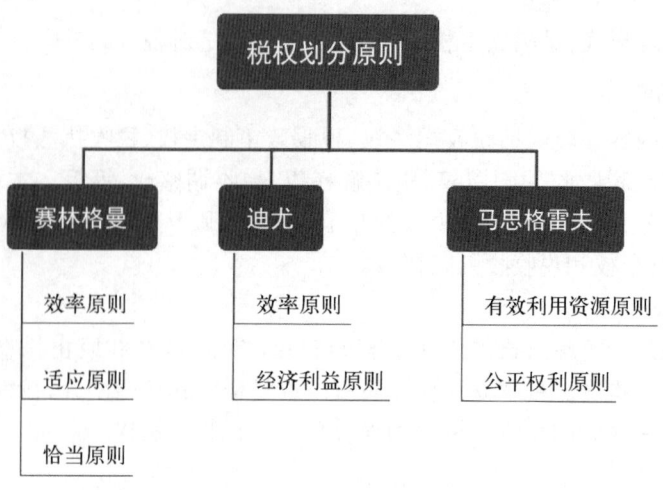

图 7 - 1   不同理论下税权划分应遵循的原则

来划分财政管理权限。

3. 受益原则分权理论

经济学家埃克斯坦认为,依据公共产品的受益范围来划分各级政府的职能是个有效的方法。对整个国民有益的公共产品需要由中央政府来决定,对一些受益范围有限的公共产品职能需要由当地政府来行使。

4. 用脚投票理论

用脚投票理论的代表者蒂布特认为,人们之所以愿意聚集在一个区域或者一个政府的管辖区域内,是因为他们想要在这片区域中寻找他们享受到的公共产品和自身需要缴纳的税收之间的一个使其自身效用最大化的比例或者组合。地方税权的存在是政府提供公共产品和居民自由选择的首要前提。

第二节   税权划分的模式

一、税权划分的具体形式

分税制是具体安排各级政府收入责任、划分财政收入的一种制度,主要有四种形式。

(1) **分税额**,即先按税法统一征税,然后将税收收入总额按一定比例在中央与地方之间分割。

(2) **分税权**,即分别设立中央税和地方税两个税收制度和税收管理体系,中央和地方均享有相应的税收立法权和调整权。

(3) **分税率**,即按税源实行分率计征。一般采用两种方式——一是上下级政府对某一税基按各自既定比率征税,二是上级政府对某一税基按率征税的同时,代下级政府按其税率课征并将税款转给下级政府(即税收寄征),在税法上通常采用地方附加的形式。

(4) **分税种**,即在税权主要集中于中央的情况下,在中央与地方之间分割税种,形成中央税、地方税和共享税。我国 1994 年分税制改革在中央与地方收入责任安排上主要采取了第二种形式(但地方政府没有税收立法权)和第四种形式。

不同的国家税权划分各式各样,在税权的纵向划分上大致分为税权集中型模式、税权分散型模式、适度分权型模式。税权分散型模式和适度分权型模式同属于分税制。

二、不同分税制的特征

(一)税权集中型模式

采用税权集中型模式的国家大都将税收立法权,税收征管权和税收收入归属权集中于中央政府,通常表现为政治集权、经济干预。这类国家的政府在经济上对经济政策的干预比较多,国家宏观调控在市场中比较常见,中央政府需要拥有足够的宏观调控财力,因此,必须使得税权集中在中央。

一般情况下,中央税收也将作为税权集中型模式下的主体税种,造成的不利影响就是地方政府税种小、收入少、对中央政府的依赖性比较大,压抑了地方政府的主动性和积极性。

(二)税权分散型模式

采用税权分散型模式的国家通常以共享税为主体税种。这种模式下,地方政府的主动性、积极性较强,中央税相较于地方税不具有很大优势,因此国家通过共享税主导的方式保证中央政府的财政收入。税权分散型国家一般分设好几级财政管理体制,这种分税制能够充分发挥各级政府推动市场良性竞争的积极性。但在具体实践中,有可能会存在地方政府权力过大,导致尾大不掉的现实窘境。

(三)适度分权模式

采用适度分权模式的国家往往设有中央和地方两个税收管理体制,并且制定有比较灵活的中央财政对地方政府的调控措施。这些管理体制和调控体系比较健全和完整,即发展到一定高度,不再需要由中央政府统一调控。但采用适度分权模式无法准确衡量事权与财权之间的平衡,往往容易造成事权与支出责任不匹配,激化中央和地方政府之间的矛盾。

三、发达国家税权模式

由于世界各国的国家结构不尽相同,在参考各国税权划分模式及其特点时,需要注意其国家结构。世界上大部分国家大致可分为两种国家结构形式,一是单一制国家,以法国和日本为代表;二是联邦制国家,以美国和德国为代表。各国基本都采取分税制,税权的具体划分则各有不同(见表7-1)。

表7-1 不同国家税权的具体划分

国家	国家类型	税权划分特点
法国	中央集权的单一制国家(与我国相同)	① **财税管理体制**:4级——中央、大区、省、市(镇) ② **税收立法权划分**:税收立法权由中央统一控制,地方政府在中央的授权下对地方性税种具有一定的自主权 ③ **税收征管体制**:(与现行我国体制相似)只设立一套中央征税机构 ④ **税收收入归属权划分**:所有税种进行彻底的划分,即不存在中央地方共享税,严格分离中央和地方的税收收入

国家	国家类型	税权划分特点
日本	集权和分权相结合的单一制国家	① **财政管理体制**：三级——中央政府、都道府县政府和市町村政府 ② **税收立法权**集中于中央政府 ③ **税收征管权划分**：三级政府均拥有自身的税收征管机构 ④ **税收收入归属权划分**：和法国一样，不存在中央地方共享税，不实行共享税和同源课税办法
美国	联邦制国家	由于宪法规定各州都是相对独立的政治实体，美国的联邦政府和地方政府之间在事权、支出责任和财政的划分上都是相对独立的
德国		① **财政管理体制**：分为三级，集权与分权相结合 ② **税收立法权**集中于联邦政府 ③ **税收征管权**和**税收收入归属权**集中在州一级政府：税收征管权通过联邦政府的财政部和州政府的财政管理部门设立的州财政管理局实现；既有联邦和地方独享的税种，也有联邦地方共享税种

第三节　我国现行税权划分框架及改进思路

一、我国现行税权结构

拓展阅读

我国分税制改革历史进程

（一）我国税收立法权的划分

目前**我国的税收立法权划分采用集权模式**，即税收立法权高度集中于中央政府。除全国人民代表大会以外，国务院在全国人民代表大会的授权下，也可以拥有税收立法权，对相关税收问题可以先行制定行政法规。地方政府拥有的税收立法权非常有限，没有独立的税收立法权，不能设置税种，不能制定相关法律、法规及条例，仅有对部分税种的税制要素调整、制定实施细则、税收减免、开征和停征的权利。

【中国智慧·中国道路】

一、税收立法权的横向分配

（一）全国人大与人大常委会之间的税收立法权限划分

我国《宪法》规定，全国人大制定和修改刑事、民事、国家机构和其他的基本法律，人大常委会制定和修改除应当由全国人民代表大会制定的法律以外的其他法律，但《宪法》并没有对基本法律和基本法律以外的其他法律规定具体事项范围或划分标准。这就使得人大和人大常委会在行使各自的立法权时有一定的弹性。例如，我国现行税法中以法律形式存在的《税收征收管理法》《个人所得税法》等均由人大常委会通过、修改，但《企业所得税法》由全国人大通过。

全国人大的会期为每年一次，每次仅持续十天左右，且议程内容繁多，2 000多人参加的大会要制定和修改法律并非易事，因此在实践中，法律的制定和修改工作基本由人大常委会进行。是否由人大常委会通过相关法律，往往取决于草案成熟时间与会议安排时间的契合。

（二）全国人大及其常委会与国务院之间的税收立法权限划分

我国现行《宪法》规定，全国人大及其常委会制定法律，国务院根据《宪法》和法律，规定行政措施、制定行政法规、发布决定和命令。这里的"根据《宪法》和法律"可以有两种理解：① 根据《宪法》和法律的授权，国务院有权规定、制定、发布，这种理解要求《宪法》和法律只要有一条授权条文即可；② 国务院规定、制定、发布的内容必须以《宪法》和法律的规定为基本依托，这要求《宪法》和法律必须先行对某些事项做出规定，国务院才有可能据以制定行政法规、发布决定和命令。不管《宪法》第89条的立法原意是哪一种，它带来实践中最重要的结果就是，国务院频繁而大量地行使制定行政法规的权力。我国《宪法》对哪些事项应当制定法律、哪些事项可以制定行政法规等并未做出明确规定，这导致了全国人大及其常委会与国务院在税收立法权限划分上存在交叉。例如，2007年《企业所得税法》颁布之前，外商投资企业和外国企业所得税由全国人大以"法律"的形式规范，而内资企业适用的企业所得税由国务院以"暂行条例"的形式规范。

2000年颁布实施的《立法法》弥补了《宪法》的这一空白。根据《立法法》的规定，全国人大及其常委会就税收基本制度制定法律；国务院可就税收基本制度之外的税收事项制定行政法规，经过授权，国务院也可以就税收基本制度中的部分事项制定行政法规，但要受授权目的和范围的限制；授权立法事项在条件成熟时，国务院应当及时提请全国人民代表大会及其常务委员会制定法律。此外，《立法法》第71条规定，国务院各部、委员会、中国人民银行、审计署和具有行政管理职能的直属机构，可以根据法律和国务院的行政法规、决定、命令，在本部门的权限范围内，制定规章。部门规章规定的事项应当属于执行法律或者国务院的行政法规、决定、命令的事项。这条规定一方面扩大了《宪法》关于规章制定主体的规定，另一方面明确了规章规定的事项只能是执行上位法的具体规定，而不能是创设性的。

（三）对我国税收立法权限横向划分的分析

第一，全国人大及其常委会在税收立法方面处于明显弱势，国务院可直接对某些税收基本制度做出规定，例如，2000年10月22日，国务院未经授权，制定《车辆购置税暂行条例》，开征车辆购置税。

第二，几乎所有的税收基本制度均由国务院规定，但国务院据以做出规定的授权基础十分脆弱。国务院行使税收授权立法权的依据有二,一是1984年全国人大常委会对国务院改革工商税制和发布有关税收条例的授权;二是1985年全国人大对国务院在经济体制改革和对外开放方面可以制定暂行的规定或者条例的授权。1984年全国人大的授权立法条文规定如下:"第六届全国人民代表大会常务委员会第十次会议根据国务院的建议,决定授权国务院在实施国营企业'利改税'和改革工商税制的过程中,拟定有关税收条例,以草案形式发布试行,再根据试行的经验加以修订,提请全国人民代表大会常务委员会审议,国务院发布试行的以上税收条例,不适用于中外合资经营企业和外资企业。"从授权的条文可以看出,授权范围很大,几乎包括了除涉外税法以外的所有重要的税收实体法,对授权立法的内容缺少必要的限制,对行政机关的立法行为也缺乏有效的控制和监督。实践中,国务院在进行税收立法时,超越授权权限立法的行为也时有发生。

但即使这种极其简略和概括的立法机关授权,在1994年进行的大规模税法变革中乃至以后的税收立法中,也是缺乏的。1993年底,国务院出台了一系列税收暂行条例,对增值税、消费税、资源税等税种的征税对象、税目、税率。纳税期限等实体事项做出了规定,财政部也紧跟着发布了相关税种的实施细则。但遗憾的是,对这些税收立法事项,国务院既没有全国人大及其常委会制定的法律为依据,又缺少国家立法机关的专门授权。

第三,国务院部委、直属机构频繁地突破《立法法》关于规章不得进行创设性税收立法的规定。除了国务院外,在税收立法中最经常、最活跃的是财政部、国家税务总局。我国财政部、税务总局除了发布解释性规定之外,还发布大量的对税收实体法,以及对税收基本事项做出实质修改的规定。例如2006年3月,财政部、税务总局以财税〔2006〕33号发布《财政部国家税务总局关于调整和完善消费税政策的通知》,对消费税税目、税率及相关政策进行调整。

可见,我国虽然近年来一直在强调加强全国人大及其常委会的作用,但在税收领域,立法机关还远远没有体现出税收立法的主要立法者地位,国务院的绝对优势地位明显。这在我国的现实国情下有其合理的一面,如我国税法起草的技巧和专业知识集中在行政机关,经济体制和税收体制还在改革阶段,还需要国家立法根据情况变化而予以适时的调整。但行政机关的税收立法权不可无限制的膨胀,行政机关进行有关的税收立法,必须有法律的依据或立法机关的授权,如何对授权立法加以限制和监督,将是我国长期面临的问题。

二、税收立法权的纵向分配

(一)现状

我国是实行单一制的国家。在税收立法方面,我国强调税收管理权限要高度集中于中央,即实行集权模式。

我国在中央与地方之间划分税收立法权的制度不是由最高权力机关立法决定,而是由国务院以行政决定的方式明确的。在我国目前的法律框架内,我国地方政府

享有十分有限的税收立法权,主要包括:

(1)省级人民政府对城市维护建设税、房产税、车船税、城镇土地使用税等税种享有部分立法权。

(2)省级政府享有对残疾、孤老人员和烈属所得以及因严重自然灾害造成重大损失等减征个人所得税的权力;享有对民族自治地方的企业决定实行定期减免企业所得税的权力;享有对因意外事故或自然灾害等原因遭受重大损失酌情决定减免资源税的权力;享有对未列举名称的其他非金属矿原矿和其他有色金属矿原矿决定开征或暂缓开征资源税的权力。

(二)对我国税收立法权限纵向划分的分析

我国对于税收立法权集权的规定,从统一管理、加强中央的宏观调控能力的方面来讲,是有必要的。但由于我国幅员辽阔,且不同地区之间经济发展水平差异较大,实际中地方税收立法权限过小,与各级政府的事权与财权不匹配、政府转移支付不完善等因素交织在一起,导致了一些不良后果,突出表现在以下方面:

(1)地方政府出于地方利益的考虑,在名义上没有税收立法权的情况下,往往越权减免税或增加税额,实质上对征税范围和税率等税收要素加以变更。这种状况在全国范围内普遍存在,尤其是地方政府以吸引投资为名,自行规定名目繁多的减免优惠,或制定财政返还,变相减免税收。

(2)随着经济和社会的发展,各级政府的支出越来越多,地方或出于财政收入不足的压力,或出于对本地区特有的区域性的零星税源不能征税,纷纷寻求对现行税收立法权限划分体制的突破。不享有税收立法权的省级政府可以名正言顺地开征大量具有税收性质的收费。我国在致力于"费改税"的同时,同时对我国中央高度集中的税收立法权做出调整。

(3)地方无独立的税收立法权,加上转移支付不到位,使得地方税款的征收与税款的使用分离,纳税人对缴纳税款的合法性产生怀疑。税款"取之于民,用之于民",但是承担每个地区公共产品服务的是当地政府,不完整的财权与事权的结合可能会导致两者割裂的各种情况。这在我国的农村基层政权机关中表现得尤为明显。

(二)我国税收征收管理权的划分

2018年3月,国家税务局和地方税务局宣布合并后,我国税收收入至此仅由两部分组成:海关和税务局。我国税收征管体制改革又向前迈了一大步,不仅消除了国地税之间信息交流的阻碍,还大大减低征管成本和纳税成本。

(三)我国税收收入归属权的划分

我国税收收入可以划分为中央政府税收收入、地方政府税收收入和中央地方共享税收收入。中央与地方税收收入划分如表7-2所示。

表 7 - 2 中央与地方税收收入划分

税收收入所属	征 收 税 种
中央政府税收收入	消费税、关税、车辆购置税
地方政府税收收入	房产税、车船税、烟叶税、土地增值税、契税、城镇土地使用税、耕地占用税、船舶吨税、环境保护税
中央地方共享收入	增值税、企业所得税、个人所得税、印花税、资源税、城市维护建设税

二、我国税权划分存在的问题及完善思路

（一）现行税权划分框架存在的问题

我国现行的税权结构能够初步划分中央和地方政府间的权利责任关系,对提高中央的宏观调控能力、加强地方政府收支管理的主动性方面有积极作用,但依旧存在很多问题和缺陷。

（1）税收立法权在横向分配上主要是国务院及其部委主导,立法机关的税收立法权行使不足,容易削弱税法的权威性,容易产生各个主体部门之间的利益权衡问题。

（2）税收立法权在纵向配置上过度集中在中央政府。

（3）税收收入的归属权划分有失恰当,影响了分税制改革的成效,问题之一即共享税的比重过大。

（4）省级以下税权划分不清晰,导致省级以下地方政府事权和财权问题矛盾凸显。

（5）事权与税权划分不匹配,使得中央和地方的税收划分缺乏前提和基础。

（6）我国转移支付依旧存在着不透明、不规范等问题,以及不健全的法律法规体系的缺陷。

（二）我国税权划分的完善思路

国家的税权划分及配置状况受国家财政体制以及政府结构等众多因素的影响,没有绝对正确的税权划分模式,只有目前最适合的模式。

对我国税权划分进行改革主要有以下 4 个目的：① 适应经济全球化的客观要求；② 促进区域经济协调发展,构建和谐社会；③ 促进地方经济增长,提高地方政府管理积极性；④ 提高征管效率。根据以上目的,我国税权划分的完善可从以下几个方面着手。

1. 合理划分税收立法权

完善我国税权划分体系首先要合理划分税收立法权。

（1）适当赋予地方一定的税收立法权,以利于地方政府因地制宜地出台某些财税政策、有效地具体分析具体问题。

（2）逐步缩小授权立法的范围。国家立法的地位和效力高,但是立法程序比较复杂,并且立法周期较长,不能迅速应对形势的变化。授权立法针对性强,时效性较快,周期也短,但地位和效力较弱。二者相辅相成。目前,我国授权立法严重越位,影响了税法的权威性,故而需要循序渐进地缩小授权立法的范围,维护税法的权威性。

2. 厘清税收收入归属权

税收收入的划分是税权划分的核心内容。我国根据税种划分税权,促使中央和地方形成独立的税收体系,但这对税收制度本身的要求非常苛刻。因此我国可以在分税种的基础上并行行业划分标准、所得制划分标准等。税收收入归属权的划分也要根据我国具体国情,先把与国家战略相关的行业或者收入比重较高的税种划分给中央,将地域性较强、税源不易转移的税种以及其税率调整、优惠政策制定、税收征管等权力下放给地方,充分发挥地方政府的自主性和积极性。

第四节　我国税收法治

一、我国的税收立法主体

(一)全国人民代表大会及其常务委员会

我国的税收立法主体首先是全国人民代表大会及其常务委员会。根据税收法定主义及法律保留的思想,享有税收立法权的税收立法主体也应该主要是一国的立法机关。根据我国《立法法》第 8 条的规定,涉及基本经济制度以及财政、税收、海关、金融和外贸的基本制度的事项只能制定法律。也就是说,在我国,对税收基本制度方面的法律规范,其制定权和修改权只能由全国人民代表大会或全国人民代表大会常务委员会行使。目前,全国人民代表大会及其常务委员会在税收立法活动中还远远没有发挥其应有的作用,但其参与税收立法的程度总趋势是升高的。随着《立法法》的颁布实施、对人大建设的重视以及人们对税收立法的日益关注,全国人民代表大会及其常务委员会将更多、更深地介入我国的税收立法活动。

(二)国务院

现行《宪法》和《立法法》规定了国务院享有行政法规立法权和授权立法权或委托立法权,在税法领域,全国人民代表大会及其常务委员会曾在 1984 年、1985 年先后两次授权国务院制定有关税收的暂行规定和条例。在我国的税收立法实践中,国务院事实上也是税收立法的主要参与者。国务院主要参与了以下三个方面的立法。

(1)有权提出税收法律议案。

(2)可以根据税收法律制定实施细则或具体实施办法,如《税收征收管理法实施细则》。

(3)通过授权立法,直接对重要的税收事项做出规定,如《增值税暂行条例》。虽然按照法律规定国务院的税收立法权限要受到某些限制,如全国人民代表大会常务委员会可以撤销国务院制定的与税收法律相抵触的税收行政法规,但实际上,全国人民代表大会常务委员会从未行使过这项职权。

(4)国务院的各职能部门享有规章制定权。对税收事项做出规范的国务院职能部门主要指财政部、国家税务总局等部门。要说明的是,国家税务总局作为税收规章的制定主体是有争议的。我国《宪法》第 90 条第 2 款规定,各部、各委员会根据法律和国务院的行政法规、决定、命令,在本部门的权限内发布命令、指示和规章。按照这一规定,国家税务总局是国务院的直属部门,不具有税务规章的制定权。这种状况被 2000 年 3 月的《立法法》改变。《立法法》第 71 条规定、国务院各部、委员会、中国人民银行、审计署和具有行政管理职能的直属机构,可以根据法律和国务院的行政法规、决定、命令,在本部门的权限范围内制定规章。由此可见,按照《立法法》规定,国家税务总局等直属机构也具有规章制定权。前述全国人大及其常委会,国务院,国务院各职能部门虽然都是税收立法的主体,但其所享有的权限大小是不同的。税法领域的基本事项,只能由立法机关决定。

（三）地方政权机关

拥有地方立法权的省、自治区、直辖市的人民代表大会及其常务委员会,省自治区人民政府所在地的市和经国家批准的较大的市的人民代表大会及其常务委员会,以及经过授权的地方各级行政机关,根据宪法、法律和法规的规定,结合本地实际情况,有权制定**仅适用于本地区**的地方性税收法规、税收规章。

在现行中央统一立法的税收立法模式下,地方政权机关作为税收立法主体是受到严格限制的。目前,除了海南省、各民族自治地区按照全国人民代表大会授权立法规定,在遵循宪法、法律、法规的原则基础上,可以制定有关税收的地方性法规外,其他省市一般都无权制定税收地方性法规。比较特殊的是我国的特别行政区。根据《宪法》及《香港特别行政区基本法》《澳门特别行政区基本法》的规定,香港、澳门行使独立的立法权。

二、我国的税收立法程序

（一）法律案的提出

提出议案是立法的第一道程序。法律案是由有权提出议案的机关、组织和人员依据法定程序向有权立法的机关提出的关于制定、修改、补充和废止某项法律的建议。凡国家机构提出的提案都必须列入议程,而个人或代表团提出的议案,则要先经过一道是否列入会议议程的程序。在实践中,我国的税法议案多由国务院提出。**提出法律案不等于提出法律草案**。根据《立法法》的规定,提出法律案,应当同时**提出法律草案文本及其说明,并提供必要的资料**。这样,提出法律案的机关或人员,往往在提出议案前,已经进行了一定的立法准备活动,对相关问题做了比较充分的研究。

（二）法律案的审议

法律案的审议是在议案提出以后,拥有法案审议权的机关对法律案拥有审议权,确定其是否应列入议事日程、是否需要对其加以修改的专门活动。对草案的审议是立法民主化的重要环节。

【中国智慧·中国制度】

保证审议的一个重要条件是保障立法者的言论自由权和了解权。我国《宪法》规定了人大代表的言论免责权,我们需要做的是将这项规定切实地实施下去。在了解权方面,除了立法者本身的知识修养之外,我国法律规定国家各机关要向人民代表大会负责并报告工作,人大代表可以提出对国务院或国务院各部委的质询案,全国人民代表大会及其常务委员会还可以组织关于特定问题的调查委员会。

（三）法律案的表决

法律案的表决是有法案表决权的机关,对法案表示最终的具有决定意义的态度,即赞成还是不赞成的态度。经过表决,如获法定数目以上的人的同意,法案即成为法。表决是立法过程中具有决定意义的步骤。对全国人民代表大会法律委员会提出的法律草案表决稿,由主席团提请大会全体会议表决,由全体代表过半数通过。对全国人民代表大会常委会法律委员会提出的法律草案表决稿,由委员长会议提请常务委员会全体会议表决,由常务委员会全体组成人员的过半数通过。

（四）法律的公布

立法机关或特定人员在特定时间内、采用特定方式将法公布于众,以便全社会遵照执行,即为法律的公布。这是立法程序的最后一个阶段。全国人民代表大会通过的法律和全国人民代表大会常务委员会通过的法律均由国家主席签署国家主席令予以公布。

知识链接 7-1 法制与法治的区别

法制和法治是既有区别又有联系的两个概念,不容混淆。二者的主要区别在于:

（1）法制是法律制度的简称,属于制度的范畴,是一种实际存在的东西;而法治是法律统治的简称,是一种治国原则和方法,是相对于"人治"而言的,是对法制这种实际存在东西的完善和改造。

（2）法制的产生和发展与所有国家直接联系,在任何国家都存在法制;而法治的产生和发展却不与所有国家直接联系,只在民主制国家才存在法治。

（3）法制的基本要求是各项工作都法律化、制度化,并做到有法可依、有法必依、执法必严、违法必究;法治的基本要求是严格依法办事,法律在各种社会调整措施中具有至上性、权威性和强制性,不是当权者的任性。

（4）实行法制的主要标志,是一个国家从立法、执法、司法、守法到法律监督等方面都有比较完备的法律和制度;而实行法治的主要标志,是一个国家的任何机关、团体和个人,包括国家最高领导人在内,都严格遵守法律和依法办事。

综上所述,法治与法制是根本不同的,法制是为政治服务的,法治则是治理政治的。

【中国智慧·中国道路】

我国实现税收法治主要经历了初探时期和完善时期两个时期。在初探时期,我国完成了计划经济时期税收法治建设(1949—1978 年,见图 7-2)和市场经济探索时期的税收法治建设(1978—1994 年,见图 7-3)。在完善时期,我国完成了市场经济确立时期的税收法治建设(1994—2012 年,见图 7-4)和全面深化改革时期的税收法治建设(2013 年至今,见图 7-5)。

拓展阅读

中国税收法治之路

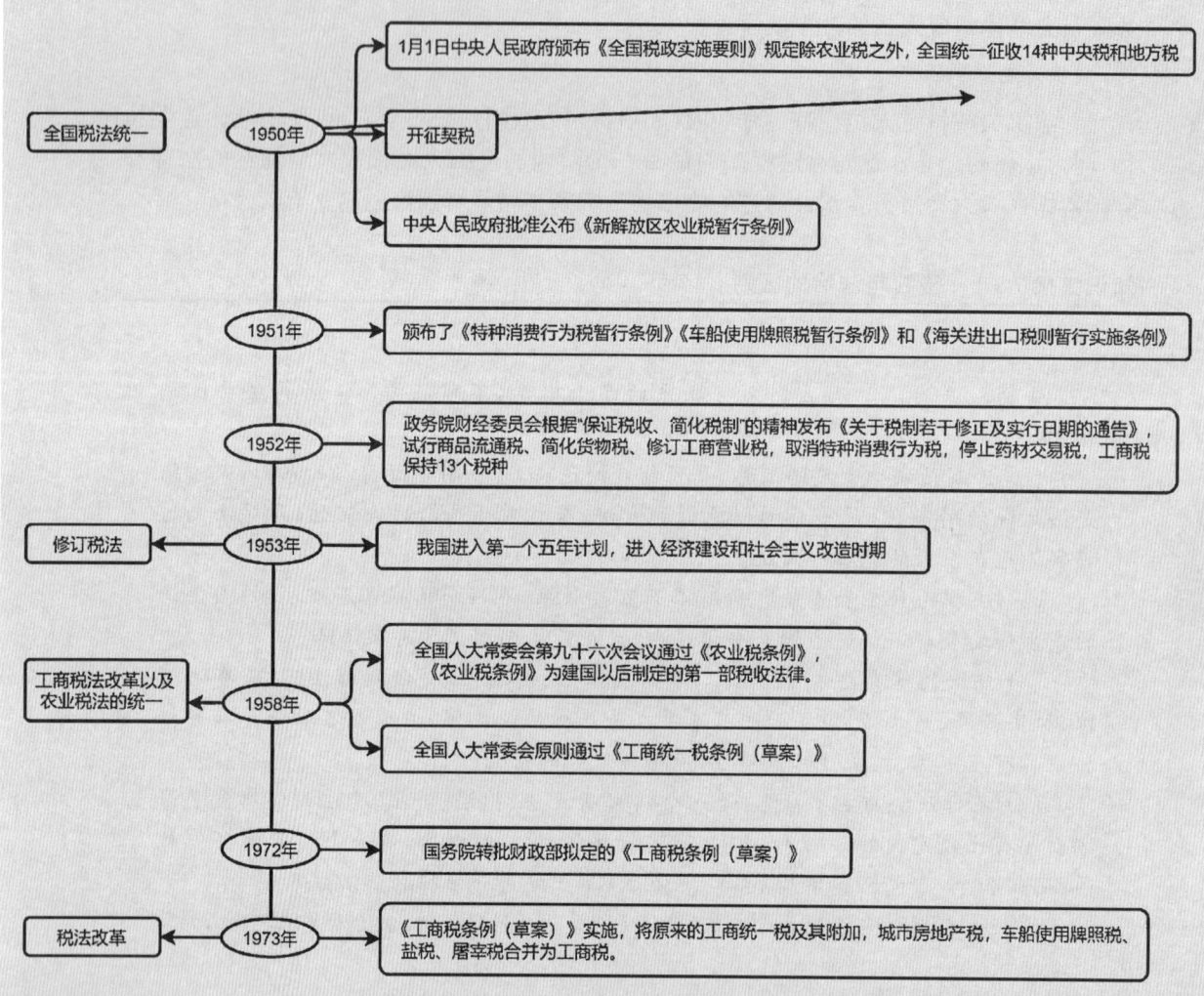

图 7 - 2　计划经济时期税收法治建设

全国税法统一　1950年
- 1月1日中央人民政府颁布《全国税政实施要则》规定除农业税之外, 全国统一征收14种中央税和地方税
- 开征契税
- 中央人民政府批准公布《新解放区农业税暂行条例》

1951年
- 颁布了《特种消费行为税暂行条例》《车船使用牌照税暂行条例》和《海关进出口税则暂行实施条例》

1952年
- 政务院财经委员会根据"保证税收、简化税制"的精神发布《关于税制若干修正及实行日期的通告》, 试行商品流通税、简化货物税、修订工商营业税, 取消特种消费行为税, 停止药材交易税, 工商税保持13个税种

修订税法　1953年
- 我国进入第一个五年计划, 进入经济建设和社会主义改造时期

工商税法改革以及农业税法的统一　1958年
- 全国人大常委会第九十六次会议通过《农业税条例》,《农业税条例》为建国以后制定的第一部税收法律。
- 全国人大常委会原则通过《工商统一税条例（草案）》

1972年
- 国务院转批财政部拟定的《工商税条例（草案）》

税法改革　1973年
- 《工商税条例（草案）》实施, 将原来的工商统一税及其附加, 城市房地产税, 车船使用牌照税、盐税、屠宰税合并为工商税。

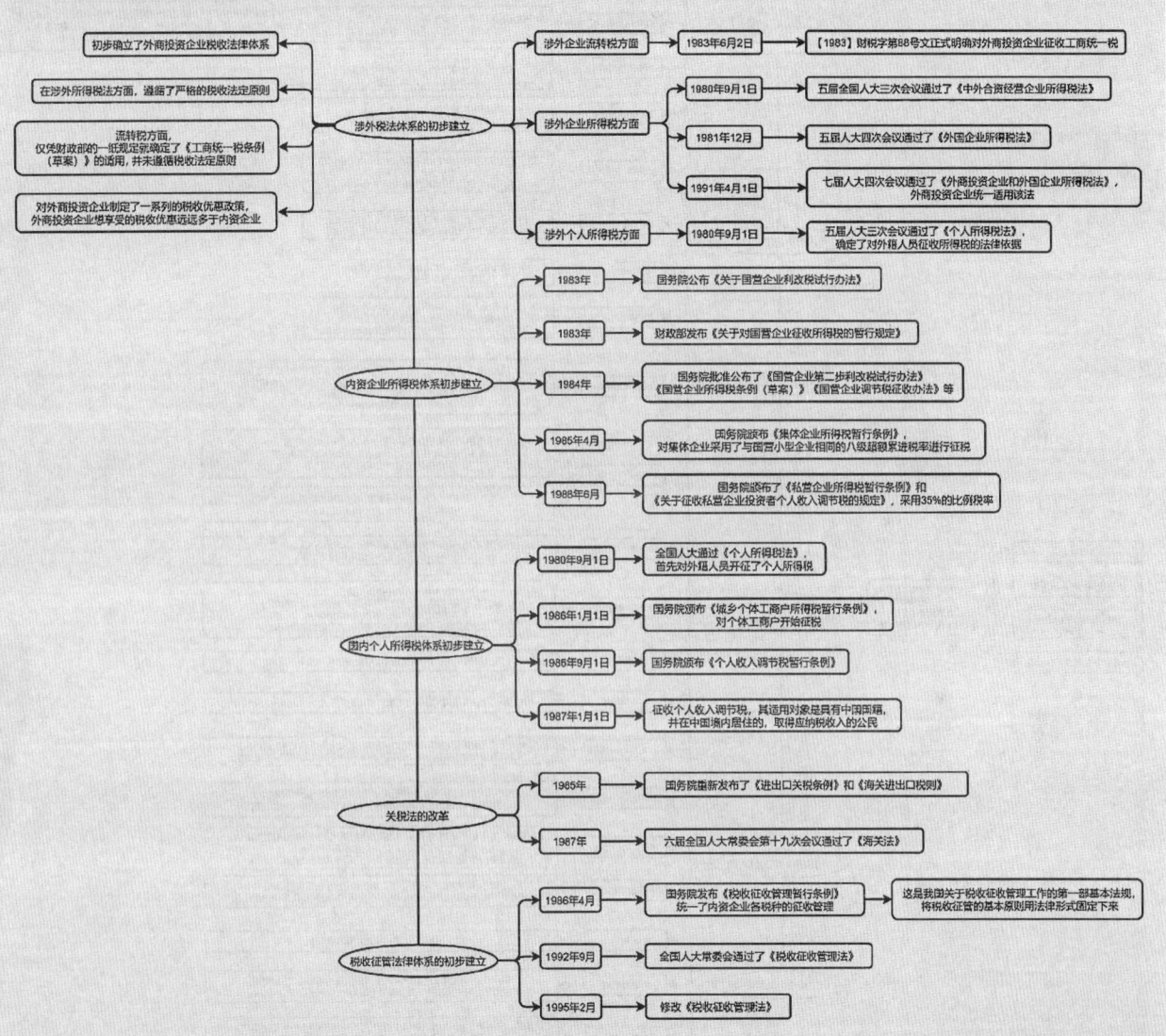

图 7 - 3　市场经济探索时期的税收法治建设

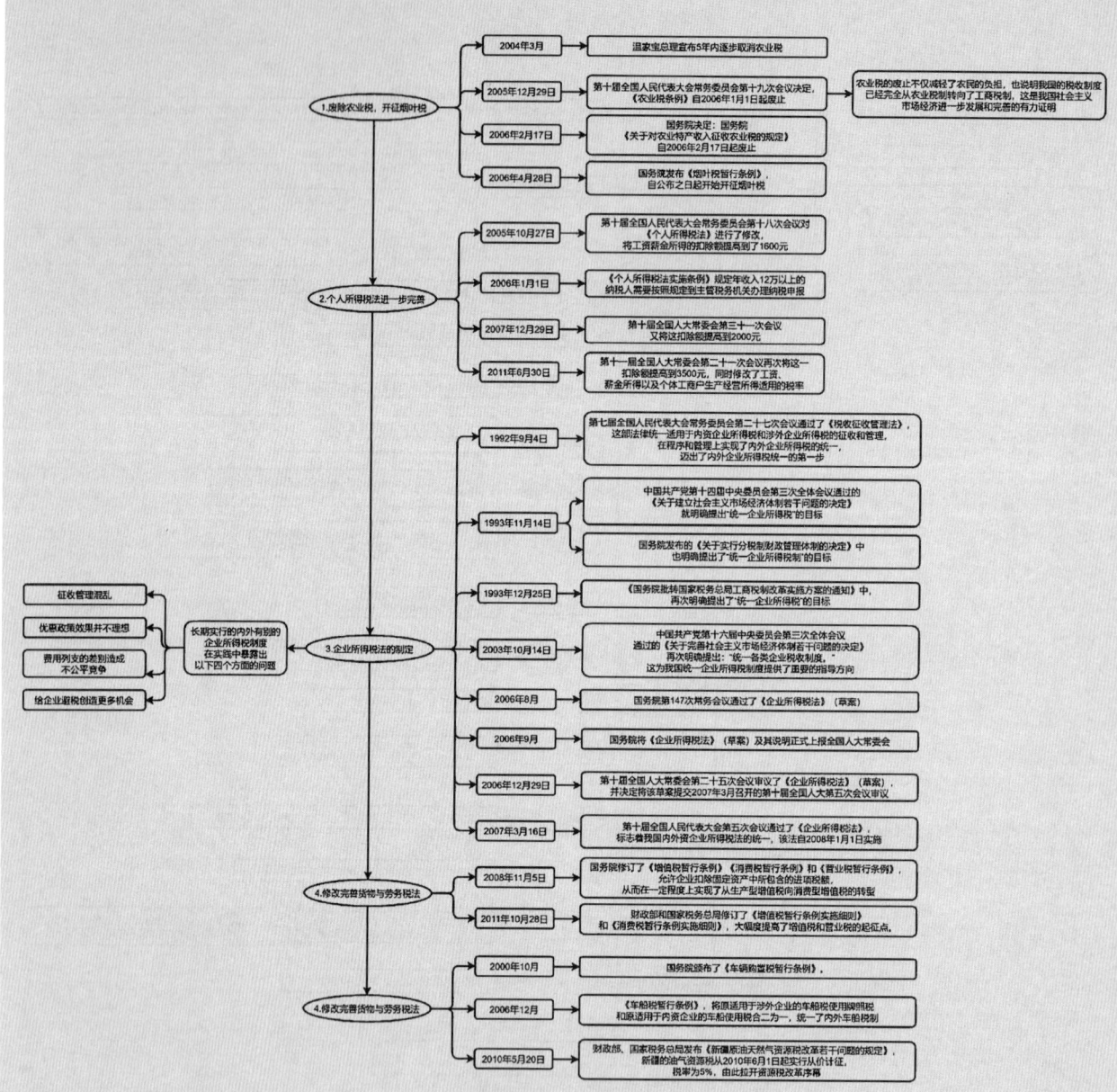

图 7 - 4　市场经济确立时期的税收法治建设

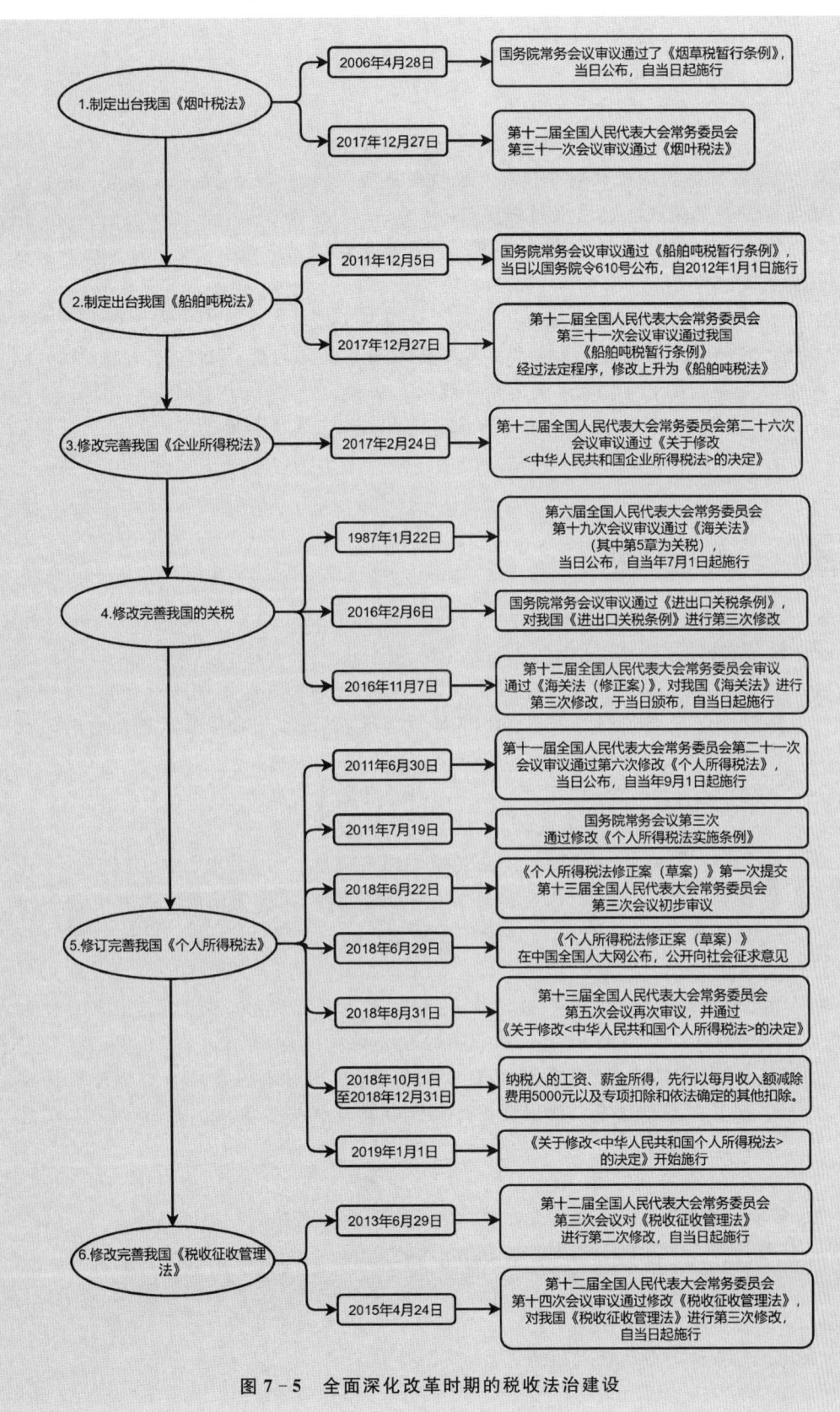

图 7-5　全面深化改革时期的税收法治建设

本 章 小 结

1. 国际通用的税权划分模式有税权集中型、税权分散型、适度分权型三种。我国目前采用的是税权集中型划分模式。

2. 我国的税收立法主体由全国人民代表大会及其常委会、国务院和地方政权机关组成。

3. 税收立法权的横向分配主要是在全国人民代表大会与全国人民代表大会常委会之间和全国人民代表大会及其常委会与国务院之间的分配。税收立法权的纵向分配主要是在中央与地方之间划分税收立法权。

4. 我国的税收立法程序是法律案的提出、审议、表决和通过。

 复习思考题

一、单项选择题

1. [经济师 2020] 甲国对乙国居民在甲国取得的利息收入征收所得税,对甲国居民在乙国取得的利息收入不征所得税,甲国的这种做法所遵循的确定税收管辖权的原则是( )。

A. 属人主义原则 　　　　　B. 属地主义原则

C. 属地兼属人主义原则　　　D. 税收饶让原则

2. [经济师 2020] 甲国居民有来源于乙国所得 200 万元,甲乙两国的所得税税率分别为 30%、20%,两国均实行属人兼属地税收管辖权。在抵免法下甲国应对该笔所得征收所得税( )万元。

A. 0 　　　　B. 10 　　　　C. 20 　　　　D. 30

3. [经济师 2020] 甲国 A 公司今年境内、外所得总计 200 万元,其中来自境内所得为 160 万元,来自设在乙国的分公司所得为 40 万元,在乙国已纳所得税额为 12 万元。甲国的税率为 30%,但甲国对本国居民来自境外所得实行 15% 的低税率。两国均实行属人兼属地税收管辖权。则 A 公司本年总的应纳税额为( )万元。

A. 6 　　　　B. 48 　　　　C. 54 　　　　D. 66

二、多项选择题

[经济师 2020] 下列可以作为税法渊源的是( )。

A. 宪法　　　　　　　　　　B. 税收法律

C. 税收规范性文件　　　　　D. 税收双边协定

E. 税务机关与纳税人的约定

三、简述题

1. 1994 年分税制改革对我国经济社会发展具有的历史意义。
2. 目前世界大部分国家采用的税权划分方式有哪几种？都有什么优缺点？
3. 我国目前的税权划分模式是哪种类型？容易产生什么问题？
4. 简述我国的税收主体都有哪些。
5. 税收立法权的横向分配与纵向分配有什么区别？
6. 简述我国税收立法程序。
7. 简要概括 1994 年的税法改革。
8. 全面深化改革时期的税收法治建设都有哪些？

四、案例分析

案例一　进击的排污费——环境保护税法

2018 年 1 月 1 日,我国环境保护事业迎来第一个绿色税制,这对于整个环保行业来说都是一件大事。作为我国第一部专门体现"绿色税制"的单行税法,《环境保护税法》的推出进一步完善了我国"绿色税收"体系,促进经济绿色化发展。

2018 年 1 月 1 日,伴随着《环境保护税法》施行,与此同时,中国最早制定并实施的三项环境政策之一——排污收费制度退出历史舞台,环境保护税取代排污费。这也是党的十八届三中全会提出"落实税收法定原则"改革任务后制定的第一部税法。环保费改税,上升到立法层面,彰显了国家对环境整治的重视与决心,促使企业更重视环保、更坚定减排降污的方向。

从宏观来看,《环境保护税法》有利于经济转型,实现经济与环境相协调的可持续发展。传统经济发展模式单纯以追求经济效益为目标,不考虑环境因素,造成了污染行为因缺乏成本约束导致环境不断恶化。要改善这种情况,就必须将环境的外部成本内在化,把环境成本纳入经济效益的考核体系当中。因此,开征环境保护税就是在确保市场在配置资源中起决定性作用的同时,有效发挥税收调节作用,使经济步入与环境相协调的可持续发展轨道。

从微观来看,《环境保护税法》的出台以法律形式确定了"污染者付费"的原则,提高了环境保护税征收的规范性和透明度,有利于向排污企业释放减排信号,有利于促进企业提升环保水平,减少污染物排放量,加大遏制企业排污力度。

其后,大部分省份已确定具体税额。各地出台的税额标准高低不一,主要考虑了本地区环境承载能力、污染物排放现状和经济社会生态发展目标等因素。

讨论:环境保护税与排污费相比,经济意义有何不同？进步意义何在？

案例二　立法程序文件分析

《全国人民代表大会宪法和法律委员会关于〈中华人民共和国车辆购置税法(草案)〉审议结果的报告》

全国人民代表大会常务委员会:

常委会第五次会议对车辆购置税法草案进行了初次审议。会后,法制工作委员会将草案印发各省、自治区、直辖市和中央有关部门及部分高等院校、研究机构征求意见,在中国人大网全文公布草案征求社会公众意见。宪法和法律委员会还到福建进行调研,听取意见;并就草案的有关问题与有关部门交换意见,共同研究。宪法和法律委员会于 12 月 4 日召开会议,根据常委会组成人员的审议意见和各方面意见,对草案进行了逐条审议。财政经济委员会、预算工作委员会、司法部、财政部、国家税务总局的有关负责同志列席了会议。12 月 17 日,宪法和法律委员会召开会议,再次进行审议。宪法和法律委员会认为,为落实税收法定原则,制定车辆购置税法是必要的,草案经过审议修改,已经比较成熟。同时,提出以下主要修改意见:

(一) 有的意见提出,按照国家有关标准,挂车包括拖拉机牵引的挂车,而这种挂车属于农业机械,不应当征收车辆购置税,目前也没有征税。宪法和法律委员会经研究,建议将草案第一条中的"挂车"明确为"汽车挂车"。

(二) 有的常委会组成人员和单位提出,草案第九条第一款第五项授权国务院规定其他减免税情形,但未明确相关范围和要求,过于宽泛。宪法和法律委员会经研究,建议将草案的规定修改为"根据国民经济和社会发展的需要,国务院可以规定减征或者其他免征车辆购置税的情形",报全国人大常委会备案。

(三) 有的意见提出,有关方面正在按照《深化党和国家机构改革方案》的要求,组建国家综合性消防救援队伍,为适应改革需要,建议在草案中明确悬挂应急救援专用号牌的国家综合性消防救援车辆免征车辆购置税。宪法和法律委员会经研究,建议在草案第九条第一款中增加规定,"悬挂应急救援专用号牌的国家综合性消防救援车辆"免征车辆购置税。

(四) 有的常委委员和有关方面提出,草案第九条第一款第三项"设有固定装置的非运输车辆"免税的规定,具体范围和含义不清楚,建议予以明确。宪法和法律委员会经研究,建议与车船税法、相关汽车国家标准中使用的"专用作业车"的概念相衔接,将草案的规定修改为"设有固定装置的非运输专用作业车"。

(五) 有的地方、部门提出,草案第十三条第二款规定公安机关交通管理部门依据税务机关提供的完税凭证办理车辆登记,为了防止伪造凭证等行为,建议公安机关和税务机关应加强信息核对。宪法和法律委员会经研究,建议将草案的规定修改为"公安机关交通管理部门办理车辆注册登记,应当根据税务机关提供的应税车辆完税或者免税电子信息对纳税人申请登记的车辆信息进行核对,核对无误后依法办理车辆注册登记"。

(六) 有的地方、部门提出,草案关于车辆购置税补税、退税的规定应该更加具体一些,增强税法的可操作性。宪法和法律委员会经研究,建议在草案第十四条中增加规定,免税、减税车辆改作其他用途,不再属于免税、减税范围的,"计税价格以免税、减税车辆初次办理纳税申报时确定的计税价格为基准,每满一年扣减百分之十";在草案第十五条中增加规定,纳税人将已征车辆购置税的车辆退回车辆生产企业或者销售企业的,"退税额以已缴税款为基准,自缴纳税款之日起至申请退税时,每满一年扣减百分之十"。

需要说明的是,在常委会审议和征求意见过程中,有些常委会组成人员、社会公众和地方、部门建议增加对新能源汽车免税的规定。国务院方面表示,对新能源汽车减免税,消费税、车船税相关制度已作安排;同时,目前国务院规定对新能源汽车免征车辆购置税属于阶段性政策,不宜在车辆购置税法中作出规定。为此,宪法和法律委员会经研究,建议对相关规定不做修改。

此外,还对草案作了一些文字修改。

草案二次审议稿已按上述意见做了修改,宪法和法律委员会建议提请本次常委会会议审议通过。

草案二次审议稿和以上报告是否妥当,请审议。

全国人民代表大会宪法和法律委员会
2018 年 12 月 23 日

讨论:请问上述案例体现了我国立法程序的哪一方面?

解析

第八章　产权税收理论

本 章 要 点

1. 产权的本质与特征
2. 不同所有制的辩证关系
3. 中国农村土地产权变迁
4. 我国现行产权税制度
5. 中国特色社会主义公有制产权税制创新

案 例 导 入

为积极稳妥推进房地产税立法与改革,引导住房合理消费和土地资源节约集约利用,促进房地产市场平稳健康发展,2021年10月23日,第十三届全国人民代表大会常务委员会第三十一次会议通过了《关于授予国务院在部分地区开展房地产税改革试点工作的决定》(以下简称《决定》),授权国务院在部分地区开展房地产税改革试点工作,试点期限为五年。针对房地产税试点工作,不同专家学者有不同看法。

中国政法大学财税法研究中心主任施正文认为,房地产税是一种经济手段,并通过法律的形式实行,是一个规范化、透明化、市场化机制。房地产税试点改革是建立健全房地产长效机制所必需的,其旨在引导居民住房合理消费、土地资源节约集约利用,促进房地产市场平稳健康发展,实现"房住不炒"。

"房地产税改革试点选择此时点铺开,既在意料之中又在意料之外。意料之外的是此前一直强调要'立法先行',而突然变为期限五年的改革试点。"中国社科院经济研究所研究员、中国社科院大学教授王宏淼说。"之所以从立法先行,到先试点再立法转变,房地产税思路的调整主要基于以下考虑:一是在强调共同富裕的大背景下,作为财产税且属直接税的房地产税征收对象显然是高收入、有多套房产的中产及富裕阶层,对通过税收实现'提低、扩中、调高',实现收入分配调节的意义不言而喻。"王宏淼如是说。高房价、高额按揭本息使得购房者家庭负担过重,紧缩消费,消费水平与幸福指数双下降。城市生活成本上升,倒逼产业外迁,就业机会减少。购房者实际可支配收入较低,也使得社会经济内需不足。

在王宏淼看来,房产税主要是在房地产业兴盛的城市征收。土地财政下降,对那些土地财政占比高的城市财政带来巨大的冲击。这些城市的房地产开发火热,一旦房地产泡沫破灭,这些城市过高的房价就下跌很快,当地经济的重要支柱会突然垮下来。通过开征房地产税,会促使地方政府转变目标,获得相对稳定的税源。

思考:请从产权角度分析房地产税立法的理论依据与政策导向性,并分析我国开征房地产税需要关注的核心问题是什么?

第一节　产权与所有制

一、产权的概念

产权是财产所有权或财产权的简称。

(一) 内涵说

美国经济学家菲吕博腾和佩杰威齐(E. G. Furubotn & S. Pejovich)认为,"产权不是人与物之间的关系,而是指由于物的存在和使用而引起的人们之间一些被认可的行为性关系……社会中盛行的产权制度便可以描述为界定每个在稀缺资源利用方面的地位的一组经济和社会关系。"佩杰威齐认为,产权是因为存在着稀缺物品和其特定用途而引起的人们之间的关系。德国学者柯武刚和史漫飞(Kasper & Streit)认为,产权是个人和组织的一组受保护的权利,它们使所有者能通过收购、使用、抵押和转让资产的方式持有或处置资产,并占有在这些资产的运用中所产生的效益。

(二) 外延说

从外延上对产权进行界定,主要是从产权具体包括哪些权利的角度来定义产权。完整的产权集合涵盖了两种基本产权模式。一种是**单一所有权模式**,即从狭义的角度来讲,产权等同于所有权,即指产权主体把客体当作自己的专有物,排斥别人随意加以侵夺的权利。另一种是**权利束模式**,即从广义的角度讲,产权不仅包含所有权,还包含其他的排他性控制权,即产权是指包括广泛的因财产而发生的人们之间社会关系的权利束的总称。

诺斯认为,为了降低交易费用,内部结构有序化的规则形成了产权制度。英国学者 P. 阿贝尔(Abel)认为,产权包括所有权、使用权、管理权、分享残余收益或承担负债的权利、对资本的权利、安全的权利、转让权、重新获得的权利及其他权利。著名经济学家巴泽尔(Barzel)则认为,人们对不同财产的各种产权包括财产的使用权、收益权和转让权。

(三) 形成说

形成说主要从产权形成机制角度对产权进行内涵界定,即从法律或国家强制性层面对产权进行界定。《法兰西民法》明确规定,财产权就是以法律所允许的最独断的方式处理物品的权利。为了保护产权,早期的国家通过立法建制来达成这一目的,如巴比伦王国的《汉谟拉比法典》和古罗马的《罗马法大全》都将维护私有产权作为重要内容,以此刺激经济增长。美国经济学家阿尔钦(Alchian)认为,产权是授予特别个人某种权威的办法,利用这种权威,个人可以从不被禁止的使用方式中,选择任意一种对特定物品的使用方式。产权一方面是国家所强制实施的对某种经济物品的各种用途进行选择的权利,另一方面还是市场竞争机制的本质。

（四）功能说

产权概念的理解应从功能出发，脱离产权的功能来抽象地定义产权会缺乏解释力。美国经济学家德姆塞茨(Demsetz)认为，产权是一种社会工具，其重要性在于它能帮助一个人形成他与其他人进行交易的合理预期，且产权的一个主要功能就是引导人们在更大程度上将外部性内部化。当某种资源相对价格的提高使得对其建立排他性私有化产权的收益大于为此付出的成本时，即建立产权是有利可图时，产权就产生了。美国著名法律经济学家波斯纳(Richard Allen Posner)在《法律的经济分析》一书中，根据对产权社会作用的认识与理解，从保障产权的社会作用有效性的目的出发，提出了衡量产权有效性的三个标准——普遍性、排他性和可转让性。

二、产权的本质与特征

（一）产权的本质

德姆塞茨是较早研究产权的本质的经济学家，他在《关于产权的理论》中指出："所谓产权，意指使自己或他人受益或受损的权利。"诺斯认为："产权本质上是一种排他性权利。"被尊称为产权经济学之父的阿尔钦(Alchian)认为："在一个社会中，当两个或更多的个人都想得到同一种经济物品的好处时，必然隐含了竞争。竞争的冲突要通过这种或那种方式来解决。限制竞争的规则通常叫做产权规则。"

从理论上分析，**产权意味着对特定财产完整的一组权利。这组权利一般可以分为财产的所有权、占有权、支配权和收益权等。财产的所有权是指财产所有者对财产的终极所有权，在产权的各种权利中占据核心地位，在其基础上派生出了财产的占有权、支配权和收益权等。对于企业经营的财产，在理论上也把财产的占有权、支配权和收益权等统称为"经营权"(operating-right)。**

（二）产权的特征

产权作为以财产所有权为基础的权利集合体，是人们在交易过程中利益关系的体现。产权的特征主要体现在以下四个方面。

(1) 产权界定的**明确性**。应在国家法律的基础上，对产权主体和产权客体进行明确的界定，同时还应明确划清产权与产权之间的界限。其中，产权主体即拥有财产所有权或具体享有所有权某一项权能的一方。产权客体即归所有者占用、使用的资产或权利。

(2) 产权的**排他性**。出于产权主体保护自己所有权的需要，产权关系一经确定，在特定财产权利领域，一个产权主体不受其他利益主体的随意干扰，其实质是产权主体对特定财产权利具有垄断性。

(3) 产权的**可转让性**。该特征是以产权的明确性和排他性为基础的，主要包括两种转让形式：① 转让所有权、使用权、收益权、处分权中的某项或某组权能而保留终极所有权；② 整个所有权体系的转让。

(4) 产权的**可分割性**。产权的四项权利(所有权、使用权、收益权和处分权)各有不同的权能和相应的利益，当同一资源的各项产权临时或永久地被不同的人占有时，产权的分割便产生了。关于这一特征，美国经济学家阿尔钦认识到，在任一时点上，资源都不能完全地被所有者占有。

总之,产权的存在以市场经济的存在为前提,体现着市场经济中人们之间的财产权利与利益关系。市场经济中的产权交易,实质是产权关系的交换,产权主体以让渡某项或某组产权为代价换取他人的某项或一组产权。产权交易是一项复杂的交易行为,包括产权让渡过程中的信息搜集处理、谈判、签约、履约等具体活动。

　　产权与契约之间的关系非常微妙,产权交易往往通过契约关系来完成,契约是形成产权制度的基础,产权制度在形式上可以被视为是一种相对固定化的契约。产权制度的变迁实际上是契约演化的结果,产权关系的调整其实就是契约关系的改变。

三、不同所有制的辩证关系

　　产权是一组经济权利束,体现着由经济权利承载的利益诉求。**产权制度是生产资料所有制的具体实现形式**。生产资料所有制是一个社会的基本经济制度,是决定社会经济关系和运行的根本。

　　马克思建立了完整的生产资料所有制理论,揭示了人类社会发展变化的运动规律,阐释了人类社会整个财产权利关系及其运动,预言了资本主义私有制必将被社会主义公有制所替代,这是由生产力与生产关系的辩证关系所决定的。

　　世界经济发展到 20 世纪初期,生产资料所有制沿着两条不同的道路发展:① 对资本主义生产资料私有制的渐进式改造,即在保持私有产权的基础上,对资源配置的产权制度进行调整,把一部分经济权利从资本所有者转移给劳动者;② 以苏联、中国等国家对资本主义生产资料私有制的彻底否定,逐步建立起**社会主义生产资料公有制**。在回答共产主义社会制度应当如何运行时,恩格斯认为:"私有制也必须废除,而代之以共同使用全部生产工具和按照共同的协议来分配全部产品,即所谓财产公有。"

　　恩格斯在《共产主义原理》中写道:"社会制度中的任何变化,所有制关系中的每一次变革,都是产生了同旧的所有制关系不再相适应的新的生产力的必然结果。"所有制形式的变化体现着生产力推动生产关系发展的基本规律。但是,私有制并不能一下子被废除,只能逐步改造现今社会,只有创造了所必需的大量生产资料之后,才能废除私有制。在**公有制占主导地位**的时代,**非公有制是公有制的必要补充**,如拉法格(Lafague)所说:"个人财产是在原始公有制之下产生出来的,它不仅不与原始公有制相矛盾,像经济学家所说的那样,而且是它的必要的补充。"

【中国智慧·中国道路】

所有制演变的历史趋势及规律

　　按照生产力推动生产关系发展的规律可知,在中国社会主义初级阶段,生产力的发展程度有待进一步提高,一定程度的非公有制产权的存在和发展有其必然性和必要性。从社会主义制度的基本要求出发,从中国基本国情出发,生产资料所有制必须坚持以公有制为主体、多种所有制形式并存。相应地,在产权方面,也必须坚持以公有产权为主体、多种形式的非公有制产权并存。但是,尽管非公有制的发展有其历史必然性,但随着生产力的不断发展,非公有制迟早会走上消亡之路,整个社会最后就会形成公有制产权模式一统天下,即构建单一的社会主义公有产权制度。

第二节　产权税收理论的思想渊源

一、科斯定理与资源配置效率

（一）科斯定理

1. 科斯第一定理

科斯认为,**在交易费用为零的情况下,资源达到最优配置效率的结果与产权安排无关,而收益分配却与产权安排有关。**这被后人称为"科斯第一定理"。科斯第一定理强调的是产权制度的明晰性。如果产权是明确界定的,**在不考虑交易费用的情况下,无论产权是由交易的哪一方拥有,都能带来社会资源的有效配置,都会形成帕累托最优效率。**

2. 科斯第二定理

在社会经济实践中,交易费用为零的假定是很不现实的。市场交易一般都需要通过讨价还价缔结合约,并通过制度安排督促合约条款的严格履行,这通常是要花费成本的。一旦考虑到交易费用,产权的界定与归属必然会对社会资源的配置及经济效率产生影响。因此,在交易费用为正的情况下,合法产权的初始界定会对经济制度运行的效率产生影响。**产权的调整可能会比最初的产权制度或其他的产权调整产生更多的产值或经济收益。**但除非这是法律制度确认的产权安排,否则通过转移和合并产权达到同样后果的市场交易费用会很高,以至于最佳的产权配置以及由此带来的更高的产值也许永远不会实现。这被后人称为"科斯第二定理"。

科斯第二定理强调的是**交易费用会对产权配置下的经济效率产生影响**,即如果交易费用为正,不同的产权安排必然会带来不同的资源配置,必然影响到经济效率。推而广之,不同的产权制度下,交易成本不同,资源配置效率不同,即产权制度是决定经济效率的重要内生变量。因此,为了优化资源配置,产权制度的安排和选择是至关重要的。

科斯进一步认为,**产权的安排方式主要有市场、企业和政府管制三种基本方式**,而制度变迁也就是产权的重新安排,即一种产权安排向另一种产权安排的转化。企业与市场的区别主要体现在交易费用的差异上,在企业内部配置资源不需要交易费用,而资源的市场配置过程离不开交易费用。若没有企业,则所有的资源配置都要通过市场交易完成,交易费用会很高。若存在企业,则**企业内部的资源配置会大大减少交易费用**。综上,企业是对市场的一种替代。由于存在企业内部资源配置的组织费用,随着**企业规模的不断扩大,组织费用会越来越多,当组织费用超过交易费用时,企业反而不如市场配置资源更合适。因此,存在着一个最佳企业规模,使边际交易费用与边际组织费用相等(均衡点)。在这一均衡点上,整个社会的总成本最小。**

3. 科斯第三定理

科斯第三定理通常被表述为：如果没有产权的界定、划分、保护、监督等规则，即没有产权制度，产权的交易就难以进行。即**产权制度的供给是人们进行交易、优化资源配置的前提。**

不同产权制度下交易活动的交易费用是不一样的。合理清晰的产权界定有助于降低交易费用，因而激发了人们对制定产权规则、建立产权制度的热情。但产权制度的建立不是无代价的。对产权制度的设计、制定、实施和变革是需要耗费成本的，这就是制度成本。科斯第三定理强调的是从产权制度的成本角度对产权制度作出选择。

科斯定理所要解决的问题就是如何通过产权关系的调整，安排合理而有效的产权制度，降低或消除市场机制运行的交易费用，提高运行效率，优化资源配置。"科斯第一定理"是"科斯第二定理"的反衬和铺垫，"科斯第二定理"将产权安排、交易费用与资源配置效率结合起来，使社会找到了资源优化配置的有效途径，即依赖政府的力量使社会经济生活中的各种产权得到清晰界定，并得到法律制度的支持和保护。"科斯第三定理"建立在"科斯第二定理"的基础之上，重点揭示了不同产权制度设计的成本差异及其与资源配置效率的相关性，告诉人们应该如何选择制度才是合理而有效的。

（二）税收、产权与资源配置效率

1. 三个推论

科斯定理的本质是关于产权安排与资源配置效率的定理，其核心是交易费用，基于交易费用为正的分析，提出关于产权安排与资源配置效率之间关系的理论。在科斯定理的启示下，对税收、产权与资源配置效率之间的关系提出如下三个推论：

推论1：在信息对称且税收中性的前提下，若交易费用（涵盖涉税交易费用）为零，则税收不会影响资源的配置效率。

推论2：在现实的社会经济环境中，交易费用（涵盖涉税交易费用）为正，则税收会对资源的配置效率产生重大影响，资源趋于流向税负较低的领域。

推论3：税收制度是对税收征纳双方权益的约定、保护和监督的一组规则，没有税收制度，不能保护正常交易的税收利益。

2. 对三个推论的分析解释

（1）推论1所要表达的经济含义是：在信息对称、税收中性的前提下，涉税交易费用为零的理想状态下，税收与资源配置效率不相关。这一理想结论是建立在信息充分有效的前提下的，此时，税收对交易及资源配置效率的可能影响恰好被当事人对交易的合理预期调整所抵消。其实，假定涉税交易费用为零是不现实的，但这一推论提供了一个相当严谨的分析框架。

（2）推论1、推论2中所提到的涉税交易费用涵盖在交易费用之中，是交易费用的一部分。涉税交易费用主要是指与税收征纳相关的费用，其范围除了征税成本和纳税成本外，还包括一部分隐性税收成本，比如因税收而调整交易产生的费用。

（3）税收是交易结构中强制性塞进来的"楔子"，会对交易起阻碍作用。没有税收的存在交易会更流畅。因此，税收就好比经济交易的"摩擦力"，税收不可避免地对资源配置效率产生重要影响。推论2不仅承认税收对资源配置效率的影响，而且还给出了税收对资源配置及资源流向起着引导作用。推论2还说明税负降低可以利用税收筹划的合法手段来实现,且指明了**税收筹划的重点,即从资源流向的角度去分析,实现资源在低税负领域积聚、沉淀并发挥作用。**

（4）推论3从制度优势角度分析了最优税收制度对税收利益的保护作用。同时,推论3也隐含了税收制度的建立是需要耗费交易费用的,尤其是建立、实施并维护具有公平、中性特质的税收制度更是代价高昂、成本不菲的。实质上,税收是调节经济的一种手段,税收制度也可称之为配置资源的一种有效方式。

🔖 拓展阅读

产权结构与
税收模式的
演进路径

（5）税收是关于征纳双方权益保护的一组规则,体现着一种契约关系。税收制度的根本目的不仅在于保障财政收入,而且还在于实现资源配置的高效率。因此,税收制度可以归结为一种有效减少信息不对称的制度安排。

（6）税收制度作为"制度"中的一个方面,同样具有"制度"一般的属性和功能。税收制度的功能之一在于核定"交易"的数量及其涉税额。一项"制度"的选择和重新安排,是按照交易费用最小化原则来进行的。税收制度也不例外,税收制度的变迁也以"交易费用最小化"为原则。

二、产权税收论的逻辑起点、核心范畴与脉络主线

在现代社会,产权与税收都是国家治理的重要元素,产权制度与税收制度都是国家制度的重要组成部分。产权税收论以产权与税收的内在逻辑关系为分析起点,揭示了产权制度与税收制度结合为一种合力,共同推动经济社会发展的运行机制。

（一）产权税收论的逻辑起点

要回答产权税收理论的逻辑起点是什么,就要先分析构成产权税收理论框架的两大理论体系——产权理论和税收理论。

产权理论揭示产权演进及其运行规律,税收理论反映国民收入分配关系及其内在规则。产权作为一种权利束,其本质是一种关系,是生产资料所有制下所形成的人与人之间的经济关系。该论断最早出自马克思关于生产资料所有制的研究观点。虽然马克思在其著作中并没有对产权进行明确的概念界定,但在其对所有制的研究文献中,多次提及财产关系、财权、产权、所有权、使用权、处置权等概念。税收的本质是一种分配关系,既可归之于生产关系,又属于上层建筑范畴。政府凭借税收的强制性、无偿性、固定性,从多个环节参与国民收入的初次分配(增值税、消费税等)和再分配(个人所得税、房产税等)中,使国家与法人主体、自然人之间搭建起密切联系。因此,无论是作为整体的产权税收理论,还是局部的产权理论与税收理论,它们都是在研究事物之间关系的性质以及关系对事物的推动作用。"对关系的分析"这一最基本的范畴,成为产权税收理论的逻辑起点。

（二）产权税收论的核心范畴

产权税收论涵盖产权与税收两个板块,因此应基于产权和税收构建一套核心范畴。

无论是当今的国有企业混合所有制改革,还是旧时的土地产权改革运动,虽然它们涉及的是不同类型的产权,但有一个共同点——都是一种确权行为。经济学界、法学界、社会学界等对产权的研究,并不是浮光掠影地仅研究一个名词的确立、几条规章的颁布对社会实践与生产力的影响,而是研究当国家承认产权、政府机构维护产权、人民使用产权对

经济社会产生的影响。任何关于产权的讨论，都离不开确权这一行为，个中区别仅在于谁来确权、确什么权、怎么确权。**确权行为作为产权税收理论中最一般、最普遍、最抽象的形式，是产权税收理论的核心范畴之一。**同理，政府开征各种税，纳税人各种涉税行为，都可抽象为"缴税"行为，从而我们得到**产权税收理论的一对核心范畴——确权与缴税。**当然，我们进一步把这对核心范畴予以抽象化，可以得到唯一的核心范畴——行为。

（三）产权税收论的脉络主线

所谓脉络主线，是指贯穿一个理论体系的逻辑主线。它将各个理论构件或组成部分串成一个整体。理论体系既然形成，必有一条或一条以上的理论主线，否则，各个理论构件就是一堆散件，相互之间没有联系，不成理论体系。产权税收论的脉络主线可高度概括为对行为引发人与人之间关系的分析。产权税收论建立的逻辑框架可以研究很多层面的问题，要么是研究产权性质对税收的影响关系，要么是以行为导致的后果反推这一行为的必要性，要么是以核心范畴为基础研究、解释别的问题。各式各样的研究虽然探讨不同的主题内容，应用不同的研究方法，但都以行为引发关系为其研究的脉络主线。

第三节　产权税收基本理论

一、产权与税收的逻辑关系

（一）产权与税收的关联性

1. 税收依附于产权而存在

从表面上看，税收的课税对象是财产、所得、货物或服务的流转额，但税收的真正目的物是产权。**对财产课税，实质上是对财产所有权课税；对所得课税，实质上是对产权收益课税；对货物、服务的流转额课税，实质上是对货物或服务的产权流转课税。**既然从本质上看税收的目的物是产权，那么政府运用税收形式获取财政收入的前提就是产权的存在性。换言之，对财产、所得、货物或服务课税的前提是财产、所得、货物或服务的产权客观存在、明晰且无任何争议。如果财产、所得、货物或服务的产权模糊，税收就失去了存在的前提条件。政府运用征税权获得税收收入的前提应当是产权的清晰界定，明确的产权制度是抵制统治者税收权力扩张的最牢固、最敏感的保护屏障。

产权税收论的提出一方面为如何确定税收边界提供了理论依据，另一方面，也从理论层面说明了税收的本质是对产权征税。既然税收的最终目的物是产权，税收的本质是对产权征税，税收是产权结构变化的产物，税收负担的大小会随着产权结构的变化而变化。

2. 产权边界决定税收边界

税收依附于产权而存在，产权的边界决定着税收的边界，没有明晰的产权界定，就没有确定的税收分配关系。只要产权存在的地方，税收就应该介入，而产权不明晰或不合法的地方，税收就不应该介入。否则，人们很可能利用税收"洗白"产权并使政府认可其合法性。同时也可能导致对税收权力的滥用。

在资本主义国家，市场作为最基本的经济运行方式，私人财产权的存在及其清晰界定是税收的逻辑起点。但在社会主义国家,产权清晰并不意味着完全私有化,国有资产、国有土地属于公有制产权,也是产权存在的重要形式,也是清晰的产权关系。

（二）产权与税收的互动关系

1. 保护私人财产权是形成国家合法征税权的前提条件

经济学家詹姆斯·布坎南(James M. Buchanan)认为:如果没有一种制度来保护所有权并使契约付诸实施,那么国家也就无权来分享总收入。在中国,国家保护私人财产已入宪,私人财产权得到法律的认可。这从立宪层面界定了政府征税的合法性,也拉开了国家严格保护私人财产权的帷幕。在市场经济环境下,一个国家或政府在较为有效地保护私人财产权、遏制国家肆意征税行为的基础上才能赋予税收合法性,从而为产权制度的确立、市场经济的发展奠定了基础性制度结构。

2. 政府征税是保护私人财产权的法律基础

一般征税对象都是合法财产与所得,一般不对非法财产和所得征税,因为这属于政府打击和取缔的不予认可的非法产权范畴。可见,政府征税隐含着一个前提假设——财产、所得必须属于合法产权范畴。在国家和法律制度存在的前提下,产权确权登记是由国家或法律制度实施的,私人拥有的财产和所得必须得到国家或法律制度的认可,否则就不属于合法产权,不受国家法律保护。因此,政府征税构成对私人财产权保护的法律基础,征税与产权保护密切相关。

二、产权流转的税收约束

产权穿越企业边界,其实就意味着产权转让(或产权流转)。产权转让(或产权流转)意味着产权主体的改变,这是一种实质性的产权主体变更和产权流转过程,税收制度对产权流转严格履行征税权。这里以资产穿越企业边界为例论证对产权流转的税收约束问题。

【例 8 - 1】

假定有两个产权主体 S 和 H(此处的产权主体既可为自然人,也可为法人)。产权主体 S 将一项资产转让给产权主体 H,转让价格为 P。在产权流转环节,一般不对受让方 H 征税,而对转让方 S 征税。产权流转不仅要征收流转税,而且要对价值增长额(或称所得额)征收所得税,产权流转的税收约束如图 8 - 1 所示。

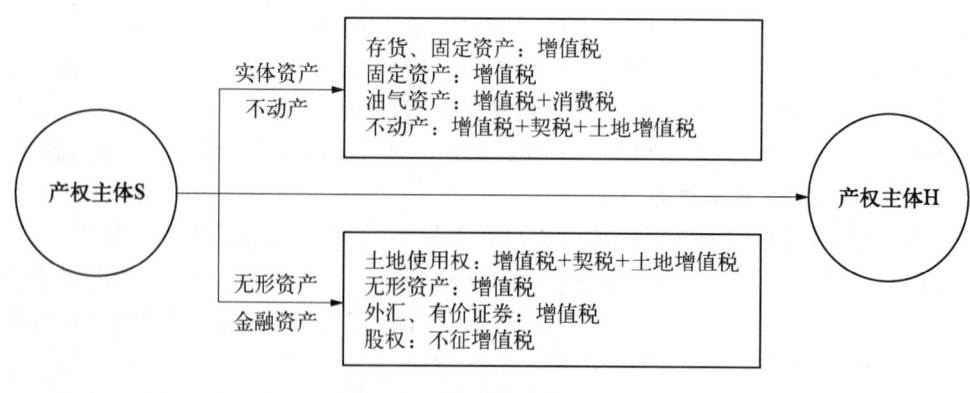

图 8 - 1　产权流转的税收约束

按照我国税法规定,图8-1中的产权流转征税情况如下:

(1) 对实体资产(如存货、固定资产)的产权流转征收增值税;对油气资产(如石油、天然气)的产权流转征收增值税和消费税;对土地、不动产、无形资产(含专利权、商标权、著作权、非专利技术、商誉)的产权流转征收增值税,对土地、不动产的产权流转还要征收契税和土地增值税;对外汇、有价证券(股票、债券、基金)等金融资产的产权流转按照买卖价差征收增值税;对股权流转目前暂不征收增值税。

(2) 产权流转签订相关合同的,需按照合同类型分别征收不同税目税率的印花税。

(3) 产权流转过程中产生流转所得额的,根据产权主体性质以所得为计税依据再征收一道个人所得税或企业所得税。

(4) 使用权流转与所有权流转有着本质区别。使用权可以独立于所有权而单独流转,如资产租赁就是典型的使用权流转形式。按照税法规定,有形动产、土地使用权、不动产的融资租赁和经营租赁均征收增值税。

总之,产权流转受到税收的强制性约束,对产权流转所对应的不同类型的财产征收不同性质、不同税目税率的税。深入剖析税收对产权流转的约束关系,为产权税收论的实践应用指明了方向。

三、构建产权型税收体系

(一) 产权交易税

产权交易税是指**对资产交易(存货、固定资产、无形资产、股权、有价证券等)或提供服务征收的一组税的集合**。产权交易税存在的理由是产权交易规则需要政府维护、产权交易合约需要政府监管、产权交易结果需要政府确认,政府可就其为交易双方提供的公共服务收取一定的收入。**产权交易税的征收目的是实现政府对产权交易的界定、产权流转额的确认和产权交易结果的保护,保障产权流转的合法性、有序性和效率性。**

产权交易税类似传统税收体系中的流转税,但产权交易税比流转税更能体现税收的产权本质,可以用来解释许多传统税收理论无法解释的税制问题。比如,产权穿越企业边界需要征收产权交易税,因为存在产权转移行为;如果一个法人企业内部的部门之间转移存货,则不需征税,理由是不存在产权转移行为。

【中国智慧·中国制度】

产权交易税的一个重要特征是针对实际产权交易额征税。目前我国税制中最为典型的产权交易税是增值税和消费税。相比较而言,增值税采用税款抵扣制,能够避免重复征税,从而促进社会分工和价值流转。除增值税外,我国税制中还有辅助性的对高档奢侈品和特殊物品征收的消费税。此外,我国产权交易税还包括印花税、契税、车辆购置税、土地增值税等。目前产权交易税存在的突出问题是实际税负率太高,尤其是不动产交易环节税负太重,而资产重组、财产继承、赠与行为又出现明显的税负洼地,易于造成投资扭曲与税收流失现象。

（二）产权收益税

产权收益税是**指针对产权交易获取的净收益征收的一组税的集合。征收产权收益税的目的在于实现对产权收益额、产权分配额的确认、计量与征税，保护产权所有者在产权流转中的合法权益。**

产权收益税类似于传统税收体系中的所得税，主要包括个人所得税和企业所得税。这两个税种对应的产权分别为法人产权和自然人产权。法人和自然人不属于同一性质的主体，故对法人企业所得与自然人股东分红所得应分别征税，企业所得税与个人所得税无任何联系，分别独立存在。对于法人企业而言，获取利润的结果是企业边界的扩大，此时征收两道产权收益税，即法人企业获得利润时政府对其征收企业所得税，自然人股东税后分红时政府对其分红额再征收一道个人所得税。对于个体工商户、独资企业与合伙企业而言，仅对其应税所得征收一道个人所得税。

（三）产权持有税

构建产权持有税，可以实现对产权主体拥有合法产权的确认与保护，保障产权所有者拥有与产权相对应的各项权能。产权持有税是**对静止状态的产权征税，**即政府对产权的持有征收一道存量税，类似于传统税收体系中的财产税。征收产权持有税的理由是政府对产权的界定、保护及升值均有不同程度的管理，征税的目的是实现政府对私人产权的保护及对所有者权益的维护。对于产权持有税而言，征税难点在于界定产权人、评估产权的公允价值，以及合理确定计税依据。

【中国智慧·中国道路】

在我国的经济实践中，产权持有税主要有房产税（未来房产税将与城镇土地使用税合并，统称为房地产税）、车船税、船舶吨税等。面对我国经济现状和民众的负担状况，是否应该开征房产税（房地产税）已经成为社会关注的焦点。从产权税收论角度分析，我国目前的税收体系中，土地与房产分设税种，出现重复征税现象，同时对居住用房没有开征房产税，存在税收空档。因此，政府应该对房产普遍征收房产税，而不论是居住用房还是商业经营用房，因为房产税的实质是政府对产权人持有房地产征收的一种产权持有税。

我国未来税制改革的方向定位于构建一个产权持有、产权交易及产权收益等环节税负均衡、环环相扣的产权型税收体系，以有效提升税制的公平与效率。

四、产权结构影响税收负担

（一）产权结构影响税收负担

产权结构是指产权的构成因素及其相互关系和产权主体的构成状况。产权结构主要涉及两个方面：① 特定主体拥有哪些产权或财产，其财产结构如何；② 特定主体内部的权力结构，这是为产权运作而设置的内部机构与人员的分工安排。这两个方面，对于不同的主体,可能具有不同的意义。特定主体所拥有的产权结构,就是其资产结构。

特定主体所拥有的微观产权结构具有十分重要的经济意义:① 任何产权主体的产权,都不仅仅意味着拥有财产的所有权,还体现着一种产权的分配关系。② 单个主体的产权结构——拥有哪些资产的产权,是资产的全部产权还是部分产权,是所有权还是经营权,是全部经营权还是部分经营权,意味着该产权主体与别的产权主体之间的不同的分离组合关系和不同的委托-代理关系。③ 每个产权主体既有的产权结构及产权结构的变动,影响全社会的产权分布,从而影响资源配置。

税收的本质是对产权征税。那么,从理论上说,税收与产权就存在着相关性,税收负担的大小会因为产权结构的不同而不同。产权结构之所以对税收形成影响效应乃至于决定作用,主要是因为产权结构及其变化会改变税制要素的内容,即纳税时间、纳税地点、征税环节、征税对象、纳税主体等,这些税制要素又会对税收负担形成显著性影响。这就是产权结构决定税收负担的基本原理。

在一定环境条件下,由于产权结构发生变化,企业的税收负担会发生巨大变化。比如企业并购活动会引起产权结构的微妙变化,从而形成以下税收空间:一是企业通过外部扩张,进入新的行业、新的领域,所享受的税收待遇自然有所不同;二是企业并购重组的根本目的在于利用亏损弥补政策,以降低其盈利水平和税收负担;三是企业的并购重组引起资本投资关系发生变化,其客观效果在于转换纳税人身份或纳税人性质,进而获取一定的税收利益。

(二)产权安排影响税收负担

产权安排的实质是对财产权的分配。产权安排分为产权初始安排和产权后续安排。科斯定理揭示了产权安排的重要性及其对资源配置效率的影响。科斯定理表明,无论交易费用为零还是为正,产权初始安排不同,财富分配格局不同,收益分配的状况必然不同。因为产权的初始拥有者,不仅拥有一定的财产存量,而且拥有获取更多收益(财富增量)的机会。产权后续安排是对产权初始安排的调整,在现实经济实践中可能有多种原因导致产权安排的调整。产权安排的调整导致的直接后果是产权关系的变化和财富分配格局的变化。产权安排的调整会发生交易费用,交易费用的存在,会影响产权安排的效率。

产权安排的调整有多种方式,其中对税收负担有着重大影响的是一定条件下的产权交易和资产重组活动。导致产权安排发生变化的最典型的产权交易和资产重组活动是企业并购、企业分立、股权收购以及组织架构调整等行为。企业并购、企业分立、股权收购或组织架构调整都是资源配置方式,都不可避免地影响着产权关系,甚至打破原来的企业边界,实现资产的转移及产权结构的变化,而资产的转移和产权结构的变化会影响企业的税收负担。因此,利用产权安排的调整寻找税收空间极为重要,这其实也是优化企业财税管理、实现价值增长的重要方式。从一定意义上说,**产权安排框架下的税收筹划其实就是寻找产权结构和企业边界对税收负担的微妙影响**,并尽力打破这种产权结构和企业边界的税收束缚,创立一种基于**税负最小化、收益最大化的产权结构模式**。

【中国智慧·中国道路】

中国农村土地产权与非公有制经济制度变迁路径如图 8-2 所示。

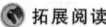

拓展阅读

中国产权制
度及其变迁

	LPR						
处置权		土地不允许流转买卖		农户拥有土地流转权		土地投资入股联营合作	
收益权		上交政府公粮		废除农业税		政府征地按照市场价值	
土入市		农户没有收益权	农户享有剩余索取权		发放种地补贴	城乡、国有土地同等	
使用权					土地使用权流转	权能完整，流转顺畅	
所有权		集体劳动，平均主义	土地承包责任制	土地承包30年不变	土地承包长久不变	集体土地三权分置	
		公有产权				公有产权	
T	1966	1979	1993	2001	2003	2008	2013

图 8-2　中国农村土地产权与非公有制经济制度变迁路径

本 章 小 结

1. 产权意味着对特定财产完整的一组权利,这组权利一般可以分为财产的所有权、占有权、支配权和收益权等。财产的所有权是指财产所有者对财产的终极所有权,在产权的各种权利中占据核心地位,在其基础上派生出了财产的占有权、支配权和收益权等。

2. 产权具有明确性、排他性、可转让性、可分割性等特征。产权的存在以市场经济的存在为前提,体现着市场经济中人们之间的财产权利与利益关系。

3. 在纯粹公有制产权制度框架下,不再有绝对的产权私有制,不再有被少数人控制的垄断资源及资产的永久使用权,而是牢牢树立公有制产权理念,深入贯彻"民享民控民用"观念,从而使得公有制产权制度成为新时代中国特色社会主义一面高高飘扬的产权大旗。

复习思考题

一、简述题

1. 中国特色社会之公有制有何特征?

2. 为什么说雄安新区是纯粹公有制产权试验田？

3. 中国特色社会主义公有制产权税收制度有何创新？

二、案例分析

新一轮房地产税改革新在何处？

卖地收入下降与房地产企业"爆雷"

据统计数据显示,2020 年,31 个省区市中,只有广东、上海、江苏、浙江、北京、天津、山东和福建对中央财政净上缴税收;与此同时,23 个省区市政府本身的税收有限,财政开支相当程度上依靠中央财政的拨款。很多城市的财政主要靠卖地收入来支撑,然而早在恒大事件爆发以前,各地的卖地收入就已经开始萎缩了。国家统计局公布 2021 年三季度经济数据时披露,全国房地产公司 1—9 月为建住宅所购置的土地面积下降 8.5%,这是房地产业相对萎缩的开始,同时也意味着地方财政的卖地收入下降。

短期影响市场预期,长期助力共同富裕。

近期以来,伴随着恒大事件爆发,多家房企美元债违约,民营房企发展信心受到影响,房地产市场明显遇冷下行。房地产税改革试点却稳步推行。

"老提法"被赋予新思路和新定位

房地产税立法的一大特点是允许"多级立法",实现"一城一策",由国务院授权给财政部、国家税务总局,以两部委联合发文的形式颁布试点办法,授权试点城市根据当地实际情况细化方案。

与 2011 年沪、渝两地房产税试点相比,此次试点有许多不同之处:

(1) 10 年前上海和重庆推出的是房产税试点,现在是房地产税试点,加了一个"地"字,说明房和地是不可分的。可以说此前上海、重庆试点是调整对房产的税收优惠政策,并没有完全突破现行房产税的定位。这次试点明确将房产税改为房地产税——这是一个新税种,是要把现行的房产税与城镇土地使用税合并,将按照国际通行的房地产税的定位和制度来设计。这是建立现代化的税收制度所必需的。

(2) 此次试点由全国人大授权,更加强调税收法定原则,法治化和透明化力度进一步加大。

讨论:

1. 房地产税的新一轮试点铺开体现了我国怎样的国家治理策略与目标？恒大等房地产企业的"爆雷"是否与房地产税的扩大试点有关？请从共同富裕视角论述房地产税改革是否应进一步推行。

2. 此轮房地产税试点与之前上海、重庆房产税试点有何不同？请结合上海、重庆房地产税试点结果分析为什么会有这些不同。

第九章 税收信用理论

本章要点

1. 税收信用的构成
2. 纳税信用体系框架
3. 大数据背景下的税收信用体系

案例导入

我国税收信用管理纳入社会信用体系的实践

2018年上半年,天津市各级税务部门累计在门户网站公布"黑名单"案件123件。企业一旦上了"黑名单",除了有关信息会被税务部门向社会公示外,还会受到包括税务部门在内的34个部门的28项联合惩戒。

据了解,近年来,天津市税务部门将税收失信联合惩戒工作纳入了全市社会信用体系建设。由天津市税务部门参与建设的天津市行政机关联合奖惩监管系统通过信息化手段,实现了对"黑名单"当事人跨部门联合惩戒信息推送、实施、反馈全链条的闭环管理。天津市税务部门先后向天津市市场主体信用信息公示系统推送守信和失信纳税人信息共116次,推送内容包括重大税收违法案件"黑名单"等信用信息共3 700余万条;向天津市公共信用信息交换平台推送包括重大税收违法案件"黑名单"等信用信息共70万余条。

自2014年10月公布第一批"黑名单"以来,贵州省各级税务部门累计对外公布"黑名单"案件391件。其中,2014年公布"黑名单"4件,2015年8件,2016年25件,2017年激增到199件,2018年上半年已公布155件,公布数量呈快速上升趋势。

随着"黑名单"公布力度持续加大,惩戒手段也越来越多,力度越来越大。截至今年6月,税务部门共对386户次"黑名单"当事人实施了如对直接责任人注册登记的其他企业信用降为D级、严格控制发票领用、从严办理出口退税、提高税收检查频次等惩戒措施。贵州省相继出台了《加快推进失信被执行人信用监督、警示和惩戒机制建设的实施意见》《加强税务领域守信联合激励和失信惩戒与协同监管有关工作的通知》,税务部门共向相关部门推送联合惩戒名单386户,其中369户在信用中国(贵州)网站上公布。386户企业的纳税信用评价,被金融机构作为融资授信参考。目前已有416名企业"黑名单"当事人被市场监督管理部门限制担任企业的法定代表人、董事、监事及经理职务。

与此同时，贵州省相关部门对纳税信用 A 级纳税人在项目管理、税收服务、融资授信、评先选优等方面采取激励措施。2018 年上半年，税务部门共向该省社会信用体系成员单位推送 A 级纳税人名单 5 293 户。通过与全省 15 家金融机构开展"银税互动"合作，该省累计已有近 8 000 户中小企业凭借税务信用获批贷款 213.65 亿元。

思考：税收信用建设的重点是什么？数字时代如何进行税收信用的动态监控？

第一节　税收信用理论的基本内容

一、税收契约、税收信用与纳税信用

信用在人类发展历史上的最初表现是契约。契约最初是指双方或多方共同协议订立的有关买卖、抵押、租赁等关系的文书，可以理解为"守信用"。根据西方的契约理论发展，从奴隶社会到封建社会又到商品经济的资本主义社会的发展，展现出了西方契约理论的很多特点：① 西方契约理论以平等为基础；② 西方契约理论的有一定的约束机制；③ 西方契约理论重视信息传递。中国传统的契约理论则具有等级性、自律性以及信息不对称的特点。

（一）税收契约

从契约的角度看，税收是国家与纳税人之间订立的一种契约。通过政府的征税行为，纳税人能够获得对于生存至关重要的公共服务，而国家则通过纳税人缴纳的税收，得到了资金来维持公共服务的提供。此关系的维系需要契约精神和法律约束力。如果国家的课税是随意的、专断的、未经过居民同意的，即构成违法。税收契约是人类在税收活动中创造出来的一系列规则，主要特征是具有强制性和约束性，通过法律规制、组织安排和政策体现。

契约性使得税收成为公民与国家之间的财产权让渡，政府征税需要征得同意，本质上是一种分配关系。政府的征税权需要受到法律的约束和监督保证征税行为的正当。

（二）税收信用

1. 税收信用的概念

税收信用是在税收契约的基础上产生和发展的，税收契约是税收信用的基础。税收信用是指建立在税收法律关系中，以征纳双方相互之间信任程度为标的，以涉税各方履行权利和义务的意愿为出发点，由规矩、诚实、合作的征纳行为组成的一套税收道德规范。税收机制的完善，既要有外在的税收法律体系的约束，也要在税收征纳行为中讲求信用这一道德基础。**税收信用是对税收法治的必要的、有益的补充。**

【中国智慧·中国制度】

在尊重人权的现代社会，以往奴隶制社会、封建社会横征暴敛、苛捐杂税负担过重等行为已经不复存在，国家制定法律对征纳税双方进行约束的同时，加大了宣传和教育力度,希望以此帮助纳税人建立起规范纳税的意识,提高社会成员素质,2002年我国税收宣传月主题是"诚信纳税,利国利民",2003—2007年的主题均为"依法诚信纳税……",2008—2014年的主题均为"税收·发展·民生"。由此可见税收信用的地位在我国税法体系建设中的地位之高,尤其是宣传月作为连接征纳税双方的重要活动,有助于减少二者之间的税收冲突以及遵从成本。

2. 税收信用的构成

税收信用分为政府**涉税信用**和**纳税信用**。政府涉税信用又根据征税和用税主体的不同(征税的主体是税务机关而用税的主体是各级行政机关)分为**征税信用**和**用税信用**(见图9-1)。税收信用是一种道德规范,利用道德约束和规范纳税人的行为,使纳税人履行应尽的义务,使征税人依法征税,使用税人秉承"取之于民,用之于民"的思想。三方依法依规履行各自的义务,规范自身行为,维护国家税收利益和信用体系的稳定。

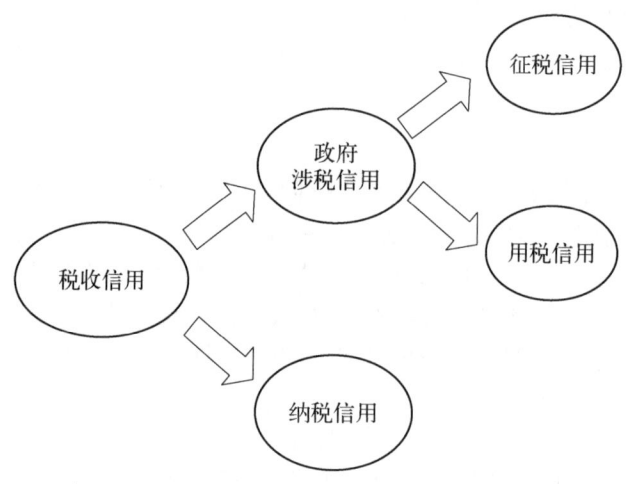

图9-1 税收信用的分类

(三) 纳税信用

纳税信用是税收信用的重要组成部分,代表了纳税人是否遵守法律规范,是否能够在享受公共服务的同时付出税收的代价。纳税信用一定程度上也代表了纳税人的道德品质,并为其未来信贷行为给出参考。征税部门、中介机构等可以对纳税人的纳税情况进行评定,判定其是否隐瞒、欺诈、逃避缴纳税款,以此衡量纳税人的纳税信用状况。

二、影响纳税信用的相关理论

(一) 税收遵从理论

税收遵从理论可以分为三个方面:纳税遵从、征税遵从、用税遵从。三者之间联系紧密、环环相扣。普遍为人所知的税收遵从理论是从纳税人依法缴纳税款的角度来定义的,主要强调了纳税人依照税法的规定履行纳税义务,但纳税人的纳税遵从建立在合理合法的征税和用税基础上。

税收遵从的影响因素主要有税负、国家政策、惩罚力度、奖励机制、心理等多方面。纳税人遵从程度的衡量至今已采用过很多方式，如是否关注税收政策动向、自主申报时是否按时按期申报、是否如实申报、是否按期缴纳税款。但客观来讲，税收遵从是每个纳税主体内心的选择和心理活动，十分难以衡量，往往只能停留在理论层面。

税收遵从与税收信用之间存在一定联系，纳税主体的税收遵从程度低，可以从一定程度上反映其纳税信用存在一定问题。同时，社会信用体系的逐渐完善能够促进遵从意识的提高、推动税款征收的执行，纳税遵从度以及纳税意识的普遍提高，形成的诚信纳税的环境以及纳税评级提高带来的影响和激励将进一步推动个人纳税信用水平的提升。

（二）税收心理学

税收心理学就是研究与税收活动有关人员的心理现象及其规律的科学，目的是研究和掌握税收活动中人的心理规律。它是顺应心理科学发展和社会经济发展的要求而建立的，是现代社会心理学和税收学的交叉学科，属于心理科学的一个分支。理论上讲，税收心理学通过研究税收活动相关人员在面对税收事项时的心理活动和规律，在税收活动的关键节点和风险点进行监测和控制，以有效地在实务中避免税款流失风险，并为税制的顶层设计提供参考。

（三）信息不对称

税收领域的信息不对称是指征纳税双方由于掌握的信息不同而产生的扭曲现象，主要原因是缺乏税收信用体系的建设。一方面纳税人掌握着自身全部的情况，但税务机关对于其了解非常有限，与征纳税相关的信息很大程度上来自纳税人的自行申报。这就导致征税结果如何很大程度上取决于纳税人的遵从程度，存在相当大的不可靠性，易导致税款流失。另一方面纳税人作为纳税主体，对与纳税相关的法律以及规章制度不甚了解，对未按期按量缴清税款的处罚制度不了解，导致了部分表面上的不遵从的行为。

第二节　法人纳税信用体系建设

信用是很多西方国家的"第二身份证"，在居民生活和社会发展中有着非常重要的地位，是经济发展的重要基础。纳税信用是社会信用的关键部分。

一、基于市场化的美国税收信用体系

美国是世界上税收信用建设最完善的国家之一，建立了公共信用服务平台，以商业化信用管理公司为主体，利用市场机制自动运行，建立了完善的税收信用法律体系，并根据惯有的分权制衡原则，通过政府和权力组织进行监督管理，确保税收信用体系正常运转。

美国的信用立法最早可追溯至20世纪60年代，其立法高峰期在60年代之后的20年间。目前，美国已搭建完整的信用管理框架，其颁布了一系列法律，包括《公共信用报告法》《信用修复机构法》《公平信用机会法》《公平信用结账法》等15部。这些法律的颁布为信用建设构建了一个良好的法律环境。

（一）实施征、用、纳三维度信用管理

美国税收信用体系的健全，一方面体现在对于征税、用税、纳税三个方面的权利、义务、奖惩都做出了明确规定。

（1）纳税信用方面，美国的《国内收入法典》对纳税人的纳税义务、权利以及偷逃税的惩罚做出了详细规定。纳税人一旦被认定有偷逃税行为，就会面临高额的罚款和刑事责任。更严重的是，每一次失信记录都将被永久保留，影响纳税人的社会信用。

（2）征税信用通过《纳税人权利法案》来加以规范。法案对纳税人的权利加以详尽规定，纳税人拥有税收知情权、隐私信息保护权等，可以拒绝缴纳不在法律规定范围内的税款，并有权对不当的征税行为提起诉讼。

（3）用税信用主要通过美国宪法以及相关的规章制度发挥效力。美国政府公开税款的去向，每年向公众公布预算数据，纳税人可以对政府起到监督作用。

（二）建立完整的信用评估体系

美国健全的信用体系还体现在信用评估体系的完整性上。

（1）信用数据共享程度高。美国早期即通过将税务登记代码和社会保障号统一的方法，全面搜集纳税人信息，从而避免了税源流失。

（2）评估方法的合理性。美国的信用评估体系是国内收入局自行设计的一套程序，系统可以对纳税人的等级进行模式化的评定。

（3）信息透明度高。美国会将纳税评估的结果定期向全社会公布，纳税人的不良记录均逐一公开，具有一定的威慑效力，增强了纳税人的责任感和信任感。

（三）建成以分权制衡为核心的监管体系

根据分权制衡的原则，监管体系的设置必不可少，税务稽查机关通过与其他部门的合作和联动，大范围地稽查纳税人的纳税情况。由于信息共享程度高，美国基本可以掌握90%以上的纳税人收入，逃避缴纳税款显得不那么容易。纳税人一旦有失信行为发生，被稽查部门发现的概率非常高。

📖 【例 9-1】

在第一次世界大战后，经济的增长，人口流动的加快促使征信所得到快速的发展。信用报告开始增加更多的个人信息以满足商家授信判断的需要。

在纳税人按时守法纳税后，美国政府每年会给纳税人寄一份表格，将纳税人的个税信用值累计起来。如果纳税人的个税信用值超过40，那么59岁后，纳税人每月可从国家有关部门领取1 000多美元的补助金；纳税人因故残废，纳税人的配偶和孩子可分别每个月领取700美元。在美国一些州，只要个税申报的信息显示纳税人已持续缴税一年以上，孩子读书、上图书馆、走高速路、进公园等都将免费。

在美国偷逃税的风险很高，一旦被发现就可能被冻结所有资产，从银行取不出存款，也刷不了信用卡，甚至还可能遭遇牢狱之灾。即使事后补交，个人信誉也将严重受损。而有信用污点的人，在银行贷款、换工作等多方面都会受到影响。偷税漏税行为一旦被查实，纳税人就会被罚得倾家荡产。而且，此后，税务人员会连续10年到20年，年年上门盘查。

二、基于政府的英国税收信用体系

公共服务模式被很多欧洲大陆国家采用,是欧洲税收信用建设的主要管理模式。相当一部分国家,如英国、法国、德国、比利时,都采用公共服务的方式。**这种制度的主导者是政府部门以及中央银行。二者共同建立一个公共的、非营利性的信用服务中介机构,并立法强制要求拥有信用信息的机构或个人向信用管理机构提供信用数据并对所提供数据的真实性负法律责任。**

英国政府重视税收宣传,形式多样,注重实效,公益广告也随处可见。深入持久的纳税宣传使英国公民不知不觉中将纳税视为一项天经地义的事情,"我一向纳税"也成为英国好公民的标准。

在培育公民纳税意识的同时,英国也注重增强政府部门的诚信征税意识和为纳税人服务的意识。税务官员的优质服务也增强了纳税人依法诚信纳税的意识。先进的纳税服务系统、完善的金融体系及严格的法律约束为英国纳税人的纳税信用提供了最有力的保证。

英国的税收管理系统努力实现对税源的源泉控制,尽量掌握所有受雇人员的每一笔收入所得,使偷税、漏税几乎成为不可能。另外,人们日常生活中的消费基本上很少使用现金,大多使用信用卡、支票或银行转账支付,企业如果提取大量现金需要说明用途并提供相应证据,否则,就会引起税务机关的关注或调查。

在监管方面,英国建立了信息通报机制,对纳税中有欺诈、瞒骗行为和欠税行为的人,可通过社会信用体系降低其信用度,工商业主如果被税务局抓住有偷逃税行为,业主会倾家荡产。一些精通税法的律师、会计师、社会保障机构及慈善团体人士、税务局官员以及税务学会会员还发起了"税收志愿者在行动"活动,为低收入人群提供纳税辅导,为其争取应该享有的税收优惠权利;揭露税务部门的官僚作风,迫使税务部门增强为纳税人服务的主动性和针对性。

三、中国特色社会主义纳税信用体系的构建

基于我国国情,构建完善有效的税收信用体系,需要从征纳税双方两个角度并行实施。

(一)建设严格执行的征税信用体系

1. 推进法治化进程

法律有着天然的权威和优势,依靠国家强制力保证实施。我国目前税收立法层级低,导致在施行过程中受到阻碍较多。推进实体法法治化的同时,还应同步推进与之相适应的征管法的改进和完善,以及配套的信用立法体系,树立诚信立法的标杆。征税方的执法行为应当做到有法可依、有法必依、严格执法、秉公执法。另外,税收政策近年来更新速度不断加快,对于旧的、已经不再具有效力的法规条例应当及时废除,以免误导,避免税法失去权威,失信于民,影响税务机关的形象。

2. 进一步进行税制顶层设计

立法机关应联合国内税收专家以及前沿信息,研讨填补税法漏洞,比如税收优惠政策

不宜过多、税收负担应当适度。根据国内经济发展水平以及国际税法设置进行税制设计，保障民生稳定，使政府有充足的财政收入，规范预算管理。

3. 促进税收征管行之有效

任何税种的设置都有其目的和合理性。税收征管是保证制定税收时的目标实现的重要环节，有效征管是税收执行环节的最后一环。税收征管不力意味着税收链条前面的部分将完全没有意义。征管法制定者应深入地方税务机关调研，找到税收征管过程中的风险环节，针对风险逐一进行法制设计，促进税收征管行之有效。

监管方面也应该有所加强。对于税收信用体系，既没有一套完善的信用法进行规范，也没有强力的对税收征管的监管奖惩机制。税收征管应当保证双方的行为规范以及征税公平，建立好对于税务机关的考核指标体系，进行税收风险点的严格监控，使税务机关严格按照税制设计的目标执行。

（二）纳税信用建设

1. 营造税收信用环境

良好的税收信用观念的树立，需要营造好"纳税需讲信用"的环境，使诚信纳税恢复其道德约束力。在混乱无序的市场中，重新建立起规范的税收信用机制，使信用成为一种惩罚工具或是奖励，让纳税人切实感受到信用在生产经营活动中发挥的重要作用。

税务机关可利用互联网平台，如微信公众号、手机 App 等手段对税收政策和信用知识进行普及宣传。在办税大厅设置智能机器人进行讲解和推广，滚动播放税收信用奖惩案例等手段，可以在纳税人在办税的同时接受宣传教育，树立良好的讲信用观念。鼓励税收信用理论进校园活动，从基础教育阶段开始普及纳税人的意识，将教育与奖惩制度结合，营造全社会守信纳税的良好环境。

2. 增强纳税人纳税意识

在税收宣传中向纳税人灌输"等价交换"的税收理念。税收具有无偿性的特点，但有一种观点认为，税收是有偿的，是纳税人所付出的税收和政府提供的公共服务之间的交换。不照章交税是搭便车的行为，是对其他纳税人享受公共服务的利益挤占。

3. 建立纳税信用等级评价管理制度

国家税务总局在 2014 年出台的《纳税信用管理办法（试行）》（以下简称《办法》）中就纳税信用评价的相关制度作出了较为全面的规定。但《办法》对一些问题仅做了原则性的规定，有待做出更为具体和具有可操作性的规范体系。例如进一步完善纳税信用信息采集制度，着重解决内部税务信息的整合问题和外部信息的采集问题，建立涉税信息的分类管理和多种形态信息共享机制，推动形成与工商、银行、公安、海关等部门相关信用信息的共享和互换机制；进一步健全纳税信用信息采集制度，着重解决内部税务信息的整合问题和外部信息的采集问题，建立涉税信息的分类管理和多种形态信息共享机制，推动形成与工商、银行、公安、海关等部门相关信用信息的共享和互换机制；进一步健全纳税信用等级评定制度；加快推进纳税信用等级评定的计算机自动化，增强评定程序的科学性和可操作性，提高评定结果的客观性和准确性；进一步完善纳税信用评价结果应用制度，积极推动企业纳税信用评定结果纳入社会信用评价体系，建立联合激励惩戒机制，使诚信纳税人获得实实在在的实惠和待遇，也真正使失信者做到寸步难行。

（三）我国纳税信用评级制度

1．纳税信用评级制度简介

纳税信用评级是我国税务机关推出的一项柔性税收征管手段,秉承诚信激励、失信惩戒的原则,根据纳税人信用等级对其进行有区别的服务与管理,配合纳税信用修复机制,让纳税人自觉提高税收遵从度。税务机关根据纳税人在一定周期内的纳税义务履行情况,按照一定的标准为其评定相应的等级。评定标准包括纳税人的主观态度、遵从能力、实际结果和失信程度 4 个维度、近 100 项指标,等级划分由高到低分为 A、B、M、C、D 五级,纳税信用评级越靠前,企业享受的便利就越多。纳税信用评级制度从 2014 年开始实行,其发展历程如图 9-2 所示。

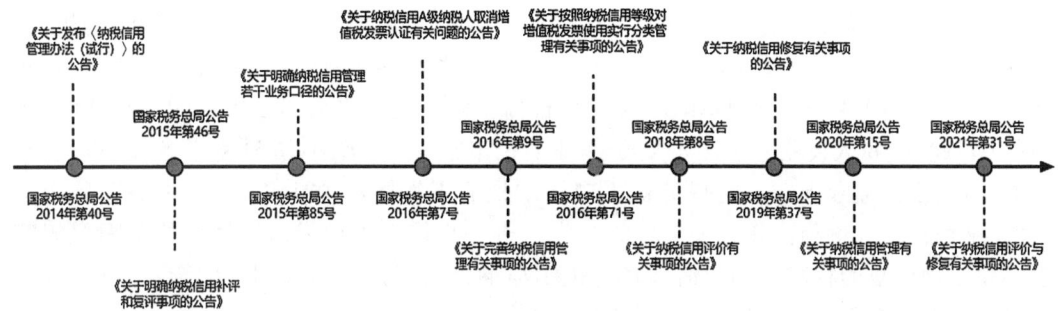

图 9-2　纳税信用评级制度发展历程

2．纳税信用评级制度的发展现状

国家税务总局 2020 年发布的全国纳税信用评价结果显示,2020 年参与纳税信用评级的企业近 3 000 万户,企业整体信用状况持续向好。具体来看,A 级企业无论是数量还是增长速度上都有明显提升——2020 年 A 级企业数量由 126 万户增长至 172 万户,上升幅度高达 37%。A 级企业规模增长可观,不仅实现了绝对数上的增加,A 级企业在全部近 3 000 万户参评企业中的占比也较往年提高了 0.96%。这些数据均表明我国企业诚信纳税的意识不断增强,整体税收遵从度不断上升。B 级和 M 级作为当前纳税信用评级中占比最大的两个等级,其整体状况也在逐渐好转,企业数量稳中有升。2020 年,B 级企业占比提高近 2%,M 级企业占比下降 0.84%。纳税信用等级内部结构正在由 M 级向 B 级过渡,整体状况持续向好。C 级和 D 级企业数量连续 2 年保持下降,2020 年最新的统计数据显示这两类企业由 2019 年的 298 万户下降至 279 万户,在全部参评企业中的占比也由 11.48% 降至 9.48%,可见纳税信用管理成效显著,企业也更加自觉地规范自身税收活动,自觉履行纳税义务。

纳税信用评级制度真正贯彻了守信激励、失信惩戒的原则,通过对信用良好的优质企业提供更多的便利与税收优惠,让企业充分感受到政府的关心和决心,以及诚信纳税为企业自身发展带来的实实在在的好处,最大程度上调动企业依法诚信纳税的积极性。例如,江西新余东亚汽车销售服务有限公司属于零售行业,在日常经营过程中会大量使用发票,由于其纳税表现良好被评为 A 级企业,不仅可以单次领取三个月的专用发票,还享受随时申领的服务。诚信纳税使得纳税人在办理涉税事项时能够享受特殊优待,极大节省企业的时间成本。除此之外,优质企业还能享受更多的税收优惠。例如,浙江省中芯国际微机电和功率器件产业化项目在成立初期投入较大、资金紧张,难以及时退还留抵税额,企业凭借 A 级纳税人的身份及时申请了 2.8 亿元的增值税增量留抵退税,解决了这一棘手难题,充分享受到了高纳税信用等级的税收优惠。

纳税信用评级除了对优质纳税信用人进行奖励,也会对失信纳税人进行惩罚。对于严重失信、违法的纳税人,税务部门定期公布税收违法"黑名单"。这份"黑名单"相当于为纳税人打上了信誉不良、违法违规的标签。由于税务部门会联合发改、金融、公安、市场监管、海关等部门对失信者实行联合惩戒,失信纳税人一旦上了黑名单不仅在办理涉税业务时受限,在进行其他经济、社会活动时也会受到限制、影响。这让失信者深刻体会到违反税收法规的严重后果,督促纳税人提高纳税遵从度和诚信纳税意识。

尽管政府对失信者的惩戒十分严厉,但这并不意味着纳税人没有"改过自新"的机会。纳税信用修复机制能够帮助符合条件的企业提高纳税信用等级,激励纳税人自我纠错、实现"争优"。2019 年,税务总局印发《关于纳税信用修复有关事项的公告》,明确自 2020 年 1 月 1 日起,纳税人发生未按法定期限办理纳税申报、税款缴纳、资料备案等事项且已补办的,可在规定期限内向主管税务机关申请纳税信用修复。2021 年,国家税务总局印发《关于纳税信用评价与修复有关事项的公告》,进一步扩大了纳税信用修复的范围并规范了纳税信用修复的程序。纳税信用修复机制与纳税信用评级制度相互配合,一方面可以防止企业由上向下退步,另一方面帮助企业由下向上进步。

第三节　自然人纳税信用体系构建

纳税信用缺失的主要原因有:① 纳税意识不足;② 国民缺乏税收责任感;③ 税收征管中的不正当行为;④ 税收支出不透明。解决好这 4 个问题基本能够建立较为完善、有效的自然人纳税信用体系。

一、自然人纳税信用体系框架

（一）数据采集

对自然人纳税信用信息的收集和记录要充分依托"金三"税收管理系统(升级为"金四"税收管理系统)、全国或地方信用信息共享平台、本地个人网上办税应用平台、纳税人申报采集和相关部门官方网站等渠道,采集纳税人身份信息(身份证件号、国籍、姓名、单位职务、是否代理人等)、涉税信息(纳税数据、办税记录、违规记录等)、关联信息(所在单位信用记录、执业资格信用记录、其他相关部门信用记录等)。

（二）信用评价

建立评价指标对自然人纳税信用进行评价。评价方式可以考虑两种形式:

（1）**按人建立自然人纳税信用档案**,重点记录纳税人不同时期涉税违规违法情况。可考虑用纳税信用档案查询结果取代未违规纳税证明,并针对严重失信的纳税人建立"黑名单"制度,通过信用信息共享平台对外提供查询。

（2）**采用信用积分形式,动态反映自然人诚信状况。**可考虑从身份信息采集状况（完整性、准确性）、办税记录状况（自身纳税、履职办税、代理业务中反映出的配合程度）、涉税违规违法情况（日常征管、风险监控、税务审计、反避税、税务稽查中个人业务和所在单位业务的涉税违规违法情况）、关联信用信息情况（所在单位信用记录、所属行业执业信用记录、其他相关部门信用记录）四个维度设置评价指标和计分标准,据此计算得出自然人的纳税信用积分。

应注意区分特殊身份。如单位法定代表人、财务负责人、办税人员,其个人的信用得分应与所在单位信用得分挂钩。

应注意区分特殊行业。如针对从事律师、会计、鉴证、评估、审计、涉税代理中介等特殊行业的专业人员,在指标设定中可以考虑提高评价标准,进一步引导职业道德建设与行为规范。

应注意建立信用修复机制。可以考虑自然人在规定期限内纠正失信行为、消除不良影响的,给予信用加分,鼓励自然人自我纠错、主动改正、追求诚信的自律行为。

（三）动态调整

对自然人的纳税信用结果实行动态调整:

（1）根据纳税信用评价指标值的变化情况,按一定周期（如实时、按周、按月等）进行日常更新。

（2）税务部门或其他有关部门主动发现评价指标值有差错的,由纳税信用评价主管税务部门确认后及时调整纳税信用评价结果（可以考虑实时调整,特别是发现自然人发生严重失信行为时）。

（3）自然人主动提出异议复核申请,由纳税信用评价主管税务部门在规定期限内核实后及时更正纳税信用评价结果并向自然人反馈。

（四）查询发布

依法有序公开自然人纳税信用评价结果。自然人可以通过全国或地方信用信息共享平台、"信用中国"官方网站、税务部门官方网站依法查询自己的纳税信用评价结果。税务部门主动公开严重失信自然人纳税信用信息,并实施联合惩戒措施。同时,按照多部门信用信息共建共享合作备忘录等文件规定的要求,向相关部门提供自然人纳税信用信息。

（五）结果应用

按照守信激励,失信惩戒的原则,对不同信用结果的自然人实施分类服务和管理跨区域、跨部门的联合激励和惩戒机制是自然人纳税信用体系发挥作用的核心所在。对于诚信度优良的自然人,可以在个人创业、任职、信贷、消费、办税等领域给予优惠便利。对于严重失信的自然人,可以在市场准入、融资信贷、出境、高消费、证券投资、执业资格审核等方面设置一定限制条件。

二、中国特色社会主义自然人纳税信用体系的构建

（一）健全纳税信用法律法规体系

自然人纳税信用体系的建立是一个关乎社会治理的综合问题,必须要以明确的法律

法规为政策依据。对自然人进行实名认证,对失信者实施更多联合惩戒措施都亟待法律依据,这样才能保障信用体系真正发挥惩戒作用,引发社会关注和个人自律。

(二)推进纳税信用基础数据和信息系统建设

(1)清理基础数据。搭建自然人数据库,增补自然人纳税信用评价所需数据字段,并提供外部数据接口。

(2)建立纳税信用评价系统,实现评价指标的导入和评价结果的计算、输出和更新。

(3)完善信用信息共享平台。加强跨部门信息共享,提高采集阶段数据的完整性,同时共享评价结果,提高失信成本。

(三)建立科学公平的评价模型

坚持兼顾高效便利和公平公正的原则,以征管法等法律规定为基础,科学合理地设计评价指标和计分标准。同时,制定信用信息采集、使用、共享、公开和信用分类管理等标准,进一步明确信用评定工作的工作流程和操作规范。

(四)完善信用结果联动奖惩机制

扩大税务领域自身运用,对守信者给予"容缺受理""事先裁定""优先预约"等优先服务;对失信者则加大税务稽查和风险管控力度。联合多部门对守信者给予公示鼓励、信贷激励、生活便利等实在优惠;对失信者给予限制投资消费、管控财产交易和出行出境等惩戒措施。同时,加大对失信行为的曝光度,发挥新闻报道和社会舆论的震慑作用,形成多部门协同联动、共同治理、社会认同的大格局。

(五)积极发展涉税专业服务机构

鉴于税法的复杂程度、征管成本以及自然人数量多、流动性强、文化水平参差不齐的特点,应积极发展涉税专业服务机构,通过加强行业监督,严格从业标准,帮助自然人规范遵守税法,规避信用风险。同时积极借鉴信用服务机构的市场化运作机制、技术标准和数据处理方式,为自然人纳税信用管理汲取成功经验。

第四节　数字经济背景下的税收信用体系建设

一、各国大数据技术在税收信用体系中的应用

(一)大数据技术在美国联邦税务局的应用

2010年,美国联邦税务局(IRS)的预算被削减17%,雇员减少了14%。与此同时,纳税申报单增加了7%并且增加了两项大的工作。为此,美国联邦税务局成立了新的部门——遵从性分析办公室。该办公室负责开发一套先进的分析程序自动审计,凭借大数据和预测算法来减少税务欺诈。迫于各种压力,美国联邦税务局近年来越来越依赖于大数据分析来提高工作效率,完成税收工作。

美国的税收信用数据建立在美国完善的数据共享、开放等相关法律的基础之上,美国联邦税务局和银行、海关、社保以及中介机构建立了数据共享机制,并且对纳税人的电话、

邮件和社交网络信息进行搜集和分析,严密监控所有纳税人的经济活动。联邦税务局拥有一支专业的税收数据处理队伍,对申报数据和其他部门的共享数据通过建立回归模型等方法查找税收风险。纽约税务局的审计部门在 2010 年左右就利用大数据开展了对纳税人的税务审计,并且成果显著。

（二）大数据技术在英国皇家税务与海关总署的应用

2009 年 3 月 26 日,在英国考文垂市举办的第 7 届 Digita 年会上,英国皇家税务与海关总署宣布启动英国皇家税务与海关总署 Carter 项目,计划在当年秋季推出可以使用 Inline XBRL 报送账目的新的验证服务——可下载的小型公司和无代表公司企业税报送系统。

2009 年 9 月 1 日,英国皇家税务与海关总署(HMRC)和英国工商局发布联合声明,宣布在线报送公司决算报告新方法。

自 2010 年夏季起,英国工商局将接受使用 Inline XBRL 编制的未经审计的公司决算报告全文。英国工商局还将继续开发 iXBRL 功能,以期将其运用到其所接受的各类主要公司报告中。目前,iXBRL 正被英国皇家税务与海关总署应用于公司所得税纳税申报新服务中。

自 2011 年 4 月起,包括申报表表格、公司决算报告和公司税计算在内的所有于 2010 年 3 月后结束的会计期间的公司所得税纳税申报表都必须在线报送给英国皇家税务与海关总署。

英国皇家税务与海关总署还使用了高端软件程序——Connect 来识别和显示风险。该程序储存着 8 亿多个记录,极大提高了选案成功率和单个案件产出率。

（三）大数据技术在澳大利亚国家税务局的应用

澳大利亚国家税务局(ATO)的税源监控平台与银行、保险、海关等部门可自动进行信息交换、实现交叉稽核,并自动使用风险过滤器对所有大企业进行一年两次的筛选。

二、大数据背景下的我国税收信用数据库的构建

（一）税收信用数据库与税收征管数据库的区别

税收信用数据库是大数据时代下完善和发展税收信用建设的基础和关键条件。没有税收信用数据库,大数据在税收信用领域的应用就无从谈起。税收信用数据库和传统的税收征管数据库不同:

（1）目的不同。税收征管数据库主要是为了满足纳税人申报纳税、税务机关征收管理的需要,是生产型数据库;而税收信用数据库则是为了满足税收大数据分析需要。

（2）结构不同。税收信用数据库的结构要适应大数据分析的需要,对生产型数据进行加工后导入税收信用数据库中,而不是原封不动的拷贝。

（3）内容不同。税收征管数据库中存储的主要是纳税人自行申报的信息,而税收信用数据库中则更加全面,包含更多的涉税数据,如第三方涉税数据及互联网涉税数据。

（二）税收数据库中的涉税信息

一个完整的税收信用数据库应该包含以下 4 个方面的涉税数据。

1. 税务机关在征收管理过程中产生的涉税信息

税务机关在征收管理过程中产生的涉税信息主要有三个方面:

（1）纳税人自行申报、缴纳税款所产生的关于纳税人的信息。税务机关的申报征收系统主要采集了纳税人的基本信息（纳税人识别号、纳税人名称、注册地址、法人等信息）、申报信息、缴款信息、欠税信息、发票信息、纳税人财务信息等。这些涉税信息基本都是由纳税人自行申报所产生的信息及附加信息，纳税人出于自身利益考虑，所申报的信息有可能存在虚假信息。

（2）税务机关对纳税人日常检查、评估和稽查所产生的涉税信息。在税收管理过程中，税务机关会对纳税人开展日常检查、评估和立案稽查。在此过程中，税务机关会采集纳税人的销售、生产和财务信息。这些信息中的一部分会数字化后录入税收信息系统，这部分信息相比纳税人自行申报的信息价值要高。

（3）税务机关在日常工作中所产生的税收管理等过程信息。这部分信息主要是税务机关工作人员产生的信息，包括审批信息、处罚信息等工作过程信息。这部分信息反映了税务执法的信用状况，对征税信用建设和税务系统的内部风险防控具有重要意义。

2．其他政府部门（如市场监督管理、银行）所掌握的涉税信息

纳税人在经营活动中，不可避免地还要和市场监督管理、银行、国土、司法等政府机关部门进行交互并产生相关信息，这些信息中的一部分信息对于税收征管和信用建设具有重要意义。比如工商部门关于纳税人的登记信息、变更信息，银行关于纳税人的资金流信息、贷款信息以及征信信息。这部分信息对于建立税收大数据至关重要。税务机关可以通过数据交换平台和相关部门联网，实现数据实时或准实时交换，以掌握纳税人的动态信息，提高税收监督、稽查能力。

3．纳税人自身的涉税信息

除了纳税人向税务机关报告的信息外，纳税人还拥有在其经营活动中所产生的原材料采购、生产、销售、财务等信息。这些信息真实的反映了纳税人的生产经营状况。目前纳税人并不向税务机关报送此类信息，在税收立法中，应当明确规定纳税人对此类信息的真实性负责并上报税务机关。

4．互联网平台上的涉税信息

随着互联网电子商务的快速发展，很多纳税人都通过电商平台进行销售或者和电商签订相关协议。在此过程中产生的销售、收入等信息是非常重要的涉税信息。互联网上还存在一些有关纳税人的公开信息，也是重要的涉税信息，如上市公司的公告、招标中标公告。互联网上的涉税信息非常分散，采集难度大，税务机关应当建立数据自动采集系统，自动抓取互联网上的涉税信息，并半自动地对信息进行过滤，得到有价值的涉税信息。

 复习思考题

一、简述题

1．简述税收信用理论的早期理论基础。

2．简述纳税信用的结构划分。

3. 画出自然人纳税信用体系设想的框架图。

4. 从纳税信用角度分析 2018 年以来对影视行业进行的税款补征。

二、案例分析

因为上了"黑名单"，公司上市计划成泡影，贷款业务被中断；因为信用评价级别为 A 级，企业仅凭纳税信用即可获得贷款。国家税务总局奖惩分明的举措让失信企业警醒，使诚信企业获得发展机遇。

辽宁鞍山市某散热器有限公司的负责人刘某近段时间在公司经营上屡屡受挫。刘某询问办税大厅工作人员之后才得知，由他经营的鞍山市某散热器有限公司已经被鞍山市法院列入违法失信"黑名单"。

原来，在 2015 年，因为一场合同纠纷，鞍山市某散热器有限公司被本溪市某暖气批发中心告上法庭。法院判决该公司立即将有质量问题的产品回收，给付本溪市某暖气批发中心散热器货款 39 292 元。而刘某拒不执行法院判决，并且未将收到的几万元退还。由于刘某的失信行为，法院将该公司列入了失信"黑名单"。根据国家相关政策规定，税务部门在接收到该公司失信信息后，将该公司的纳税信用等级降为 D 级，增值税专用发票领用按辅导期一般纳税人政策办理，该公司之后的经营活动受到了诸多方面限制。

公司经营屡屡受挫，让刘某幡然悔悟，他按照法院判决收回产品并退还了货款。判决履行完毕后，法院根据信用修复条款将鞍山市某散热器有限公司撤出了失信"黑名单"，将其失信信息从信用网站上删除，并将履行情况推送至参与联合惩戒的各个部门，各惩戒单位纷纷解除惩戒措施，该公司重新走上了健康发展的正确轨道。

据了解，2016 年，国家税务总局将参与联合惩戒的部门由 21 个增加到 34 个，联合惩戒措施由 18 项增加到 28 项，进一步加大了联合惩戒的力度与范围，释放了税收违法"黑名单"制度威力。在对税收违法"黑名单"当事人联合惩戒方面，截至 2018 年一季度，"黑名单"信息推送多部门联合惩戒已达 9.43 万户次。据统计，从 2014 年 10 月公布第一批税收违法"黑名单"开始至 2018 年一季度，全国各级税务机关累计公布税收违法"黑名单"8 614 件，1 090 户"黑名单"当事人主动缴清税款、滞纳金和罚款后，从"黑名单"公告栏中撤出公布。多部门联合惩戒引起社会强烈反响，综合效应显著，在税收治理、社会治理和国家治理各个层面都发挥了巨大的促进作用。

而与辽宁鞍山市某散热器有限公司相反，在浙江湖州，湖州织里卓成铝型材有限公司凭纳税信用获得了奖励，解决了融资难题。湖州织里卓成铝型材有限公司是一家铝型材制造加工企业。该企业自生产经营以来，纳税信用良好，是纳税信用 A 级企业。2017 年，该企业计划扩大生产规模时，通过"银税互动"项目获得建设银行无须任何资产抵押的纯信用贷款共 215 万元，解决了公司的燃眉之急。

纳税信用成功转化为企业的融资资本，激发了小微企业活力。2015 年，国家税务总局从服务经济社会发展大局出发，与银监会创新合作，在全国范围内开展"银税互动"助力小微企业发展活动,通过共享纳税信用评价结果,成功走出一条缓解小微企业融资难的新渠道。所谓"银税互动",即税务部门向银行业金融机构共享纳税信用评价结果,为小微企业"增信",银行业金融机构则结合自身经营策略和管理方式,充分利用小微企业的纳税信用评价结果,积极开发新客户,对符合条件的小微企业,优化贷款审批流程,加大信贷支持力度,推出基于纳税信用信息的无抵押信用贷款,缓解企业因征信不足、又无法提供足额抵押而产生的融资难问题。据税务部门统计,截至 2018 年一季度末,全国银行业金融机构已累计向守信企业发放贷款 72.7 万笔,其中涉及小微企业 58.4 万笔,小微企业借助"银税互动"贷款金额达 7 933 多亿元。

讨论:简述案例中你认为的纳税信用体系设计上的缺陷并给出合理建议。

DIERPIAN

第二篇
中国税制实务与税收征管

第十章　货劳税理论与政策

本章要点

1. 货劳税基础
2. 我国增值税制度
3. 我国消费税制度
4. 我国关税制度

案例导入

加拿大从 1991 年 1 月 1 日起,在全国范围内开始征收商品劳务税(Goods and Service Tax,简称 GST),废除了曾实行 60 年之久的制造商销售税。这是加拿大自 1987 年所得税制改革以来,在销售税改革方面采取的重大举措。加拿大政府对该税收的实行寄予了很大希望,认为它是一个更公平的销售制度,有助于增强加拿大在国际市场上的竞争力,减少联邦政府的赤字与债务。

加拿大联邦商品劳务税的形式与内容基本上与欧洲的发货票抵免式的增值税相同,具有税基广、税率低、透明度高的特点,并附有对某些商品的零税率和免税规定,以及相联系的抵免返还规定。在支付商品劳务税时,消费者能清楚地知道他们所支付的税额数目。

思考:加拿大征收 GST,会对经济产生什么影响？ GST 税收改革的目的何在？

第一节　货劳税理论

一、货劳税的经济意义

货劳税是指以销售商品或提供劳务取得的销售收入或营业收入为征收对象的一类税。它不是一个税种,包含增值税、消费税、关税三个部分。货劳税的征税对象多种多样,不仅包括有形商品、无形商品,也包括经营者提供的劳务。虽然世界各国货劳税的税种名称和表现形式多种多样,但无论如何命名,都要明确凡是以商品或劳务交易额为征收对象,就属于货劳税。

对于**增值税**而言,税款在商品和劳务价格之外,另向购买者收取。这种做法使对商品劳务课税更明晰,使消费者能十分清楚地了解自己所购商品和劳务承担多少税款,感受到自己对国家税收的贡献,便于增强纳税意识。价、税分开可以更明确地体现国家的商品劳务课税政策,通过制定相同税率保持税收中性,减少对市场的干扰,促进市场主体的公平竞争,使社会资源按市场原则进行配置。此外,征税项目多少和税率高低差别的选择,体现了国家对商品和劳务的生产和消费的限制或鼓励政策。对社会急需发展的行业和产品实行较低税率、对从整个国民经济来看需要限制的行业和产品实行较高税率体现了国家产业政策,促进国民经济协调发展。

对于**消费税**而言,在企业成本和利润既定的条件下,税金的高低与商品和劳务的价格成正比;在价格和成本(或利润)一定时,税金高低与企业的生产利润(或成本)成反比。消费税作为价内税,它的这一特点,便于政府利用税收杠杆配合价格政策调整企业利润水平进而调节生产和消费,从而实现国家产业政策;也有利于促进企业为了提高盈利水平而加强和改善企业管理,降低生产成本提高劳动生产率。价内税隐含在价格中,随商品劳务销售的实现而实现;消费者在购买商品和劳务时,不易直接感受到商品劳务课税的负担,心理上无赋税压力。对政府来讲,易于征税,有利于财政收入及时稳定。

二、货劳税的特征

我国目前以货劳税为主体的税制结构与货劳税的性质密切相关。货劳税的性质决定了货劳税的特征。货劳税的特征具体有以下三个方面。

(1)**货劳税与商品交易的活动密切相关,税收收入相对稳定。**由于货劳税以商品的生产经营和提供服务的收入为计税依据,没有商品和劳务的交易,就没有货劳税的课税对象;有商品生产经营和服务的提供,就有货劳税的课税对象,不论企业的利润和个人的纳税能力如何,都须依法纳税,具有收入及时和稳定的特点。

(2)**货劳税征收管理成本较低,计征简便,易于征管。**由于货劳税税源集中、核算简单、征收管理方便,征税成本较低。且货劳税以销售收入或劳务收入为计税依据,一般采用比率税率,计税依据和税率结构简单。

(3)**货劳税是一种间接税,具有累退性。**货劳税随着商品或劳务的价格最终转嫁给消费者,由消费者负担,是一种间接税。由于货劳税一般采用比率税率,不考虑纳税人的负担能力的大小,对于价格相同的商品或劳务,收入不同的人感受不同。收入越少,税负相对越重;收入越多,税负相对越轻。因此,从税收负担角度来讲,货劳税具有累退性。

【中国智慧·中国道路】

我国货劳税的发展趋势

1994年,中国在经历了税制和税收管理体制的重大改革以后,基本上建立起了同社会主义市场经济体制改革方向相适应的税收制度和税收管理体制。随着我国经济的持续快速发展和国民收入水平的不断提高,所得税收入占总收入的比重不断上升。但从整体来看,货劳税仍是我国的主体税种,货劳税未来发展趋势主要体现在以下几个方面：

（1）从地位上来看，目前货劳税在中国税制结构中占主导地位，占税收总收入比重较大，远高于发展中国家一级发达国家的平均水平。虽然货劳税对于稳定财政收入、合理配置资源、减少税款流失等方面具有明显的优越性，但比重过大也抑制了其他税种作用的发挥，难以较好地调节收入分配，使税制缺乏弹性。因此，未来应当稳定地发展货劳税，扩大所得税的比重，适当降低货劳税占总税收的比重。

（2）从职能上来看，增值税更加中性，一方面利于取得稳定的税收收入，另一方面对经济资源的配置干预较少，有利于减少市场运行的效率损失。消费税则更加侧重于引导消费者的消费行为，公平收入分配，便于通过新增税目来调节人们的消费行为，改变不良消费习惯，同时顺应当今保护环境、节约资源的潮流，倡导文明消费、理性消费、绿色消费。关税在我国税收总收入比重逐步降低，但关税在对外贸易中的地位和作用不会因此而改变。

（3）从制度上来看，货劳税的征税范围会随着经济的发展以及免税商品或劳务范围的缩小而进一步扩大，因为货劳税的特点和作用决定了它在税制结构中是其他税收所不能取代的。随着商品劳务交易的复杂化，货劳税的纳税人也趋于复杂化，如对电商的征税。此外，以增值税与消费税为主的模式将更为广泛，二者在功能上互补，税收负担的普遍性与特殊性相结合，既保证了财政收入，又调节了生产与消费。

第二节　增　值　税

一、增值税的性质

增值税是以单位和个人在生产、销售商品或者提供劳务过程中取得的增值额为征收对象的一个税种。 增值额的概念可以从以下两个方面来理解。

（一）理论增值额

从理论上来讲，增值额是生产经营中新创造的价值，即社会总商品价值总额扣除生产过程消耗掉的生产资料的价值总额后的余额，相当于商品价值 $C+V+M$ 中 $V+M$ 的部分。在现实生活中，增值额既可看作某一生产经营单位中，销售货物或提供劳务取得收入扣除为生产应税项目而购入的投入品和固定资产折旧等非增值项目金额后的余额；也可看作是某一商品或劳务从生产到流通各个环节的增值税之和，相当于该商品或劳务的最终销售总额。

（二）法定增值额

国际上实行增值税的国家，作为计税基数的增值额并不是理论上的增值额，而是一种法定增值额，即各国政府根据各自国情和政策要求，规定的增值额的具体内容。

拓展阅读

增值税的产生与发展

二、增值税的类型

按扣除范围不同,增值税可以划分为不同的类型。通常来讲的增值税的类型是指生产型增值税、收入型增值税和消费型增值税三种。三种不同类型增值税的特征如表 10 - 1 所示。

表 10 - 1   三种不同类型增值税的特征

类　型	特　征		
	扣 除 范 围	税　基	优 缺 点
生产型增值税	不可扣外购固定资产或其折旧的价值	相当于国民生产总值	① 保证财政收入 ② 对固定资产重复征税
收入型增值税	可扣外购固定资产当期计入折旧的价值	相当于国民收入	实践存在困难,难以广泛采用
消费型增值税	可一次性扣除固定资产价款	相当于消费资料价值部分	① 彻底解决重复征税,鼓励投资 ② 便于管理和操作

三、增值税的特点和作用

（一）增值税的特点

（1）征税范围广,税源充裕。从生产经营的横向关系来看,作为增值税税基的增值额遍及社会经济的各部门、各行业和各企业,无论工业、商业或者劳务服务活动,有增值额就要纳税。从生产经营的纵向关系来看,每一货物无论在生产环节还是流通环节,都要按照各环节上发生的增值额逐次纳税。因此,增值税具有普遍性,可对全社会征税。

（2）不重复征税,税收中性。增值税只对销售货物或提供劳务的收入中没有征税的那部分增值额征税,而对收入中以前环节已征税的部分不再征税,有效避免了重复征税。此外,增值税税额不受流转环节多少的影响,对企业的生产经营方式影响小,且增值税对大多数商品和劳务实行统一的比例税率,其税收干预、诱导能力弱化,较少干预市场。

（3）间接税,税负转嫁。在生产经营的过程中,各环节的经营者通过交易将税款转嫁给消费者,实际上并没有负担增值税税款。当税负随商品流转推移至最终销售环节时,消费者便成为增值税的最终归宿。因此,增值税是一种典型的间接税,税收负担具有转嫁性。

（二）增值税的作用

（1）**增值税能够保证财政收入的稳定性、普遍性和及时性。** 增值税实行普遍征收,征税范围广泛,税基广阔,并且多环节征收,不受生产结构、经营环境变化的影响,既能保证财政收入及时入库,又可以使收入具有稳定性。并且,增值税上下游环环抵扣,形成相互制约的关系,可以有效防止偷漏税的发生。

（2）**增值税消除了重复征税,促进税收公平。** 增值税使税负不受生产结构、经营环节变化的影响,解决了同一商品不同企业生产的税负不平衡问题。不仅为市场经济的公平竞争提供了良好的环境,还有利于生产向专业化协作方向发展,促进了资源的优化配置,调节了生产经营结构。

（3）**增值税实施出口退税，有利于鼓励出口。**增值税根据一种商品的最终销售额即可准确计算在出口前各环节的新增价值，从而得出出口前各环节的已纳增值税额总和，做到出口退税的准确、彻底，有利于贯彻国家鼓励出口的政策，提高本国产品的出口竞争力。

四、增值税的征税范围和纳税人

（一）增值税的征税范围

为了保证税负的中性和横向公平，以及增值税抵扣链条的连续，增值税的征收范围应该包括国民经济的各个行业和所有的商品和劳务。

从各国的实践来看，多数国家增值税的实施范围包括了农林牧业、加工制造业、商业、服务业等各个行业。我国自实行增值税以来，通过不断总结经验，不断扩大其征税范围。根据《增值税暂行条例》的规定，我国增值税的征税范围包括在**中华人民共和国境内销售货物或者加工、修理修配劳务，销售服务、无形资产、不动产以及进口货物。**

（二）增值税的纳税人

在中华人民共和国境内销售货物或者提供加工、修理修配劳务、销售服务、无形资产或者不动产，以及进口货物的单位和个人，为增值税的纳税人。

按照年应税销售额的大小和会计核算健全与否等标准，增值税纳税人可分为一般纳税人和小规模纳税人。年应税销售额不能达到规定标准但能按照国家统一的会计制度规定设置账簿，根据合法、有效凭证核算能够准确提供税务资料的也可登记为一般纳税人。我国纳税人身份划分标准见表10-2。

表10-2　我国纳税人身份划分标准

应 税 业 务	纳税人身份划分标准
原增值税业务	从事货物生产或者提供应税劳务的纳税人，以及以上述为主，并兼营货物批发或者零售的纳税人，年应征增值税销售额在**500万元以下**的，为小规模纳税人 除上述以外的纳税人，年应征增值税销售额在**500万元以下**的，为小规模纳税人
"营改增"业务	应税行为年应征增值税销售额超过500万元的试点纳税人，应向主管税务机关办理增值税一般纳税人资格手续

上述两类纳税人的征管（发票使用、税率、税款计算、进项税额抵扣等）区别如表10-3所示。

表10-3　两类纳税人的征管区别

项　　目	一般纳税人	小规模纳税人
发票使用	可以自行开具增值税专用发票、普通发票	可以自行开具普通发票 可以申请税务机关代开增值税专用发票

项　　目	一般纳税人	小规模纳税人
税　　率	税率、征收率	征收率
税款计算方式	购进扣税法 应纳税额＝销项税额－进项税额 （特殊情况下按简易征收）	简易征收法 应纳税额＝销售额×征收率
进项税额抵扣	符合条件可以抵扣进项	不能抵扣进项

五、增值税的计税方法和税率

（一）增值税的计税方法

增值税的计税方法有直接计算法和间接计算法。

1. 直接计算法

直接计算法分为加法和减法。

（1）加法，即将当期的构成增值额的各个项目相加，求得当期的增值额，然后乘以税率，计算出当期的应纳税额。

（2）减法，又称扣额法，即从当期销售收入中扣除当期按税法规定允许扣除的项目金额，求得当期增值额，然后乘以税率，计算出当期的应纳税额。

加法和减法都需要先计算出增值额，由于在实际操作中增值额的计算较为复杂，且不易核查，因此少有国家采用。

2. 间接计算法

间接计算法又称扣税法，即先以当期销售收入额乘以税率，求得总税额，再从中减去各个外购项目已纳增值税额，得出当期应纳税额。

扣税法省去了计算增值额的麻烦，可以购货发票为扣税依据，且可以对纳税人的计算和缴纳情况进行跟踪审计。目前被世界各国普遍采用。

（二）增值税的税率

从理论上来讲，增值税的税率应该是单一的。所有商品和服务的增值税税率应该是同一的、无差别的，这样才能保障不会因为外购项目适用税率的不同而出现不足抵扣或税负不均衡的情况。

从各国增值税的实践来看，出于税收负担政策的考虑，采用单一税率的国家并不多。大多数国家设置一档基本税率——适用于大多数的商品和劳务，再设置一至两档低税率——适用于基本生活消费品。

我国现行增值税基本税率为13％，同时设置了9％和6％两档低税率，此外还对出口货物和财政部、国家税务总局规定的应税行为实行零税率。小规模纳税人以及一般纳税人在特殊情况下适用3％或5％的征收率。

第三节 消费税

一、消费税的概念和特点

(一)消费税的概念

消费税是以特定消费品和消费行为为课税对象征收的一种税,属于流转税的范畴,是典型的间接税。我国消费税是 1994 年税制改革在流转税中新设置的一个税种。消费税实行**价内税,只在应税消费品的生产、委托加工和进口环节纳税,**在批发、零售等环节,因为价款中已包含消费税,因此不用再缴纳消费税(部分特殊商品如卷烟和超豪华小汽车在零售环节仍需纳税),税款最终由消费者承担。在对货物普遍征收增值税的基础上,选择部分消费品再征收一道消费税,可以调节产品结构、引导消费方向、保证国家财政收入。

(二)消费税的特点

消费税具有以下四个特点:

(1)**征税项目具有选择性。**消费税以税法规定的特定产品为征税对象。即国家根据宏观产业政策和消费政策的要求,有目的、有重点地选择一些消费品征收消费税,以适当地限制某些特殊消费品的消费需求。

(2)**征税环节具有单一性。**消费税一般只在应税消费品的生产、委托加工和进口环节缴纳,在以后的批发、零售环节不用再缴纳消费税。

(3)**税负具有转嫁性。**消费税是一种价内税,是价格的组成部分。

(4)**征税方法具有多样性。**消费税实行从价定率、从量定额以及从量从价复合计征三种方法征税。

二、消费税的开征目的

现行的消费税是在对原产品税、增值税和特别消费税进行改革的基础上形成的,消费税的开征目的主要体现在以下三个方面。

(一)正确引导消费,体现寓禁于征的精神

开征消费税的重要目的之一,就是运用税收调节社会消费结构和消费需求,使之与我国国情相符合。为了正确引导消费方向,国家决定将烟酒等特殊消费品纳入消费税的征税范围,为了抑制超前消费,决定对贵重首饰、等奢侈品或非生活必需品征收消费税,体现寓禁于征的政策精神。

(二)调节支付能力,缓解社会分配不公

消费税的征收对象通常是那些低收入者不消费或者不经常消费的商品或劳务。从调节个人支付能力的角度,消费税间接增加了某些消费者的税收负担,具有一定的累进性,体现为收入多者多税负的政策精神,缓解了目前我国存在的收入分配不公的矛盾。

（三）保持原有负担，稳定财政收入

为了把税制改革对财政收入的不利影响减到最低，同时不削弱税收对某些产品生产和消费的调控作用，需要通过征收消费税，基本保持原产品的税收负担，**并随着应税消费品生产和消费的增长，保持财政收入的稳定增长。**

三、消费税的征税范围和计税方式

（一）消费税的征税范围

各国征收消费税的品目各不相同，但可以看出消费税并非对所有消费品和消费行为征税，而是有选择地对一部分消费品或消费行为征税。我国现行消费税的征收范围主要包括：烟、酒、鞭炮、焰火、化妆品、成品油、贵重首饰及珠宝玉石、高尔夫球及球具、高档手表、游艇、木制一次性筷子、实木地板、摩托车、小汽车、电池、涂料等，有的税目还进一步划分若干子目。

（二）消费税的计税方式

消费税一般采用从价定率、从量定额以及复合计税三种形式。从价定率以应税消费品的销售价格为计税依据，采用比例税率进行征收；从量定额以应税消费品的销售数量为计税依据，采用比例税率进行征收，如直接销售啤酒、黄酒、成品油；复合计税即从价税率和从量定额并用，如直接销售卷烟、白酒都采用复合计税的方法。

消费税一般采用从价定率、从量定额以及从价定率与从量定额复合计税（以下简称"复合计税"）三种形式计算应纳税额。消费税的具体计算方法如表10-4所示：

表 10-4 消费税的具体计算方法

计征方法	计税依据	应纳税额的计算
从价定率	销售额	销售额是纳税人销售应税消费品向购买方收取的全部价款和价外费用，包括消费税但不包括增值税 **应纳税额＝应税销售额×比例税率**
从量定额	销售数量	销售数量的确定： ① 销售应税消费品的，为应税消费品的销售数量 ② 自产自用应税消费品的，为应税消费品的移送使用数量 ③ 委托加工应税消费品的，为纳税人收回的应税消费品数量 ④ 进口应税消费品的，为海关核定的应税消费品进口征税数量 **应纳税额＝应税销售数量×定额税率**
复合计税	销售数量和销售额	白酒和卷烟的消费税采取复合计税的方法 **应纳税额＝应税销售数量×定额税率＋应税销售额×比例税率**

四、消费税的税率

不同消费品或消费行为适用高低不同的税率，且税率差别较大，从而达到调节消费进而调节收入的目的。我国目前对烟草制品征收较高的税率符合了当前国际上普遍对烟产品课以重税的大趋势。我国消费税税目税率表如表10-5所示。

表 10-5　消费税税目税率表

税目		子目	税率
一、烟	1. 卷烟	(1) 甲类卷烟(生产、进口、委托加工环节)：每标准条(200 支,下同)调拨价 70 元(含 70 元,不含增值税,下同)以上	56%
			150 元/箱[①](0.003 元/支;0.6 元/条)
		(2) 乙类卷烟(生产、进口、委托加工环节)：每标准条调拨价 70 元以下	36%
			150 元/箱(0.003 元/支;0.6 元/条)
		商业批发环节	11%
			0.005 元/支
	2. 雪茄烟(生产环节)：包括各种规格、型号的雪茄烟		36%
	3. 烟丝(生产环节)：包括以烟叶为原料加工生产的不经卷制的散装烟		30%
二、酒	1. 啤酒	(1) 甲类啤酒：出厂价(包装物及押金)3 000 元(含 3 000 元,不含增值税,下同)以上	250 元/吨
		(2) 乙类啤酒：出厂价 3 000 元以下	220 元/吨
		(3) 娱乐业和饮食业自制的	250 元/吨
	2. 粮食白酒[②]、薯类白酒[③]		20%
			0.5 元/斤[④]
	3. 黄酒：包括各种原料酿制的黄酒和酒精度超过 12 度(含 12 度)的土甜酒		240/吨
	4. 其他酒：包括糠麸白酒、其他原料白酒、土甜酒、复制酒、果木酒、汽酒、药酒等		10%
三、高档化妆品	包括高等美容类化妆品、修饰类化妆品、高档护肤类化妆品和成套化妆品		15%
四、贵重首饰及珠宝玉石	1. 金银首饰、铂金首饰、钻石及钻石饰品(零售环节)		5%
	2. 其他金银珠宝首饰、珠宝玉石(生产进口或委托加工环节)		10%
五、鞭炮、焰火			15%

税目	子　目	税　率
六、成品油	1. 汽油：包括以汽油、汽油组分调和生产的甲醇汽油、乙醇汽油	1.52 元／升
	2. 柴油：包括以柴油、汽、柴油组分调和生产的生物柴油	1.2 元／升
	3. 航空煤油	1.2 元／升(暂缓征收)
	4. 石脑油	1.52 元／升
	5. 溶剂油	1.52 元／升
	6. 润滑油	1.52 元／升
	7. 燃料油	1.2 元／升
七、小汽车	1. 乘用车(生产、进口环节)	
	(1) 汽缸容量(排气量,下同)在 1.0 升(含)以下	1%
	(2) 汽缸容量在 1.0 升以上至 1.5 升(含)以下	3%
	(3) 汽缸容量在 1.5 升以上至 2.0 升(含)以下	5%
	(4) 汽缸容量在 2.0 升以上至 2.5 升(含)以下	9%
	(5) 汽缸容量在 2.5 升以上至 3.0 升(含)以下	12%
	(6) 汽缸容量在 3.0 升以上至 4.0 升(含)以下	25%
	(7) 汽缸容量在 4.0 升以上	40%
	2. 中轻型商用客车(生产、进口环节)	5%
	3. 超豪华小轿车(生产、进口环节)：每辆销售价格 130 万元(不含增值税)及以上的乘用车和中轻型商用客车	生产、进口环节：按子税目 1 和子税目 2 的规定征收 零售环节：10%
八、摩托车	1. 汽缸容量 250 毫升	3%
	2. 汽缸容量 250 毫升以上	10%
九、高尔夫球及球具		10%
十、高档手表		20%
十一、游艇		10%
十二、木制一次性筷子		5%
十三、实木地板		5%

税目	子　目	税　率
十四、电池		4%
十五、涂料		4%

注：① 箱指标准箱(每箱 50 000 支,下同)。

② 粮食酒以高粱、玉米、大米、糯米、大麦、小麦、青稞等各种粮食为原料。

③ 薯类白酒以白薯、木薯、马铃薯、芋头、山药等各种干鲜薯类为原料;用甜菜酿制的白酒,比照薯类白酒征税。

④ 500 克为一斤。

五、消费税的征税环节

消费税一般采用的是在生产环节或零售环节的单环节征收。我国目前仅对卷烟和超豪华小汽车进行的双重环节征收,这是出于引导合理消费、促进节能减排的考虑。我国消费税具体征税环节如表 10－6 所示。

表 10－6　消费税具体征税环节

纳　税　人		征　税　环　节
生产应税消费品的单位或个人	自产销售	销售环节
	自产自用	用于连续生产的,不纳税;用于其他方面的,于移交使用时纳税
进口应税消费品的单位和个人		进口时海关代征
委托加工应税消费品的单位和个人		除受托方为个人外,由受托方在向委托方交货时代收代缴
零售金银首饰、超豪华小汽车的单位或个人		每辆零售价格 130 万元及以上的乘用车和中轻型商用客车,在生产(进口)环节按现行税率征收消费税基础上,在零售环节加征消费税;金银首饰只在零售环节征税
从事卷烟批发业务的单位和个人		批发环节,但卷烟批发商之间的销售卷烟不纳税

第四节　关　　税

一、关税的概念和特点

(一)关税的概念

关税是指一国海关根据该国法律规定,对通过其关境的进出口货物课征的一种税收。

关境,是指一个国家海关法令全面实施的境域,一般包括国家全部的领土、领海、领空。

通常情况下一个国家的关境和国境是一致的。但第二次世界大战后,关税同盟和自由区、自由港大量出现,国境等于关境的原则被突破,国家政治国境和关境有时不完全一致。几个国家结成关税同盟,组成一个共同关境,实施统一的海关法规和关税制度,其成员国的货物在彼此之间的国境进出不征收关税,此时关境大于其成员国的各自国境。自由港、自由区虽在国境之内,但从征收关税看,进出自由港(区)可以免征关税,此时关境小于国境。

（二）关税的特点

1. 以进出国境或关境的货物和物品为征税对象

关税的征税对象是进出国境或关境的货物和物品。关税不同于因商品交换或提供劳务取得收入而课征的流转税,也不同于因取得所得或拥有财产而课征的所得税或财产税,是对特定货物和物品途经海关通道进出口征税。

2. 关税由海关机构代表国家征收

关税由海关总署及所属机构具体管理和征收,征收关税是海关工作的一个重要组成部分。《中华人民共和国海关法》规定:"中华人民共和国海关是国家的进出关境监督管理机关,海关依照本法和其他有关法律、法规,监督进出境的运输工具、货物、行李物品,征收关税和其他税费,查缉走私,并编制海关统计和其他海关业务。"监督管理、征收关税和查缉走私是当前我国海关的三项基本任务。

3. 关税具有涉外统一性,执行统一的对外经济政策

关税是一个国家的重要税种。国家征收关税不单纯是为了满足政府财政上的需要,更重要的是**利用关税来贯彻执行统一的对外经济政策,实现国家的政治经济目的。在我国现阶段,关税被用来争取实现平等互利的对外贸易,保护并促进国内工农业生产发展,为社会主义市场经济服务。**

二、关税的作用

（一）维护国家主权和经济利益

对进出口货物征收关税,表面上看似乎只是一个与对外贸易相联系的税收问题,但其实一国采取什么样的关税政策直接关系到国与国之间的主权和经济利益。历史发展到今天,关税已成为各国政府维护本国政治、经济权益,乃至进行国际经济斗争的一个重要武器。

我国根据平等互利和对等原则,通过**关税复式税则**的运用等方式,争取国际的关税互惠并反对他国对我国进行关税歧视,促进对外经济技术交往,扩大对外经济合作。

（二）保护和促进本国工农业生产的发展

一个国家采取什么样的关税政策——是实行自由贸易,还是采用保护关税政策,是由该国的经济发展水平、产业结构状况、国际贸易收支状况以及参与国际经济竞争的能力等多种因素决定的。国际上许多发展经济学家认为,自由贸易政策不适合发展中国家的情况。相反,这些国家为了顺利地发展民族经济,实现工业化,必须实行保护关税政策。

我国作为发展中国家,一直十分重视利用关税保护本国的"幼稚工业",促进进口替代工业发展,关税在保护和促进本国工农业生产的发展方面发挥了重要作用。

（三）调节国民经济和对外贸易

关税是国家的重要经济杠杆,通过税率的高低和关税的减免,可以影响进出口规模,

调节国民经济活动。如调节出口产品和出口产品生产企业的利润水平,有意识地引导各类产品的生产,调节进出口商品数量和结构,可促进国内市场商品的供需平衡,保护国内市场的物价稳定。

(四)筹集国家财政收入

从世界大多数国家尤其是发达国家的税制结构分析,关税收入在整个财政收入中的比重不大,并呈下降趋势。但是,一些发展中国家,尤其是那些国内工业不发达、工商税源有限、国民经济主要依赖于某种或某几种初级资源产品出口,以及国内许多消费品主要依赖于进口的国家,征收进出口关税仍然是他们取得财政收入的重要渠道之一。

我国关税收入是财政收入的重要组成部分。目前,发挥关税在筹集建设资金方面的作用,仍然是我国关税政策的一项重要内容。

三、关税的征税对象和纳税人

(一)关税的征税对象

关税的征税对象是准许进出境的货物和物品。货物指贸易性商品;物品指入境旅客随身携带的行李物品、个人邮递物品、各种运输工具上的服务人员携带进口的自用物品、馈赠物品以及其他方式进境的个人物品。

(二)关税的纳税人

根据我国现行的关税法律法规规定,负有向海关缴纳关税义务的单位和个人是进出口关税的纳税义务人。具体而言,包括**进口货物的收货人、出口货物的发货人、进出境货物的所有人。**

上述纳税人的定义实际上包括两层意思:一是现行海关有关法律法规对纳税单位和个人范围的界定,即哪些单位和个人有资格成为关税的纳税人;二是纳税人必须是建立在缴纳关税的基础上,即哪些进出口货物和物品的收货、发货、所有人可能成为关税的纳税人。

四、关税的税率和类型

(一)关税的税率

我国进口税则设有最惠国税率、协定税率、特惠税率、普通税率、关税税额税率等税率形式。对进口货物在一定期限内可以实行暂定税率。上述进口关税税率的选择适用是根据货物不同原产地确定的,进口同一货物,其原产地不同,关税税率也不同。我国出口税则为一栏税率,即出口税率。国家仅对少数资源型产品及易于竞相杀价、盲目出口、需要规范出口秩序的半制成品征收出口关税。

(二)关税的类型

按照不同的标准,关税有多种分类方法。关税按征收对象分类,可分为进口关税、出口关税和过境关税三类;按征收目的分类,可分为财政关税和保护关税;按征税计征标准分类,可分为从价税、从量税、复合税和滑准税;按货物国别来源而区别对待的原则分类,可分为最惠国关税、协定关税、特惠关税和普通关税等。

五、关税的完税价格

进口货物的完税价格包括货物的货价、货物运抵我国境内输入地点起卸前的运输及其相关费用、保险费。其计算公式如下。

$$进口货物完税价格 = 货价 + 采购费用(包括货物运抵中国关境内输入地 \\ 起卸前的运输、保险和其他劳务等费用) \qquad (10-1)$$

出口货物的完税价格由海关以该货物向境外销售的成交价格为基础审查确定。包括货物运至我国境内输出地点装载前的运输及相关费用、保险费。不包括出口关税税额和在货物价款中单独列明的货物运至我国境内输出地点装载后的运输及其相关费用、保险费。

$$进口货物完税价格 = \frac{离岸价格 - 单独列明的境外运费、保险费}{1 + 出口关税税率} \qquad (10-2)$$

六、关税的征收管理

(一)关税的缴纳

进口货物自运输工具申报进境之日起 14 日内、出口货物在运抵海关监管区后装货的 24 小时以前,应由进出口的纳税义务人向进出关境地海关申报纳税。纳税义务人应在海关填发税款缴纳证之日起 15 日内向指定银行缴纳。不能按期缴纳税款,经依法提供税款担保后,可延期缴纳,但最长不得超过 6 个月。

(二)关税的强制执行

纳税义务人未在关税期限内缴纳税款的,构成关税滞纳,对此海关可采取强制执行措施,主要有征收关税滞纳金、强制征收两种形式。

(三)关税的退还

海关多征的税款,海关发现后应当立即退还;纳税人发现多缴税款的,自缴纳税款之日起 1 年内,可以书面形式要求海关退还多缴的税款并加算银行同期活期存款利息。

(四)关税的补征和追征

补征是非因纳税人违反海关规定造成的少征或漏征关税,关税补征期为缴纳税款或货物放行之日起 1 年内。

关税追征是因纳税人违反海关规定造成少征或漏征关税,关税追征期为进出口货物完税之日或货物放行之日起 3 年内,并加收少征或漏征税款万分之五的滞纳金。

本 章 小 结

----

1. 货劳税是指以销售商品或劳务取得的销售收入额或劳务收入额为征收对象的一类税。它可以配合价格,有针对性地体验正度的社会经济政策。

2. 我国现行货劳税设置了三个税种,包括增值税、消费税、关税。三个税种相互联系,互为补充,对筹集财政收入,调节收入分配,促进资源合理配置发挥着重要的作用。

3. 增值税是以单位和个人在生产、销售商品或者提供劳务过程中取得的增值额为征收对象的一个税种。凡是在中华人民共和国境内销售货物或者提供加工、修理修配劳务、销售服务、无形资产或者不动产,以及进口货物的单位和个人,为增值税的纳税人。按照年应税销售额的大小和会计核算健全与否等标准,增值税纳税人可分为一般纳税人和小规模纳税人。

4. 消费税是以特定消费品和消费行为为课税对象征收的一种税,属于流转税,是典型的间接税。消费税一般采用从价定率、从量定额以及从价定率与从量定额复合计税(即"复合计税")三种形式计算应纳税额。

 ## 复习思考题

一、单项选择题

1. 依据增值税的政策规定,下列行为中属于有形动产租赁服务的是( )。
   A. 出租车公司向使用本公司自有出租车的出租车司机收取的管理费用
   B. 水路运输的程租业务
   C. 纳税人将建筑施工设备配备操作人员出租给他人使用
   D. 运输公司将车身广告位用于广告公司发布广告

2. 某二手车经销公司是增值税一般纳税人,2022 年 4 月销售其收购的二手车 40 辆,取得含税销售额 120.6 万元。该公司当月销售二手车应缴纳增值税( )万元。
   A. 2.34   B. 3.51   C. 0.60   D. 0.59

3. 某制药企业系增值税一般纳税人,2023 年 4 月份同时生产感冒药和抗癌药,本期购买生产设备一台,取得增值税专用发票上注明税额为 10 万元;为感冒药购买药原料,取得增值税专用发票上注明税额为 4 万元,为感冒药和抗癌药共同购买药原料,取得增值税专用发票上注明税额为 12 万元。当月实现感冒药不含税销售收入 210 万元,抗癌药不含税收入 150 万元,该企业对抗癌药选择简易办法计算纳税,当月应纳增值税额为( )万元。
   A. 5.8   B. 8.8   C. 10.8   D. 17.8

4. 某从事行业咨询业务的小规模纳税人,2022 年 12 月年应税销售额超过了小规模纳税人的标准,在 2023 年 1 月的申报期后,接到税务机关送达的要求其办理一般纳税人登记的《税务事项通知书》,但该纳税人没有办理一般纳税人登记手续。2022 年 1 月该纳税人未发生应税业务,但 2 月该纳税人取得含增值税咨询收入 50 万元,当月购进复印纸张,取得增值税专用发票,注明增值税 1.5 万元,则 2 月该纳税人应纳增值税( )万元。
   A. 1.33   B. 1.45   C. 2.11   D. 2.83

5. 某航空公司为增值税一般纳税人并具有国际运输经营资质,2022年12月购进飞机配件取得的增值税专用发票上注明价款650万元、税额84.5万元;开展航空相关服务,取得不含税收入包括国内运输收入1 100万元、国际运输收入300万元、飞机清洗消毒收入120万元。该公司12月应缴纳的增值税为( )万元。

A. 21.7   B. 25.3   C. 48.7   D. 52.3

6. 从事建筑服务的甲企业是机构设在A市的按月纳税的小规模纳税人。2022年12月,甲企业在A市取得建筑服务收入30万元(不含增值税,下同),支付另一小规模纳税人乙企业分包款20万元,将其在B县的一处不动产出租,取得租金收入4万元。则以下表述正确的是( )。

A. 甲企业在B县预缴的增值税0.2万元

B. 甲企业在A市申报缴纳的增值税0.9万元

C. 甲企业在A市申报缴纳的增值税0.3万元

D. 甲企业在A市申报缴纳的增值税0元

7. 某日化厂既生产高档化妆品又生产护发品,为了扩大销路,该厂将高档化妆品和护发品组成礼品盒销售,当月直接销售高档化妆品取得收入9万元,直接销售护发品取得收入6.8万元,销售高档化妆品和护发品组合的礼品盒取得收入12万元,上述收入均不含增值税。该厂当月应缴纳的消费税为( )万元。(高档化妆品消费税税率为15%。)

A. 3.15   B. 4.17   C. 1.35   D. 2.37

8. 甲企业为增值税一般纳税人,2021年12月外购一批木材,取得增值税专用发票注明价款50万元、税额6.5万元;将该批木材运往乙企业委托其加工木制一次性筷子,取得税务局代开的增值税专用发票注明运费1万元、税额0.03万元,支付不含税委托加工费5万元。假定乙企业无同类产品对外销售价格,木制一次性筷子消费税税率为5%。乙企业当月应代收代缴的消费税为( )万元。

A. 2.62   B. 2.67   C. 2.89   D. 2.95

9. 下列产品中,在计算缴纳消费税时准许扣除外购应税消费品已纳消费税的是( )。

A. 外购已税烟丝连续生产的卷烟

B. 外购已税摩托车生产的应税摩托车

C. 外购已税溶剂油生产的应税涂料

D. 外购已税游艇生产的应税游艇

10. 某进出口公司从境外进口卷烟5万条,关税完税价格360万元,假定关税税率为50%,该公司应缴纳消费税( )万元。

A. 305.44   B. 308.44

C. 691.20   D. 694.09

11. 下列有关消费税的表述中,正确的是(   )。

  A. 纳税人用生产的应税消费品偿还债务的,应当照章缴纳消费税

  B. 随啤酒销售取得的包装物押金,无论是否返还,都应该征收消费税

  C. 纳税人进口的应税消费品,其纳税义务的发生时间为货物到岸的当天

  D. 纳税人将自产的应税消费品用于连续生产应税消费品的,在使用时缴纳消费税

二、多项选择题

1. 下列属于增值税征税范围的有(   )。

  A. 单位聘用的员工为本单位提供取得工资的运输服务

  B. 德国某公司转让专利权供我国 A 公司在德国和我国使用

  C. 巴黎某酒店向来自我国境内的科研团队提供住宿服务

  D. 出租车公司向使用本公司自有出租车的出租车司机收取的管理费用

2. 下列情形中的增值税专用发票,应列入异常凭证范围的有(   )。

  A. 纳税人被盗的税控设备中未开具的增值税专用发票

  B. 非正常户纳税人未向税务机关申报缴纳税款的增值税专用发票

  C. 自取得发票之日起 90 日内尚未申报抵扣的增值税专用发票

  D. 经省税务局大数据分析发现纳税人未按规定缴纳消费税的增值税专用发票

3. 下列可以抵扣进项税的项目有(   )。

  A. 为加工进料加工复出口货物从国内购买的材料

  B. 为加工来料加工复出口货物从国内购买的材料

  C. 为生产避孕药品购入的材料

  D. 为生产水果罐头购入的水果

4. 根据跨境电子商务零售进口商品征税规定,下列说法正确的有(   )。

  A. 跨境电子商务零售进口商品按照行李及邮递物品进口税(行邮税)的规则计税

  B. 购买跨境电子商务零售进口商品的个人作为纳税人

  C. 物流企业可作为进口环节税款代收代缴义务人

  D. 跨境电子商务零售进口商品超过单次交易限值但低于年度交易限值且订单下仅一件商品,按照全额征税

5. 下列关于消费税纳税人的说法,正确的有(   )。

  A. 零售金银首饰的纳税人是消费者

  B. 委托加工高档化妆品的纳税人是受托加工企业

  C. 携带卷烟入境的纳税人是携带者

  D. 邮寄入境高档手表的纳税人是收件人

6. 下列关于消费税计税依据的说法,正确的有(   )。

  A. 啤酒生产企业生产销售啤酒时收取的包装物押金应并入销售额计税

B. 白酒生产企业向商业销售单位收取的"品牌使用费"应并入白酒销售额计税

C. 纳税人自产应税消费品用于换取生产资料和消费资料、投资入股和抵偿债务等方面,应以纳税人同类应税消费品的最高销售价格计税

D. 白酒生产企业实际销售价格低于核定计税价格,按实际销售价格计税

7. 下列各项中,适用消费税出口免税不退税政策的有(　　　　)。

A. 有出口经营权的鞭炮焰火生产企业出口自产的鞭炮焰火

B. 化妆品生产企业委托外贸企业代理出口自产的高档化妆品

C. 有出口经营权的外贸企业购进实木地板直接出口

D. 外贸企业受其他外贸企业委托代理出口白酒

三、简述题

1. 简述货劳税的发展趋势。

2. 增值税为何能在全世界广泛推开?

3. 消费税和增值税有何关系?

4. 关税对进口货物和出口货物征税有何区别?

四、计算题

1. 某实行出口免抵退税办法的机械厂(增值税一般纳税人)2021年11月末留抵税额3 000元,12月份发生下列业务:

(1) 购入生产用A材料10吨,取得一般纳税人开具的增值税专用发票上注明价税合计金额339 000元,支付不含税运费1 800元,取得一般纳税人开具的增值税专用发票;购入生产用B材料10吨,增值税专用发票注明税额1 300元。

(2) 在海关备案并进口料件一批,用于进料加工生产方式生产乙机器,关税完税价格42 000元人民币,海关保税放行。

(3) 销售自产甲机器4台,取得含税价款160 000元。

(4) 购买生产设备1台,取得增值税专用发票上注明价款40 000元、税款5 200元。

(5) 进料加工复出口3台乙机器,离岸价格合计14 600美元,汇率1∶7。

(6) 当期因管理不善丢失上月从一般纳税人处购入的包装物一批,账面成本20 000元(含运费1 800元),已抵扣进项税额。

其他相关资料:假定增值税征税率13%,退税率10%,计划分配率45%,进项税发票都合规并可以在当月抵扣。

要求:根据上述材料,回答下列问题。

(1) 当期发生的增值税进项税额。

(2) 当期应转出的进项税额合计数。

(3) 当期增值税销项税额。

(4) 当期免抵退税额。

(5) 当期该机械厂出口实际应退税额。

（6）当期该机械厂留到下期抵扣的税额。

2. 某食用油生产企业是增值税一般纳税人，2022年5月发生如下业务：

（1）将月初向农民收购的菜籽中的10吨转让给其他食用油生产企业，开具增值税专用发票，注明金额3.5万元，该批菜籽收购单价0.3万元/吨，损耗率5%。

（2）销售食用花生油，开具增值税专用发票，注明金额50万元。

（3）当月向农业生产者收购一批大豆，收购凭证注明收购款20万元。

要求：根据上述资料，回答下列问题。

（1）计算业务（1）转让菜籽的增值税销项税。

（2）计算业务（2）销售花生油的增值税销项税。

（3）如果该企业当月对业务（3）计算抵扣进项税＝20×9%＝1.80（万元），判断计算是否正确，说明理由。

（4）计算该企业业务（1）可抵扣的进项税。

3. 某首饰商城为增值税一般纳税人，2021年1月发生以下业务：

（1）零售金银首饰与镀金首饰组成的套装礼盒，取得收入28.25万元，其中金银首饰收入20万元，镀金首饰收入8.25万元；

（2）采取"以旧换新"方式向消费者销售金项链600条，新项链每条零售价0.35万元，旧项链每条作价0.25万元，每条项链取得差价款0.1万元；

（3）为个人定制加工金银首饰，商城提供原料含税金额30万元，取得个人支付的含税加工费收入3.9万元（商城无同类首饰价格）；

（4）用300条银基项链抵偿债务，该批项链账面成本为39万元，最高零售价67.8万元。

其他相关资料：金银首饰零售环节消费税税率5%，金银首饰的成本利润率6%。

要求：根据上述资料，按下列序号计算回答问题，每问需计算出合计数。

（1）销售成套礼盒应缴纳的消费税。

（2）说明"以旧换新"方式销售金银首饰的消费税的计税依据。

（3）"以旧换新"销售金项链应缴纳的消费税。

（4）定制加工金银首饰应缴纳的消费税。

（5）用银基项链抵偿债务应缴纳的消费税。

4. 甲木制品厂是增值税一般纳税人，既生产工艺木筷，又生产木制一次性筷子，2022年5月发生下列业务：

（1）向农业生产者收购一批树枝，收购凭证注明收购金额10万元，送到乙加工厂（增值税一般纳税人）委托其加工成木制一次性筷子，支付送货运输费，取得运输公司开具的增值税专用发票上注明运费金额0.8万元，提货时向乙加工厂支付含增值税款项5.65万元（含加工费3.41万元和辅助材料费2.24万元），乙加工厂无同类价且已按规定代收代缴消费税。

（2）当月向A餐饮用品批发站预收木制一次性筷子（自制的）含税价款7.91

万元,月末发货 60%,其余在下月初发货。

(3) 采用赊销方式销售给 B 贸易公司木制一次性筷子一批(自制的),合同约定含税总价 2.26 万元,当月末应结款 50%,但是 B 贸易公司因资金周转问题未能按期结款。

(4) 当月销售雕花工艺木筷,取得不含增值税金额 10 万元。

(5) 当月将从乙加工厂加工收回的木制一次性筷子的 70%,以高于受托方计税价格对外销售,取得含税收入 13.56 万元。

其他相关资料:木制一次性筷子消费税税率为 5%。

要求:根据上述资料,回答下列问题。

(1) 计算甲木制品厂第(1)笔业务应被代收代缴的消费税。

(2) 说明如果乙加工厂没有履行代收代缴的法定责任,税务机关对乙加工厂如何处理。

(3) 计算甲木制品厂第(2)、(3)笔业务当月应纳的消费税合计金额。

(4) 计算甲木制品厂第(4)笔业务应纳的消费税。

(5) 计算甲木制品厂当月应自行向税务机关缴纳的消费税。

五、案例分析

中美贸易摩擦

中美贸易摩擦是"美国优先"单边主义贸易战略的直接表现,是逆全球化的集中体现。中美贸易摩擦产生以来,美国对中国整体关税比之前提高了近 4 倍。特朗普在正式就职后,采取更为激进的贸易保护主义措施,中美之间贸易摩擦更为频繁,在 2018 年年初发展到全面的"贸易战"。美国对中国出口商品采取以大幅加征关税为主的贸易限制政策,对中国关税水平快速提升。2018 年 7 月后,美国贸易代表办公室(USTR)公布了四份关税清单。按照关税清单的执行情况,美国对中国出口的约 3 620 亿美元商品追加 25% 和 75% 的关税,由此造成对中国的整体加权关税维持在约 194% 的水平。

拜登就任美国总统后,就外交政策上重返多边主义,多项力图主导国际规则的外交政策被重新"激活",中美关系也进入"全方位竞合"的新时代。

(一) 中美关系不会发生实质性改变

美国依托发达强大的金融市场体系、商品市场与国际贸易网络、科技创新系统、广泛的同盟及非同盟关系,以及遍布全球的金融力量,共同实现全球霸权体系。当今世界处在新一轮格局调整的初始阶段,随着中国不断崛起,新的世界格局将不会再是传统的霸权交替,而是大国共同治理。作为当今世界格局变革中的主要矛盾,中美关系不会因美国总统的更迭而发生实质性改变。特朗普上台以来,采取一系列针对中国的打压政策,意在通过中美关系促进弥合美国社会与政治的分裂。虽然短期内拜登政府对中国的施压有可能缓解,但长期看不会发生根本性变化。

(二) 对华贸易政策主张趋向强硬

中美博弈具备必然的长期性及严峻性,美国对中国限制态度不会改变。拜登政府目前主要对内工作是应对疫情与财政刺激,促进美国更加迅速地恢复,对外政策的重点则是重返全球化、重返亚太,恢复美国在全球的领导地位,与盟友一起限制和打压中国。在对外贸易上,拜登体现出明显的"多边""制衡""实用主义"特色,其政策主张相比此前"温和"做派,拜登对华态度显示出明显的"强硬"色彩。早在参加总统选举期间,拜登即声称在当选后会采取更加强硬的态度,着力应对"中国是美国最大的竞争对手",并且认为中美会长期保持竞争关系,甚至可能发展到军事领域的严重竞争。在当选后,拜登积极拉拢盟友协同制衡中国,显示出对华政策的强硬立场一以贯之。在对中国贸易政策取向上,拜登提出"中国应当针对不公平策略承担责任",不会改变已有的关税政策,并且与盟友加强在贸易领域的一致行动,共同"抵制"和施压中国。

与此同时,拜登内阁核心成员对华均持"强硬"态度。目前,布林肯担任美国国务卿,沙利文担任美国国家安全顾问。从二人的过往经历、政策主张和近期表现来看,对华立场均偏鹰派,二人均明确表示"关税是可选的手段",将会在环保、地缘政治、意识形态等方面与中国发生更多摩擦。2021年3月,中美在美国阿拉斯加举行中美高层战略对话,布林肯和沙利文的表现呈现出拜登政府对华政策的强硬取向。因此,拜登政府虽然会在一些涉及全球问题和具有共同利益的领域同中国开展对话、合作,但中美关系的大势无法从根本上逆转。拜登政府的对华贸易政策整体上也以"强硬"为基础,但相对特朗普时期有望表现得更加可控。

（三）不会立即大幅改变关税政策

关税是中美贸易摩擦以来美国采取的主要政策工具,加征关税的实施时间超过两年,鉴于此期间国际贸易形势发生深刻变化,特别是中国采取了一系列反制措施、东盟国家部分替代中国对美出口、美国及其盟友联合施压中国等,关税政策已成为中美贸易摩擦演变的重要"风向标",也对全球贸易形势变化产生重大影响。同时,在保护主义和"逆全球化"蔓延的背景下,美国急于恢复在国际各方面的"领导"地位,需要在对华政策上展示"硬度"。因此,拜登政府并未大幅改变对华关税政策,虽然表示过"反对关税",但拜登依旧没有改变现有关税策略。沙利文也表示"可以利用关税但前提是与盟友协调、多方实施,对中国不公平贸易进行制裁"。布林肯也认为"可以和盟友协调使用关税,关税也可以惩罚中国违反贸易协定"。拜登政府的对华贸易政策,下一步将是在继续强调以关税"制裁中国"的基础上,分阶段降低对中国一般贸易层面的高税率,但继续对高科技贸易等执行高关税,以及更为严格的限制性措施,在联合盟友恢复和不断扩大对国际事务影响力的基础上,进一步构建起包括关税政策在内的,更为系统化、全面化的对华限制政策体系。

讨论:中国政府及企业可以采取哪些应对美国贸易挑衅的税收反制措施?

解析

第十一章　所得税理论与政策

本 章 要 点

1. 所得税理论
2. 我国企业所得税制度
3. 我国个人所得税制度

案 例 导 入

个人所得税法的第七次修订

2018 年 8 月 27 日，十三届全国人大常委会第五次会议再次审议《个人所得税法修正草案》。这是自 1980 年个人所得税立法以来，对《个人所得税法》的第七次修改，与上次修改时隔 7 年，引起了社会民众的广泛关注。此次对《个人所得税法》的修改力度很大，存在以下五个亮点：

（1）开启了从分类税制向综合与分类相结合的个人所得税制的改革。这次修改将先前的工资薪金所得、劳务报酬所得、稿酬所得、特许权使用费所得合并为综合所得，按照统一的超额累进税率征税。

（2）将基本减除费用标准确定为 5 000 元。草案规定，居民个人的综合所得，以每一纳税年度的收入额减除费用 6 万元以及专项扣除、专项附加扣除和依法确定的其他扣除后的余额为应纳税所得额。这条规定也就是大家所说的，个税"起征点"为每月 5 000 元。

（3）维持最高档税率 45％不变，同时拓宽了 3％、10％和 20％三档低税率适用的所得级距。这使得个人所得税能更充分地发挥调节收入分配功能。

（4）新增了专项附加扣除的规定。专项附加扣除包括子女教育、继续教育、大病医疗、住房贷款利息或者住房租金、赡养老人等支出。这考虑到个人负担的差异性，更符合个人所得税的基本原理，有利于税制公平。

（5）费用扣除标准实行"一刀切"政策，各地区适用的起征点标准没有任何差异。

思考：随着经济与社会的发展，我们的所得税政策也要与时俱进，立足理论，联系实际，才能更好发挥应有的作用。你认为此次个人所得税法的改革能否实现预期的目标，又将会产生什么样的影响？

思考：你认为此次个人所得税法的改革能否实现预期的目标？又将会产生什么样的影响？

第一节　所得税理论

一、所得税的概念

除了流转税外，所得税是我国税收体系中的另一大类。**所得税是指以本国居民或非居民获得的收入扣除相应的成本费用或个人宽免额的余额，即纯收入或净收入为征税对象的一类税。**

我们对征税对象做进一步细分，可将所得税分为企业所得税和个人所得税。所得税与社会保险税目前成为大多数国家财政收入的主要来源之一。一般来说，经济越发达的国家与地区，其所得税收入占总税收收入的比重越大。国际上对所得税的征收存在很大差别，有许多国家对所得税统一立法，不区分企业和个人所得税；也有的国家将资本利得单独分出，征收资本利得税。考虑到我国的实际情况，本章接下来会将所得税分为企业所得税和个人所得税分别阐述。

二、所得税的经济意义

所得税就纯收入课税，能够在调节收入分配层面发挥作用，我们可以从效率、公平、财政收入和经济增长等四个方面阐述所得税的经济意义。

（一）所得税与税收效率

所得税对扣除了必要成本费用的收入征税。如果对成本费用的税前扣除是合理的，理论上所得税不会影响企业的生产和个人的生活。

此外，所得税如果实行累进税率，税收收入会随国民收入的变化而变化。当经济增长过快时，需求旺盛，国民收入增加，所得税收入也会随之增加，累进税率此时会使税收收入增长速度高于国民收入，从而抑制国民收入的增长，一定程度上缓解经济过热。相反，如果经济衰退，需求不足，所得税会自动降税，保持总供给和总需求的稳定。**这就是所得税的自动稳定效应，通过对税率和扣除项目的合理调整，可以更好地发挥所得税对宏观经济稳定和产业结构优化的作用。**

但是，累进税率同时会导致所得税的计算变得更加复杂，增加征税成本。所得税的普遍征收需要有发达的市场经济、诚信度较高的社会环境以及较为先进的税收征管水平。目前，许多发展中国家还不具备实施以所得税为主体，尤其是以个人所得税为主体的税制的条件。即使是在一些发达国家，层级较多的累进税制也会对纳税人的行为，如消费、储蓄和投资，劳动和闲暇等产生非中性的影响，从而产生额外负担，降低税收效率。

（二）所得税与税收公平

所得税的税基广泛，税率采用累进形式，还有多种类型的扣除项目，能够较好地实现按能力征税，有效实现横向和纵向公平。税基越广泛越能真实全面地反映纳税人的负担能力，突出横向公平；而累进税率能体现量能负担的原则，在纵向公平方面发挥积极作用。

但是所得税实现的税收公平也只是相对的。所得的计算与费用的扣除难以做到绝对合理。对于不同来源的所得,如劳动所得和资本所得,税收公平原则要求我们对不同来源的所得区别对待;对不同形式的所得,如货币性所得和非货币性所得,税收公平原则又要求我们对它们一并征税。这就对我们的税制设计和实际征管工作提出了很高要求,**我国目前的征管水平还难以实现。因此需要我们在税制中补充消费税或财产税,共同促进税收的公平。**

（三）所得税与财政收入

众所周知,税收是国家财政收入的重要来源之一。在社会经济发展达到一定程度,所得税可以较为稳定持续地筹集财政收入。因为所得税的源泉是社会的净财富,只要具备普遍征收所得税的客观经济条件,生产经营活动就不会停止,社会净财富不断增加,所得税的源泉也就源源不断。而且所得税可以通过调整税率等方法来调节聚财能力,弹性较大。

（四）所得税与经济增长

从主流西方经济学流派的观点来看,经济长期稳定增长的动力来自劳动和资本等要素的供给,而这些要素的供给又受到劳动、消费、储蓄和投资等经济行为的影响。所得税对经济增长主要是通过对纳税人的经济行为的影响来发挥作用。

1. 所得税对劳动供给的影响

与劳动相对的是闲暇,我们将闲暇看作一种商品,且与劳动互补。我们假设寻找工作没有成本,工作时间由自身决定,不受其他条件限制。在这样的前提下,对劳动者的劳动所得课税可能产生两种效应:一是税收减少了单位劳动的净收入,劳动者会倾向于增加工作时间,使得收入维持在原先的水平,即收入效应;二是税收使得单位时间的收入降低,同时也降低了闲暇替代劳动的成本,劳动者倾向于增加对闲暇的需求,即替代效应。这两种效应作用方向相反,具体的效应大小则取决于劳动者自身的偏好。

然而,现实情况会更加复杂,工作变动会产生较大的成本,工作时间也并非自身可以随意选择,尽管面对税收的增加,多数人心理上都会倾向于用闲暇替代劳动,但多方面的现实因素使得人们必须维持现状。对于大多数发展中国家来说,劳动力的供给是要大于需求的,就业和生存是优先级更高的需求。因此,纳税人会选择努力工作或者是承担税收带来的收入下降。但是对于那些劳动力需求大于供给的职业来说,劳动者可以要求一定的税后工资,劳动所得的税负则有可能转嫁给雇主。

2. 所得税对消费和储蓄的影响

我们假设纳税人取得的当期收入只有两种选择,消费或者投资;税收课征于储蓄利息收入,同时借款利息支出允许税前扣除。

对于个人当期收入全部用于消费的情况,所得税暂时未产生影响。

对于个人收入大于当期消费,从而存在储蓄的情况,对储蓄利息收入课税,会产生如下两种效应:一是上述税收降低了人们未来的利息收益,个人为使未来消费不降低,倾向于增加储蓄,即收入效应;二是税收使得当期消费的机会成本变小,人们更愿意选择当期消费,减少储蓄,即替代效应。

对于消费大于收入的超前消费的情况,由于借款利息可以税前扣除,对选择了超前消费的人们来说,这一政策会进一步增加当期消费,即仅存在替代效应。

上述分析在现实情况中显然存在一些局限性。首先,影响储蓄的并非只是当期和未来的消费。从我国的实际情况出发,对未来收入的不确定性会增加人们当期储蓄的可能。因此,开征利息税并未对人们的储蓄行为产生明显影响。此外,对收入的支配并非只有消费和狭义储蓄这两种方法,购买股票、房地产等也是另一种意义上的储蓄,这些行为又会受到其他税收的影响,产生更加复杂的效应。

3. 所得税对投资的影响

上文中另一种意义上的"储蓄"实际上可以看作投资。如果我们假设仅对投资收益征税,那么所得税对投资的影响就类似于储蓄,人们会根据自身的偏好对投资与否进行选择。如果我们进一步假设允许投资损失在所得税前扣除,此时,人们会进一步考虑投资的风险与收益。我们同样可以用收入效应和替代效应来分析所得税对投资的影响。投资盈利时,税收会减少投资收益,人们倾向于投资高风险资产以增加投资收益,这是收入效应;而替代效应则是税收使得相同风险的投资收益减少,提高了风险的机会成本,人们倾向于投资低风险资产。在投资亏损时,损失税前扣除实际上会降低损失的程度,人们倾向于投资高风险资产。此时,政府部门降低了投资者的损失,实际成为投资者的隐匿合伙人。

总之,所得税对经济增长有着直接的影响。我们可以通过税制要素的变化(如税率的调整)和税收政策的实施来实现税收对经济增长的调节。

拓展阅读

特朗普减税改革

三、所得税的特点

(一)税收负担的直接性

所得税一般由企业或个人履行纳税义务,同时负担最终税负,纳税人与负税人一致,税收负担不易转嫁,因此所得税具有税负的直接性。但是这不意味着税负绝对不能转嫁。个人所得税对个人的劳动和投资、财产等相关所得征税,由于个人是税负主体,一般不易转嫁。但如果个人出租住房,且市场上住房供小于求,该项所得的税负则有可能通过提高租金的方式转嫁给租户。企业所得税也同样如此,企业可以通过提高产品价格向下游转移税负,或降低职工工资向职工转移税负。由于企业法人并非最终税负主体,企业还可以通过减少利润使税负向所有者转移。但是相比于流转税,所得税税负转移难度较大,且转移形式较为隐蔽。

(二)税率的累进性

所得税税率一般采用累进税率或比例税率的形式。企业所得税税率一般采用比例税率,累进税率主要针对个人所得税。我们可以通过累进税率发挥税收量能负担功能,促进纵向公平。

(三)税基的广泛性

所得税对纳税人应税所得征税,税基十分广泛。首先是所得来源渠道广,有个人的积极和消极所得,有企业的生产经营所得,还有资本利得,等等。其次,应税所得的数额和国民收入相联系,在数量上也十分可观。最后,所得税需由纳税人申报,实现源泉征收,较为公开和透明,能够有效组织相关收入。

(四)征收管理的复杂性

所得税是对企业与个人征税,纳税人数量庞杂,且分布非常分散,较难进行统一管理。

另外,所得税是对净收入征税,要核算收入、成本、费用,等等。个人所得税还设有各项扣除标准。计算上的复杂性增加了纳税人申报和税务机关征管的成本。

(五) 税收收入的弹性

所得税的征收对象是企业和个人的各项应税所得,这部分所得随着经济发展的变化和国民收入水平的变化而变化。因此,所得税能较好地适应经济发展周期,随经济繁荣或衰退不断调节经济形势,发挥“自动稳定器”的作用。

第二节 企业所得税

一、企业所得税的理论依据

针对企业所得税是否应该独立于个人所得税而单独存在,主要有法人实在说和法人虚拟说两种理论。

(一) 法人实在说

法人实在说认为,在征收个人所得税的同时,还要征收法人所得税。公司在依法成立后就具有独立的人格和独立的利益。现代股份有限公司在资产的所有权和经营权上是相互分离的——公司可以以自身的名义拥有相关财产、签订契约、成为独立的法律主体,因而对公司的利润课税并不能认为完全由股东负担。此外,公司与自然人一样被国家保护,那么公司就应当负有纳税义务。

法人实在说还从公司享有的特权角度,说明公司应当对这些特权支付报酬,即向国家纳税。股份公司的有限责任制度和股票的流动性,使得它们能相对容易地吸收不能在社会上独立参加企业活动的零散游资,从而克服集资的限制,所增加的资本可以使公司更易于实现技术进步和规模经济。这样的特权可以给公司带来巨大的收益,公司理应向国家纳税。

(二) 法人虚拟说

法人虚拟说认为,企业所得税不应该与个人所得税共存。公司实际上只是股东的集合,并没有独立人格。如果在个人所得税的基础上再加征企业所得税,会造成对股息的经济性重复征税:

(1) 非法人企业的利润无论是否分配,均不需缴纳企业所得税,而法人企业的利润不仅要缴纳企业所得税,其对个人股东的利润分配在个人层面还要被加征一道个人所得税,这与税收公平原则相违背。

(2) 重复征税会使得企业倾向于选择减少利润分配或者通过债务筹资,这不符合税收中性原则,有可能会造成福利损失。

二、企业所得税的分类

我们可以根据企业所得税与个人所得税的重叠程度以及对重复征税处理方法的不同,将企业所得税分为以下三类。

（一）古典制（classical system）

在古典制下,企业或法人的利润不仅要缴纳企业所得税,在企业向股东进行利润分配后,股东的这部分收入在个人层面还要缴纳个人所得税。这就意味着古典制下,企业的利润会承受双重征税的负担。但是,古典制下税制简单易行,除对股息的处理存在双重征税外,对跨国经济行为产生的扭曲较少。因此,较多国家采用古典制,并通常在对股东个人分配到的股息征收个人所得税时采用比其他资本收益更低的税率。

（二）归属制（imputation system）

又称归集抵免制。归属制的含义是公司或企业支付的所得税税款全部或部分归属到股东所取得的股息中,将其看作是股东个人所得税的源泉预扣。在股东计算应纳个人所得税时,将全部或部分所得税款与股东应纳税所得额相加,算出总的个人所得税后,可以从税额中再扣减增加的所得税款。

（三）分率制（split-rate system）

分率制是指对公司或企业分配的利润和保留的利润按照不同的税率征税,分配的利润税率较低。如果税率之间差距较小,则分率制实际上和古典制相近。

三、企业所得税的纳税人

🌐 拓展阅读

我国企业所得税的发展历程

我国企业所得税的纳税人有居民纳税人和非居民纳税人之分。居民纳税人需要就其全球应税所得向中国纳税,负有无限纳税义务;而非居民纳税人仅需就来源于中国境内的所得纳税。

企业所得税纳税人居民身份的判定,通常有如下 4 个标准:

（一）注册登记地标准

又称法律标准,即凡是按照本国法律注册成立的企业法人,均为本国的法人居民,不论该企业的业务活动地或管理机构所在地是否在本国境内。这是实践中最常采用的标准。

（二）管理机构所在地标准

如果一个企业的实际管理机构设在本国,那么不管其在哪个国家注册成立,都是本国居民。企业管理机构又有管理和控制中心以及实际管理机构两种概念。

（三）总机构所在地标准

总机构所在地标准强调企业组织结构中的主体所在地,比如实践中的总公司。而管理机构所在地标准更注重实际管理或决策主体(包括决策机构或决策者)所在地。

（四）选举权控制标准

该标准的含义是企业的选举权或控制权如果被某国居民所掌控,那么该企业就是这一国家的居民企业。

我国采用注册登记地和实际管理机构所在地双重标准来判定企业的居民身份。我国居民企业与非居民企业的具体判定和征税范围如表 11-1 所示。

表 11 - 1　居民企业与非居民企业的具体判定和征税范围

企 业 类 型		征 税 范 围
居民企业		来源于中国境内、境外的所得
非居民企业	在中国境内设立机构、场所的	① 所设机构、场所取得的来源于中国境内的所得 ② 发生在中国境外但与其所设机构、场所有实际联系*的所得
	在中国境内未设立机构、场所的，或者虽设立机构、场所但取得的所得与其所设机构、场所没有实际联系*的	来源于中国境内的所得

注：* 实际联系，是指非居民企业在中国境内设立的机构、场所拥有据以取得所得的股权、债权，以及拥有、管理、控制据以取得所得的财产等。

四、企业所得税的征税对象

企业所得税以企业生产经营的纯收入为课税对象。我国企业所得税的税基就是企业各种经营所得或非经营所得扣除必要的成本费用后的余额。我国应税的所得或收入可以分为以下几类：

(1) 销售货物所得。

(2) 提供劳务所得。

(3) 转让财产所得。

(4) 利息收入。

(5) 股息、红利等权益性所得。

(6) 租金和特许权使用费所得。

(7) 接受捐赠收入。

(8) 其他所得。非上述所得以外的其他所得，包括债务重组收益、汇兑收益、各种补贴收入等。

企业所得税应纳税所得额就可以用上述所得先加总再减去成本费用等各项扣除进行计算。实际中，我们是先依照会计准则，确定企业的会计利润，然后根据税法规定和会计准则的差异，在会计利润的基础上进行调整，得到应纳税所得额。

专栏 11 - 1　税会差异

会计准则和税法规定一般存在两种差异：

一是暂时性差异，一般是由于收入或费用的确认时间和确认方法的不同产生的差异。例如：会计中确认的预付款项，是可以在计算当期会计利润时扣减的，但税法需在该款项真实发生时确认扣除。

二是永久性差异，一般是由于税法规定的应税收入项目或税前扣除项目与会计准则的收入或费用项目不同而导致的。例如：我国税法规定,国债利息收入免税,而会计准则要求将该笔收入计入会计利润并纳税。

五、企业所得税的税率

税率是课税深度的体现,企业所得税税率反映了企业的税负水平。由于各国所得税的职能定位不尽相同,税率及税率形式也不同。企业所得税税率通常有比例税率和累进税率两种形式,其中比例税率又可以分为单一比例税率和分类比例税率。总的来讲,各国企业所得税税率设计体现出以下特点：① 以比例税率为主,累进税率为辅;② 以统一税率为主,差别税率为辅。

从各国实践看,多数国家采取比例税率,少数国家采取累进税率,且实行累进税率的国家数量正在逐步减少。在实行比例税率的国家中,大多数会采用分类比例税率,针对不同类别的企业设定不同的税率。一般存在以下几种分类：

(1) 企业规模大小。例如我国就针对小微企业实行 20% 的优惠税率。

(2) 居民身份与否。对非居民企业和居民企业适用不同税率。

(3) 利润分配与否。对分配给股东的利润适用较低的税率。

(4) 行业情况。针对不同行业适用不同税率。

实际上,适用统一比例税率的企业覆盖范围较广,分类税率在许多国家只起一个辅助作用,目的是**形成对不同类型企业的不同政策导向。**

此外,在企业所得税制下,居民企业支付给非居民企业的利息、股息、特许权使用费等,来源国通常征收预提税。预提税税率通常低于一般税率,如果来源国和居民国签有税收协定,协定中往往会给予更加优惠的预提税税率。

我国现行企业所得税实行比例税率——基本税率为 25%,符合条件的非居民企业适用 20% 的低税率(实际减按 10% 的税率征收),部分特殊地区特殊行业企业享受 15% 的优惠税率(税收优惠)。我国所得税税率的具体适用情况如表 11 - 2 所示。

表 11 - 2 我国所得税税率的具体适用情况

纳税人	具 体 情 况	征税对象	税率
居民企业	依法在中国境内成立的企业	境内、境外所得	25%
	依照外国(境外地区)法律成立但实际管理机构在中国境内的企业		
非居民企业	依照外国(境外地区)法律成立且实际管理机构不在中国境内,但在中国境内设立机构、场所的企业	境内所得	20% 减按 10%
		与其境内机构、场所有实际联系的境外所得	
	依照外国(境外地区)法律成立且实际管理机构不在中国境内,也未设立机构、场所,但有来源于中国境内所得的企业	境内所得	

六、企业所得税的税收优惠

税收优惠是指在法定的纳税义务上,通过一定的方式免除或减少纳税义务的做法。税收优惠往往能够体现政府在特定时期的社会、经济政策目标与导向。从政府支出角度,税收优惠也可以看作政府为实现政策目标而进行的一项财政支出。

在企业所得税制中,税收优惠可以分为税额式减免,税基式减免和税率式减免。其中税额式和税率式减免能直接减少企业应纳所得税额,所以又被称为直接式税收优惠;而税基式减免的减免数额还需经过税率的调整,才能得到最终所得税的减免额,因此被称为间接式税收优惠。下面介绍几种不同类型的税收优惠。

(一) 减免税

减免税是直接对纳税人应纳税额进行减免。我国《企业所得税法》规定,企业从事远洋捕捞项目的所得,免征企业所得税;国家需要重点扶持的高新技术企业减按 15% 的税率征收企业所得税。从上述的税收优惠规定可以看出,减免税直接作用于应纳税额,减税效果强、见效快,能在短期内迅速发挥导向作用。我国《企业所得税法》中具体的减免税规定如表 11-3 所示。

表 11-3　我国《企业所得税法》中具体的减免税规定

减 免 方 式	减免力度	适用企业或项目	
减　征	免征	农林牧渔业	① 蔬菜、谷物、薯类、油料、豆类、棉花、麻类、糖料、水果、坚果的种植 ② 农作物新品种的选育 ③ 中药材的种植 ④ 林木的培育和种植 ⑤ 牲畜、家禽的饲养 ⑥ 林产品的采集 ⑦ 灌溉、农产品初加工、兽医、农技推广、农机作业和维修等农、林、牧、渔服务业项目 ⑧ 远洋捕捞
		符合条件的技术转让	超过 500 万元的部分
	减半征收	农林牧渔业	华会、茶以及其他饮料作物和香料作物的种植 海水养殖、内陆养殖
		符合条件的技术转让	不超过 500 万元的部分
		持有 2019—2023 年发行的铁路债券取得的利息收入	

减免方式	减免力度	适用企业或项目	
分不同年度减免(取得第一笔生产经营收入起算)	第1—3年免征，第4—6年减半征收	国家重点扶持的公共基础设施的投资经营所得	
		符合条件的环境保护、节能节水项目的所得	
优惠税率	15%	高新技术企业	
		设在西部地区的鼓励类产业企业	
	20%	无限制	
减免应纳税所得额	减按25%计入应纳税所得额	小型微利企业	不超过100万元的部分
	减按50%计入应纳税所得额		超过100万元不超过300万元的部分

（二）投资抵免

投资抵免是指，纳税人对特定项目进行投资，投资额按照一定的抵免率，可以抵减应纳税额。政府可以通过该项税收优惠，鼓励企业淘汰落后产能，促进技术进步，增强企业市场竞争力，从而实现刺激经济增长的长期目标。

我国对国家重点扶持的公共基础设施的投资经营所得等没有税收优惠。

（三）费用加计扣除

费用加计扣除是指针对某些费用扣除项目，纳税人在享受法定扣除标准的基础上，还可以增加一定比例的扣除额。

我国对符合税法规定的研发费用，未形成无形资产的，允许加计75%扣除；形成无形资产的，按无形资产成本的75%摊销。费用加计扣除一般可以用于鼓励企业更多投入政府支出发展的领域或行业。企业安置残疾人员的，在按照支付给残疾职工工资据实扣除的基础上，按照支付给残疾职工工资的100%加计扣除。

（四）亏损结转

亏损结转是指企业某一年度的亏损可以用其他年度(包括以前和以后年度)的利润进行弥补。亏损弥补可以使企业在一定时期内税负更加均衡且总体下降。可结转年限越长，企业享受的优惠力度越大。各国会根据实际情况，规定亏损结转年限。我国允许向以后年度结转亏损的年限为5年(自2018年1月1日起高新技术企业和科技型中小企业亏损结转年限延长至10年)。

（五）加速折旧

加速折旧是指在税法规定下，允许企业采用不同的折旧方法使得相关资产的折旧能够提前。这实际上可以使企业延迟纳税,鼓励企业用提前占用的资金进行生产或投资。我国加速折旧规定如表 11-4 所示。

表 11-4 我国加速折旧规定

折旧方式	项 目
加速折旧/缩短折旧年限	1. 生物药品制造业,专用设备制造业,铁路、船舶、航空航天和其他运输设备制造业,计算机、通信和其他电子设备制造业,仪器仪表制造业,信息传输、软件和信息技术服务业等 6 个行业的企业 2014 年 1 月 1 日后新购进的固定资产
	2. 轻工、纺织、机械、汽车等四个领域重点行业(具体范围见附件)的企业 2015 年 1 月 1 日后新购进的固定资产
	3. 企业在 2018 年 1 月 1 日至 2020 年 12 月 31 日期间新购进的**单位价值不超过 500 万元的**设备、器具(指除房屋、建筑物以外的固定资产)
一次性扣除	1. 生物药品制造业,专用设备制造业,铁路、船舶、航空航天和其他运输设备制造业,计算机、通信和其他电子设备制造业,仪器仪表制造业,信息传输、软件和信息技术服务业等 6 个行业的**小型微利企业** 2014 年 1 月 1 日后新购进的**单位价值不超过 100 万元的**固定资产
	2. 轻工、纺织、机械、汽车等四个领域重点行业(具体范围见附件)的**小型微利企业** 2015 年 1 月 1 日后新购进的**单位价值不超过 100 万元**固定资产

总体看来,世界各国企业所得税的税收优惠目前主要集中在保护环境与生态,鼓励研发与创新,促进就业与投资等重点方向,我国在此基础上结合扶持小微和民营企业,形成多种优惠方式共同发力的税收优惠体系。

🔘 拓展阅读

企业所得税的发展趋势

🔘 拓展阅读

我国企业所得税的改革方向

第三节 个人所得税

个人所得税是对自然人的所得进行课征的一种所得税。

一、个人所得税的纳税人

(一)个人所得税的三类纳税人

(1)个人所得税的纳税人一般是**自然人**。

(2)对于合伙企业中的合伙人和个体经营户的经营性所得是征收个人所得税还是企业所得税,不同国家有不同的规定。一般性的规则是**合伙人、个人独资企业和个体经营户获得的经营性所得要纳入个人所得税的征税范围。**

(3)关于跨境所得,一般通过判定纳税人是否有居民身份,即行使居民管辖权;或者依据所得的来源地,即行使地域管辖权,来确定税收的归属。所得来源地的判定要结合所得的性质,不同性质的所得,如经营性所得和权益性所得,会有不同的判定标准,具体见国际税收章节。

（二）居民身份的判定

自然人居民身份判定主要有三个标准。

（1）住所标准。住所标准强调**固定的或永久性的居住地**，不强调实际居住。假设某自然人因户籍、家庭、经济利益关系而在 A 国境内习惯性居住，那么该自然人就是 A 国的税收居民，承担无限纳税义务，应就其全球所得向 A 国政府纳税。

（2）居所标准。居所标准强调**连续居住较长时间的临时性居住**，而不强调习惯或永久性居住。

（3）停留时间标准。如果某自然人在 A 国没有住所或居所，但在一个纳税年度内，在 A 国停留时间达一定标准，那该自然人就是 A 国的税收居民。关于停留时间标准，国际上大多采用半年期(183 天)标准。

我国自 2019 年 1 月 1 日起，将停留时间标准从一年期缩短至半年期。对于自然人居民身份的判定，我国采用住所标准和停留时间标准双标准。

二、个人所得税的课税对象

想要建立一个完备的个人所得税制，要对哪些类型或性质的所得课税是需要慎重考虑的。个人所得税的课税对象会影响税收收入的取得以及税收原则的应用。反过来，国家的经济发展水平、征管能力等也会影响个人所得税制度中课税对象的设计。关于应对哪些所得征收个人所得税，学界有不同的观点。

（一）周期说或源泉说

该学说认为对个人所得征税的重点应该放在具有周期性、反复性的所得上，因为这些税源相对充足，偶然所得不应纳入征税范围。具体的征税对象应包括自然人的工资薪金所得、利息所得等经常性存在的所得。

（二）净值说或纯资产增加说

该学说由德国学者范·夏恩茨(G. V. Schanz)提出，认为个人所得税的应税所得等于纳税人的经济力量在两个时间点之间净增长的货币价值，不仅包括反复出现的所得，还应包括偶然的所得。该学说更加注重个人所得税对公平的体现，但实际征管可能较为复杂。

（三）净值加消费说

该学说由美国学者海格(R. M. Haig)和西蒙斯(H. C. Simons)在净值说的基础上提出。他们认为所得是个人财富的增加总量，凡是个人享受满足的东西均应包括在征税范围内。这一学说更加注重公平，但相应的，征管难度也大大增加，在现实中可行性较低。

（四）交易说

该学说认为所得应与交易相关，应税所得就是某一时期内因交易产生或实现的收入减去相应的成本费用。这一学说的征税范围仅限于交易所得，未考虑资本所得，不能反映纳税人的真实税负水平。

上述学说的不同观点实质上体现了公平和效率的权衡选择。世界各个国家在具体实践中表现出了不同的倾向性：发达国家正逐步向净值说靠拢,但离净值加消费说还有一定的距离;发展中国家则大多数采用周期说,该学说在征管上相对简便。

我国个人所得税征税范围有 11 项,分别为工资、薪金所得,个体工商户生产、经营所得,对企事业单位的承包、承租经营所得,劳务报酬所得,稿酬所得,特许权使用费所得,利息、股息、红利所得,财产租赁所得,财产转让所得,偶然所得和其他所得。2019年 1 月 1 日实行的新个人所得税法提出了综合所得的概念,将工资、薪金所得,劳务报酬所得,稿酬所得和特许权使用费所得合并为劳动性所得,纳入综合征税范围并按年计税。

三、个人所得税的费用扣除

所得税与流转税相比,其一个显著特点就是所得税是对净收益征税,要从应纳税的各种毛收入中减除相应的可税前扣除的费用。

个人所得税税前扣除按扣除额度不同可以分为标准扣除、据实扣除和限额扣除。标准扣除是指每个纳税人遵循同样标准,不同纳税主体之间没有差别。据实扣除主要适用于成本费用类,如经营所得发生的相关成本费用。限额扣除则是依据税法规定一个限额,在限额内据实扣除,超出限额则按限额扣除。

按扣除的性质不同,个人所得税税前扣除可分为生计费用扣除和成本费用扣除。下面具体介绍按性质分类的两种扣除。

（一）生计费用扣除

生计费用扣除强调赡养纳税人和其家庭所必需的最低生活标准,这一部分的扣除可以保障纳税人的生存以及简单再生产。

生计费用扣除为了维持公平,一般会依据纳税人自身情况、家庭结构、婚姻状况、子女情况和其他被赡养人口等因素来设计。

一些国家对生计费用扣除采取了若干不同的做法。巴西、德国等国家,采用固定的配偶和子女扣除;日本、韩国根据子女数量、年龄和受教育情况规定了不同的扣除额;意大利采用税收抵免的方式依据子女或配偶的数量,在应纳税额中减除生计费用;也有的国家没有对家庭成员设立扣除标准,而是允许在税前扣除一些教育、医疗和保险费用,如俄罗斯、南非。

（二）成本费用扣除

成本费用扣除是指为获得应税所得而付出的必要的成本可以税前扣除,与纯收益相对应。一般来说,税法在设计时只是规定哪些实际发生的成本可以在税前扣除。从理论上说,我们可以把所有可扣除的成本在税法中单独规定,而不是将成本与相对应的所得联系起来,但这会大大增加税法的复杂性,难以付诸实践。因此,实际可扣除的成本一般按其性质与一定的收入联系在一起,如许多国家规定投资亏损只能在资本利得中弥补,这样能防止纳税人无限制扩张成本。

通常所说的成本费用扣除是指经营所得和资本利得的成本费用可以在税前扣除,而现实生活中还会存在个人为取得应税收入而发生的支出,如交通差旅费、医疗费用、个人培训费、基本保险费、住房支出。为补偿这部分支出,许多国家也会设置一些费用扣除,但会设置限额甚至是比例限额来防止个人滥用这部分扣除。

我国在个人所得税改革上正逐步与国际接轨。2019年施行的新个人所得税制度,针对劳动性所得增加了子女教育、继续教育、大病医疗、住房贷款利息或住房租金、赡养老人等6项专项附加扣除,充分考虑了与民生有关的支出,强化了税收公平。我国专项附加扣除规则如表11-5所示。

表11-5 专项附加扣除规则

专项扣除	适用范围	扣除条件	扣除标准	扣除时间	扣除方式	备查资料
1. 子女教育	全日制学历教育的相关支出	学前教育①、义务教育②、高中阶段教育、高等教育	1 000元/月	按月(不超过240个月)	夫妻双方各50%;或者一方100%;建议收入高的一方	学位(学历)证书、学校录取通知书、留学签证等
2. 继续教育	在境内接受学历(学位)继续教育支出	学历(学位)继续教育	400元/月	按月(不超过48个月)	本科及以下本人或父母	学位(学历)证书
		技能人员/技术人员资格继续教育	3 600元/年	按年(取得证书当年)	本人	相关证书
3. 大病医疗	与医保相关的基本医疗支出	个人负担累计超过1.5万元的部分	8万元限额内据实扣除	年度汇算清缴时	配偶;未成年子女由父母一方扣除	医保报销相关票据原件或复印件
4. 住房贷款利息	境内首套住房贷款利息	本人或配偶首套住房贷款利息(商贷/公积金)③	1 000元/月	按月扣除(不超过240个月)	夫妻择一④	住房合同贷款、贷款还款支出证明
5. 住房租金	住房租金支出(无自有住房)	直辖市、省会城市、计划单列市和国务院规定的城市	1 500元/月	按月扣除	同城,夫妻择一;不同城,分别扣除	住房租赁合同、协议等资料
		市辖区户籍人口超过100万	1 100元/月			
		市辖区户籍人口不超过100万	800元/月			

专项扣除	适用范围	扣除条件	扣除标准	扣除时间	扣除方式	备查资料
6. 赡养老人	60(含)岁以上父母,子女均已去世的年满60岁的祖父母、外祖父母或法律赡养人(多位老人不能多扣)	独生子女	2 000元/月	按月	本人扣除	
		非独生子女	不超过1 000元/月	按月分摊	平摊/指定分摊/约定分摊⑤	书面分摊协议
7. 婴幼儿照护	照护3岁以下婴幼儿的相关支出	3岁以下婴幼儿	1 000元/月	按月扣除	夫妻双方各50%;或者其中一方100%;建议收入高的一方	

注:① 学前教育阶段,为子女年满3周岁当月至小学入学前一月。

② 学历教育,为子女接受全日制学历教育入学的当月至全日制学历教育结束的当月。

③ 首套住房贷款是指购买住房享受首套住房贷款利率的住房贷款。纳税人只能享受一次首套住房贷款的利息扣除。

④ 夫妻双方婚前分别购买住房发生的首套住房贷款,其贷款利息支出,婚后可以选择其中一套购买的住房,由购买方按扣除标准的100%扣除,也可以由夫妻双方对各自购买的住房分别按扣除标准的50%扣除,具体扣除方式在一个纳税年度内不能变更。

⑤ 约定或者指定分摊的须签订书面分摊协议,指定分摊优先于约定分摊。具体分摊方式和额度在一个纳税年度内不能变更。

四、个人所得税的税率

目前世界各国采用的个人所得税的税率制度主要有比例税率和累进税率两种。

(一)比例税率和累进税率

这两种税率形式相比,比例税率相对更加高效,累进税率相对更具公平,且能发挥自动稳定器作用。从表11-6所示的G20成员个人所得税税率表中我们可以看出仅俄罗斯选择比例税率。可见,累进税率是世界各国在设计个人所得税税率时的首选。

表 11-6　G20 成员个人所得税税率表

成　　员	税率/(%)	税率级距
阿根廷	5、9、12、15、19、23、27、31、35	9
澳大利亚	0、19、32.5、37、45	5
巴西	0、7.5、15、22.5、27.5	5
加拿大	15、20.5、26、29、33	5

成　员	税率/(%)	税率级距
法国	0、14、30、41、45	5
德国	0、14、42、45	4
印度	0、5、20、30	4
印度尼西亚	5、15、20、30	4
意大利	23、27、38、41、43	5
日本	5、10、20、23、33、40、45	7
韩国	6、15、24、35、38、40	6
墨西哥	1.92、6.4、10.88、16、17.92、21.36、23.52、30、32、34、35	13
俄罗斯	13	1
沙特阿拉伯	无个人所得税,个人经营所得按企业所得税缴纳	
南非	18、26、31、36、39、41、45	7
土耳其	15、20、27、35	4
英国	20、40、45	3
美国	10、12、22、24、32、35、37	7

（二）累进税率的设计

全额累进税率会导致税率级距附近的税负大幅变动,绝大部分国家不会采用,因此我们只探讨超额累进税率的设计。

1. 起始边际税率与免征额

表 11-6 所示的税率级次中,有五个国家的起始边际税率为 0,有两个国家在 20% 及以上,税率差别还是比较大的。对于社会保障制度相对比较完善的国家,免征额或起始边际税率的变化实际上对低收入人群的影响不大,因为低收入者更多受社会保障所得或社会保险捐款等其他因素影响。而对于那些社会保障制度不够完善的国家,免征额或低边际税率对低收入群体意义就比较大。有学者赞成提高免征额或降低边际税率,以减少失业和贫困,同时减少纳税人数,有助于提高征管效率。也有学者反对,认为财政收入因此损失,可能需要提高后面级次的累进税率来弥补。

2. 最高边际税率

最高边际税率一般仅适用于少数高收入群体。最高边际税率制定的比较高,有助于限制高收入人群财富增长,防止贫富差距拉大。但也有人认为最高边际税率设定得过高会损害高收入人群的积极性,造成福利损失。从表 11-6 中也可以看出一般经济较为发达的国家最高边际税率设定得比较高。

3. 税率级距

税率级距在一定程度上能体现税收负担的累进程度。单独比较税率级距的多少,只能反映税率设计的复杂程度,并没有太大的实际意义。我们需要结合级距的跨度、税率水平和各项扣除,特别是各项扣除,进行国家之间的横向比较。

纳税人适用的税率越高,同等额度的扣除带来的税收优惠越大。因此,一些国家规定,总的应税所得越多,标准扣除额越少,如韩国、英国;有的国家采用税收抵免方式,即根据个人收入的多少,抵免相应的税款,如意大利,墨西哥。

(三)我国个人所得税的税率

我国个人所得税的税率制度呈现出多样化的特点。对劳动所得采取 3%～45% 的七级超额累进税率,对经营所得采取 5%～35% 的五级超额累进税率,其余所得采用比例税率。(利息、股息、红利所得,财产租赁所得,财产转让所得和偶然所得适用 20% 的比例税率)这样的税率设计存在的一个问题就是对各类所得差别对待。这样的差别没有较为充分的依据,很可能干扰纳税人的经济行为,产生非中性的影响。我国个人所得税具体税率如表 11-7 所示。

表 11-7　我国个人所得税税率

收 入 类 别		税率形式	税 率
1. 综合所得	小于 36 000 元(含本数)的部分	超额累进税率	3%
	高于 36 000 元且小于 144 000 元(含本数)的部分		10%
	高于 144 000 元且小于 300 000 元(含本数)的部分		20%
	高于 300 000 元且小于 420 000 元(含本数)的部分		25%
	高于 420 000 元且小于 660 000 元(含本数)的部分		30%
	高于 660 000 元且小于 960 000 元(含本数)的部分		35%
	高于 960 000 元的部分		45%
2. 经营所得	小于 30 000 元(含本数)的部分		5%
	高于 30 000 元且小于 90 000 元(含本数)的部分		10%
	高于 90 000 元且小于 300 000 元(含本数)的部分		20%
	高于 300 000 元且小于 500 000 元(含本数)的部分		30%
	高于 500 000 元的部分		35%
3. 股息、红利、利息所得		比例税率	20%
4. 财产租赁所得			
5. 财产转让所得			
6. 偶然所得			

五、个人所得税的税收优惠

个人所得税的税收优惠有时候很难与扣除相区别,因为它们具有一个共同的特点就是可以减少纳税人的纳税义务。对税收优惠我们可以从它适用的范围来理解:一项扣除如果不是适用于所有纳税人,不管其出于何种目的,采用何种表现形式,我们都可以将其看成一种税收优惠。同样,一项低税率政策如果只适用于某些所得,一项所得如果被排除在征税范围之外,那么它们都可以视作税收优惠政策。税收优惠政策可以引导纳税人参与特定经济活动,或是对所得进行合理分配。一般说来,世界各国较多采用以下三种形式的税收优惠。

(一)勤劳所得抵免

美国是最早实施勤劳所得抵免政策的国家,该项政策目前已是美国一项重要的社会福利计划。

首先我们需要对勤劳所得进行定义。依据各国实践来看,**一般将工资或受雇所得、自营所得还有退休金所得等纳入勤劳所得的范围**。拥有勤劳所得的个人或家庭,可以享受一定的税收抵免,如我国对子女提供定额的税收抵免,纳税义务小于抵免额的部分可以作为补贴支付给纳税人。

这实际上类似负所得税概念。负所得税是弗里德曼提出的针对低收入者以税收代替现行补贴的一种方案,是指低收入者收入如果与维持一定生活水平所需要的收入之间存在差额,那么政府可以采用税收形式,给予低收入者相应的补助。勤劳所得的优惠政策能帮助低收入群体减轻负担,加拿大、英国等发达国家均有类似的优惠政策。

(二)个人养老保险

个人养老保险多采用养老保险个人账户模式,即个人每年将一定的金额存入国家规定的账户,由符合条件的机构管理,个人达到退休年龄后可以从账户中领取退休金。针对这部分所得,一般会采取递延纳税或给予一定的税收优惠。如美国传统个人养老账户就采用递延纳税,资金存入时不纳税,待取出时纳税;而印度等国则对符合条件的退休金免税。

(三)住房相关优惠

有些国家针对住房贷款利息或租房支出设立了一定的扣除标准,如我国2019年新修订的《个人所得税法》中规定,满足条件的住房贷款利息和租金支出可在限额内扣除。此外,许多国家对自有住房的转让收入给予优惠。

六、个人所得税的申报与征收

(一)个人所得税的申报制度

个人所得税对个人征税,以个人为申报单位较为合理。但现实中,更多人的财产与收入是在家庭间共享,申报单位又可以为家庭。因此,许多国家以个人单位为基础进行申报,同时区分未婚和已婚,此外还有夫妻共同申报和家庭共同申报。我国采用的是个人申报制,但部分专项扣除可由家庭成员共享。

个人申报制的优点在于对婚姻行为并无干扰,缺点在于公平效应弱——同样收入的单身个人和赡养较多人口的个人税收负担相同。家庭申报制度优点在于考虑了整个家庭的收支情况,有利于税负的公平合理,但是也会对婚姻行为产生干扰。

（二）个人所得税的征收制度

个人所得税有三种征收方式。

1. 分类所得税

分类所得税是将纳税人的应税所得分为不同类别,对不同类别的所得分别课税。这一制度的优点是征管便利,但不能反映纳税人的真实税负水平,特别是当有扣除项目时,有多项所得来源的纳税人享受到的扣除要多于单一所得来源的纳税人。

2. 综合所得税

综合所得税是对纳税人的应税所得综合征税,能够较为充分地考虑纳税人实际收入水平和负担能力,体现了公平原则,但对于征管能力要求较高,需要纳税人有较好的综合素质和纳税意识。

3. 混合所得税

混合所得税是指对纳税人的各类所得先按分类所得税课征,并进行费用扣除,然后将全部或部分所得进行加总和个人宽免,最后按累进税率征收。这一征税制度吸收了分类和综合所得税的优点。

（三）个人所得税的缴纳制度

1. 课源法

课源法是指所得发生或支付时,由支付人即扣缴义务人按规定扣下应纳税款,并代为上缴税务机关。这种方法只需税务机关与所得支付人联系,纳税阻力较小,有利于税款的及时入库。但该方法存在一个缺点——适用的所得较少,特别是经营性所得无法进行源泉扣缴。

2. 申报法

申报法要求纳税人自行申报所得。这要求纳税人具有一定的综合素质和纳税意识,也要求税务机关对纳税人信息有一定的了解。因此,这种方法一般为一些发达国家所采用。

3. 测定法

测定法又称推定法或估征法,是指税务机关根据纳税人外部标志和经营方式来测定其所得,一般根据纳税人财产净值、消费支出、银行账户等信息进行推定。这种方法针对申报法和课源法难以取得的所得,可以进行补充和评估,但容易由于测定过于主观,与实际产生较大差距。

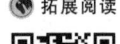

拓展阅读

个人所得税
的发展趋势

拓展阅读

我国个人所
得税的改革
方向

 本 章 小 结

1. 所得税是指以本国居民或非居民获得的收入扣除相应的成本费用或个人宽免额的余额,即纯收入为征税对象的一类税收。所得税与社会保险税目前是大多数国家的主要财政收入来源之一。

2. 所得税就纯收入课税,有利于进一步调节收入分配,对税收效率、税收公平、财政收入和经济增长等方面都具有一定的经济意义。

3. 所得税与其他税种相比有着不同的特征,即税收负担的直接性、税率的累进性、税基的广泛性、征收管理的复杂性和税收收入的弹性。

4. 根据企业所得税与个人所得税的重叠程度以及对重复征税处理方法的不同,企业所得税可分为古典制、归属制和分率制三类。

5. 企业所得税纳税人居民身份的判定通常有注册登记地标准、管理机构所在地标准、总机构所在地标准和选举权控制标准。

6. 自然人居民身份判定主要有住所标准、居所标准、停留时间标准。

7. 个人所得税的税率制度主要是税率形式的选择,目前世界各国主要采用累进税率,俄罗斯采用比例税率。

复习思考题

一、单项选择题

1. 保险企业发生与其经营活动有关的手续费及佣金支出,不超过当年全部保费收入扣除退保金等后余额的一定比例的部分,在计算应纳税所得额时准予扣除;超过部分,允许结转以后年度扣除。该比例是(   )。
   A. 5%   B. 10%   C. 15%   D. 18%

2. 根据企业所得税相关规定,下列确认销售商品收入实现的条件,错误的是(   )。
   A. 收入的金额能够可靠地计量
   B. 企业因向客户转让商品而有权取得的对价很可能收回
   C. 已发生或将发生的销售方的成本能够可靠地核算
   D. 销售合同已签订并将与商品所有权相关的主要风险和报酬转移给购货方

3. 企业支付给如下员工的工资不属于《企业所得税法》中所称工资薪金支出范畴的是(   )。
   A. 为车间生产雇用季节工   B. 为宣传产品雇用临时工
   C. 为管理部门招用实习生   D. 为职工食堂返聘退休厨师

4. 下列符合企业所得税佣金扣除规定,可以在企业所得税税前全额扣除的佣金是(   )。
   A. 甲企业销售给乙企业 1 000 万元货物,签订合同并收取款项后,甲企业支付乙企业采购科长 40 万元

B. 甲生产企业委托丁中介公司介绍客户,成功与丁介绍的客户签订的合同表明交易金额300万元,甲企业以18万元转账支票支付丁公司佣金

C. 丙生产企业委托丁中介公司介绍客户,成功与丁介绍的客户签订的合同表明交易金额500万元,丙企业以20万元现金支付丁公司佣金

D. 乙企业支付某中介个人0.5万元佣金,以酬劳其介绍成功10万元的交易(签订合同)

5. 2022年度,甲公司利润总额900万元,当年通过中国红十字会捐赠一批货物给水灾地区,货物公允价值为100万元,发生运费9万元,中国红十字会开具的捐赠票据的记载金额为包含运费的109万元,假定该公司业务招待费需要调增所得5万元,没有其他影响纳税调整的金额,2021年度应纳税所得额是( )万元。

A. 905   B. 906   C. 910   D. 914

6. 2022年8月某居民企业购买规定的安全生产专用设备用于生产经营,取得的增值税专用发票金额80万元(不含增值税,相关增值税已作抵扣)。已知该企业2020年亏损50万元,2021年未弥补亏损前的应纳税所得额为20万元。2022年度经审核未弥补亏损前的应纳税所得额为360万元。该企业适用的企业所得税税率为25%,2022年度该企业实际应缴纳企业所得税( )万元。

A. 72.5   B. 74.5   C. 77   D. 82.5

7. 企业向个人赠送商品和提供服务的下列情形中,应征收个人所得税的是( )。

A. 企业通过价格折扣方式向个人销售商品

B. 企业通过价格折让方式向个人提供服务

C. 企业对累积消费达到一定额度的个人按消费积分反馈礼品

D. 企业对累积消费达到一定额度的顾客,给予额外抽奖机会,个人的获奖所得

8. 下列在中国境内无住所且不居住的个人中,应向我国缴纳个人所得税的是( )。

A. 从境内的外商投资企业取得特许权使用费收入的个人

B. 为境内单位的境外派出机构修理机器设备取得所得的个人

C. 将住房出租给境内公司在境外分支机构使用取得所得的个人

D. 担任境外企业的董事、监事和高级管理职务取得所得的个人

9. 下列收入免征个人所得税的是( )。

A. 退休人员再任职取得的收入

B. 大学教授取得的岗位津贴

C. 提前退休人员取得的一次性补贴收入

D. 员工从破产企业取得的一次性安置费

10. 2021年中国公民黄某在A国转让股权应纳税所得额40 000元,按A国税法规定缴纳了个人所得税6 500元;在A国还取得偶然所得10 000元,按A国税法规定缴纳了个人所得税3 000元。黄某当年在国内外没有其他所得项目,则黄某在我国应补缴个人所得税(   )元。(以上货币均为人民币。)

    A. 50   B. 500   C. 1 000   D. 1 100

11. 某个体工商户2022年向员工实际发放工资200 000元,该个体工商户计算当年应纳个人所得税时,可扣除员工的职工教育经费限额是(   )。

    A. 28 000元   B. 5 000元   C. 16 000元   D. 4 000元

12. 某职员(独生子)2023年1月工资、薪金收入12 000元,其中含单位应为其扣缴的基本养老保险260元、基本医疗保险120元、失业保险40元;单位当月代扣欠缴供暖费500元;该职员还要赡养其62岁的父母及供其七年级的女儿读书(对子女教育和赡养老人专项附加扣除选择在单位预扣预缴其税款时扣除),则其当月工资薪金的累计预扣预缴应纳税所得额是(   )元。

    A. 4 580   B. 4 080   C. 3 580   D. 3 080

二、多项选择题

1. 下列属于企业按照公允价值确定收入额的收入形式有(   )。

    A. 债务的豁免   B. 股权投资

    C. 劳务   D. 不准备持有至到期的债券投资

2. 除另有规定外,公益性群众团体在接受企业或个人捐赠时,符合捐赠额确认规定的有(   )。

    A. 接受的货币性资产捐赠,以实际收到的金额确认捐赠额

    B. 接受的自产货物捐赠,以其成本价值确认捐赠额

    C. 接受的外购货物捐赠,以其公允价值确认捐赠额

    D. 捐赠方在向公益性群众团体捐赠时,接受捐赠方自行估值向其开具捐赠票据

3. 企业因下列行为发生的借款费用,应当作为资本性支出的有(   )。

    A. 为购置固定资产发生借款的,该固定资产购置期间发生的合理借款费用

    B. 为购置无形资产发生借款的,该无形资产购置期间发生的合理借款费用

    C. 为经过6个月的建造才达到预定可销售状态的存货发生借款的,该存货建造期间发生的合理借款费用

    D. 为建造固定资产发生借款的,该固定资产建造期间发生的合理借款费用

4. A制造业企业2022年境内符合条件的研发费用为120万元,当年A企业委托境外B企业进行研发活动,符合独立交易原则,也符合研发费用加计扣除的相关条件,且研发活动未形成无形资产,A企业支付B企业委托研发费用110万元。则以下说法正确的有(   )。

A. 境内研发费用在扣除 120 万元的基础上加计扣除 90 万元

B. 境内研发费用在扣除 120 万元的基础上加计扣除 120 万元

C. 委托境外研发费用扣除 88 万元

D. 委托境外研发费用在扣除 110 万元的基础上加计扣除 80 万元

5. 下列所得,属于个人所得税"工资、薪金所得"应税项目的有(　　　　　)。

A. 甲公司会计张三利用每周末到乙事务所做业余审计助理的兼职所得

B. 李四出差取得的规定标准的差旅费津贴

C. 任职于杂志社的记者王五在本单位杂志上发表作品取得的所得

D. 某公司总经理赵六兼任本公司董事取得的董事费所得

6. 以下关于个人所得税专项附加扣除的表述不正确的有(　　　　　)。

A. 甲参加驾校培训取得驾驶执照,可以享受继续教育专项附加扣除

B. 乙赡养 60 周岁以上的岳父母,可以享受赡养老人专项附加扣除

C. 丙在中国境外贷款购买住房,可享受住房贷款利息专项附加扣除

D. 丁父母的医药费支出,在一个纳税年度内医保目录范围内的自付部分累计超过 15 000 元的部分,可以由丁享受大病医疗专项附加扣除

7. 下列关于个体工商户公益捐赠支出税前扣除的表述中,符合个人所得税法规定的有(　　　　　)。

A. 可自行选择按 30% 标准扣除和全额扣除的公益捐赠支出的扣除次序

B. 发生的公益捐赠支出在其经营所得中扣除

C. 应妥善留存捐赠相关票据至少 5 年

D. 只能选择其对年度经营所得汇算清缴时扣除

8. 与个人任职有关的下列收入,可按全年一次性奖金计算个人所得税的有(　　　　　)。

A. 实行绩效工资办法兑现的绩效工资收入

B. 实行年薪制而兑现的年薪收入

C. 与单位解除劳动关系而取得的一次性补偿收入

D. 提前退休而取得的一次性补贴收入

三、简述题

1. 怎样理解所得税的经济稳定作用?

2. 所得税经济增长效应具体如何体现?

3. 所得税有哪些特征?

4. 企业所得税税收优惠一般有哪些形式?

5. 在确定个人所得税应纳税所得额时,通常要考虑扣除哪些方面的费用?我国又是如何规定的?

四、计算分析题

1. 在甲单位就职的工程师李某每月取得扣除"三险一金"后的工资薪金 25 000 元,负担其就读于九年级的女儿的教育费用。2021 年 1 月和 2 月还取得以下收入:

（1）1月，甲单位统一给包括李某在内的全体员工购买了每人每年3 000元的符合规定的商业健康保险产品。

（2）1月某一个休息日，业余帮乙单位检查设备运行，乙单位按照10 000元的标准支付给李某报酬。

（3）2月领取2020年年终奖36 000元，选择单独计税。

（4）2月在丙杂志社发表一篇技术分析文章，取得稿酬2 000元。

其他相关资料：对子女教育专项附加扣除李某选择在甲单位预扣预缴其税款时扣除。

要求：根据上述资料，按照下列序号计算回答问题，每问需计算出合计数。

（1）甲单位1月应预扣预缴李某的个人所得税。

（2）乙单位1月应预扣预缴李某的个人所得税。

（3）甲单位2月应预扣预缴李某的个人所得税。

（4）甲单位2月应扣缴李某年终奖的个人所得税。

（5）丙杂志社2月应预扣预缴李某的个人所得税。

2. 居民个人王某2022年度取得在中国境内工作期间的工资薪金收入25万元，假设可以扣除基本减除费用6万元、专项扣除6万元、专项附加扣除3.6万元以及依法确定的其他扣除0.24万元；另取得在境外A国工作期间的工资薪金收入30万元，稿酬收入20万元，偶然中奖收入2万元；同时在境外B国取得特许权使用费收入10万元。除上述外，王某无其他所得。王某根据A国和B国税法规定，在A国缴纳个人所得税10万元，同时在B国缴纳个人所得税1.2万元。王某境内综合所得已预扣税款1.5万元；不考虑税收协定因素。

要求：根据上述资料，按照下列序号回答问题，如有计算需计算出合计数。

（1）计算王某当年综合所得应纳税所得额。

（2）计算王某当年综合所得应纳税额。

（3）计算王某当年分类所得项目应纳税额。

（4）计算王某来源于A国所得的抵免限额。

（5）计算王某来源于B国所得的抵免限额。

（6）计算王某应补（退）个人所得税的金额，并说明取得境外所得的申报时间。

3. 某省会城市出版社2022年7月发生的部分相关业务如下：

（1）支付张三（本出版社编辑）扣除法定"三险一金"后的工资薪金20 000元，另外还向其发放抗击疫情期间加班补助1 500元和价值200元的口罩、消毒剂。张三有一个7岁的读小学的孩子，张三（独生子）父母均健在，年龄均为63岁，张三每月支付首套住房贷款利息2 000元，张三100%扣除子女教育和住房贷款利息费用，并选择在该出版社预扣预缴其税款时进行专项附加扣除。

（2）支付非居民个人Cathy审稿费3 000元。

（3）支付新入职编辑岗的研究生李四（年内首次取得工资薪金）扣除法定"三险一金"后的工资薪金10 000元，李四还提供合同显示有租房费用每月1 600元并选择在预扣预缴其税款时进行专项附加扣除。(合同注明2022年7月1日为租赁开始日。)

(4) 签约作家王五拍卖自己的文字作品手稿复印件取得收入20 000元,王五当即将该收入中的5 000元通过市政府部门捐赠给西部受灾地区。

其他相关资料:假定张三在当年内每月从出版社取得的收入和扣除情况无变化。

要求:根据上述资料,回答下列问题。

(1) 计算7月应累计预扣张三工资薪金的个人所得税。

(2) 说明Cathy审稿收入的所得项目,计算代扣代缴Cathy的个人所得税。

(3) 计算7月应预扣预缴李四工资薪金的个人所得税,并说明政策规定。

(4) 说明王五拍卖文字作品手稿复印件收入的所得项目,并计算王五拍卖文字作品手稿复印件所得应预缴的个人所得税。

4. 王某自2019年起承包一位于市区的咨询公司(系增值税一般纳税人),平时不领取工资,规定每年从公司净利润中上交承包费100万元,经营成果归王某所有。2022年该咨询公司取得含增值税收入1 908万元,发生可抵扣进项税50万元,经营成本800万元,管理费用400万元(含业务招待费18万元),销售费用200万元,营业外支出20万元(系非广告性质的赞助支出)。

其他相关资料:假定王某没有综合所得,不考虑专项扣除,其女儿8岁,相关费用由王某负担并在个人所得税前扣除。

要求:根据上述资料,回答下列问题。

(1) 该咨询公司的利润总额。

(2) 该咨询公司的企业所得税纳税调整合计金额。

(3) 该咨询公司应纳的企业所得税。

(4) 王某个人所得税的应纳税所得额。

(5) 王某应纳的个人所得税。

五、案例分析

新个人所得税法中的租金扣除会引发房租上涨吗?

2019年,个人所得税专项抵扣正式实施。这是继2018年10月个税"起征点"上调至5 000元之后,我国个税改革的第二步。但是,原本是政府派发减税红包的好事,却在部分人群中引发了新的烦恼——在住房租金抵扣上,房东和租客产生了意想不到的矛盾,甚至由此引发了租金上涨的隐忧。纳税人在填报抵扣信息时,需要提供房东的个人信息,包括房东姓名、身份证号码以及住房地址等,这就引发了房东的巨大担忧。

长期以来,我国税务部门对租房市场的信息并不能做到精确掌握,所以对于房租收入的相关税收并没有严格征收,但这并不意味着房东不需要为此纳税。一旦租客将房东的信息上交,就意味着税务部门能够对租房市场的交易信息精准掌握,弥补了我国租房市场长期以来的信息不足。理论上讲,有了这些信息,税务部门可以随时对房东们依法征税。

　　房东自然不愿意租客将自己的信息上交,由此引发了房东和租客之间的冲突。如果租客想享受租金抵扣,房东的应对办法就是大幅涨价,最终结果很可能是租金上涨的幅度超过抵税的优惠。对于租客而言,理性的选择或许是放弃租金抵扣的优惠,如果引发房东涨价的报复,反而得不偿失。

　　但我们似乎也很难指责房东们"唯利是图",因为和租客相比,房东们面临的风险其实大于租客享受到的收益。以在北京租房的纳税人来看,假如每个月收入为1万元,享受1 500元的租金抵扣,每个月少缴税款约100元。而对于房东而言,个人信息曝光之后,万一真的被追缴税款,租金收入的5%将要上交,这可能大于房客个税抵扣的优惠幅度。

解析

　　讨论:目前我国个税抵扣填报信息才刚刚开始,大量房东和租客还在博弈对峙中,相关部门出台政策细则正是时候。你认为相关部门在这方面应如何规定,才能使租金扣除发挥其应有的作用?

第十二章 财产和行为税 理论与政策

本章要点

1. 财产税的理论依据
2. 财产税的分类
3. 我国现行财产税包含的五个税种及其制度设计
4. 房地产税改革产生的税收效应

案例导入

改革开放以来,随着中国特色社会主义市场经济体系的不断完善,我国房地产行业得到了飞速的发展,为促进我国经济增长、推进城镇化建设以及优化居民居住条件等做出了重要贡献。但是,长期以来,房地产市场存在大量"泡沫"。国务院发展研究中心党组书记马建堂明确指出要积极稳妥推进房地产税立法和改革,做好试点工作。房产税是房地产税中最重要的部分之一,近些年其改革进程较为缓慢。

2011 年,房产税改革开始试点。2011 年 1 月 28 日,上海、重庆两地同时出台《对部分个人住房征收房产税试点的暂行办法》。上海试点方案主要针对增量房,其政策目的主要是打击投机炒房行为,稳定房价。征税范围较窄、税率较低,减免额度较大,对筹集地方财政收入无较大作用。和"沪版试点方案"相比,"渝版试点方案"体现了对"存量房"的调控,对高档住宅和独栋商品房的价格有所抑制。

思考:在现实生活中,存在大量的私人业主将商品房出租给个人用于商业经营,双方达成协议自拟合同并签字,出租房并未对所得租金开具发票,故税务机关漏征此部分税款,请就此现象提出看法。

第一节 财产税理论

财产税是一种古老的税,是一国税收体制中的重要组成部分,曾是一国税收收入的主要来源。随着商品经济的发展,流转税和所得税的出现使其不再是主体税种,但财产税仍然是一国税制体系中必不可少的。

一、财产税的概念

财产税是以纳税人所有或属其支配的财产为课税对象的一类税。它不是一个单一税种,而是税种分类中的一个类别。它以财产为课税对象,向财产的所有者征收。所谓财产,包括一切积累的劳动产品、自然资源等有形财产,以及各种技术、版权、特许权等无形资产。

在过去以土地等自然资源为主的社会中,财产税的主要课税对象是土地,随着商品经济的逐渐发展,财产税的种类也有所增加,征税范围由不动产扩大到部分动产。这里说部分动产,是因为由于税收征管水平的限制以及考虑到对经济运行的影响,财产税暂不能对所有财产课税,而是对部分特定财产征税。在选择财产税的征税对象时,一般会选择不容易被隐瞒和转移、便于征收管理的财产,主要是在使用和消费环节的财产,而不是生产、流通中的财产。因此,对土地、房屋以及汽车、船舶等课税是较为常见和普遍的。

财产税对社会财富的存量征税。财产税的课税对象多半是不直接参与流转与交易的财产,是社会财富处于存量的部分。而且财产税属于直接税,税收负担较难转嫁。综上所述,财产税的征税对象和征税范围相对稳定,产生的税收收入也相对稳定,是地方政府财政收入的一个稳定来源。

二、财产税的理论依据

关于为何要以财产为课税对象征税,主要有以下几派学说。

（一）受益说

这种观点认为,个人能够积累财富还要依赖于从政府接受的服务和保护,因此,财产所有者应当为政府提供的服务和保护支付相应的费用。以房产为例,地方政府提供的基础设施和公共服务会影响当地房产的市场价值,财产所有者在接受利益的同时也应该承担一部分费用。

（二）纳税能力说

这种观点认为,财产是衡量纳税人税收负担能力的一个标准。一个人拥有较多的存量财富,就具有较强的支付能力,就该缴纳较高的税额,这符合纳税能力原则。

（三）社会公平说

富人相对穷人拥有更多的存量财富,征收财产税,可以对社会财富进行再分配,从而缩小社会的贫富差距,有助于社会的和谐稳定。

（四）财政收入说

这种观点产生于封建社会时期,土地私有制为主要的经济基础,当时以土地这种自然资源为财产税的主要课税对象,征税的主要目的是获得充足的财政收入。在西方很多国家,财产税作为地方政府的重要收入来源,在筹集地方政府财政支出所需资金方面发挥着重要作用。

三、财产税的分类

（一）根据课税对象形态的不同，财产税可以分为静态财产税和动态财产税

静态财产税是对一定时期处于相对静止状态的财产，按其数量或价值进行课征的财产税。这些税种的特点是在征收时间上有一定的规律性，通常是定期征收。**我国现行征收的静态财产税种有房产税、城镇土地使用税和车船税。**

动态财产税是在财产产权发生变动和转移时对其价值进行征收的税种，多为一次性征收。财产所有权的变动和转移是其征收的前提。**我国目前开征的动态财产税主要包括契税和土地增值税。**

专题 12 - 1　遗产税与赠与税

动态财产税中，除了我国目前开征的契税和土地增值税外，在世界范围内，具有代表性的税种是遗产税和赠与税。

遗产税与赠与税是两个不同的税种，但两者关系密切，且经常会配合征收。遗产税是以被继承人去世后所遗留的财产为征税对象，向遗产的继承人和受遗赠人征收的税。赠与税是指以财产所有者生前赠与他人的财产为征税对象征收的一种税。遗产税是主税，对财产所有者死亡后的遗产额征收，财产所有者死亡是征税的必要条件。赠与税是补充税种，对财产所有者生前赠给别人的财产额征收，与财产所有者的死亡没有必然联系。配合征收赠与税的目的在于补充遗产税的不足，防止财产所有者通过生前将财产赠与他人逃避纳税。

一些国家征收遗产税与赠与税的主要目的是：① 调节社会分配。国家通过征收遗产税和赠与税，实行区别税负，将拥有高额遗产者的一部分财产归为社会所有，用以扶持低收入者的生活及社会福利事业，从而缩减贫富差距，缓和社会矛盾。② 为地方政府增加财政收入。

（二）根据征收范围的不同，财产税可以分为一般财产税和个别财产税

一般财产税是指要对纳税人所拥有的一切财产综合课征。有些国家会设定免税项目，以应税财产总价值额减去负债后的净额为计税依据，设免税扣除并给予生活费豁免，再采取比例税率，如德国。还有一些国家以应税财产总价值额减去负债后的净额为计税依据，采用累进税率，如英国。

个别财产税是指对纳税人拥有的不同种类的财产设置不同的税种进行征收，如针对土地开征的土地税、针对房产开征的房产税。**我国现在采用的就是个别财产税。**

（三）根据计税依据的不同，财产税可以分为从量财产税和从价财产税

从量财产税是以应税财产的物理量特征为计税依据的。它的特点是征税取决于个人的财产数量，与财产的价值没有关系。

从价财产税是以应税财产的价值量特征为计税依据的。它与财产的价值量直接相

关,受财产价值变动的影响。

四、财产税的作用

(一)组织财政收入

财产税是一种存量税,纳税人的不动产、车船等财产不易隐瞒,因此税基比较稳定,能够给地方政府提供稳定可靠的收入来源。世界上许多国家将财产税作为地方政府的主体税种。

(二)调节社会财富

由于资本所得所占比例会随着收入的增长而上升,财产税也具有随收入增加而增加的特点。前文中也提到过,财产可以作为衡量纳税人税收负担能力的标准,富人拥有的存量财富多,相应的税负也较高。因此,通过财产税的征收能够实现财产的分散和贫富差距的缩小。

一般来说,个人所得税主要调节收入分配,高收入者多征税,低收入者少征税或者不征税,从而缩小社会贫富差距。但是个人所得税无法对存量的财富进行调节,因此财产税能够弥补个人所得税的不足,更好地利用税收来调节社会财富。

(三)促进资源配置

财产税对存量财产进行征税,相当于增加了财产保有的成本,所有者会更倾向于消费和投资,而减少财富的过度累积,刺激了需求。就房产和土地等财产来说,征收财产税能够实现非生产性资源转化为生产性资源,如所有者出租土地、房屋,而不是闲置,从而有效利用资源。

五、财产税的特点

(一)课税对象是社会存量财富

财产税并不对所有的财产征税,一般选择不容易被隐瞒和转移、便于征收管理的财产征税。这些财产主要是在使用和消费环节的财产,而不是生产、流通中的财产,是社会财富中处于存量的部分。

(二)财产税属于直接税

因为财产税对存量财富征税,不对流通、生产中的财产征税。因此,不能像劳务税一样容易转嫁。一般来说,纳税人就是财产所有者或使用者,税负难以转嫁。综上,财产税属于直接税。

(三)财产税是地方政府收入的主要来源

财产税多属于地方税种。因为财产税具有税源分散较广泛、区域性等特点,所以地方政府能够对本区域的税源进行有效监控。与中央政府相比,地方政府征收本区域财产税的征税成本更低,征税效率更高。另外,根据受益原则,地方政府征收的财产税可用以提供更好的公共服务,更有效地服务于当地居民。

(四)财产税是辅助税种,但十分重要

随着劳务税和所得税的出现和发展,财产税已经不再拥有以前的主体地位。但是财

产税在保证地方财政收入、公平社会财富分配、调节人们的收入水平、促使闲置财产投入使用等方面仍具有所得税和劳务税所没有的作用,能够有效地辅助主体税种,因此,财产税仍然具有十分重要的地位。

第二节　财　产　税

我国目前的税制是以增值税和所得税为双主体的税收制度,**财产税为辅助税种**。财产税一方面**为地方政府带来较为稳定的财政收入**,另一方面**弥补了增值税和所得税这两个主体税种的不足,更有效地利用税收来调节社会财富、优化资源配置。**

我国现行财产税包括房产税、城镇土地使用税、土地增值税、车船税和契税五个税种。

一、房产税

房产税是指以房屋为征收范围,按照房屋的计税余值或者租金收入,向产权所有人征收的一种财产税。 由于房产是不动产,房产税的税源比较稳定,能够为地方政府提供稳定的财政收入。除此之外,房产税还具有调节社会财富、加强房产管理和促进建立正规租赁关系等作用。

（一）房产税的纳税人和征税范围

房产税的纳税人按以下规定确认:① 产权属国家所有的,由经营管理单位纳税;② 产权属集体和个人所有的,由集体单位和个人纳税;③ 产权出典的,由承典人纳税;④ 产权所有人、承典人不在房屋所在地的,由房产代管人或者使用人纳税;⑤ 产权未确定及租典纠纷未解决的,由房产代管人或者使用人纳税;⑥ 纳税单位和个人无租使用房产管理部门、免税单位及纳税单位的房产,由使用人代为缴纳房产税;⑦ 产权属于集体所有制的,由实际使用人纳税。

房产税的征税范围是在城市、县城、建制镇和工矿区的房产。所谓房产,是指有屋面和围护结构,能够遮风避雨,可供人们在其中生产、学习、工作、娱乐、居住或储藏物资的场所。但独立于房屋的建筑物,如围墙、暖房、水塔、烟囱、室外游泳池等不属于房产。

（二）房产税的计税依据和税率

1. 从价计征

按照房产余值征税的,称为从价计征。此时房产余值为计税依据,我国规定:房产税依照房产原值一次减除 10%~30% 后的余值计算缴纳。扣除比例由省、自治区、直辖市人民政府在税法规定的减除幅度内自行确定。房产原值应包括与房屋不可分割的各种附属设备或一般不单独计算价值的配套设施,主要包括暖气,卫生,通风等。纳税人对原有房屋进行改建、扩建的,要相应增加房屋的原值。从价计征时,适用的税率是 1.2%。

2. 从租计征

按照房产租金收入计征的,称为从租计征。房产出租的,以房产租金收入为房产税的计税依据。从租计征的,适用的税率为 12%。2001 年 1 月 1 日起,对个人按市场价格出租的居民住房,用于居住的,可暂减按 4% 的税率征收房产税。

（三）房产税的税收优惠

（1）国家机关、人民团体、军队自用的房产免征房产税。但上述免税单位的出租房产不属于免税范围。

（2）由国家财政部门拨付事业经费的单位自用的房产免征房产税。但学校的工厂、商店、招待所等应照章纳税。

（3）宗教寺庙、公园、名胜古迹自用的房产免征房产税。但经营用的房产不免税。

（4）个人所有非营业用的房产免征房产税。但个人拥有的营业用房或出租的房产应照章纳税。

（5）对行使国家行政管理职能的中国人民银行总行所属分支机构自用的房地产,免征房产税。

【中国智慧·中国道路】

房地产税改革路径

房地产税的改革一直是近年来备受关注的社会热点。从 2003 年提出开征统一物业税的税费改革开始,到 2011 年上海、重庆的房产税试点,再到十八届三中全会提出"加快房地产税立法并适时推进改革",房地产税改革的路径越来越清晰(见图 12-1)。

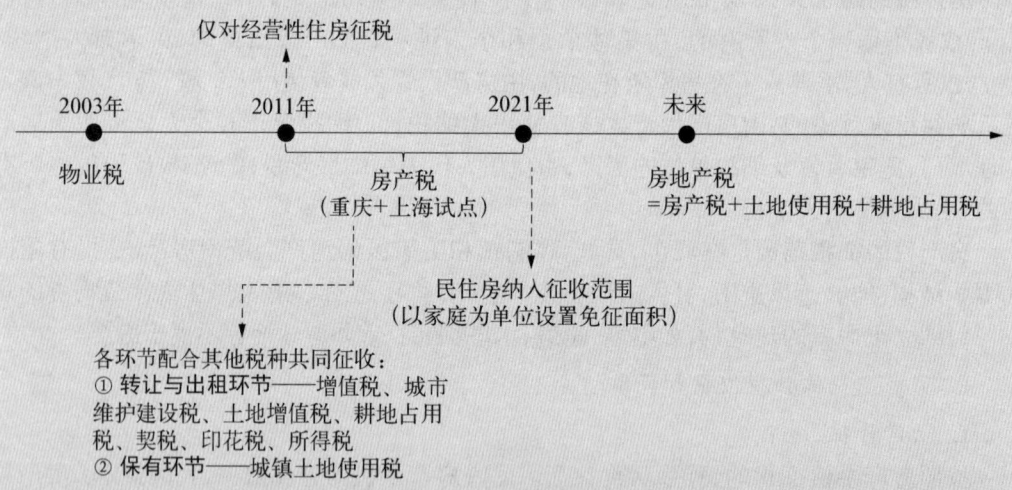

图 12-1 我国房地产税改革路径

房地产税也存在狭义和广义上的区别。广义的房地产税为一系列有关房地产税收的总称,涉及房地产开发、转让、保有三个环节。狭义的房地产税仅指针对房地产保有环节设计的税,是指以法人和自然人拥有或支配的房地产为对象征收的税。这里所讨论的房地产税改革是在房地产的保有环节基于对现有房产税、土地使用税、耕地占用税的合并征收。

（一）改革会带来的宏观税收效应

1. 资源配置效应

对土地而言，房地产税改革是从"重流通，轻保有"到"轻流通，重保有"的一个转变，使得土地进入市场流通不再受高额税费的阻碍，有利于土地的流动，有效地增加了供给，提高了土地资源的利用效率。增加土地保有环节的税负，抑制了部分土地保有行为，如土地保有者凭借较低的保有成本只对土地简单开发，待土地价格上涨时再卖出。抑制这些行为有利于减少土地闲置、浪费的现象，从而提高土地的利用效率。

对房产而言，对非经营性用房保有环节征税使得消费者在购买房屋时会考虑以后年度的税收因素。大面积、高配置的豪华商品房和高档别墅将伴随着保有环节的高额税负。这一税收政策会引导更多消费者对中小型商品房的需求增加，从而影响开发商相应增加中小户型的普通商品房以及经济适用房、廉租房等的供给，调整了住房供给结构。对持有多套房产的保有者，由于多套住房保有环节的税负较高，该政策会引导保有者将空置住房出租，租房市场的供给将明显增加，有利于房租价格的下降。

2. 稳定房价效应

影响房地产价格的因素是多方面的，如人口的增加、居民收入的增加、土地资源的减少、房地产投机行为、政府政策。最根本的决定因素是房地产的供求关系和房地产市场的规范程度。房地产税并不能决定房价的高低，只会对房价产生一定的影响。房地产税对稳定房价的效应表现在：

（1）消费者在购买房屋时会受到保有环节税负的影响，引导了市场增加中小户型住房的供给。房地产开发商多开发中小户型住房，以提高土地使用效率，集约用地，会抑制因地价的上涨而影响房价的上涨。

（2）房地产税改革主要在于"重流通，轻保有"到"轻流通，重保有"的转变。流通环节税负的降低会相应减少开发商在流通环节的税收转嫁，有助于抑制房价上涨。

（3）征收房地产税，对房地产投机行为具有一定的抑制作用。开征房地产税以后，房地产投机者的炒房收益就会下降。尽管所缴纳的房地产税额占炒房收益的比重不大，但炒房者也会考虑税收这一因素，会在一定程度上抑制房价的过快上涨。

3. 收入分配效应

现行房产税适用从价计征和从租计征两种方式。两种方式分别适用 1.2% 和 12% 的单一税率，没有实行差别税率，并不能很有效地调节收入分配。一般来说，富人在不向境外转移财产的前提下，最有效的避税行为就是投资房产，如今购买多套豪宅已成为富人自身财富保值以及增值的投机手段。随着房价不断上涨，越来越多的人热衷炒房这种投机行为，若实行差别税率的房地产税，则有助于调节收入分配，把处于垄断地位和利用资源优势的纳税人所产生的高额利润与所得集中到政府手中,使政府拥有更多的资金用于社会再分配,有利于消除社会贫困。在房地产税改革中,对非经营性房产的征税是极为必要的改革方向。

（二）改革会带来的微观税收效应

1. 对生产者产生的效应

从收入效应的角度来看,房地产税有助于抑制房价的过快上涨,也会抑制大量炒房、囤房的行为。对房地产开发商来说,收入会相应降低,从而开发商的可支配收入降低,在一定程度上影响开发商的生产规模。

从替代效应来看,由于房地产税可能使房地产行业整体利润下降,投资者可能会从房地产行业转向更加高利润低税负的行业。另外,由于房地产税会引导消费者对中小型商品房的需求增加,开发商会相应调整供给结构,这也是一种替代效应。

2. 对消费者产生的效应

对非经营性房产的消费者来说,征收保有环节的房地产税会造成其可支配收入实实在在的减少,抑制了消费者的需求,有利于抑制炒房等投机行为,这是对消费者产生的收入效应。

从替代效应来看,保有环节的税负可能会引导消费者降低买房需求,增加租房需求。但是这还和租房的税负有关。虽然出租房屋房产税的纳税人是出租方,但该类房产税存在的税负转嫁问题也会影响租房需求的增长。

在我国住房租赁市场中,绝大多数承租人还不具备购买住房的能力,对租金的价格比较敏感,需求弹性较大。对于出租方来说,在短期内可出租的房产是较为稳定的,且一般情况下租金收入不作为主要收入,对租金的反应不如承租人敏感,供给弹性较小。因此,在税负转嫁过程中,大部分税负由出租方承担,少部分由承租方承担。相比自有住房保有环节的税负,消费者在租房时承担的税负更少,因此会产生更多人去租房而不是买房的替代效应。

此外,之前提到的更多消费者会衡量自己家庭收入的情况而去购买中小型房屋而非高档商品房,也是一种替代效应。

3. 对私人投资行为产生的效应

房地产税改革的一个目的是调整现有投资结构,抑制炒房投机,引导投资者投资其他低税负商品。对私人投资的收入效应在于,保有环节的房地产税减少了投资者的投资收益,可支配收入减少,为了增加收益,投资者会增加投资,这是一个负效应。

替代效应则会引导投资者去投资高收益低税负的金融商品或者是减少投资增加储蓄。一般来说,对投资者的替代效应要大于收入效应,综上,总体上,保有环节的房地产税会抑制投机行为,调整优化投资结构。

二、城镇土地使用税

城镇土地使用税是指国家在城市、县城、建制镇、工矿区范围内,对使用土地的单位和个人,以其实际占用的土地面积为计税依据,按照规定的税额计算征收的一种税。

开征城镇土地使用税,使得使用土地变为有偿,能够引导使用者更加有效合理地利用土地资源,避免对不可再生资源的浪费。此外,由于城镇土地使用税采用的是差别幅度税额,可以调节不同地区之间土地的级差收入,有利于企业间的公平竞争。

（一）城镇土地使用税的纳税人和征税范围

城镇土地使用税的纳税义务人是拥有土地使用权的单位和个人。如果拥有土地使用权的单位和个人不在土地所在地的,其土地的实际使用人和代管人为纳税人。若土地使用权未确定或权属纠纷未解决的,其实际使用人为纳税人。若土地使用权共有的,共有各方都是纳税人,由共有各方分别纳税。

城镇土地使用税的征税范围是城市、县城、建制镇和工矿区的国家所有、集体所有的土地。

（二）城镇土地使用税的计税依据

城镇土地使用税以实际占用的土地面积为计税依据。

(1) 凡由省、自治区、直辖市人民政府确定的单位组织测定土地面积的,以测定的面积为准。

(2) 尚未组织测量,但纳税人持有政府部门核发的土地使用证书的,以证书确认的土地面积为准。

(3) 尚未核发出土地使用证书的,由纳税人申报土地面积,据以纳税,待核发土地使用证以后再作调整。

（三）城镇土地使用税的税率

城镇土地使用税适用**地区幅度差别定额税率**,按大、中、小城市和县城、建制镇、工矿区分别规定每平方米城镇土地使用税年应纳税额城镇土地使用税定额税率如表12-1所示。

表 12-1　城镇土地使用税定额税率

地　区	定额税率
大城市	1.5~30 元
中等城市	1.2~24 元
小城市	0.9~18 元
县城、建制镇、工矿区	0.6~12 元

（四）城镇土地使用税的税收优惠

(1) 国家机关、人民团体、军队自用的土地免税。但对外出租、经营用的土地仍要缴纳土地使用税。

(2) 由国家财政部门拨付事业经费的单位自用的土地免税。

(3) 宗教寺庙、公园、名胜古迹自用的土地免税。经营用地不免税。

(4) 市政街闭道、广场、绿化地带等公共用地免税。

（5）直接用于农、林、牧、渔业的生产用地免税。

（6）对非营利性医疗机构、疾病控制机构和妇幼保健机构等卫生机构自用的土地免税。

（7）企业办的学校、医院、托儿所、幼儿园，其用地能与企业其他用地明确区分的，免征城镇土地使用税。

（8）免税单位无偿使用纳税单位的土地（如公安、海关等单位使用铁路、民航等单位的土地），免征城镇土地使用税。纳税单位无偿使用免税单位的土地，纳税单位应照章缴纳城镇土地使用税。纳税单位与免税单位共同使用、共有使用权的土地上的多层建筑，对纳税单位可按其占用的建筑面积占建筑总面积的比例计征城镇土地使用税。

（9）对行使国家行政管理职能的中国人民银行总行（含国家外汇管理局）所属分支机构自用的土地，免征城镇土地使用税。

三、土地增值税

土地增值税是指对有偿转让国有土地使用权及地上建筑物和其他附着物产权，取得增值收入的单位和个人征收的一种税。

【中国智慧·中国道路】

我国开征土地增值税的主要背景是，1992 年及 1993 年上半年，中国部分地区出现房地产持续高温，炒买房地产情况严重，使得很多资金流向了房地产行业，房地产价格上涨过猛，对国民经济的发展造成了不利影响。于是，国家开征土地增值税，抑制炒房行为，调节房地产开发过热。

（一）土地增值税的纳税人和征税对象

土地增值税的纳税人是转让国有土地使用权及地上建筑物和其他附着物产权、并取得收入的单位和个人。

土地增值税的征税对象是转让国有土地使用权、地上的建筑物及其附着物所取得的增值额。增值额为纳税人转让房地产的收入减除规定的扣除项目金额后的余额。

转让房地产的收入包括货币收入、实物收入和其他收入，即与转让房地产有关的经济收益。

扣除项目有下列几项：

（1）取得土地使用权所支付的金额，包括纳税人为取得土地使用权所支付的地价款和按国家统一规定交纳的有关费用：① 以出让方式取得土地使用权的，为支付的土地出让金；② 以行政划拨方式取得土地使用权的，为转让土地使用权时按规定补交的出让金；③ 以转让方式得到土地使用权的，为支付的地价款。

（2）开发土地和新建房及配套设施的成本（以下简称房地产开发成本），包括土地征用及拆迁补偿费、前期工程费、建筑安装工程费、基础设施费、公共设施配套费、开发间接费用。这些成本允许按实际发生额扣除。

（3）开发土地和新建房及配套设施的费用（以下简称房地产开发费用），包括销售费用、管理费用、财务费用。根据新会计制度规定，与房地产开发有关的费用直接计入当年损益，不按房地产项目进行归集或分摊。为了便于计算操作，财务费用中的利息支出，凡能够按转让房地产项目计算分摊，并提供金融机构证明的，允许据实扣除，但最高不能超过按商业银行同类同期贷款利率计算的金额；其他房地产开发费用按取得土地使用权所支付的金额及房地产开发成本之和的 5% 以内予以扣除。凡不能提供金融机构证明的，利息不单独扣除。三项费用的扣除按取得土地使用权所支付的金额及房地产开发成本的10% 以内计算扣除。

（4）旧房及建筑物的评估价格，是指在转让已使用的房屋及建筑物时，由政府批准设立的房地产评估机构评定的重置成本价乘以成新度折扣率后的价值。当地税务机关参考评估机构的评估确认最终评估价格。

（5）与转让房地产有关的税金，包括在转让房地产时缴纳的营业税、城市维护建设税、印花税。因转让房地产交纳的教育费附加也可视同税金予以扣除。

（6）加计扣除。从事房地产开发的纳税人，可按取得土地使用权所支付的金额与房地产开发成本之和加计 20% 扣除。

（二）土地增值税的征税范围

1. 一般规定

（1）土地增值税只对**转让**国有土地使用权的行为征税，**对出让国有土地使用权的行为不征税。**

（2）土地增值税既对转让国有土地使用权的行为征税，也对转让地上建筑物及其他附着物产权的行为征税。

（3）土地增值税只对有偿转让的房地产征税，对以继承、赠与等方式无偿转让的房地产，不予征税。不予征收土地增值税的行为主要包括两种：

① 房产所有人、土地使用人将房产、土地使用权赠与直系亲属或者承担直接赡养义务人。

② 房产所有人、土地使用人通过中国境内非营利的社会团体、国家机关将房屋产权、土地使用权赠与教育、民政和其他社会福利、公益事业。

2. 特殊规定

（1）以房地产进行投资联营。以房地产进行投资联营一方以土地作价入股进行投资或者为联营条件的，免征收土地增值税。其中如果投资联营的企业从事房地产开发，或者房地产开发企业以其建造的商品房进行投资联营的就不能暂免征税。

（2）房地产开发企业将开发的房产转为自用或者用于出租等商业用途，如果产权没有发生转移，不征收土地增值税。

（3）房地产的互换，由于发生了房产转移，属于土地增值税的征税范围。但是对于个人之间互换自有居住用房的行为，经过当地税务机关审核，可以免征土地增值税。

（4）合作建房。对于一方出地，另一方出资金，双方合作建房，建成后按比例分房自用的，暂免征收土地增值税；但建成后转让的，应征收土地增值税。

（5）房地产的出租，指房产所有者或土地使用者，将房产或土地使用权租赁给承租人使用,由承租人向出租人支付租金的行为。房地产企业虽然取得了收入,但没有发生房产产权、土地使用权的转让,不属于土地增值税的征税范围。

(6)房地产的抵押,指房产所有者或土地使用者作为债务人或第三人向债权人提供不动产作为清偿债务的担保而不转移权属的法律行为。这种情况下,房产的产权、土地使用权在抵押期间没有发生权属变更,在抵押期间不征收土地增值税。

(7)企业兼并转让房地产。在企业兼并中,对被兼并企业将房地产转让到兼并企业中的,免征收土地增值税。

(8)房地产的代建行为,是指房地产开发公司代客户进行房地产的开发,开发完成后向客户收取代建收入的行为。房地产开发公司虽然取得了收入,但没有发生房地产权属的转移,其收入属于劳务收入,不在土地增值税征税范围。

(9)房地产的重新评估。按照财政部门的规定,国有企业在清产核资时对房地产进行重新评估而产生的评估增值,因其既没有发生房地产权属的转移,房产产权、土地使用权人也未取得收入,不属于土地增值税征税范围。

(10)土地使用者处置土地使用权。土地使用者转让、抵押或置换土地,无论其是否取得了该土地的使用权属证书,无论其在转让、抵押或置换土地的过程中是否与对方当事人办理了土地使用权属证书变更登记手续,只要土地使用者享有占用、使用收益或处分该土地的权利,具有合同等到证据表明其实质转让、抵押或置换了土地并取得了相应的经济利益,土地使用者及其对方当事人就应当依照税法规定缴纳土地增值税、契税等。

(三)土地增值税的税率

土地增值税税率如表 12-2 所示。

表 12-2 土地增值税税率

级数	计 税 依 据	适用税率	速算扣除率
1	增值额未超过扣除项目金额 50%的部分	30%	0
2	增值额超过扣除项目金额 50%、未超过扣除项目金额 100%的部分	40%	5%
3	增值额超过扣除项目金额 100%、未超过扣除项目金额 200%的部分	50%	15%
4	增值额超过扣除项目金额 200%的部分	60%	35%

(四)土地增值税的计税方法

应纳土地增值税的计算公式如下:

$$应纳税额 = \sum (每级距的土地增值税额 \times 适用税率) \qquad (12-1)$$

为了计算简便,可以采用速算扣除法,即首先计算扣除项目,然后利用收入减去扣除项目得到增值额;再计算增值额与扣除项目的比率,得到对应的税率与速算扣除系数,最后增值额乘以适用的税率减去扣除项目乘以速算扣除系数便得到应缴税额。

纳税人有下列情形之一的,按照房地产评估价格计算征收:① 隐瞒、虚报房地产成交价格的;② 提供扣除项目金额不实的;③ 转让房地产的成交价格低于房地产评估价格,又无正当理由的。

（五）土地增值税的清算

土地增值税清算,是指纳税人在符合土地增值税清算条件后,依照税收法律、法规及土地增值税有关政策规定,计算房地产开发项目应缴纳的土地增值税税额,结清该房地产项目应缴纳的土地增值税税款的行为。土地增值税清算应该以国家有关部门审批的房地产开发项目为单位进行清算。

1. 纳税人符合下列条件之一的,应进行土地增值税的清算

(1) 房地产开发项目全部竣工、完成销售的。

(2) 整体转让未竣工决算房地产开发项目的。

(3) 直接转让土地使用权的。

2. 对符合以下条件之一的,主管税务机关可要求纳税人进行土地增值税清算

(1) 已竣工验收的房地产开发项目,已转让的房地产建筑面积占整个项目可售建筑面积的比例在85%以上,或该比例虽未超过85%,但剩余的可售建筑面积已经出租或自用的。

(2) 取得销售(预售)许可证满三年仍未销售完毕的。

(3) 纳税人申请注销税务登记但未办理土地增值税清算手续的。

(4) 省、自治区、直辖市、计划单列市税务机关规定的其他情况。

（六）税收优惠

(1) 纳税人建造普通标准住宅出售,增值额未超过扣除项目金额20%的,免征土地增值税。

(2) 因国家建设需要依法征用、收回的房地产,免征土地增值税。

(3) 因城市实施规划、国家建设的需要而搬迁,由纳税人自行转让原房地产的,免征土地增值税。

(4) 对企事业单位、社会团体以及其他组织转让旧房作为公共租赁住房房源的且增值额未超过扣除项目金额20%的,免征土地增值税。

四、车船税

车船税是指对在我国境内应依法到公安、交通、农业、渔业、军事等管理部门办理登记的车辆、船舶,根据其种类,按照规定的计税依据和年税额标准计算征收的一种财产税。

（一）车船税的纳税人和征税范围

在中华人民共和国境内属于《车船税法》规定的车辆、船舶的所有人和管理人,为车船税的纳税人。车船税的征收范围,是指依法应当在我国车船管理部门登记的车船(除规定减免的车船外)。

（二）车船税的税收优惠

（1）根据《车船税法》，下列车船免征车船税：① 捕捞、养殖渔船；② 军队、武装警察部队专用的车船；③ 警用车船；④ 依照法律规定应当予以免税的外国驻华使领馆、国际组织驻华代表机构及其有关人员的车船。

（2）对节约能源、使用新能源的车船可以减征或者免征车船税，具体办法由国务院规定，并报全国人民代表大会常务委员会备案。

（3）省、自治区、直辖市人民政府根据当地实际情况，可以对公共交通车船，农村居民拥有并主要在农村地区使用的摩托车、三轮汽车和低速载货汽车定期减征或者免征车船税。

（三）车船税的税目和税率

车船税税目税率表如表12-3所示。

表 12-3 车船税税目税率表

税　　目		计税单位	年基准税额	备　　注
乘用车①〔按发动机汽缸容量（排气量）分档〕	1.0升（含）以下的	每辆	60元至360元	核定载客人数9人（含）以下
	1.0升以上至1.6升（含）的		300元至540元	
	1.6升以上至2.0升（含）的		360元至660元	
	2.0升以上至2.5升（含）的		660元至1 200元	
	2.5升以上至3.0升（含）的		1 200元至2 400元	
	3.0升以上至4.0升（含）的		2 400元至3 600元	
	4.0升以上的		3 600元至5 400元	
商用车②	客车	每辆	480元至1 440元	核定载客人数9人以上，包括电车
	货车	整备质量每吨	16元至120元	包括半挂牵引车③、三轮汽车④和低速载货汽车⑤等
挂车⑥		整备质量每吨	货车税额的50%	
其他车辆	专用作业车⑦	整备质量每吨	16元至120元	不包括拖拉机
	轮式专用机械车⑧		16元至120元	

税　目		计税单位	年基准税额		备　注
摩托车⑨		每辆	36 元至 180 元		
船舶⑩	机动船舶⑪	净吨位每吨	200 吨及以下	3 元	拖船⑫、非机动驳船⑬分别按照机动船舶税额的 50% 计算 拖船按照发动机功率每 1 千瓦折合净吨位 0.67 吨计算征收车船税
			200～2 000 吨（含）	4 元	
			2 000～10 000 吨（含）	5 元	
			超过 10 000 吨	6 元	
	游艇⑭	艇身长度每米	10 米及以下	600 元	
			10～18 米（含）	900 元	
			18～30 米（含）	1 300 元	
			大于 30 米	2 000 元	
			辅助动力帆艇	600 元	

注：① 乘用车，是指在设计和技术特性上主要用于载运乘客及随身行李，核定载客人数（包括驾驶员在内）不超过 9 人的汽车。乘用车以车辆登记管理部门核发的机动车登记证书或者行驶证书所载的排气量毫升数确定税额区间。

② 商用车，是指除乘用车外，在设计和技术特性上用于载运乘客、货物的汽车，划分为客车和货车。

③ 半挂牵引车，是指装备有特殊装置、用于牵引半挂车的商用车。

④ 三轮汽车，是指最高设计车速不超过每小时 50 千米，具有三个车轮的货车。

⑤ 低速载货汽车，是指以柴油机为动力，最高设计车速不超过每小时 70 千米，有四个车轮的货车。

⑥ 挂车，是指需由汽车或者拖拉机牵引，才能正常使用的一种无动力的道路车辆。

⑦ 专用作业车，是指用于特殊工作，并装置有专用设备或器具的汽车，如汽车起重机、消防车、混凝土泵车、清障车、高空作业车、洒水车、扫路车等。以载运人员或货物为主要目的的专用汽车，如救护车，不属于专用作业车。

⑧ 轮式专用机械车，是指有特殊结构和专门功能，装有橡胶车轮，可以自行行驶，最高设计车速大于每小时 20 千米的轮式工程机械车。

⑨ 摩托车，是指无论采用何种驱动方式、最高设计车速大于每小时 50 千米，或者使用内燃机、排量大于 50 毫升的两轮或者三轮车辆。

⑩ 船舶，是指各类机动、非机动船舶以及其他水上移动装置，但是船舶上装备的救生艇筏和长度小于 5 米的艇筏除外。

⑪ 机动船舶是指用机器推进的船舶。

⑫ 拖船是指专门用于拖（推）动运输船舶的专业作业船舶。

⑬ 非机动驳船，是指在船舶登记管理部门登记为驳船的非机动船舶。

⑭ 游艇是指具备内置机械推进动力装置，长度在 90 米以下，主要用于游览观光、休闲娱乐、水上体育运动等活动，并应当具有船舶检验证书和适航证书的船舶。

五、契税

契税是指不动产（土地、房屋）产权发生转移变动时，就当事人所订契约按产价的一定比例向新业主（产权承受人）征收的一次性税收。契税属于**财产转移税**，由财产承受人缴纳。

契税中所涉及的契约,包括土地使用权转移,如国有土地使用权出让或转让;房屋所有权转移(应该称为土地、房屋权属转移),如房屋买卖、赠送、交换。除了买卖、赠送、交换外,房屋所有权转移的方式还有很多种。其中,有两种常见的房屋权属转移,按规定要缴纳契税:① 因特殊贡献获奖,奖品为土地或房屋权属;② 预购期房、预付款项集资建房,只要拥有房屋所有权,就等同于房屋买卖。

（一）契税的纳税人和征税对象

契税的纳税义务人是境内转移土地、房屋权属,承受产权的单位和个人。

契税的征税对象是境内转移的土地、房屋权属。具体包括以下五项内容:

(1) 国有土地使用权的出让,是指土地使用者向国家交付土地使用权出让费用,国家将国有土地使用权在一定年限内让与土地使用者的行为。

(2) 土地使用权的转让,是指土地使用者以出售、赠与、交换或者其他方式将土地使用权转移给其他单位和个人的行为。土地使用权的转让不包括农村集体土地承包经营权的转移。

(3) 房屋买卖,即以货币为媒介,出卖者向购买者过渡房产所有权的交易行为。以下几种特殊情况,视同买卖房屋:

① 以房产抵债或实物交换房屋,应由产权承受人,按房屋现值缴纳契税。

② 以房产作投资或股权转让,以自有房产作股投入本人独资经营的企业,免纳契税。

③ 买房拆料或翻建新房,应照章纳税。

（二）契税的税率

契税实行 3‰～5‰ 的幅度税率。各省、自治区、直辖市人民政府可以在规定范围内按照该地区的实际情况决定。

（三）契税的计税依据

(1) 国有土地使用权出让、土地使用权出售、房屋买卖,以**成交价格**为计税依据。成交价格是指土地、房屋权属转移合同确定的价格,包括承受者应交付的货币、实物、无形资产或者其他经济利益。

(2) 土地使用权赠与、房屋赠与,由征收机关参照土地使用权出售、房屋买卖的市场价格**核定**。

(3) 土地使用权交换、房屋交换,以所交换的土地使用权、房屋的**价格差额**为计税依据。交换价格相等时,免征契税;交换价格不等时,由多交付的货币、实物、无形资产或者其他经济利益的一方缴纳契税。

(4) 以划拨方式取得土地使用权,经批准转让房地产时,由房地产转让者补交契税。计税依据为补交的土地使用权出让费用或者土地收益。

为了避免偷、逃税款,我国税法规定,成交价格明显低于市场价格且无正当理由的,或者所交换土地使用权、房屋的价格的差额明显不合理且无正当理由的,征收机关可以参照市场价格核定计税依据。

（四）契税的税收优惠

(1) 国家机关、事业单位、社会团体、军事单位承受土地、房屋用于办公、教学、医疗、科研和军事设施的,免征契税。

(2) 城镇职工按规定第一次购买公有住房的,免征契税。

(3) 自 2008 年 11 月 1 日起对个人首次购买 90 平方米以下普通住房的,契税税率暂统一下调至 1%。

(4) 因不可抗力灭失住房而重新购买住房的,酌情减免。不可抗力是指自然灾害、战争等不能预见、不可避免并不能克服的客观情况。

(5) 土地、房屋被县级以上人民政府征用、占用后,重新承受土地、房屋权属的,由省级人民政府确定是否减免。

(6) 承受荒山、荒沟、荒丘、荒滩土地使用权,并用于农、林、牧、渔业生产的,免征契税。

第三节　行 为 税

一、印花税

印花税是世界各国普遍征收的一种税,是一个比较古老的税种。1624 年创始于荷兰,后为许多国家所采用,现在已有 100 多个国家和地区开征印花税。2021 年 6 月 10 日,第十三届全国人民代表大会常务委员会正式通过《中华人民共和国印花税法》,自 2022 年 7 月 1 日起施行。

(一) 印花税的概念和特点

1. 印花税的概念

印花税是以在经济活动和经济交往中书立、领受具有法律效力应税凭证的行为为征税对象而征收的一种税。因采用在应税凭证上粘贴印花税票为完税标志而得名。

2. 印花税的特点

(1) **兼有凭证税和行为税性质**。印花税是对单位和个人书立、领受的应税凭证征收的一种税,具有凭证税性质。任何一种应税经济凭证反映的都是某种特定的经济行为,因此,对凭证征税,实质上是对经济行为课税。

(2) **征税面广**。印花税的征税范围广泛,凡税法列举的合同或具有合同性质的凭证、产权转移书据及营业账簿等,都必须依法纳税。根据《中华人民共和国印花税法》,我国印花税的应税凭证共有 5 大类 15 个税目。随着市场经济的发展和经济法制的逐步健全,依法书立经济凭证的现象会越来越普遍,涉及经济活动的各个方面。

(3) **税率低,税负轻**。根据《中华人民共和国印花税法》,目前我国印花税税率最高为 1‰。与其他税种相比,印花税税率确实要低得多,其税负也要轻得多,具有"广集资金,积少成多"的财政效应。税负轻是印花税的一大优点,易为纳税人接受,也因此印花税得以在世界各国广泛推行。

(4) **轻税重罚**。印花税虽然税率较轻,但是纳税人一旦违反税法,将会被处以不缴或少缴税款 50% 以上 5 倍以下的罚款;构成犯罪的,依法追究刑事责任。以较重的罚则来保证纳税人依法纳税。

（二）印花税的纳税人

印花税的纳税人是指在中华人民共和国境内书立应税凭证、进行证券交易的单位和个人，单位和个人是指各类企业、事业、机关、团体、部队以及中外合资企业、合作企业、外资企业、外国公司和其他经济组织及其在华机构等单位和个人。

上述单位和个人，按照书立、使用、领受应税凭证的不同，可以分别确定为立合同人、立据人、立账簿人、领受人、使用人和各类电子应税凭证的签订人。

1. 立合同人

立合同人是指合同的当事人。当事人是指对凭证有直接权利与义务关系的单位和个人，但不包括合同的担保人、证人、鉴定人。当事人的代理人有代理纳税的义务，他与纳税人负有同等的税收法律义务和责任。

2. 立据人

产权转移书据的纳税人是立据人，指土地、房屋权属转移过程中买卖双方的当事人。产权转移书据由立据人贴足印花税票，如未贴或者少贴印花，书据的持有人应负责补贴印花。所立书据以合同方式签订的，应由持有书据的各方分别按全额贴花。

3. 立账簿人

营业账簿的纳税人是立账簿人。所谓立账簿人是指设立并使用营业账簿的单位和个人。例如，企业单位因生产、经营需要，设立了营业账簿，该企业就是纳税人。

4. 领受人

权利、许可证照的纳税人是领受人。领受人是指领取或接受并持有该项凭证的单位和个人。例如，某人因其发明创造，经申请依法取得国家相关机关颁发的专利证书，该人即为纳税人。

5. 使用人

在国外书立、领受但在国内使用的应税凭证，其纳税人是使用人。

6. 各类电子应税凭证的签订人

各类电子应税凭证的签订人，是指以电子形式签订的各类应税凭证的当事人。对于应税凭证，凡由两方或者两方以上当事人共同书立的，其当事人各方都是印花税的纳税人，应各就其所持凭证的计税金额履行纳税义务。

【例 12 – 1】

A、B 两家公司因业务需要签订咨询服务合同，由 B 公司向 A 公司提供业务咨询服务。在项目完成后，A 公司的经办人员将咨询费用送到 B 公司，在取发票时看到 B 公司持有的合同已做了贴花，便认为已缴清了印花税，回到 A 公司也没再提缴税的事。不久，税务机关上门进行日常税务检查，在查阅账簿、合同、发票等资料时，发现了该咨询服务合同未依法缴纳印花税，于是对 A 公司做出了补税和罚款的处理。请问该处罚是否合理？

解析：根据《中华人民共和国印花税法》第十条，同一应税凭证由两方或者两方以上当事人订立的，应当按照各自涉及的价款或者报酬分别计算应纳税额。也就是说，对合同有直接权利义务关系的双方当事人均有纳税义务，均应按照各自合同涉及的金额贴足印花。由此可知税务机关对 A 公司的处罚是合理的。

（三）印花税的税目和税率

印花税的税目，是指《中华人民共和国印花税法》中明确规定的应当纳税的项目，目前共有 4 大类 17 个税目（见表 12 - 4）。

印花税的税率遵循税负从轻、共同负担的原则，税率比较低。印花税的税率为比例税率，不同税目适用的税率见表 12 - 4。

表 12 - 4 印花税税目税率表

税 目		范 围	税 率	说 明
合同	1. 买卖合同	包括供应、预购、采购、购销结合及协作、调剂、补偿、易货等合同	支付价款的 0.3‰	指动产买卖合同
	2. 承揽合同	包括加工、定做、修缮、修理、印刷广告、测绘、测试等合同	支付报酬的 0.3‰	
	3. 建设工程合同	包括建筑、安装工程、勘察、设计合同	支付价款的 0.3‰	
	4. 租赁合同	包括租赁房屋、船舶、飞机、机动车辆、机械、器具、设备等合同	租金的 1‰	
	5. 融资租赁合同		租金的 0.05‰	
	6. 运输合同	包括民用航空运输、铁路运输、海上运输、内河运输、公路运输和联运合同	运输费用的 0.3‰	不包括管道运输合同
	7. 仓储合同		仓储费用的 1‰	
	8. 保管合同		保管费用的 1‰	
	9. 借款合同	银行业金融机构和借款人（不包括银行同业拆借）订立的借款合同	按借款金额的 0.05‰	
	10. 财产保险合同	包括财产、责任、保证、信用等保险合同	保险费的 1‰	不包括再保险合同
	11. 技术合同	包括技术开发、转让、咨询、服务等合同	支付价款、报酬或者使用费的 0.3‰	
产权转移书据		土地使用权出让和转让书据；房屋等建筑物、构筑物所有权、股权（不包括应缴纳证券交易印花税的）转让书据。	按支付价款的 0.5‰	转让包括买卖（出售）、继承、赠与、互换、分割
		商标专用权、著作权、专利权、专有技术使用权转让书据	按支付价款的 0.3‰	

税　目	范　围	税　率	说　明
营业账簿	生产、经营用账册	按实收资本（股本）、资本公积合计金额的 0.25‰	
证券交易		成交金额的 1‰	对证券交易的出让方征收，不对证券交易的受让方征收。

【例 12－2】

某公司 2021 年设立时注册资本为 1 000 万元，资本公积为 200 万元。公司 2022 年新启用设置账簿 20 本，其中包括实收资本、资本公积账簿各 1 本，实收资本和资本公积的金额与设立时相比无变动。请问该公司 2022 年应缴纳的印花税为多少？

解析：记载资金的账本，按实收资本和资本公积合计的 0.25‰ 计税贴花；本年度注册资本、资本公积未增加的，不缴纳印花税，其他账簿均应按 5 元/件贴花。

$$2022 年营业账簿应纳印花税＝（20－1－1）×5＝90（元）$$

（四）印花税的计税依据

1．从价计税情况下的计税依据

（1）应税合同的计税依据，为合同所列的金额，不包括列明的增值税税款。

（2）应税产权转移书据的计税依据，为产权转移书据所列的金额，不包括列明的增值税税款。

（3）营业账簿税目中记载资金的账簿的计税依据为实收资本与资本公积两项的合计金额。

（4）证券交易的计税依据为成交金额。

2．计税依据的特殊规定

（1）应税合同、产权转移书据未列明金额的，印花税的计税依据按照实际结算的金额确定。计税依据按照前款规定仍不能确定的，按照书立合同、产权转移书据时的市场价格确定；依法应当执行政府定价或者政府指导价的，按照国家有关规定确定。

（2）同一应税凭证载有两个以上税目事项并分别列明金额的，按照各自适用的税目税率分别计算应纳税额；未分别列明金额的，从高适用税率。

（3）证券交易无转让价格的，按照办理过户登记手续时该证券前一个交易日收盘价计算确定计税依据；无收盘价的，按照证券面值计算确定计税依据。

（4）同一应税凭证由两方以上当事人书立的，按照各自涉及的金额分别计算应纳税额。

（5）已缴纳印花税的营业账簿，以后年度记载的实收资本（股本）、资本公积合计金额比已缴纳印花税的实收资本（股本）、资本公积合计金额增加的，按照增加部分计算应纳税额。

（五）印花税应纳税额的计算

印花税应纳税额，根据应纳税凭证的性质，按比例税率计算。

（1）合同和具有合同性质的凭证以及产权转移书据印花税应纳税额的计算公式为：

$$应纳印花税 ＝应税凭证计税金额×适用税率 \qquad (12-2)$$

式中,应税凭证计税金额为应税凭证所载金额,如购销合同中的购销金额。

（2）资金账簿,印花税应纳税额的计算公式为：

$$应纳印花税 ＝(实收资本＋资本公积)×适用税率 \qquad (12-3)$$

【例 12-3】

某企业于 2022 年成立,领取工商营业执照、税务登记证、房产证、土地使用证、商标注册证各一件,资金账簿记载实收资本 1 350 万元,新启用其他营业账簿 8 本,当年发生经济业务如下：

（1）4 月初,将一间门面房租给某商户,签订财产租赁合同,租期一年,合同记载的年租金为 12 万元,本年内取得租金收入 9 万元。

（2）出租闲置设备,签订租赁合同,月租金为 500 元,但未确定具体租赁期限。

（3）10 月,以一栋房产作抵押,取得银行抵押贷款 40 万元,并签订抵押贷款合同,年底由于资金周转困难,按合同约定将价值 50 万元的房产产权转移给银行,并依法签订产权转移书据。

（4）11 月,与某公司签订货物运输保管合同,记载运费 9 万元、装卸费 1 万元、仓储保管费 8 万元。

根据上述资料,请计算：

（1）该企业领用的证照与设置的营业账簿应缴纳的印花税。

（2）该企业签订租赁合同应缴纳的印花税。

（3）该企业以房产抵押贷款业务应缴纳的印花税。

（4）该企业签订货物运输保管合同应缴纳的印花税。

解析：（1）税务登记证不是印花税的征税对象,则：

领用证照与设立营业账簿应纳印花税 ＝ $(4＋8)×5＋1\ 350×10\ 000×0.5‰ ＝ 6\ 810$(元)

（2）租赁合同按照合同中注明的租赁金额计税贴花：

$$签订租赁合同应纳印花税 ＝12×10\ 000×1‰＝120(元)$$

（3）抵押贷款合同按照借款合同贴花,抵押房产产权转移时签订的书据按照产权转移书据贴花：

以房产抵押贷款业务应纳印花税 ＝ $40×10\ 000×0.05‰＋50×10\ 000×0.5‰ ＝ 270$(元)

（4）装卸费不贴花,则：

签订货物运输保管合同应纳印花税 ＝ $9×10\ 000×0.5‰＋8×10\ 000×1‰＝125$(元)

（六）印花税的税收优惠

1. 公益及保障类税收优惠

（1）对与高校学生签订的高校学生公寓租赁合同,免征印花税。高校学生公寓,是指高校为学生提供住宿服务,按照国家规定的收费标准收取住宿费的学生公寓。

(2) 对公租房经营管理单位建造管理公租房涉及的印花税予以免征。对公租房经营管理单位购买住房作为公租房,免征印花税;对公租房租赁双方签订租赁协议涉及的印花税予以免征。在其他住房项目中配套建设公租房,依据政府提供的相关材料,可按公租房建筑面积占总建筑面积的比例免征建造、管理公租房涉及的印花税。

(3) 对财产所有人将财产赠给政府、社会福利单位、学校所立的书据免征印花税。社会福利单位,是指抚养孤老伤残的社会福利单位。

(4) 对外国政府或者国际金融组织向我国政府及国家金融机构提供优惠贷款所书立的合同免征印花税。

(5) 军事物资运输凭证,即附有军事运输命令或使用专用的军事物资运费结算凭证,免征印花税。

(6) 抢险救灾物资运输凭证,即附有县级以上(含县级)人民政府抢险救灾物资运输证明文件的运费结算凭证,免征印花税。

(7) 新建铁路的工程临管线运输凭证,即为新建铁路运输施工所需物料,使用工程临管线专用的运费结算凭证,免征印花税。

(8) 军队、武警部队订立、领受的应税凭证,免征印花税。

(9) 易地扶贫搬迁实施主体取得安置住房土地免征印花税;易地扶贫搬迁安置住房建设和分配过程中免征印花税;易地扶贫搬迁实施主体安置住房房源免征印花税。

(10) 对廉租住房、经济适用住房经营管理单位与廉租住房、经济适用住房相关的印花税以及廉租住房承租人、经济适用住房购买人涉及的印花税予以免征。

(11) 保障性住房免征印花税。

(12) 对开发商建造廉租房和经济适用住房有关印花税予以免征。

(13) 社保基金会、社保基金投资管理人、管理机构管理的社保基金、养老基金转让非上市公司股权,免征印花税。

(14) 饮水工程运营管理单位为建设饮水工程取得土地使用权签订的产权转移书据,以及与施工单位签订的建设工程承包合同免征印花税。

2. 个人及农村类税收优惠

(1) 对房地产管理部门与个人签订的用于生活居住的租赁合同免征印花税。

(2) 为了贯彻落实《国务院关于加快棚户区改造工作意见》,对改造安置住房经营管理单位、开发商与改造安置住房相关的印花税以及购买安置住房的个人涉及的印花税自2013年7月4日起予以免征。

(3) 对农牧业保险合同免征印花税。

(4) 国家指定的收购部门与村民居委会、农民个人签订的农副产品收购合同,减免征收印花税。由于我国地域广阔、情况复杂,随着经济的发展,国家指定的收购部门也会有所变化。《印花税法》授权省、自治区、直辖市主管税务机关根据当地实际情况,划定本地区收购部门和农副产品的具体范围。

3. 融资类税收优惠

对无息、贴息贷款合同免征印花税。无息、贴息贷款合同,是指我国的各专业银行按照国家金融政策发放的无息贷款,以及由各专业银行发放并按有关规定由财政部门或中国人民银行给予贴息的贷款项目所签订的贷款合同。

（1）截至 2023 年 12 月 31 日,对金融机构与小型企业、微型企业签订的借款合同免征印花税。

（2）对保险公司进行风险处置和破产救助过程中签订的产权转移书据免征印花税。

4. 企业改制改组类税收优惠

（1）资金账簿的印花税:

① 实行公司制改造的企业在改制过程中成立的新企业(重新办理法人登记的),其新启用的资金账簿记载的资金或因企业建立资本纽带关系而增加的资金,凡原已贴花的部分可不再贴花,未贴花的部分和以后新增加的资金按规定贴花。

② 以合并或分立方式成立的新企业,其新启用的资金账簿记载的资金,凡原已贴花的部分可不再贴花,未贴花的部分和以后新增加的资金按规定贴花。

③ 企业债权转股权新增加的资金按规定贴花。

④ 企业改制中经评估增加的资金按规定贴花。

⑤ 企业其他会计科目记载的资金转为实收资本或资本公积的资金按规定贴花。

（2）各类应税合同的印花税:企业改制前签订但尚未履行完的各类应税合同,改制后需要变更执行主体的,对仅改变执行主体、其余条款未做变动且改制前贴花的,不再贴花。

（3）产权转移书据的印花税:企业因改制签订的产权转移书据免予贴花。

（4）股权分置试点改革转让的印花税:股权分置改革过程中因非流通股股东向流通股股东支付对价而发生的股权转让,暂免征收印花税。

（5）增值税小规模纳税人减征印花税。

（6）青藏铁路公司及其所属单位营业账簿免征印花税。

5. 其他类税收优惠

（1）对已缴纳印花税凭证的副本或者抄本免征印花税。由于这种副本或抄本属于备查性质,不是正式文本,对外不产生法律效力,对其不应再征收印花税。**但副本或抄本作为正本使用的,应另行贴花。**

（2）经财政部批准的免征印花税的其他凭证:① 铁路、公路、航运、水路承运快件行李、包裹开具的托运单据免征印花税;② 商品储备管理公司及其直属库资金账簿免征印花税。

（七）印花税的征收管理

1. 印花税的纳税方法

印花税可以采用粘贴印花税票或者由税务机关依法开具其他完税凭证的方式缴纳。印花税票粘贴在应税凭证上的,由纳税人在每枚税票的骑缝处盖戳注销或者画销。印花税票由国务院税务主管部门监制。

2. 印花税的纳税环节

（1）印花税的纳税义务发生时间为纳税人书立应税凭证或者完成证券交易的当日。证券交易印花税扣缴义务发生时间为证券交易完成的当日。

（2）印花税按季、按年或者按次计征。实行按季、按年计征的,纳税人应当自季度、年度终了之日起 15 日内申报缴纳税款;实行按次计征的,纳税人应当自纳税义务发生之日起 15 日内申报缴纳税款。证券交易印花税按周解缴。证券交易印花税扣缴义务人应当自每周终了之日起 5 日内申报解缴税款以及银行结算的利息。

3. 印花税的纳税地点

(1)纳税人为单位的,应当向其机构所在地的主管税务机关申报缴纳印花税;纳税人为个人的,应当向应税凭证书立地或者纳税人居住地的主管税务机关申报缴纳印花税。不动产产权发生转移的,纳税人应当向不动产所在地的主管税务机关申报缴纳印花税。

(2)纳税人为境外单位或者个人,在境内有代理人的,以其境内代理人为扣缴义务人;在境内没有代理人的,由纳税人自行申报缴纳印花税,具体办法由国务院税务主管部门规定。

(3)证券登记结算机构为证券交易印花税的扣缴义务人,应当向其机构所在地的主管税务机关申报解缴税款以及银行结算的利息。

4. 印花税的违章行为及其处罚

印花税纳税人有下列行为之一的,由税务机关根据情节轻重予以处罚:

(1)在应税凭证上未贴或者少贴印花税票的或者已粘贴在应税凭证上的印花税票未注销或者未画销的,由税务机关追缴其不缴或者少缴税款、滞纳金,并处不缴或少缴税款 **50% 以上 5 倍以下的罚款。**

(2)已贴用的印花税票揭下重用造成未缴或少缴印花税的,由税务机关追缴其不缴或者少缴税款、滞纳金,并处不缴或少缴税款 **50% 以上 5 倍以下的罚款**;构成犯罪的,依法追究刑事责任。

(3)伪造印花税票的,由税务机关责令改正,处以 **2 000 元以上 1 万元以下的罚款**;情节严重的,处 **1 万元以上 5 万元以下的罚款**;构成犯罪的,依法追究刑事责任。

(4)按期汇总缴纳印花税的纳税人,超过税务机关核定的纳税期限,由税务机关追缴其不缴或者少缴税款、滞纳金,并处不缴或少缴税款 **50% 以上 5 倍以下的罚款**;情节严重的,同时撤销其汇缴许可证;构成犯罪的,依法追究刑事责任。

(5)纳税人违反以下规定的,由税务机关责令限期改正,可处以 **2 000 元以下的罚款**;情节严重的,处以 **2 000 元以上 1 万元以下的罚款**。

① 凡汇总缴纳印花税的凭证,应加注税务机关指定的汇缴戳记,在编号并装订成册后,将已贴印花或者缴款书的一联粘附册后,盖章注销、保存备查。

② 纳税人对纳税凭证应妥善保存。对于纳税凭证的保存期限,凡国家有明确规定的,按规定执行;没有明确规定的,均应在履行完毕后保存 1 年。

(6)代售户对取得的税款逾期不缴或者挪作他用,或者违反合同将所领印花税票转托他人代售或转至其他地区销售,或者未按规定详细提供领、售印花税票情况的,税务机关可视其情节轻重给予警告或者取消其代售资格的处罚。

二、车辆购置税

(一)车辆购置税的概念和特点

车辆购置税是以在中国境内购置规定车辆为课税对象,在特定环节向车辆购置者征收的一种税。车辆购置税具有以下特点:

(1)**征税范围单一**。作为财产税的车辆购置税,是以购置的特定车辆为课税对象,而不是对所有的财产或消费财产征税,范围相对比较狭窄,是一种特种财产税。

（2）**在特定环节征收**。车辆购置税实行一次课征制,它不是在生产、经营和销售的每一环节实行道道征收,只是在退出流通进入消费领域的特定环节征收。

（3）**设置固定税率**。车辆购置税只确定一个统一比例税率征收,税率具有不随课税对象数额变动的特点,计征简便、负担稳定,有利于依法治税。

（4）**单一从价计征**。车辆购置税根据纳税人购置应税车辆的计税价格实行从价计征,以价格为计税标准,课税与价值直接发生关系,价值高者多缴税,价值低者少缴税。

（5）**税款用于特定用途**。车辆购置税具有特定用途,专门用于交通建设,由中央财政根据国家交通建设投资计划,统筹安排。这种特定目的的税收,可以保证国家财政支出的需要,既有利于统筹合理地安排资金,又有利于保证特定事业和建设支出的需要。

（6）**属于直接税,价外征税**。车辆购置税的计税依据中不包含车辆购置税税额,车辆购置税税额是附加在价格之外的,且纳税人即为负税人,税负不发生转嫁。

（二）车辆购置税的纳税人、应税行为和征税范围

1. 纳税人

车辆购置税的纳税义务人,是指在中华人民共和国境内购置应税车辆的单位和个人。车辆购置税的纳税人,要符合以下三个条件：① 发生应税行为,即发生购置车辆的行为；② 征税区域符合规定,即该行为发生在中华人民共和国境内；③ 所购车辆属于规定征税的车辆。只有同时符合以上三个条件的单位和个人,才成为车辆购置税的纳税人。换言之,凡是在我国境内购置应税车辆的国有企业、集体企业、私营企业、股份制企业、外商投资企业、外国企业以及其他事业单位、社会团体、国家机关、部队以及个体工商户和其他个人,均需缴纳车辆购置税。

2. 车辆购置税的应税行为

车辆购置税的应税行为是从各种渠道取得并使用应税车辆的行为,其行为标志是使用。车辆购置税的具体应税行为如表 12-5 所示。

表 12-5 车辆购置税的具体应税行为

应税行为	具 体 解 释
购买使用	包括购买使用国产应税车辆和购买使用进口应税车辆。当纳税人购置应税车辆自用时,就发生了应税行为,要依法纳税
进口使用	直接从境外进口或委托代理进口使用应税车辆的行为
受赠使用	接受他人馈赠并使用应税车辆的行为,作为受赠人在接受使用(包括接受免税车辆)后,就发生了应税行为
自产自用	纳税人将自己生产的应税车辆作为最终消费品用于自己消费使用
获奖使用	包括从各种奖励形式中取得并使用应税车辆的行为
其他使用行为	除上述以外其他方式取得并使用应税车辆的行为,如以拍卖、抵债、走私、罚没等方式取得并使用应税车辆的行为

【例 12 - 4】

A 公司是一家汽车生产商，甲向 A 公司预订了一辆高档小轿车，已支付货款，但尚未提货。后来，为向乙偿还借款，甲将该小轿车抵偿给乙，乙计划将该小轿车留作自用，且由乙提货并登记办理汽车牌照等事项。在这一系列事项中，哪方应为车辆购置税的纳税人？

解析：虽然甲是小轿车的购买方，但事实上甲未获得轿车所有权就将该轿车以抵债的方式转让给乙，乙是实际上获得轿车并使用的一方。因此，乙是车辆购置税的纳税人。

3. 车辆购置税的征税范围

车辆购置税的征税范围包括汽车、摩托车、电车、挂车、农用运输车，具体征税范围如表 12 - 6 所示。

表 12 - 6　车辆购置税的具体征税范围

车辆类型	具 体 说 明
汽车	包括各类汽车
摩托车	轻便摩托车：最高设计时速不大于 50 km/h，发动机气缸总排量不大于 50 cm^3 的两个或者三个车轮的机动车
	二轮摩托车：最高设计时速大于 50 km/h，发动机气缸总排量大于 50 cm^3 的两个车轮的机动车
	三轮摩托车：最高设计时速大于 50 km/h，发动机气缸总排量大于 50 cm^3 的三个车轮的机动车
电车	有轨电车：以电能为动力，在轨道上行驶的公共车辆
	无轨电车：以电能为动力，由专用输电电缆供电的轮式公共车辆
挂车	全挂车：无动力设备，独立承载，由牵引车辆牵引行驶的车辆
	半挂车：无动力设备，与牵引车辆共同承载，由牵引车辆牵引行驶的车辆
农用运输车	三轮农用运输车：柴油发动机，功率不大于 7.4 kW，载重量不大于 500 kg，最高车速不大于 40 km/h 的三个车轮的机动车
	四轮农用运输车：柴油发动机，功率不大于 28 kW，载重量不大于 1 500 kg，最高车速不大于 50 km/h 的四个车轮的机动车

车辆购置税征收范围的调整，由国务院决定并公布。其他任何部门、单位和个人只能认真执行政策规定，无权擅自扩大或缩小车辆购置税的征税范围。

【例 12 - 5】

我国公民张某 2022 年发生以下行为：

(1) 2022 年 7 月，委托代理公司从境外购买一辆全新的小轿车，用于日常生活。

（2）2022 年 8 月，购入一辆三轮农用运输车和一辆四轮农用运输车，均用于农业运输。

（3）2022 年 9 月，参与商场的抽奖活动，获得一辆电动车，用于日常生活。

张某的上述行为是否均应缴纳车辆购置税？

解析：

（1）直接从境外进口或委托代理进口使用应税车辆的行为，属于车辆购置税的应税行为。张某委托公司从境外购买小轿车，应当缴纳车辆购置税。

（2）2004 年 10 月 1 日起，对三轮农用运输车免征车辆购置税，因此张某购入三轮农用运输车的行为免缴车辆购置税，但其购买四轮农用运输车，应当按照规定缴纳车辆购置税。

（3）电动车不属于车辆购置税的征税范围，因此张某获奖得到电动车的行为不必缴纳车辆购置税。

（三）车辆购置税的税率和计税依据

我国车辆购置税实行统一比例税率，**税率为 10%**。车辆购置税税率的调整由国务院决定并公布。

车辆购置税以应税车辆为征税对象，应税车辆的价格（不含增值税）即计税价格就成为车辆购置税的计税依据。但由于应税车辆购置的来源不同，应税行为的发生不同，计税价格的组成也不一样。

1. 购买自用应税车辆计税依据的确定

纳税人购买自用的应税车辆，计税依据为纳税人购买应税车辆而支付给销售者的全部价款和价外费用，不包含增值税款。价外费用是指销售方价外向购买方收取的基金、集资费、违约金（延期付款利息）和手续费、包装费、储存费、优质费、运输装卸费、保管费以及其他各种性质的价外收费，但不包括销售方代办保险等而向购买方收取的保险费，以及向购买方收取的代购买方缴纳的车辆购置税、车辆牌照费。

在确定车辆购置税计税依据时，应将含增值税的销售价格换算为不含增值税的销售价格。其换算公式为：

计税依据 ＝（含增值税的销售价格＋价外费用）÷（1＋增值税税率或征收率）

$$(12-4)$$

【例 12 - 6】

李某于 2022 年 3 月从某汽车有限公司（增值税一般纳税人）购买一辆排气量为 2.0 升的轿车，支付的全部价款合计 9.07 万元（含增值税），另支付代收临时牌照费 300 元、购买工具件及零部件含增值税价款 1 800 元，所支付的款项均由该汽车有限公司开具增值税专用发票。请问李某购买的应税车辆的计税依据为多少？

解析：

应纳车辆购置税的税基 ＝（90 700 ＋ 300 ＋ 1 800）÷（1＋13%）＝ 82 123.89（元）

2. 进口自用应税车辆计税依据的确定

纳税人进口自用的应税车辆以组成计税价格为计税依据。进口自用应税车辆计征车

辆购置税的计税依据,与进口方计算进口环节增值税的计税依据一致。计税价格的计算公式为:

$$组成计税价格 = 关税完税价格 + 关税 + 消费税 \qquad (12-5)$$

或: $$组成计税价格 = (关税完税价格 + 关税) \div (1 - 消费税税率) \qquad (12-6)$$

如果进口车辆是不属于消费税征税范围的大卡车、大客车,则组成计税价格公式可简化为:

$$组成计税价格 = 关税完税价格 + 关税 \qquad (12-7)$$

3. 其他自用应税车辆计税依据的确定

(1)其他自用应税车辆计税依据的一般规定如表 12-7 所示。

表 12-7 其他自用应税车辆计税依据的一般规定

其他自用车辆类型	计 税 依 据
纳税人自产、受赠、获奖和以其他方式取得并自用的应税车辆	由主管税务机关参照国家税务总局规定的最低计税价格核定。最低计税价格是指国家税务总局依据机动车生产企业或者经销商提供的车辆价格信息,参照市场平均交易价格核定的车辆购置税计税价格。最低计税价格是不含增值税价格
国家税务总局未核定最低计税价格的车辆	计税依据为纳税人提供的有效价格证明注明的价格。有效价格证明注明的价格明显偏低的,主管税务机关有权核定应税车辆的计税价格
进口旧车	凡纳税人能出具有效价格证明的,计税价格为纳税人提供的有效价格证明注明的价格。纳税人无法提供车辆有效价格证明的,主管税务机关有权核定应税车辆的计税价格
因不可抗力因素导致受损的车辆	
库存超过 3 年的车辆	
行驶 8 万公里以上的试验车辆	
国家税务总局规定的其他车辆	
免税条件消失的车辆	自初次办理纳税申报之日起,使用年限未满 10 年的,计税价格以免税车辆初次办理纳税申报时确定的计税价格为基准,每满 1 年扣减 10%;未满 1 年的,计税价格为免税车辆的原计税价格;使用年限 10 年(含)以上的,计税价格为 0

注:最低计税价格的使用是有条件的。纳税人购买或进口自用的应税车辆,首先应分别按前述计税价格、组成计税价格来确定计税依据。纳税人购买自用或者进口自用应税车辆,申报的计税价格低于同类型应税车辆的最低计税价格,又无正当理由的,计税价格为国家税务总局核定的最低计税价格。申报的计税价格低于同类型应税车辆的最低计税价格,又无正当理由的,是指纳税人申报的车辆计税价格低于出厂价格或进口自用车辆的计税价格。

(2)其他自用应税车辆计税依据的特殊规定。

两种特殊情形应税车辆的计税价格规定如表 12-8 所示。

表 12 - 8　特殊情况下应税车辆的计税价格

特殊情形的应税车辆	计 税 依 据
底盘发生更换的车辆	计税依据为最新核发的同类型车辆最低计税价格的70%。但是,此政策只适用于已缴过车辆购置税并办理了登记注册手续的已税车辆底盘发生更换的情况
非贸易渠道进口车辆	同类型新车最低计税价格

（四）车辆购置税应纳税额的计算

车辆购置税应纳税额的计算公式为：

$$应纳车辆购置税＝计税价格×税率 \qquad (12-8)$$

 提示

　　在计算进口自用应税车辆计征车辆购置税时,需要注意:纳税人应如实提供有关报关和完税证明资料,主管税务机关应按海关审查确认的有关进口车辆的完税证明资料组成计税价格计算应纳税额。

　　纳税人进口应税车辆自用的,由进口自用方纳税;如果进口车辆用于销售、抵债、以物易物等方面,不属于进口自用应税车辆的行为,不征收车辆购置税。纳税人进口自用应税车辆以组成计税价格为计税依据。

（五）车辆购置税的税收优惠

车辆购置税的税收优惠如表12-9所示。

表 12 - 9　车辆购置税的税收优惠

税收优惠	具 体 规 定
法定减免	(1) 外国驻华使馆、领事馆和国际组织驻华机构及其外交人员自用车辆免征车辆购置税 (2) 中国人民解放军和中国人民武装警察部队列入军队武器装备订货的车辆免征车辆购置税 (3) 设有固定装置的非运输车辆免征车辆购置税 (4) 国务院规定予以免税的其他情形:① 防汛部门和森林消防部门用于指挥、检查、调度、报汛(警)、联络的设有规定装置的指定型号的车辆;② 回国服务的留学人员用现汇购买1辆个人自用国产小汽车;③ 长期来华定居专家进口自用的1辆小汽车 (5) 2004年10月1日起,对三轮农用运输车免征车辆购置税 (6) 2014年9月1日至2020年12月31日,对购置的新能源汽车免征车辆购置税 (7) 自2016年1月1日起至2020年12月31日止,对城市公交企业购置的公共汽电车辆免征车辆购置税

税收优惠	具　体　规　定
法定减免	(8) 自 2018 年 7 月 1 日至 2021 年 6 月 30 日，对购置挂车减半征收车辆购置税 (9) 中国妇女发展基金会"母亲健康快车"项目的流动医疗车免征车辆购置税 (10) 北京 2022 年冬奥会和冬残奥会组织委员会新购置车辆免征车辆购置税 (11) 原公安现役部队和原武警黄金、森林、水电部队改制后换发地方机动车牌证的车辆(公安消防、武警森林部队执行灭火救援任务的车辆除外)，一次性免征车辆购置税 (12) 悬挂应急救援专用号牌的国家综合性消防救援车辆
退　税	已缴纳车辆购置税的车辆，发生下列情形之一的，准予纳税人申请退税：① 车辆退回生产企业或者经销商的；② 符合免税条件的设有固定装置的非运输车辆但已征税的；③ 其他依据法律法规定应予退税的情形

（六）车辆购置税的征收管理

1. **车辆购置税的纳税环节**

车辆购置税对应税车辆的购置行为课征，征收环节单一，实行一次课征制度。征收环节为使用环节，即最终消费环节。具体而言，车辆购置税在应税车辆上牌登记注册前的使用环节征收。

购置已纳车辆购置税的车辆，应向原车主索要车辆购置税完税证明，不再征收车辆购置税。但减税、免税条件消失的车辆，即减税、免税车辆因转让、改制后改变了原减免税的前提条件，就不再属于减免税范围，应按规定缴纳车辆购置税。购买已办理免税手续的二手车，应重新办理申报缴税或免税手续。

主管税务机关在为纳税人办理纳税申报手续时，对设有固定装置的非运输车辆应当实地验车。纳税人应当在向公安机关交通管理部门办理车辆注册登记前，缴纳车辆购置税。公安机关交通管理部门办理车辆注册登记，应当根据税务机关提供的应税车辆完税或者免税电子信息对纳税人申请登记的车辆信息进行核对，核对无误后依法办理车辆注册登记。

2. **车辆购置税的纳税地点**

(1) 需要办理车辆登记注册手续的纳税人，向车辆登记注册地的主管税务机关办理纳税申报；车辆登记注册地指的是车辆的上牌落籍地或落户地。

(2) 不需要办理车辆登记注册手续的纳税人，向纳税人所在地的主管税务机关办理纳税申报。

3. **车辆购置税的纳税期限**

(1) 纳税人购买自用应税车辆的，应自购买之日起 60 日内申报纳税；进口自用应税车辆的，应自进口之日起 60 日内申报纳税；自产、受赠、获奖或者以其他方式取得并自用应税车辆的，应自取得之日起 60 日内申报纳税。购买之日是指纳税人购车发票上注明的销售日期；进口之日是指纳税人报关进口的当天。

(2) 免税车辆因转让、改变用途等原因，其免税条件消失的，纳税人应在免税条件消失之日起 60 日内到主管税务机关重新申报纳税。免税车辆发生转让，但仍属于免税范围的,受让方应当自购买或取得车辆之日起 60 日内到主管税务机关重新申报免税。

4. 车辆购置税的征收管理

车辆购置税的缴纳方法主要有：① 自报核缴；② 集中征收缴纳；③ 代征、代扣、代收。

三、船舶吨税

船舶吨税简称吨税,是海关对自境外港口进入中华人民共和国境内港口的船舶征收的用于航道设施建设和维护的一种使用税。船舶吨税是一个非常古老的税种。清朝康熙年间就准许当时的闽海关开征沿海帆船梁头税,也就是现代船舶吨税的雏形。2017 年 12 月 27 日,第十二届全国人民代表大会常务委员会第三十一次会议通过了《中华人民共和国船舶吨税法》,该法自 2018 年 7 月 1 日起施行。

（一）船舶吨税的税制要素

1. 船舶吨税的征税范围

船舶吨税的征税范围是自中华人民共和国境外港口进入境内港口的船舶(以下简称应税船舶)。

2. 船舶吨税的税目和税率

船舶吨税采用定额税率,设置优惠税率和普通税率,具体税目税率如表 12 – 10 所示。适用优惠税率的包括中国国籍的应税船舶,船籍国(地区)与中华人民共和国签订含有相互给予船舶税费最惠国待遇条款的条约或者协定的应税船舶。其他应税船舶,适用普通税率。

表 12 – 10   船舶吨税税目税率

税目(按船舶净吨位划分)	税率/（元/净吨）						备 注
	普通税率（按执照期限划分）			优惠税率（按执照期限划分）			
	1 年	90 日	30 日	1 年	90 日	30 日	
不超过 2 000 净吨	12.6	4.2	2.1	9.0	3.0	1.5	(1) 拖船按照发动机功率每千瓦折合净吨位 0.68 吨
超过 2 000 净吨但不超过 10 000 净吨	24.0	8.0	4.0	17.4	5.8	2.9	(2) 无法提供净吨位证明文件的游艇,按照发动机功率每千瓦折合净吨位 0.05 吨
超过 10 000 净吨但不超过 50 000 净吨	27.6	9.2	4.6	19.8	6.6	3.3	(3) 拖船和非机动驳船分别按相同净吨位船舶税率的 50% 计征税款
超过 50 000 净吨	31.8	10.6	5.3	22.8	7.0	3.8	

（二）船舶吨税应纳税额的计算

船舶吨税应纳税额按照船舶净吨位乘以适用税率计算。净吨位,是指由船籍国(地区)政府授权签发的船舶吨位证明书上标明的净吨位。

应税船舶在进入港口办理入境手续时,应当向海关申报纳税领取吨税执照,或者交验吨税执照(或申请核验吨税执照电子信息)。应税船舶在离开港口办理出境手续时,应当交验吨税执照(或申请核验吨税执照电子信息)。应税船舶负责人申领吨税执照时,应当向海关提供以下文件:① 船舶国籍证书或者海事部门签发的船舶国籍证书收存证明;② 船舶吨位证明。应税船舶因不可抗力在未设立海关地点停泊的,船舶负责人应当立即向附近海关报告,并在不可抗力原因消除后,依照《中华人民共和国船舶吨税法》规定向海关申报纳税。

应税船舶在离开港口办理出境手续时,应当交验吨税执照。应税船舶在吨税执照期限内,因税目税率调整或者船籍改变而导致适用税率变化的,吨税执照继续有效。

(三)船舶吨税的税收优惠

1. 直接优惠

下列船舶免征船舶吨税:

(1) 应纳税额在人民币 50 元以下的船舶。

(2) 自境外以购买、受赠、继承等方式取得船舶所有权的初次进口到港的空载船舶。

(3) 吨税执照期满后 24 小时内不上下客货的船舶。

(4) 非机动船舶(不包括非机动驳船)。

(5) 捕捞、养殖渔船。

(6) 避难、防疫隔离、修理、终止运营或者拆解,并不上下客货的船舶。

(7) 军队、武装警察部队专用或者征用的船舶。

(8) 警用船舶。

(9) 依照法律规定应当予以免税的外国驻华使领馆、国际组织驻华代表机构及其有关人员的船舶。

(10) 国务院规定的其他船舶。该项免税的规定,由国务院报全国人民代表大会常务委员会备案。

其中第(5)—(9)规定的船舶享有优惠政策,应当提供海事、渔业船舶管理或者出入境检验检疫等部门、机构出具的具有法律效力的证明文件或者使用关系证明文件,申明免税依据和理由。

2. 延期优惠

在吨税执照期限内,应税船舶发生下列情形之一的,海关按照实际发生的天数批注延长吨税执照期限:

(1) 避难、防疫隔离、修理,并不上下客货。

(2) 军队、武装警察部队征用。

延长申请吨税执照期限,应当提供海事、渔业船舶管理或者出入境检验检疫等部门、机构出具的具有法律效力的证明文件或者使用关系证明文件,申明延长期限的理由。

(四)船舶吨税的征收管理

1. 船舶吨税的纳税义务发生时间

船舶吨税的纳税义务发生时间为应税船舶进入港口的当日。海关征收船舶吨税应当填发船舶吨税缴库凭证。

应税船舶负责人应在应税船舶抵港申报纳税时,如实填写《船舶吨税执照申请书》,同时应当交验如下证明文件:① 船舶国籍证书或者海事部门签发的船舶国籍证书收存证明;② 船舶吨位证明。

应税船舶为拖船或无法提供净吨位证明文件的游艇的,应税船舶负责人还应提供发动机功率(千瓦)等相关材料。

2. 船舶吨税的纳税期限

船舶吨税分 1 年期缴纳、90 天期缴纳与 30 天期缴纳三种。缴纳期限由应税船舶负责人自行选择。

应税船舶负责人应当自海关填发吨税缴库凭证之日起 15 日内向指定银行缴清税款。应税船舶在吨税执照期满后尚未离开港口的,应当申领新的吨税执照,自上一次执照期满的次日起续缴吨税。

3. 船舶吨税的征收

船舶吨税由海关负责征收。对于海关少征或者多征税款的,要依法进行如下处理:

(1)海关发现少征或者漏征税款的,应当自应税船舶应当缴纳税款之日起 1 年内补征税款。但因应税船舶违反规定造成少征或者漏征税款的,海关可以自应当缴纳税款之日起 3 年内追征税款,并自应当缴纳税款之日起按日加征少征或者漏征税款万分之五的税款滞纳金。

(2)海关发现多征税款的,应当在 24 小时内通知应税船舶办理退还手续,并加算银行同期活期存款利息。应税船舶发现多缴税款的,可以自缴纳税款之日起 3 年内以书面形式要求海关退还多缴的税款并加算银行同期活期存款利息;海关应当自受理退税申请之日起 30 日内查实并通知应税船舶办理退还手续。应税船舶应当自海关通知之日起 3 个月内办理有关退还手续。

4. 船舶吨税的纳税担保

应税船舶到达港口前,经海关核准先行申报并办结出入境手续的,应税船舶负责人应当向海关提供与其依法履行吨税缴纳义务相适应的担保;应税船舶到达港口后,依照规定向海关申报纳税。船舶吨税担保期限一般不超过 6 个月,特殊情况需要延期的,应当经主管海关核准。应税船舶负责人应当在海关核准的船舶吨税担保期限内履行纳税义务。

5. 领取吨税执照后船舶变化的处理

应税船舶在吨税执照期限内,因修理导致净吨税变化的,吨税执照继续有效。应税船舶办理出入境手续时,应当提供船舶经过修理的证明文件。因船籍改变而导致适用税率变化的,应税船舶在办理出入境手续时,应当提供船籍改变的证明文件。

6. 吨税执照毁损或遗失的处理

吨税执照在期满前毁损或遗失的,应当向原发照海关书面申请合法吨税执照副本,不再补税。

7. 少缴或者不缴税款的惩罚

纳税人应依法履行纳税义务,对于应税船舶有下列行为之一的,由海关责令限期改正,处 2 000 元以上 30 000 元以下罚款;不缴或者少缴应纳税款的,处不缴或者少缴税款 50% 以上 5 倍以下罚款,但罚款不得低于 2 000 元:

（1）未按照规定申报纳税、领取吨税执照。

（2）未按照规定交验吨税执照（或申请核验吨税执照电子信息）以及提供其他证明文件。

四、耕地占用税

耕地占用税是对占用耕地建房或从事其他非农业建设的单位和个人，就其实际占用的耕地面积征收的一种税。它属于对特定资源占用的行为课税。现行耕地占用税的基本规范是 2018 年 12 月 29 日第十三届全国人民代表大会常务委员会第七次会议通过的《中华人民共和国耕地占用税法》（以下简称《耕地占用税法》）。

（一）耕地占用税的纳税人

耕地占用税的纳税人是在我国境内占用耕地建设建筑物、构建物或者从事非农业建设的单位和个人。

经批准占用耕地的，纳税人为农用地转用审批文件中标明的建设用地人；农用地转用审批文件中未标明建设用地人的，纳税人为用地申请人，其中用地申请人为各级人民政府的，由同级土地储备中心、自然资源主管部门或政府委托的其他部门、单位履行耕地占用税申报纳税义务。

未经批准占用耕地的，纳税人为实际用地人。

（二）耕地占用税的征税范围

耕地占用税的征税范围包括用于建房或从事其他非农业建设征（占）用的国家和集体所有的耕地。耕地包括从事农业种植的土地，也包括菜地、花圃、苗圃、茶园、果园、桑园等园地和其他种植经济林木的土地、鱼塘。

对于占用已从事种植、养殖的滩涂、草场、水面和林地从事非农业建设，由省、自治区、直辖市确定是否征收耕地占用税。

建设直接为农业生产服务的生产设施占用林地、牧草地等其他农用地的，不征收耕地占用税。

（三）耕地占用税的计税依据

耕地占用税以纳税人实际占用的属于耕地占用税征税范围的土地（以下简称"应税土地"）面积为计税依据，按应税土地当地适用定额税率计税，实行一次性征收。

（四）耕地占用税的税率和应纳税额的计算

耕地占用税实行地区差别幅度定额税率。人均耕地面积越少，定额税率越高。以县（市、区）为单位，耕地占用税的税额规定如下：

（1）人均耕地不超过 1 亩的地区，每平方米为 10～50 元。

（2）人均耕地超过 1 亩但不超过 2 亩的地区，每平方米为 8～40 元。

（3）人均耕地超过 2 亩但不超过 3 亩的地区，每平方米为 6～30 元。

（4）人均耕地超过 3 亩的地区，每平方米为 5～25 元。

经济特区、经济技术开发和经济发达、人均耕地特别少的地区，耕地占用税适用税额可以适当提高，但最多不得超过上述规定定额税率的 50%。占用基本农田的，应当按照《耕地占用税法》确定的当地适用定额税率加按 150％征收。

耕地占用税以纳税人实际占用的耕地面积为计税依据,按照规定的适用税额标准计算应纳税额,实行一次性征收。其计算公式为:

$$应纳耕地占用税＝纳税人实际占用的耕地面积(平方米)×适用税额 \quad (12-9)$$

（五）耕地占用税的税收优惠

（1）军事设施、学校、幼儿园、社会福利机构、医疗机构占用耕地,免征耕地占用税。

（2）铁路线路、公路线路、飞机场跑道、停机坪、港口、航道、水利工程占用耕地,减按每平方米 2 元的定额税率征收耕地占用税。

（3）农村居民占用耕地新建住宅,按照当地适用税额减半征收耕地占用税;农村居民经批准搬迁,新建自用住宅占用耕地不超过原宅基地面积的部分,免征耕地占用税。

（4）农村烈士遗属、因公牺牲军人遗属、残疾军人以及符合农村最低生活保障条件的农村居民,在规定用地标准以内新建自用住宅,免征耕地占用税。

（5）根据国民经济和社会发展的需要,国务院可以规定免征或者减征耕地占用税的其他情形,报全国人民代表常务委员会备案。

依法免征或者减征耕地占用税后,纳税人改变原占地用途,不再属于免征或者减征耕地占用税情形的,应当按照当地适用税额补缴耕地占用税。

（六）耕地占用税的征收管理

1. 纳税义务发生时间和纳税地点

经批准占用耕地的,为纳税人收到自然资源主管部门办理占用农用地手续通知的当天;未经批准占用耕地的,耕地占用税纳税义务发生时间为自然资源主管部门认定的纳税人实际占用耕地的当日。

因挖损、采矿塌陷、压占、污染等损毁耕地的纳税义务发生时间为自然资源、农业农村等相关部门认定损毁耕地的当日。

纳税人应当自纳税义务发生之日起 30 日内申报缴纳耕地占用税。

耕地占用税纳税地点为纳税人占用的耕地或其他农用地所在地的税务机关。

2. 纳税环节

耕地占用税的纳税环节,是在自然资源主管部门通知单位和个人办理占用耕地手续后,自然资源主管部门发放建设用地批准书之前。自然资源主管部门在通知纳税人时,应同时通知耕地所在地同级税务机关,纳税人应当在规定的时间内到指定地点缴纳税款或办理免税手续,自然资源主管部门凭耕地占用税完税收据或免税凭证发放建设用地批准书。

纳税人因建设项目施工或者地质勘查临时占用耕地,应当依法缴纳耕地占用税。纳税人在批准临时占用耕地期满之日起 1 年之内依法复垦,恢复种植条件的,全额退还已经缴纳的耕地占用税。临时占用耕地,是指经自然资源主管部门批准,在一般不超过 2 年内临时使用耕地并且没有修建永久性建筑物的行为。

因挖损、采矿塌陷、压占、污染等损毁耕地属于税法所称的非农业建设,应依照税法规定缴纳耕地占用税;自自然资源、农业农村等相关部门认定损毁耕地之日起 3 年内依法复垦或修复,恢复种植条件的,比照《耕地占用税法》第十一条规定办理退税。

3. 纳税期限

耕地占用税的纳税期限为30天,纳税人应当在收到自然资源管理部门的通知之日起30日内到税务机关缴纳耕地占用税。

 本 章 小 结

1. 财产税是以纳税人所拥有或支配的某些财产为征税对象的一类税,目前我国财产税体系包括土地增值税、城镇土地使用税、房产税、车船税、契税。

2. 随着我国经济体制的改革、经济总量的增长、所有制结构的调整、产权制度的改革、个人收入水平的提高和财富积累的增加,现阶段应增加对财产,尤其是不动产的征税力度,所以未来几年,财产税制将会是新一轮税制改革中的重点。其中的重中之重就是房地产税的改革。

3. 地产税改革不仅局限于房产税这一税种,也涉及房地产开发、交易、保有环节的所有税费体系改革,囊括房产税、城镇土地使用税、土地增值税等一系列税种的归并与存废。

4. 车辆购置税是对中国境内购置应税车辆的行为征收的一种行为税。

5. 车辆购置税的主要特点是:以车辆为征收对象,征税范围单一;实行一次课征制,只在退出流通进入消费领域的特定环节征收;设置统一比例税率,单一从价计征;税款用于特定用途;属于直接税,价外征税。

6. 车辆购置税的纳税人是在中国境内购置应税车辆的单位和个人,征税对象是应税车辆,采用固定比率税率。

7. 船舶吨税,是海关对自境外港口进入中华人民共和国境内港口的船舶征收的用于航道设施建设和维护的一种行为税。船舶吨税的征税范围是自中华人民共和国境外港口进入境内港口的船舶。

8. 船舶吨税的税率采用定额税率,设置有优惠税率和普通税率。适用优惠税率的包括中国国籍的应税船舶,船籍国(地区)与中华人民共和国签订含有相互给予船舶税费最惠国待遇条款的条约或者协定的应税船舶。其他应税船舶,适用普通税率。

9. 耕地占用税的征税范围包括用于建房或从事其他非农业建设征(占)用的国家和集体所有的耕地。耕地占用税实行地区差别幅度定额税率。人均耕地面积越少,定额税率越高。耕地占用税的纳税地点为纳税人占用的耕地或其他农用地所在地的税务机关。

10. 耕地占用税的纳税环节,在自然资源主管部门通知单位和个人办理占用耕地手续后,自然资源主管部门发放建设用地批准书之前。纳税人应当在收到自然资源主管部门的通知之日起30日内到税务机关缴纳耕地占用税。

复习思考题

一、单项选择题

1. 位于市区的某企业属于增值税期末留抵退税的纳税人。2022年3月收到留抵退还增值税18万元;4月申报期向税务机关申报缴纳增值税19万元(含一般计税方法的增值税15万元;简易计税方法的增值税4万元)、消费税16万元;向海关缴纳进口环节关税12万元、进口环节缴纳的增值税和消费税40万元。该企业4月应申报缴纳的城市维护建设税为( )万元。
   A. 1.19 B. 1.4 C. 2.63 D. 2.87

2. 某烟草公司2022年1月8日支付烟叶收购价款88万元,另向烟农支付了价外补贴10万元。该烟草公司1月收购烟叶应缴纳的烟叶税为( )万元。
   A. 17.6 B. 19.36 C. 21.56 D. 19.6

3. 下列关于城市维护建设税的说法,正确的是( )。
   A. 某企业出口服装退还增值税后,还应退还城市维护建设税
   B. 某企业享受增值税先征后返的税收优惠政策,城市维护建设税应当同时先征后返
   C. 某企业进口小汽车,海关代征增值税和消费税,应同时代征城市维护建设税
   D. 某市外商投资企业生产销售货物并缴纳了增值税,需同时缴纳城市维护建设税

4. 下列关于我国关税税率运用的表述中,正确的是( )。
   A. 经海关批准,实行集中申报的进出口货物,应当适用海关接受该货物第一次申报之日实施的税率
   B. 因超过规定期限未申报而由海关依法变卖的进口货物,适用变卖之日实施的税率
   C. 出口转关运输货物,应当适用指运地海关接受该货物申报出口之日实施的税率
   D. 进口仪器到达前,经海关核准先行申报的,适用装载此仪器的运输工具申报进境之日实施的税率

5. 某企业海运进口一批货物,海关审定货价折合人民币5000万元,运抵境内输入地点起卸前的运费折合人民币20万元,保险费无法查明,该批货物进口关税税率为5%,则该企业应纳关税( )万元。
   A. 250 B. 251 C. 251.75 D. 260

6. 2022年11月,某公司将货物运往境外加工,出境时已向海关报明,并在海关规定期限内复运进境。已知货物价值100万元,境外加工费和料件费30

万元,复运进境的运费 1 万元、保险费 0.39 万元。关税税率 10%。该公司上述业务应缴纳关税(　　)万元。

    A. 3.10   B. 3.14   C. 10.14   D. 13.14

7. 有一泰国国籍净吨位为 1 800 净吨的非机动驳船,停靠在我国某港口装卸货物。驳船负责人已向我国海关领取了吨税执照,在港口停留期限为 30 天,泰国已与我国签订含有相互给予船舶税费最惠国待遇条款的条约。已知不超过 2 000 净吨的船舶,30 天期限的普通税率为 2.1 元/净吨,优惠税率为 1.5 元/净吨,其应纳的船舶吨税为(　　)元。

    A. 3 780   B. 2 700   C. 1 350   D. 0

8. 甲企业位于某经济落后地区,2022 年 12 月取得一宗土地的使用权(未取得土地使用证书),假定 2023 年 1 月已按 1 500 平方米申报缴纳了全年的城镇土地使用税。2023 年 4 月该企业取得了政府部门核发的土地使用证书,上面注明的土地面积为 2 000 平方米。已知该地区城镇土地使用税适用每平方米 0.9 元～18 元的幅度税额,当地政府规定的固定税额为每平方米 0.9 元,并另按照国家规定的最高比例降低税额标准。则甲企业 2021 年应该补缴的城镇土地使用税为(　　)元。

    A. 0   B. 315   C. 945   D. 1 260

9. 下列关于耕地占用税征收管理的表述中,符合税法规定的是(　　)。

    A. 耕地占用税由自然资源主管部门负责征收

    B. 占用耕地的个人纳税人应在其户籍所在地缴纳耕地占用税

    C. 纳税义务发生时间为纳税人收到自然资源主管部门办理占用耕地手续通知书的次日

    D. 未经批准占用耕地的,纳税义务发生时间为自然资源主管部门认定其实际占用耕地的当日

10. 2021 年某企业支付 8 500 万元(不含增值税,下同)取得 12 万平方米的土地使用权,花费 500 万元对土地进行开发,新建厂房建筑面积 5 万平方米,厂房建造成本 2 000 万元,2022 年年底竣工验收,对该企业征收房产税的房产原值是(　　)万元。

    A. 2 000   B. 9 083.33   C. 9 500   D. 10 500

11. 企业破产,非债权人承受破产企业土地、房屋权属,按照规定妥善安置原企业职工,与原企业 30% 以上职工签订服务年限不少于 3 年的劳动用工合同的,契税的政策是(　　)。

    A. 免征   B. 减半征收   C. 暂缓征收   D. 照章征收

12. 山东省某市居民张先生和太太 2020 年以 52.5 万元(发票注明价款 50 万元,增值税 2.5 万元)购买一套 74 平方米的住房用作结婚新房,2022 年 8 月生子后,改善住房条件,以 94.5 万元(发票注明价款 90 万元,增值税 4.5 万元)购买了第二套 100 平方米的住房,则张先生一家两次共缴纳契税

（ 　 ）万元。

  A. 1.85   B. 2.3   C. 2.6   D. 3.2

13. 2022年某企业转让一栋六成新的旧仓库,取得不含税转让收入2 000万元,可扣除的相关税费共计1万元。该仓库原造价1 000万元,重置成本价1 800万元。该企业转让仓库应缴纳土地增值税(　 　)万元。

  A. 114.95   B. 296.15   C. 313.55   D. 476.05

14. 某公民2021年5月支付含税价款28.25万元从某汽车厂家(一般纳税人)购入一辆新款小轿车,缴纳了车辆购置税,2022年5月因该车有严重质量问题申请进行退货并得到厂家的退款,则该公民可申请退还车辆购置税(　 　)万元。

  A. 0   B. 2.25   C. 2.5   D. 2.92

15. 某机械制造厂2022年拥有货车3辆,每辆货车的整备质量为1.499吨;挂车1辆,其整备质量为1.2吨;小汽车2辆。已知货车车船税税率为整备质量每吨年基准税额16元,小汽车车船税税率为每辆年基准税额360元。该厂2022年度应纳车船税为(　 　)元。

  A. 441.6   B. 792   C. 801.55   D. 811.2

16. 某电厂与某水运公司签订一份运输保管合同,合同载明的费用为500 000元(运费和保管费未分别记载)。货物运输合同的印花税税率为0.5‰,仓储保管合同的印花税税率为1‰,该项合同双方各应缴纳的印花税税额为(　 　)元。

  A. 500   B. 250   C. 375   D. 1 000

二、多项选择题

1. 下列各项中,不征收城市维护建设税的有(　 　　　)。

  A. 海关代征境内某贸易公司进口货物的增值税、消费税税额

  B. 境外A公司向我国境内B公司转让商标权被B公司代扣代缴的增值税税额

  C. 境内C公司委托境内D公司加工应税消费品被D公司代收代缴的消费税

  D. 境内E公司出口矿石缴纳的资源税

2. 2022年7月,甲市某烟草公司向乙县某烟叶种植户收购了一批烟叶,收购价款100万元、价外补贴8万元。下列关于该笔烟叶交易涉及烟叶税的相关表述中,符合税法规定的有(　 　　　)。

  A. 纳税人为烟草公司   B. 应向甲市主管税务机关申报纳税

  C. 应纳烟叶税税额为22万元 D. 应在次月15日内申报纳税

3. 我国甲企业从A国乙企业购进一批货物,则以下各项中,不计入进口货物完税价格的有(　 　　　)。

  A. 进口货物的价款中单独列明的境内外技术培训及境外考察费用

B. 甲企业(买方)免费提供的在 A 国乙企业生产进口货物过程中使用的模具

C. 货物进口后的维修费用

D. 为在我国境内复制进口货物而支付的费用

4. 关于以租赁方式进口设备的关税税务处理,下列说法正确的有(   )。

A. 在租赁期间以海关审查确定的租金(包括利息)作为完税价格

B. 租赁期满企业留购该设备,不缴纳关税

C. 在租赁期间可申请暂时不缴纳关税

D. 纳税人申请一次性缴纳税款的,可以选择以海关审查确定的租金总额作为完税价格

5. 下列各项中,属于省、自治区、直辖市税务局确定的减免税项目有(   )。

A. 个人所有的居住房屋及院落用地

B. 宗教寺庙自用的土地

C. 免税单位职工家属的宿舍用地

D. 个人办的医院、托儿所和幼儿园用地

6. 下列工程占用耕地,可减征耕地占用税的有(   )。

A. 军用机场跑道占用耕地   B. 民用机场跑道占用耕地

C. 农田水利设施占用耕地   D. 水利工程占用耕地

7. 下列关于房产税计税依据的表述中,符合税法规定的有(   )。

A. 融资租赁房屋的,以房产余值计算缴纳房产税

B. 纳税人对原有房屋进行改建、扩建的,要相应增加房屋的原值

C. 房屋出典的,由承典人按重置成本计算缴纳房产税

D. 经营租赁房屋的,以评估价格计算缴纳房产税

8. 下列关于契税计税依据的表述中,正确的有(   )。

A. 购买的房屋以成交价格作为计税依据

B. 接受赠与的房屋参照市场价格核定计税依据

C. 房屋附属设施与房屋为同一不动产单元的,参照市场价格核定计税依据

D. 房屋互换的,计税依据为市场价格

9. 转让旧房产,计算其土地增值税增值额时准予扣除的项目有(   )。

A. 旧房产的评估价格

B. 支付评估机构的费用

C. 建造旧房产的重置成本

D. 转让环节缴纳的增值税以外的各种税费

10. 以下列方式取得的车辆中,应缴纳车辆购置税的有(   )。

A. 购置的二手汽车   B. 自产自用的汽车

C. 进口自用的汽车   D. 以获奖方式取得的自用汽车

11. 某交通运输企业的下列车船,属于车船税征税范围的有( )。

    A. 租入的外国籍船舶   B. 购置的节能汽车

    C. 出租给境外某公司的自有船舶   D. 购置的纯电动乘用车

12. 下列账簿中,应按照"记载资金的账簿"缴纳印花税的有( )。

    A. 记载实收资本的账簿   B. 记载盈余公积的账簿

    C. 记载资本公积的账簿   D. 记载银行存款的账簿

三、简述题

1. 从受益论的角度来谈谈财产税的理论依据。

2. 税务机关要求企业进行土地增值税的清算,需要满足什么条件?

3. 房地产税改革可能会产生哪些宏观税收效应?

4. 比较新旧船舶吨税中关于征税范围定义的差别。

5. 结合我国实际,谈谈船舶吨税的改革方向。

四、计算分析题

1. 2023 年 2 月,A 保险中介机构联系车主刘女士上保险。由于刘女士前几年的车险都是交给 A 保险中介机构代理在 B 人寿保险公司完成,优惠幅度还算满意,今年也不例外,仍由 A 保险中介机构来办理。交完钱出保单时,B 人寿保险公司的客服人员联系刘女士说车船税重复缴纳需要办理退税。

刘女士首先想到的是让 B 人寿保险公司代为办理退税,但是她的车险保单属于中介业务,与 B 人寿保险公司没有直接联系,让 B 人寿保险公司代为办理退税有些牵强。刘女士又转头找到 A 保险中介机构代办退税,但是中介机构的答复是让刘女士自己去办理退税,刘女士只好亲自处理退税一事。

由于刘女士之前都是由 A 保险中介机构代办,因此不知办理车船税退税需要的材料。刘女士首先在北京市海淀区税务局官网查询,但没有找到相关介绍,登录北京市税务局官网也无果。刘女士来到北京市海淀区温泉税务所,工作人员告知,办理车船税退税材料需要:① 车主身份证原件和复印件;② 机动车登记证原件和复印件;③ 行驶证原件和复印件;④ 车船税重复缴纳的完税证明或交强险保单原件和复印件;⑤ 车主工商银行活期存折原件和复印件。

准备好完备的材料后,办理人员在税务所系统里查询,意外地发现刘女士的车架号与税务系统上查询的车架号不一致。针对这一问题,办理人员只能将材料和情况上报,请上级来商议处理。

要求:分析刘女士保单上的车架号为什么会与税务系统上查询的车架号不一致?

2. 某开发公司为政府融资平台,从事成片土地开发、基础设施开发建设等业务。2020 年 10 月,税务部门检查发现该企业于 2017 年 10 月购得郊区 40 万平方米的土地,土地出让合同约定 2017 年 11 月底前交付给企业。但企业取得该地块后一直到 2021 年 3 月尚未进行任何实质性开发。企业认为土地没有投入使用就不需要缴纳城镇土地使用税。

要求：根据现行税法的规定，请分析该企业究竟需不需要缴纳城镇土地使用税？

3. 某物流企业拥有大宗商品仓储设施用地 8 000 平方米，2022 年发生如下业务：

（1）自 5 月 1 日起，将自有 500 平方米的大宗商品仓储设施用地出租给乙企业。

（2）2 月经批准新占用一处耕地 6 000 平方米用于委托施工企业丙建造仓库。

（3）3 月经批准新占用一处非耕地 3 000 平方米用于委托施工企业丁建造办公楼。

已知：城镇土地使用税每平方米年税额为 5 元。

要求：根据上述资料，计算该企业 2022 年应缴纳的城镇土地使用税。

五、案例分析

上海市房产税改革试点的主要内容如表 12-11 所示。

表 12-11 上海市房产税改革试点的主要内容

基本要素	改 革 内 容
征税对象	只针对上海本市居民家庭在上海市新购且属于该居民家庭第二套及以上的住房（包括新购的二手存量住房和新建商品住房）和非上海市居民家庭在本市新购的住房
纳税人	应税住房产权所有人，产权人为未成年人的由其法定监护人代理缴纳
计税依据	参照应税住房的房地产市场价格确定的评估值，评估值按规定周期进行重估；试点初期，暂以应税住房的市场交易价格为计税依据。按应税住房市场交易价格的 70% 计算缴纳
应纳税额	应税建筑面积×建筑面积交易单价×税率 （应税建筑面积指的是纳税人应税住房计算扣除免税面积）
税率	税率暂定为 0.6%。但对应税住房每平方米交易价格低于本市上年度新建商品住房平均售价 2 倍（含 2 倍）的税率可以暂时减为 0.4%
优惠政策	上海市户籍的家庭优惠：可以享受到人均 60 平方米的免税面积 非上海市户籍的家庭优惠：一是对持有上海市居住证、在上海市工作生活的高层次、重点产业紧缺急需人才在上海新购且属于家庭唯一住房的购房人暂免征税；二是对持有上海居住证满三年、在上海市工作生活、同时在上海市新购且属于家庭唯一住房的购房人暂时免征

解析

讨论：根据房产税试点成果，房产税政策对于调控房价的作用力不明显，所获得的财政收入甚微，试点方案中仍然存在着诸多问题，税制设置存在不足及漏洞。简要分析上海房产税试点改革中存在的问题并提出改革建议。

第十三章 环境保护税和资源税理论与政策

本 章 要 点

1. 环境保护税的产生与发展
2. 我国环境保护税政策
3. 环境保护税的计算
4. 资源税的概念及历史渊源
5. 资源税的基本要素
6. 资源税的计税依据和应纳税额的计算
7. 资源税的税收优惠

案 例 导 入

为进一步推进生态文明建设,更加有效地实现绿色发展,《中华人民共和国环境保护税法》于 2018 年 1 月 1 日起正式实施。至此,废止了实施近 40 年的排污费制度,全面改征更具有强制力的环境保护税。

排污收费制度是为防治环境污染与改善环境质量而实施的一项重要制度安排。排污收费制度在 1979 年 9 月颁布的《环境保护法(试行)》中被首次提出并在部分地区试行。排污收费制度的全面实行源于 2003 年 3 月国务院颁布的《排污费征收使用管理条例》,其中明确了各类主要污染物排污费基础征收标准。排污收费制度作为政府环境规制的重要工具,将外部环境因素纳入企业内部生产经营决策函数中,实现将环境污染外部性问题内部化。排污收费制度在实施过程中,排放征收标准低、行政干预多、执法刚性不足、非标准征收、强制性和规范性较为缺乏等问题逐渐凸显。为促进企业治污减排的内在约束机制形成,推进生态文明建设,第一部以环境保护为目标、专门体现“绿色税制”的单行税法——《中华人民共和国环境保护税法》在 2018 年 1 月 1 日正式实施。

为保证排污收费制度顺利平稳地向环保税制度过渡,《环境保护税法》遵循“税负平移”的原则,征收对象、征收范围、计税方法等方面与排污费制度保持一致。同时,为了更好地发挥环保税治污减排的内在约束和正向激励作用,环境保护税和排污费制度也具有诸多差异:

(1)法律地位不同。环境保护税制度依托于《环境保护税法》,由法律强制性保障实施,法律效力更强。排污收费制度依靠行政征收,属于行政监管行为,仅以行政规章为支撑,没有纳入税法管理体系,法律效力低,缺乏执行力和监督力。

(2)减排优惠不同。环保税在原有的减免优惠基础上,进一步增加了对企业减排的激励措施,如纳税人排放应税大气污染物或者水污染物的浓度值低于规定标准30%的,减按75%征收环境保护税。环境保护税扩大了"少排少征"优惠覆盖面,有助于激发企业环保动机,促进企业加大环保投资。

(3)征收主体不同。排污费由环境保护部门征收,环境保护税采取"企业申报、税务征收,环保协作、信息共享"的征管模式。这一变化有助于税务部门和环保部门之间形成监管合力,提高环境税收征收的规范性和透明度。

(4)中央、地方收入分配比例不同。排污费收入实行中央政府和地方政府1∶9分成模式,而环境保护税将全部作为地方收入,中央政府不再参与分配。这更有助于增强地方政府环境保护的动力,提高地方政策执行力度,降低了政府为增加税收而与企业形成合谋的动力。

(5)税额标准不同。环境保护税税额标准由国家制定底线,即以原排污费征收标准为环境保护税的税额下限,地方政府自行上浮调控,税额上限不超过最低标准的10倍。

思考:

1. 环境保护税的纳税人有哪些?

2. 环境保护税的计税依据是什么?

日益严峻的环境问题已经威胁到人类的生存和发展,2018年10月8日联合国政府间气候变化专门委员会(IPCC)发布《全球升温1.5℃特别报告》拉响警报,强调当前迫切需要采取严厉措施,防止全球变暖超过1.5℃。报告称,如果气候变暖以目前的速度持续下去,世界将面临前所未有的环境挑战。根据世界卫生组织的统计,每年有700万人因室内和室外空气污染死亡。与空气污染有关的三大杀手分别为中风(220万人死亡)、心脏病(200万人)、肺部疾病和肺癌(170万人)。OECD(经济合作与发展组织)认为价格机制能够以最小的成本解决环境问题,而环境保护税作为价格机制的重要手段,已经成为市场经济各国改善环境的重要政策工具。

第一节 环境保护税理论

一、环境保护税的理论基础

环境保护税最早可追溯至20世纪20年代的"庇古税"。1970年,OECD提出了污染者付费原则,并逐渐衍生出受益者付费原则、使用者付费原则、双重红利假说,共同构成传统环境保护税理论基础。1987年世界环境与发展委员会发表了《我们共同的未来》报告,首次阐述了"可持续发展"的概念。自2008年金融危机后"绿色增长"的理念兴起,在这些理论的引领下各国开始兴起新一轮的环保改革实践。

可持续发展与绿色发展

人类直接或间接从生态系统得到的利益,称为生态系统服务,与传统经济学意义上的服务不同,生态系统服务只有一小部分能够进入市场被买卖,大多数生态系统是公共品或准公共品,无法进入市场。按照进入市场或采取补偿措施的难易程度,生态系统服务可以划为生态系统产品和生命系统支持功能。

生态系统产品是指自然生态系统所产生的,能够为人类带来直接利益的物质性产品,如人们在经济活动中开发利用的自然资源。他们有的本来就是现实市场交易的对象,有的则容易通过市场手段来补偿。根据可持续发展理念,合理的生态系统资源价格构成除传统观点所包括的由稀缺性决定的资源本身的价值、对资源的开采成本以外,还应包括资源开采对现实环境以及后代资源基础所产生的外部性成本。而市场调节对这些外部性成本是失灵的,需要由国家进行校正,国家可以利用税收这一重要的经济杠杆参与调节,税收作为纳税人的成本计入资源价格后,会通过对纳税人投资利润率的改变影响纳税人的经济行为,提高资源的利用效率,达到保护资源,实现资源持续利用的目的。

党的十八大以来,我国将绿色发展、绿色生活等新的理念转化为一系列政策实践,党的十九大将污染防治攻坚战作为决胜方面建成小康社会三大攻坚战之一。生态文明建设不断向纵深推进,推动实现生态环境全面性、历史性、突破性好转。

二、环境保护税的职能及其与排污费的区别

环境保护税从广义上来说是一国为实现环境保护职能,对因自身行为对自然环境造成影响的组织和个人,无偿地、强制地征收的一种税。OECD 成员设计的环境保护税主要包括:

(1) 以保护环境和资源为目的,针对污染、破坏和浪费资源的行为征收的专门性税费,包括产品税、能源税和碳税等。

(2) 在其他一般性税种中为保护环境和资源而采取的各种税收调节措施,例如对纳税人治理污染、综合利用资源给予税收优惠。

我国开征环境保护税的目的不是筹集财政收入,而是与环保工程管理相配套,以法律刚性为依托确保绿色发展贯彻落实,其社会意义远大于经济利益。

我国自 20 世纪 70 年代末开始实施排污费制度。2003 年国务院发布的《排污费征收使用管理条例》是我国环境保护税的前身。历经十多个年头,排污费慢慢在执法刚性上显露弊端,费改税的构想产生。2007 年 10 月党的十七大报告提出**"实行有利于科学发展的财税制度,建立健全资源有偿使用和生态环境补偿机制"**。2008 年至 2010 年,财政部、国家税务总局和生态环境部开始对环境保护税开展研究并就相关方案听取有关部门的建

议,形成环境保护税的基本雏形。党的十八大以后,环境保护税立法改革加快,2014 年三部门联合向国务院上报《中华人民共和国环境保护税法(送审稿)》。2016 年 12 月,《中华人民共和国环境保护税法》在十二届全国人大常委会第二十五次会议上表决通过,于2018 年 1 月 1 日起施行。

我国《环境保护税法》与《排污费征收使用管理条例》的主要区别如表 13 - 1 所示。

表 13 - 1　我国《环境保护税法》与《排污费征收使用管理条例》的主要区别

区　　别	《环境保护税法》	《排污费征收使用管理条例》
征收范围	1. 额外纳入征税范围的内容: ① 固体废物 ② 海洋工程大气污染物	仅针对危险废物征收,其他未纳入征收范围
	2. 划出征税范围: ① 建筑噪音 ② VOC(挥发性有机物)	均属征税范围
税率制定权	下放到地方,授权省,自治州,直辖市人民政府考虑本地区环境承载能力、污染物排放现状和经济社会生态发展目标要求适用税率	收归中央
特殊条款	删除了原排污费关于对超标、超排放总量、落后产能的加倍征收条款	对超标、超排放总量、落后产能的加倍征收

2018 年 4 月是我国开征环境保护税的首个征期。根据国家税务总局数据:截至2018 年 4 月 18 日首个纳税申报期结束,全国共有 24.46 万户纳税人顺利完成环境保护税纳税申报,剔除一些法定不需申报情形,基本实现了应申报尽申报,共计申报应纳税额66.6 亿元,扣除申报减免税额 22 亿元后,实际应征税额 44.6 亿元。首季环保税减免税优惠惠及约 3.5 万户纳税人,减免税额占整个环境保护税申报应纳税额比重的近 1/3,较上一年同期排污费减征额有较大幅度提高。

第二节　环 境 保 护 税

我国环境保护税政策图解如图 13 - 1 所示。

一、环境保护税的纳税人

在界定环境保护税纳税人的过程中,要关注**直接排放**。若纳税人通过向依法设立的污水集中处理、生活垃圾集中处理场所排放应税污染物并交纳相应处理费用的,则不属于环境保护税的纳税人。

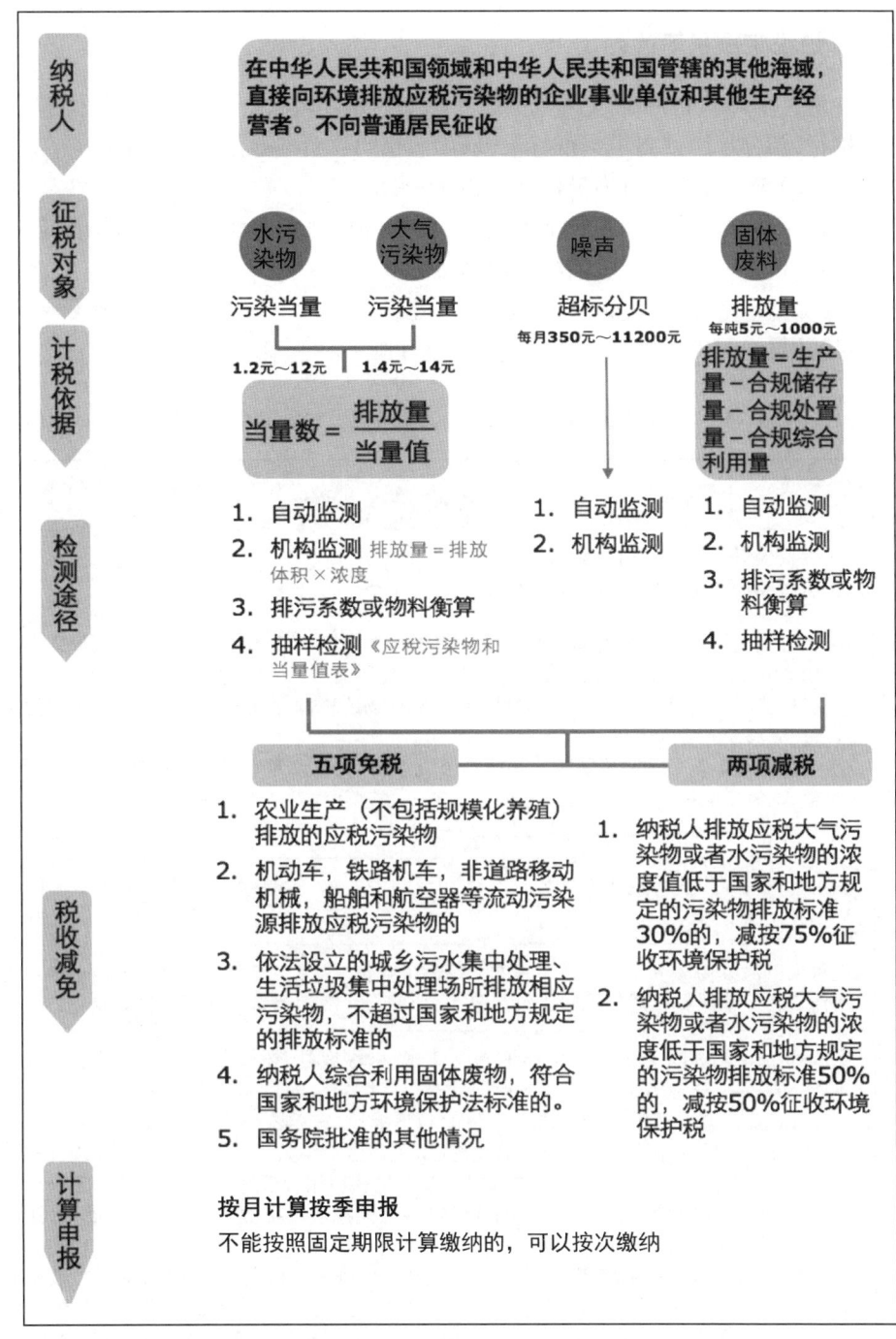

图 13-1　环境保护税政策图解

　　对于海洋工程,环境保护税纳税人规定为在中华人民共和国内水、领海、毗连区、专属经济区、大陆架以及管辖的其他海域从事海洋石油、天然气勘探开发生产等作业活动(不包括围填海、海上堤坝工程、海底隧道工程等),并向海洋排放应税污染物的企业事业单位和其他生产经营者。

二、环境保护税定额税率的确定

我国各地区实际执行的环境保护税定额税率的差异较大,大部分省区按国家规定的最低标准执行,部分地区则高于最低标准,例如北京的收费标准是最低标准的8～9倍;天津为最低标准的5～7倍,上海为最低标准的3～6.5倍等。

为实现排污费向环境保护税的平稳过渡,我国环境保护税法规定了污染物定额率的上下限,并给予地方一定的自主裁量权,具体的税额幅度在图13-1中已标注。各省、自治区、直辖市提出本地的环境保护税定额税率标准(见表13-2)报同级人民代表大会常务委员会决定,并报全国人民代表大会常务委员会和国务院备案。

表 13-2 各省、自治区、直辖市确定的环境保护税定额税率标准

地区	环境保护税定额税率标准
北京	① 应税大气污染物适用税额为每污染当量 12 元 ② 水污染物适用税额为每污染当量 14 元
上海	① 应税大气污染物适用税额标准:2018 年 1 月 1 日起,二氧化硫、氮氧化物的税额标准分别为 6.65 元/污染当量、7.6/污染当量;其他大气污染物的税额标准为 1.2 元/污染当量。2019 年 1 月 1 日起,二氧化硫、氮氧化物的税额标准分别调整为 7.6 元/污染当量、8.55 元/污染当量 ② 应税水污染物适用税额标准:2018 年 1 月 1 日起,化学需氧量税额标准为 5 元/污染当量,氨氮税额标准为 4.8 元/污染当量,第一类水污染物税额标准为 1.4 元/污染当量;其他类水污染物税额标准为 1.4 元/污染当量
天津	应税大气污染物适用税额为每污染当量 10 元,应税水污染物具体适用税额为每污染当量 12 元
江苏	应税大气污染物环境保护税适用税额为每污染当量 4.8 元(南京市为每污染当量 8.4 元);水污染物环境保护税适用税额为每污染当量 5.6 元(南京市为每污染当量 8.4 元)
河北	① 与北京市相邻的 13 个县(市、区),包括涞水县、涿鹿县、怀来县、赤城县、丰宁满族自治县、滦平县、三河市、大厂回族自治县、香河县、廊坊市的广阳区和安次区、固安县、涿州市;雄安新区及相邻的 12 个县(市、区),包括雄县、安新县、容城县以及永清县、霸州市、文安县、任丘市、高阳县,保定市的竞秀区、莲池区、满城区、清苑区、徐水区,定兴县、高碑店市执行一档税额标准:应税大气主要污染物适用税额为 9.6 元/当量,应税水主要污染物适用税额为 11.2 元/当量;大气其他污染物适用税额为 4.8 元/当量,水其他污染物适用税额为 5.6 元/当量 ② 石家庄市、保定市、廊坊市、定州市、辛集市(不含执行一档税额的区域)执行二档税额标准:大气主要污染物适用税额为 6 元/当量,应税水主要污染物适用税额为 7 元/当量;大气其他污染物适用税额为 4.8 元/当量,水其他污染物适用税额为 5.6 元/当量 ③ 唐山市、秦皇岛市、沧州市、张家口市、承德市、衡水市、邢台市、邯郸市(不含执行一档、二档税额的区域)执行三档税额标准域:应税大气主要污染物和其他污染物适用税额均为 4.8 元/当量;应税水主要污染物和其他污染物适用税额均为 5.6 元/当量
河南	应税大气污染物适用税额为每污染当量 4.8 元,对当量值排前 3 位的大气污染物征收;应税水污染物适用税额为每污染当量 5.6 元,对当量值排前 5 位的第一类水污染物和当量值排前 3 位的其他类水污染物征收

地区	环境保护税定额税率标准
山西	应税大气污染物适用税额为 1.8 元/污染当量,应税水污染物适用税额为 2.1 元/污染当量
山东	① 应税大气污染物的具体适用税额:二氧化硫、氮氧化物的具体适用税额为 6.0 元/污染当量,其他应税大气污染物的具体适用税额为 1.2 元/污染当量 ② 应税水污染物的具体适用税额:化学需氧量、氨氮、总铅、总汞、总铬、总镉、总砷的具体适用税额为 3.0 元/污染当量,其他应税水污染物的具体适用税额为 1.4 元/污染当量;城乡污水集中处理场所超过国家和省规定的排放标准向环境排放应税水污染物的,其化学需氧量、生化需氧量、总有机碳、悬浮物、总磷、氨氮、大肠菌群数(超标)、总铅、总汞、总铬、总镉、总砷的具体适用税额为 3.0 元/污染当量;排放其他应税水污染物的具体适用税额为 1.4 元/污染当量
湖北	① 应税大气污染物的适用税额:废气中的二氧化硫和氮氧化物的税额为每污染当量 2.4 元;其余大气污染物的适用税额为每污染当量 1.2 元 ② 应税水污染物的适用税额:废水中的化学需氧量、氨氮、总磷和五项主要重金属(铅、汞、铬、镉、类金属砷)的适用税额为每污染当量 2.8 元;其余水污染物的适用税额为每污染当量 1.4 元
湖南	应税应税大气污染物适用税额为每污染当量 2.4 元,应税水污染物适用税额为每污染当量 3 元
广东	应税大气污染物适用税额为每污染当量 1.8 元,应税水污染物适用税额为每污染当量 2.8 元
广西	应税大气污染物适用税额为每污染当量 1.8 元,应税水污染物适用税额为每污染当量 2.8 元
海南	应税大气污染物适用税额为每污染当量 2.4 元,应税水污染物适用税额为每污染当量 2.8 元
重庆	应税大气污染物的适用税额为每污染当量 3.5 元;应税水污染物的适用税额为每污染当量 3 元
四川	应税大气污染物的适用税额为 3.9 元/污染当量,应税水污染物的适用税额为 2.8 元/污染当量
贵州	应税大气污染物的适用税额为每污染当量 2.4 元;应税水污染物的适用税额为每污染当量 2.8 元
云南	① 2018 年 1 月至 12 月,应税大气污染物的适用税额为每污染当量 1.2 元;应税水污染物的适用税额为每污染当量 1.4 元 ② 2019 年 1 月起,应税大气污染物的适用税额为每污染当量 2.8 元;应税水污染物的适用税额为每污染当量 3.5 元
黑龙江	应税大气污染物的适用税额为每污染当量 1.2 元,应税水污染物的适用税额为每污染当量 1.4 元
吉林	应税大气污染物的适用税额为每污染当量 1.2 元,应税水污染物的适用税额为每污染当量 1.4 元

地区	环境保护税定额税率标准
辽宁	应税大气污染物的适用税额为 1.2 元/污染当量,应税水污染物的适用税额为 1.4 元/污染当量
浙江	① 应税大气污染物的适用税额:大气污染物(除四类重金属污染物项目)的适用税额为每污染当量 1.2 元,四类重金属污染物项目(铬酸雾、汞及其化合物、铅及其化合物、镉及其化合物)的适用税额为每污染当量 1.8 元 ② 应税水污染物的适用税额:水污染物(除五类重金属污染物项目)的适用税额每污染当量 1.4 元,五类重金属污染物项目(总汞、总镉、总铬、总砷和总铅)的适用税额为每污染当量 1.8 元
安徽	应税大气污染物的适用税额为每当量 1.2 元,应税水污染物的适用税额为每当量 1.4 元
福建	应税大气污染物的适用税额为每污染当量 1.2 元;应税水污染物的适用税额:五项重金属(总汞、总镉、总铬、总砷、总铅)、化学需氧量和氨氮的适用税额每污染当量 1.5 元,其他水污染物的适用税额每污染当量 1.4 元
江西	应税大气污染物的适用税额为每污染当量 1.2 元;应税水污染物的适用税额为每污染当量 1.4 元
陕西	应税大气污染物的适用税额为 1.2 元/污染当量,应税水污染物的适用税额为 1.4 元/污染当量
甘肃	应税大气污染物的适用税额为 1.2 元/污染当量,应税水污染的适用税额为 1.4 元/污染当量
青海	应税大气污染物的适用税额为每污染当量 1.2 元,应税水污染物的适用税额为每污染当量 1.4 元
宁夏	应税大气污染物的适用税额为每污染当量 1.2 元,应税水污染物的适用税额为每污染当量 1.4 元
新疆	应税大气污染物的适用税额为每污染当量 1.2 元、应税水污染物的适用税额为每污染当量 1.4 元

三、环境保护税应纳税额的计算

（一）应税水污染物环境保护税应纳税额的计算

每一排放口或没有排放口的应税水污染物依据《环境保护税法》附表二中应税污染物当量值表,区分一类二类水污染物和 pH 值、色度、大肠杆菌群数(超标)以及余氯量(用氯消毒的医院废水)等,按照污染当量数从小到大排序,对一类水污染物按前五项征收,其他按前三项征收。

🈳【例 13 - 1】

某工厂有一个污水排放口,为环境保护税的纳税人。该厂已安装符合国家规定的水污染物自动监测设备仪器。仪器显示该厂 2022 年 10 月份共排放污水 100 万立方米,其中应税污染物浓度为：总汞 0.005 mg/L，总镉 0.04 mg/L，总铅 1.0 mg/L，总银 0.5 mg/L，总镍 1 mg/L，总铬 0.00 mg/L，总氯化物 1 mg/L，总铜 0.5 mg/L，悬浮物 100 mg/L，生化需氧量 80 mg/L，该厂所在省的应税水污染物的适用税额为 5 元/污染当量。

1. 污染物当量数计算排序（见表 13-3）

表 13-3　污染物当量数计算排序

一类污染物	浓度/(mg/L)	当量值/kg	污染物当量数	其他类污染物	浓度/(mg/L)	当量值/kg	污染物当量数
总汞	0.005	0.000 5	10 000	总氯化物	1	0.5	2 000
总镉	0.05	0.004	8 000	总铜	0.5	0.1	5 000
总铅	1	0.025	40 000	悬浮物	100	4	25 000
总银	0.5	0.02	25 000	生化需氧量	80	0.5	160 000
总镍	1	0.025	40 000				
总铬	1.5	0.04	37 500				

2. 计算应纳税额

一类污染物前五项污染物当量数＝40 000＋40 000＋37 500＋25 000＋10 000＝152 500

其他类污染物前三项污染物当量数＝160 000＋25 000＋5 000＝190 000

应纳税额＝(152 500＋190 000)×5＝1 712 500(元)

（二）应税大气污染物环境保护税应纳税额的计算

每一排放口或者没有排放口的应税大气污染物，按照污染物当量数从大到小排序，对前三项污染物征收环境保护税。

【例 13-2】

某工厂是环境保护税的纳税人。该工厂只有一个废气排放口，并已安装符合国家规定的监测仪器。数据显示该工厂 2021 年 10 月共排放大气污染物 2 000 万立方米，其中污染物浓度分别为：二氧化硫 400 mg/m³，氮氧化物 300 mg/m³，一氧化氮 200 mg/m³，氯气 100 mg/m³，氯化氢 120 mg/m³。该厂所在省的大气污染物适用税额为 6 元/污染当量。

1. 污染物当量数计算排序（见表 13-4）

表 13-4　污染物当量数计算排序

名　　称	浓度/(mg/m³)	当量值/kg	当　量　数
二氧化硫	400	0.95	8 421.05
氮氧化物	300	0.95	6 315.79

名　　称	浓度/(mg/m³)	当量值/kg	当 量 数
一氧化氮	200	16.7	239.52
氯气	100	0.34	5 882.35
氯化氢	120	10.75	223.26

2. 计算应纳税额

前三项污染物当量数＝8 421.05＋6 315.79＋5 882.35＝20 619.19

应纳税额＝20 619.19×6＝123 715.14(元)

（三）噪音环境保护税应纳税额的计算

根据最新的《工业企业厂界环境噪声排放标准》(GB12348—2008),应税噪声按超过国家标准的分贝数确定。厂界噪声指在工业生产活动中使用固体设备等产生的、在厂界处进行测量和控制的干扰生活环境的声音。厂界为法律文书中确定的业主所拥有使用权(或所有权)的场所或建筑物边界,各种产生噪声的固定设备的厂界为其实际占地的边界。县级以上人民政府为防治噪音污染有其他规定的遵照其约定。

在计算噪声的环境保护税时:

(1) 纳税人同一噪声源、同一监测点当月有多个监测数据超标的,从高计征。

(2) 同一噪声源边界有多处监测数据超标的,从高计征。

(3) 同一噪声源沿边界长度超过100米有两处以上噪声超标的,按照两个单位计算且取最高超标分贝数(超过100米是指两点间的沿边界的最大距离)。

(4) 一个单位有不同作业场所的,应当分别计算应纳税额,合计计算。

(5) 同一噪声源昼间、夜间均超标的分别计算,累计计征。昼间指6:00至22:00之间的时间段,夜间指22:00至次日6:00之间的时段。

(6) 应税噪声超标分贝数不足1分贝的,按四舍五入取整。

(7) 噪声源一个月内超标不足15天,减半计算应纳税额。减半计算同样区分昼间、夜间,各自不超过15天的,各自减半征收。

(8) 噪声中,工业噪声超标1~3分贝的,适用税额为每月350元;超标4~6分贝的适用税额为每月700元;超标7~9分贝的,适用税额为每月1 400元;超标10~12分贝的,适用税额为每月2 800元;超标13~15分贝的适用税额为每月5 600元;超标16分贝以上的适用税额为每月11 200元。

【例 13-3】

某企业2021年10月只有一个作业场所存在噪声超标。昼间,超标4~6分贝,沿边界长度超过100米只有一处噪声超标,超标天数为14天;夜间,超标7~9分贝,沿边界长度超过100米有两处以上噪声超标,超标天数为15天。

昼、夜均超标的环境噪声,昼、夜分别计算应纳税额,累计计征:

昼间应纳税额＝700÷2＝350(元)

注：声源一个月内超标不足 15 天,减半计算

夜间应纳税额＝1 400×2＝2 800(元)

注：沿边界长度超过 100 米有两处以上噪声超标,按两处计算

应纳税额＝350＋2 800＝3 150(元)

(四) 固体废物环境保护税应纳税额的计算

应税固体废物的计税依据,按照固体废物的排放量确定。固体废物的排放量为当期应税固体废物的产生量减去当期固体废物的贮存量、处置量、综合利用量的余额。

固体废物的适用税额：煤矸石的适用税额为每吨 5 元;尾矿的适用税额为每吨 15 元;危险废物的适用税额为每吨 1 000 元;冶炼渣、粉煤灰、炉渣、其他固体废物(含半固态、液态废物)的适用税额为每吨 25 元。

【例 13－4】

某企业 10 月产生尾矿 2 500 吨,其中综合利用的尾矿 500 吨(符合国家和地方环境保护标准),在符合国家和地方环境保护标准的设施贮存 300 吨。

解析：该企业 10 月尾矿应缴纳的环境保护税＝(2 500－500－300)×15＝25 500(元)

拓展阅读
环境保护税的最新发展

第三节　资　源　税

一、资源税的概念和作用

资源税是对在我国境内从事应税矿产品开采和生产盐的单位和个人课征的一种税,属于对自然资源占用课税的范畴。

征收资源税的作用主要有：

(1) 我国资源税根据应税产品的品种、质量、存在形式、开采方式以及企业所处地理位置和交通运输条件等客观因素的差异确定差别税率,这种税率设计使资源税能够有效地调节由于自然资源条件差异等客观因素给企业带来的级差收入,为企业之间开展平等竞争创造了有利的外部条件。

拓展阅读
资源税沿革

(2) 对开发利用应税资源的行为课征资源税,体现了国有自然资源有偿占用的原则,可以促使纳税人节约、合理地开发和利用自然资源,促进我国经济可持续发展。

(3) 资源税的收入规模及其比重不断增加,其财政意义也日渐明显,在国家筹集财政资金方面发挥重要作用。

二、资源税的纳税人、征税对象和税率

(一) 资源税纳税人

资源税纳税义务人是指在中华人民共和国领域及管辖海域开采应税资源的单位和个人。

《资源税法》规定,收购未税矿产品的单位为资源税的扣缴义务人。规定资源税的扣缴义务人,主要是针对零星、分散、不定期开采的情况,为了加强管理,避免漏税,由扣缴义

务人在收购矿产品时代扣代缴资源税。

收购未税矿产品的单位是指独立矿山、联合企业及其他单位。独立矿山是指只有采矿或只有采矿和选矿,独立核算、自负盈亏的单位,其生产的原矿和精矿主要用于对外销售。联合企业是指采矿、选矿、冶炼(或加工)连续生产的企业或采矿、冶炼(或加工)连续生产的企业,其采矿单位,一般是该企业的二级或二级以下核算单位。其他单位包括收购未税矿产品的个体户在内。

自 2017 年 12 月 1 日起,水资源税改革试点从河北进一步扩大到北京、天津、山西、内蒙古、河南、山东、四川、陕西、宁夏 9 个省区市,由征收水资源费改为征收水资源税。除规定情形外,水资源税的纳税人为直接取用地表水、地下水的单位和个人,包括直接从江、河、湖泊(含水库)和地下取用水资源的单位和个人。

(二)资源税的征税对象

资源税各税目的征税对象包括原矿、精矿(或原矿加工品,下同)、金锭、氯化钠初级产品,具体按照《资源税税目税率幅度表》(见表 13 - 5)执行。对未列举名称的其他矿产品,省级人民政府可对本地区主要矿产品按矿种设定税目,对其余矿产品按类别设定税目,并按其销售的主要形态(如原矿、精矿)确定征税对象。

现行资源税的税目及子目主要是根据资源税应税产品和纳税人开采资源的行业特点设置的。

(三)资源税的税率

资源税采取从价定率或者从量定额的办法计征,分别以应税产品的销售额乘以纳税人具体适用的比例税率或者以应税产品的销售数量乘以纳税人具体适用的定额税率计算,实施级差调节的原则。资源税税率具体按照《资源税税目税率幅度表》(见表 13 - 5)执行。

表 13 - 5 资源税税目税率幅度表

序号	税 目		征 税 对 象	税 率 幅 度
1	原油			6%~10%
2	天然气			6%~10%
3	煤炭			2%~10%
4	金属矿	铁矿	精矿	1%~6%
5		金矿	金锭	1%~4%
6		铜矿	精矿	2%~8%
7		铝土矿	原矿	3%~9%
8		铅锌矿	精矿	2%~6%
9		镍矿	精矿	2%~6%
10		锡矿	精矿	2%~6%
11		未列举名称的其他金属矿产品	原矿或精矿	税率不超过 20%

序号	税　目		征税对象	税率幅度
12		石墨	精矿	3%～10%
13		硅藻土	精矿	1%～6%
14		高岭土	原矿	1%～6%
15		萤石	精矿	1%～6%
16		石灰石	原矿	1%～6%
17		硫铁矿	精矿	1%～6%
18		磷矿	原矿	3%～8%
19		氯化钾	精矿	3%～8%
20	非金属矿	硫酸钾	精矿	6%～12%
21		井矿盐	氯化钠初级产品	1%～6%
22		湖盐	氯化钠初级产品	1%～6%
23		提取地下卤水晒制的盐	氯化钠初级产品	3%～15%
24		煤层(成)气	原矿	1%～2%
25		粘土、砂石	原矿	每吨或立方米 0.1元～5元
26		未列举名称的其他非金属 矿产品	原矿或精矿	从量税率每吨或立方米 不超过30元;从价税率 不超过20%
27		海盐	氯化钠初级产品	1%～5%

说明:1.铝土矿包括耐火级矾土、研磨级矾土等高铝粘土。

2.氯化钠初级产品是指井矿盐、湖盐原盐、提取地下卤水晒制的盐和海盐原盐,包括固体和液体形态的初级产品。

3.海盐是指海水晒制的盐,不包括提取地下卤水晒制的盐。

4.轻稀土按地区执行不同的适用税率,其中,内蒙古为11.5%,四川为9.5%,山东为7.5%;中重稀土资源税适用税率为27%;钨资源税适用税率为6.5%;钼资源税适用税率为11%。

　　资源税的具体适用税率,由省级人民政府在规定的税率幅度内提出,报财政部、国家税务总局备案。对未列举名称的其他金属和非金属矿产品,由省级人民政府根据实际情况确定具体税目和适用税率,报财政部、国家税务总局备案。

　　纳税人开采或生产不同税目应税产品的,应当分别核算不同税目应税产品的销售额或者销售数量;未分别核算或者不能准确提供不同税目应税产品的销售额或者销售数量的,从高适用税率。纳税人开采或者生产同一税目下适用不同税率应税产品的,应当分别核算不同税率应税产品的销售额或者销售数量;未分别核算或者不能准确提供不同税率应税产品的销售额或者销售数量的,从高适用税率。

三、资源税的计税依据和应纳税额的计算

(一)资源税的计税依据

资源税的计税依据为应税产品的销售额或销售量。对《资源税税目税率幅度表》中列举名称的资源品目和未列举名称的其他金属矿实行从价计征;对经营分散、多为现金交易且难以管控的粘土、砂石,按照便利征管原则,仍实行从量计征;对未列举名称的其他非金属矿产品,按照从价计征为主、从量计征为辅的原则,由省级人民政府确定计征方式。

1. 销售额的认定

销售额是指纳税人销售应税产品向购买方收取的全部价款和价外费用,不包括增值税销项税额和运杂费用。

纳税人开采应税矿产品由其关联单位对外销售的,按其关联单位的销售额征收资源税。纳税人既有对外销售应税产品,又有将应税产品用于除连续生产应税产品以外的其他方面的,自用的这部分应税产品按纳税人对外销售应税产品的平均价格计算销售额征收资源税。

此外,纳税人以人民币以外的货币结算销售额的,应当折合成人民币计算。其销售额的人民币折合率可以选择销售额发生的当天或者当月1日的人民币汇率中间价。纳税人应事先确定折合率计算方法,确定后1年内不得变更。

(1)价外费用,包括价外向购买方收取的手续费、补贴、基金、集资费、返还利润、奖励费、违约金、滞纳金、延期付款利息、赔偿金、代收款项、代垫款项、包装费、包装物租金、储备费、优质费、运输装卸费以及其他各种性质的价外收费。但下列项目不包括在内:

① 同时符合以下条件的代垫运输费用:承运部门的运输费用发票开具给购买方的;纳税人将该项发票转交给购买方的。

② 同时符合以下条件代为收取的政府性基金或者行政事业性收费:由国务院或者财政部批准设立的政府性基金,由国务院或者省级人民政府及其财政、价格主管部门批准设立的行政事业性收费;收取时开具省级以上财政部门印制的财政票据;所收款项全额上缴财政。

(2)运杂费用,是指应税产品从坑口或洗选(加工)地到车站、码头或购买方指定地点的运输费用、建设基金以及随运销产生的装卸、仓储、港杂费用。**运杂费用应与销售额分别核算,凡未取得相应凭证或不能与销售额分别核算的,应当一并计征资源税。**

(3)核定销售额。纳税人申报的应税产品销售额明显偏低且无正当理由的,或者有自用应税产品行为而无销售额的,主管税务机关可以按下列方法和顺序确定其应税产品销售额:

① 按纳税人最近时期同类产品的平均销售价格确定。

② 按其他纳税人最近时期同类产品的平均销售价格确定。

③ 按后续加工非应税产品销售价格,减去后续加工环节的成本利润后确定。

④ 按应税产品组成计税价格确定,计算公式如下(式中的成本利润率由省、自治区、直辖市税务机关确定):

$$组成计税价格 = 成本 \times (1 + 成本利润率) \div (1 - 资源税税率) \quad (13-1)$$

2. 原矿销售额与精矿销售额的换算或折算

为公平原矿与精矿之间的税负,对同一种应税产品,征税对象为精矿的,纳税人销售原矿时,应将原矿销售额换算为精矿销售额缴纳资源税;征税对象为原矿的,纳税人销售自采原矿加工的精矿,应将精矿销售额折算为原矿销售额缴纳资源税。换算比或折算率原则上应通过原矿售价、精矿售价和选矿比计算,也可通过原矿销售额、加工环节平均成本和利润计算。

金矿以标准金锭为征税对象,纳税人销售金原矿、金精矿的,应将其销售额换算为金锭销售额缴纳资源税。

换算比或折算率应按简便可行、公平合理的原则,由省级财税部门确定,并报财政部、国家税务总局备案。

3. 从量定额征收的计税依据

(1) 应税产品的销售数量,包括纳税人开采或者生产应税产品的实际销售数量和自用于应当缴纳资源税情形的应税产品数量。

(2) 纳税人不能准确提供应税产品销售数量的,以应税产品的产量或者主管税务机关确定的折算比换算成的数量为计征资源税的销售数量。

(3) 纳税人以自产的液体盐加工固体盐,按照固体盐应纳税额征税,以加工的固体盐数量为课税数量。纳税人以外购的液体盐加工固体盐,其加工固体盐所耗用液体盐的已纳税额准予扣除。

(4) 纳税人外购应税产品与自采应税产品混合销售或者混合加工为应税产品销售的,在计算应税产品销售额或者销售数量时,准予扣减外购应税产品的购进金额或者购进数量;当期不足扣减的,可结转下期扣减。纳税人应当准确核算外购应税产品的购进金额或者购进数量,未准确核算的,一并计算缴纳资源税。

(5) 纳税人开采或者生产同一应税产品,既有享受减免税政策的,又有不享受减免税政策的,按照免税、减税项目的产量占比等方法分别核算确定免税、减税项目的销售额或者销售数量。

(二) 资源税应纳税额的计算

(1) 实行从价定率征收的,根据应税产品的销售额和规定的适用税率计算应纳税额,具体计算公式如下:

$$应纳资源税 = 销售额 \times 适用税率 \quad (13-2)$$

【例 13-5】

某省煤炭资源税税率为8%。该省某煤矿企业2022年8月销售自采原煤200万元(不含增值税);用自采未税原煤连续加工成洗选煤1 000吨,销售480吨,每吨售价为950元,同时移送洗选煤220吨用于集体宿舍取暖。已知计算资源税时洗选煤折算率为

90%。请计算该煤矿企业当月应纳资源税。

解析：纳税人将其开采的原煤加工为洗选煤销售的，以洗选煤销售额乘以折算率为应税煤炭销售额计算缴纳资源税；纳税人将其开采的原煤加工为洗选煤自用的，视同销售洗选煤，计算缴纳资源税。

解析：

应纳资源税$=200 \times 8\% + (480 + 220) \times 0.095 \times 90\% \times 8\% = 20.79$（万元）

（2）实行从量定额征收的，根据应税产品的课税数量和规定的单位税额计算应纳税额，其计算公式如下：

$$应纳资源税 = 课税数量 \times 单位税额 \qquad (13-3)$$

$$代扣代缴应纳资源税 = 收购未税矿产品的数量 \times 适用的单位税额 \qquad (13-4)$$

【例 13-6】

拓展阅读

资源税从价
计征改革的
相关规定

某盐场 2022 年生产销售原盐 10 万吨，此外还用生产的原盐加工成粉洗盐 15 万吨、粉精盐 20 万吨、精制盐 20 万吨。已知该盐场 1 吨原盐可加工 0.8 吨粉洗盐，或可加工 0.75 吨粉精盐，或可加工 0.6 吨精制盐，另外该盐场适用的资源税定额税率为 25 元/吨。请计算该盐场本年度应纳资源税。

解析：先把加工成的粉洗盐、粉精盐和精制盐数量换算成原盐的数量，再把各项税额相加。

应纳资源税$=10 \times 25 + 15 \div 0.8 \times 25 + 20 \div 0.75 \times 25 + 20 \div 0.6 \times 25$
$$= 2\,218.75（万元）$$

四、资源税的税收优惠和征收管理

（一）资源税的税收优惠

1. 原油、天然气优惠政策

（1）开采原油过程中用于加热、修井的原油，免征资源税。

（2）对油田范围内运输稠油过程中用于加热的原油、天然气免征资源税。

（3）对稠油、高凝油和高含硫天然气减征 40% 资源税。稠油是指地层原油黏度大于或等于 50 毫帕/秒或原油密度大于或等于 0.92 克/立方厘米的原油。高凝油是指凝固点大于 40℃的原油。高含硫天然气是指硫化氢含量大于或等于 30 克/立方米的天然气。

（4）对三次采油减征 30% 资源税。三次采油是指二次采油后继续以聚合物驱、复合驱、泡沫驱、气水交替驱、二氧化碳驱、微生物驱等方式进行采油。

（5）对低丰度油气田暂减征 20% 资源税。陆上低丰度油田是指每平方公里原油可采储量丰度在 25 万立方米（不含）以下的油田；陆上低丰度气田是指每平方公里天然气可采储量丰度在 2.5 亿立方米（不含）以下的气田。海上低丰度油田是指每平方公里原油可采储量丰度在 60 万立方米（不含）以下的油田；海上低丰度气田是指每平方公里天然气可采储量丰度在 6 亿立方米（不含）以下的气田。

（6）对深水油气田减征 30% 资源税。深水油气田是指水深超过 300 米（不含）的油气田。

（7）自 2016 年 6 月 1 日起,纳税人在新疆开采的原油、天然气,自用于连续生产原油、天然气的,不缴纳资源税;自用于其他方面的,视同销售,依照规定计算缴纳资源税。

符合上述减免税规定的原油、天然气划分不清的,一律不予减免资源税;同时符合上述两项及两项以上减税规定的,只能选择其中一项执行,不能叠加适用。财政部和国家税务总局根据国家有关规定及实际情况的变化适时对上述政策进行调整。

2. 矿产资源优惠政策

（1）铁矿石资源减按 40% 征收资源税。

（2）对利用低品位矿、废石、尾矿、废渣、废水、废气等提取矿产品,中央政府将资源税征管权力下放,省级政府有权决定是否给予此类活动减税或免税政策。

（3）从 2017 年 1 月 1 日起,对地面抽采煤层气暂不征收资源税。煤层气是指赋存于煤层及其围岩中与煤炭资源伴生的非常规天然气,也称煤矿瓦斯。

（4）对实际开采年限在 15 年以上的衰竭期煤矿开采的煤炭,减征 30% 资源税。衰竭期煤矿是指剩余可采储量下降到原设计可采储量的 20%（含）以下或剩余服务年限不超过 5 年的煤矿。

（5）对充填开采置换出来的煤炭,减征 50% 资源税。

（6）开采符合条件的共伴生矿,共伴生矿与主矿产品销售额分开核算的,仍承继原先的优惠政策,暂不计征资源税;没有分开核算的,共伴生矿按主矿产品的税目和适用税率计征资源税。

纳税人开采或者生产应税产品过程中,因意外事故或者自然灾害等原因遭受重大损失的,由省、自治区、直辖市人民政府酌情决定减征或者免征资源税。

纳税人开采或者生产同一应税产品同时符合两项或者两项以上减征资源税优惠政策的,除另有规定外,只能选择其中一项执行。

纳税人享受资源税收优惠政策,实行"自行判别、申报享受、有关资料留存备查"的办理方式,另有规定的除外。纳税人对资源税优惠事项留存资料的真实性和合法性承担法律责任。

（二）出口应税产品不退（免）资源税的规定

资源税规定仅对在中国境内开采和生产应税产品的单位和个人征收,进口的矿产品和盐不征收资源税。对出口应税产品也不免征或退还已纳资源税。

（三）资源税的纳税环节

（1）资源税在应税产品的销售或自用环节计算缴纳。以自采原矿加工精矿产品的,在原矿移送使用时不缴纳资源税,在精矿销售或自用时缴纳资源税。

（2）纳税人以自采原矿加工金锭的,在金锭销售或自用时缴纳资源税。纳税人销售自采原矿或者自采原矿加工的金精矿、粗金矿,在原矿或者金精矿、粗金矿销售时缴纳资源税,在移送使用时不缴纳资源税。

（四）资源税的纳税义务发生时间

1. 纳税人销售应税产品的纳税义务发生时间

（1）纳税人采取分期收款结算方式的,纳税义务发生时间为销售合同规定的收款日期的当天。

（2）纳税人采取预收货款结算方式的,纳税义务发生时间为发出应税产品的当天。

（3）纳税人采取其他结算方式的,纳税义务发生时间为收讫销售款或者取得索取销售款凭据的当天。

2.纳税人自产自用应税产品的纳税义务发生时间

纳税人自产自用应税产品的纳税义务发生时间为移送使用应税产品的当天。

3.扣缴义务人代扣代缴税款的纳税义务发生时间

扣缴义务人代扣代缴税款的纳税义务发生时间为支付首笔货款或首次开具支付货款凭据的当天。

（五）资源税纳税期限

资源税的纳税期限为1日、3日、5日、10日、15日或者1个月,纳税人的纳税期限由主管税务机关根据实际情况具体核定。不能按固定期限计算纳税的,可以按次计算纳税。

纳税人以1个月为一期纳税的,自期满之日起10日内申报纳税;以1日、3日、5日、10日、15日为一期纳税的,自期满之日起5日内预缴税款,于次月1日起10日内申报纳税并结清上月税款。

（六）资源税纳税地点

凡是缴纳资源税的纳税人,都应当向应税产品的开采地或者海盐的生产所在地主管税务机关缴纳税款。如果纳税人在本省、自治区、直辖市范围内开采或者生产应税产品,其纳税地点需要调整的,由所在地省、自治区、直辖市税务机关决定。

拓展阅读

资源税的改
革方向

如果纳税人应纳的资源税属于跨省开采,其下属生产单位与核算单位不在同一省、自治区、直辖市的,对其开采或者生产的应税产品,一律在开采地或者生产地纳税。实行从量计征的应税产品,其应纳税款一律由独立核算的单位按照每个开采地或者生产地的销售量及适用税率计算划拨;实行从价计征的应税产品,其应纳税款一律由独立核算的单位按照每个开采地或者生产地的销售量、单位销售价格及适用税率计算划拨。

扣缴义务人代扣代缴的资源税,也应当向收购地主管税务机关缴纳。

海上开采的原油和天然气资源税由海洋石油税务管理机构征收管理。

本章小结

1.环境保护税最早可以追溯至20世纪20年代的"庇古税"。我国自2018年1月1日开征。

2.我国的环境保护税法目前对水污染物、大气污染物、噪声和固体废物征税。

3.环境保护税法中规定了污染物税额的上下限并给予地方一定的自主裁量权。

4.资源税是对在我国境内开采应税矿产品和生产盐的单位和个人,就其应税数量征收的一种税。

5.在我国境内开采应税矿产品或者生产盐的单位和个人,为资源税的纳税义务人。资源税的征税对象主要有矿产资源、土地资源、水资源、动植物资源等。

6.资源税征收方式有从价定率和从量定额两种,分别以应税产品的销售额和应税产品的销售数量为税基计算资源税的应纳税额。

一、单项选择题

1. 下列各项中,暂予免征环境保护税的有( )。

   A. 农业生产(不包括规模化养殖)排放应税污染物的

   B. 机动车等流动污染源排放应税污染物的

   C. 依法设立的城乡污水集中处理、生活垃圾集中处理场所排放应税污染物的

   D. 纳税人综合利用的固体废物,符合国家和地方环境保护标准的

2. 《中华人民共和国环境保护税法》规定,一般情况下环境保护税按月计算,按( )申报缴纳。

   A. 季　　　　　　B. 月　　　　　　C. 半年　　　　　　D. 年

3. 《中华人民共和国环境保护税法》规定,应税固体废物的应纳税额为( )。

   A. 污染当量数乘以具体适用税额

   B. 污染当量数除以具体税额

   C. 固体废物排放量乘以具体适用税额

   D. 超过国家规定标准的分贝数对应的具体适用税额

4. 下列关于环境保护税计税依据的表述中,不正确的是( )。

   A. 应税大气污染物按照污染物排放量折合的污染当量数确定

   B. 应税水污染物按照污染物排放量折合的污染当量数确定

   C. 应税固体废物按照固体废物的排放量确定

   D. 应税噪声按照噪声的分贝数确定

5. 下列各项中,属于资源税纳税人的是( )。

   A. 出口外购宝石的外贸企业　　　B. 销售自产原油的生产企业

   C. 外购铁矿加价出售的商业企业　　D. 进口天然气的外贸企业

6. 下列各项中,应当征收资源税的是( )。

   A. 人造石油

   B. 某商贸企业零售的煤炭

   C. 开采铁矿石同时开采的锰矿

   D. 煤炭开采企业因安全生产需要抽采的煤层气

7. 某煤矿生产企业2022年12月开采原煤6 000吨,当月采用分期收款方式向某供热公司销售原煤3 000吨,约定销售总价款为330 000元(不含增值税),双方签订的销售合同规定,本月收取全部货款的三分之一,其余货款在下月一次性付清;销售已税原煤生产的洗选煤200 000吨,取得不含增值税的销售额为100万元。已知原煤适用的资源税税率为6%。该煤矿生产企业当月应缴纳的资源税为( )元。

   A. 6 600　　　　B. 19 800　　　　C. 16 923　　　　D. 11 282

8. 华北某油气田企业2022年12月开采原油9 000吨,当月销售8 000吨,取得不含增值税销售额96万元;用于开采原油过程中加热的原油500吨;用于职工食堂和浴室的原油10吨;当月开采天然气40 000立方米,已全部销售,取得不含增值税销售额12万元,已知该油田原油和天然气适用的资源税税率均为6%。该油气田企业12月应纳资源税税额为(　　)万元。

　　A. 6.48　　　　B. 6.49　　　　C. 6.85　　　　D. 6.84

9. 某煤矿2022年12月开采原煤20万吨,当月将其中4万吨对外销售,取得不含增值税销售额400万元;将其中3万吨原煤用于职工宿舍供暖;将其中的5万吨原煤自用于连续生产洗选煤,生产出来的洗选煤当月全部销售,取得不含增值税销售额900万元(含矿区至车站的运费100万元,取得运输方开具的凭证)。已知煤炭资源税税率为6%,当地省财税部门确定的洗选煤折算率为70%,则该煤矿当月应缴纳资源税(　　)万元。

　　A. 120　　　　B. 88.9　　　　C. 79.8　　　　D. 75.6

10. 某油气开采企业为增值税一般纳税人,2022年12月开采原油6万吨,当期对外销售5万吨,取得不含税销售额5 000万元;另外1万吨在开采原油过程中用于加热。开采天然气100万立方米,当期对外销售80万立方米,共取得不含税销售额150万元,另将剩余20万立方米用于换取一批机器设备,则该油气开采企业2022年12月应缴纳资源税(　　)万元。(原油、天然气适用的资源税税率为6%。)

　　A. 311.25

　　B. 371.25

　　C. 309

　　D. 36丰度油气田开采的原油,减征20%资源税

11. 某企业(增值税一般纳税人)2022年12月将境内开采的原油200吨交由关联企业(增值税一般纳税人)对外销售,该企业原油平均每吨含增值税销售价格为6 215元,关联企业对外销售每吨含增值税价格为6 328元,当月全部销售。已知该企业开采原油适用的资源税税率为6%,该企业就此业务应缴纳资源税(　　)元。

　　A. 0　　　　B. 66 000　　　　C. 66 600　　　　D. 67 200

12. 下列关于水资源税征收管理的表述中,不正确的是(　　)。

　　A. 在试点省份内取用水,纳税地点需要调整的,由省级财政、税务部门决定

　　B. 水资源税的纳税义务发生时间为纳税人取用水资源的当日

　　C. 纳税人应当自纳税期满或者纳税义务发生之日起15日内申报缴纳水资源税

　　D. 水资源税按年征收

二、多项选择题

1. 下列按照原矿缴纳资源税的有(　　　　)。
   A. 纳税人自采矿泉水原矿销售
   B. 纳税人自采矿泉水原矿赠送客户
   C. 纳税人销售自采原煤加工成的洗选煤
   D. 纳税人自采原煤加工成洗选煤,并将洗选煤用于投资

2. 下列排放物中,属于环境保护税征收范围的有(　　　　)。
   A. 一氧化碳　　　B. 二氧化碳　　　C. 二氧化硫　　　D. 交通噪声

三、简述题

1. 简述环境保护税与排污费的差别。
2. 简述企业治污减排有哪些税收优惠。
3. 论述资源税的主要作用。
4. 论述资源税的征税范围。

四、计算分析题

1. 某厂10月向大气直接排放二氧化硫、氟化物各150千克,一氧化碳、氯化氢各100千克。该厂只有一个排放口且该厂所在省的应税大气污染物的适用税额为6元/污染当量。请计算该厂10月应缴纳的环境保护税(结果保留两位小数)。

2. 某厂10月向水体直接排放第一类水污染物总汞10 kg、总镉15 kg、总铬20 kg、总砷10 kg、总铅30 kg、总银40 kg。排放第二类水污染物悬浮物(SS)15 kg、总有机碳(TOC)10 kg、挥发酚10 kg。该厂所在省的水污染物的适用税额为5元/污染当量,且只有一个排放口。请计算厂10月应缴纳的环境保护税(结果保留两位小数)。

3. 某省煤炭资源税税率为8%。该省某煤矿企业2022年8月销售自采原煤200万元(不含增值税,下同);用自采未税原煤连续加工成洗选煤1 500吨,销售500吨,每吨售价为900元,移送洗选煤250吨用于集体宿舍取暖。已知计算资源税时洗选煤折算率为90%。请计算该煤矿企业当月应纳资源税。

4. 某盐场2021年8月以自产液体盐200万吨和外购液体盐240万吨共加工成固体盐108万吨,生产的固体盐本月全部销售。该盐场液体盐和固体盐资源税税额分别为10元/吨和50元/吨,外购液体盐资源税税额为8元/吨。请计算9月该盐场应纳资源税。

五、案例分析

中央财政关于推动黄河流域生态保护和高质量发展的财税支持方案

为贯彻落实黄河流域生态保护和高质量发展战略,按照党中央、国务院决策部署,根据《黄河流域生态保护和高质量发展规划纲要》,现就相关财税支持政策制定如下方案。

(一)总体要求

以习近平新时代中国特色社会主义思想为指导,全面贯彻党的十九大和十九

届历次全会精神,弘扬伟大建党精神,坚持稳中求进工作总基调,完整、准确、全面贯彻新发展理念,加快构建新发展格局,全面深化改革开放,坚持创新驱动发展,推动高质量发展,坚持以供给侧结构性改革为主线,统筹疫情防控和经济社会发展,统筹发展和安全,把水资源作为最大的刚性约束,坚持以水定城、以水定地、以水定人、以水定产,准确把握"重在保护、要在治理"的战略要求,坚定走绿色发展道路,充分发挥财税政策支持引导作用,着力保障黄河长治久安,着力改善黄河流域生态环境,着力优化水资源配置,着力促进全流域高质量发展,着力改善人民群众生活,着力保护传承弘扬黄河文化,让黄河成为造福人民的幸福河。

(二)支持建立以财政投入、市场参与为总体导向的资金多元化利用机制

(1)设立黄河流域生态保护和高质量发展奖补资金。中央财政设立黄河流域生态保护和高质量发展奖补资金,用于支持沿黄河省区统筹做好加强生态环境保护、保障黄河长治久安、推进水资源节约集约利用、推动黄河流域高质量发展、保护传承弘扬黄河文化等工作,突出重点、讲求绩效、强化监督,支持地方共同抓好大保护、协同推进大治理。

(2)建立黄河流域生态保护和高质量发展多元化投入格局。研究设立黄河流域生态保护和高质量发展基金。支持沿黄河省区规范推广政府和社会资本合作(PPP),中国政企合作投资基金对符合条件的 PPP 项目给予支持。鼓励各类企业、社会组织参与支持黄河流域生态保护和高质量发展,拓宽资金投入渠道。

(3)通过中央财政统借统还外贷资金给予支持。积极利用世界银行、亚洲开发银行、欧洲投资银行等国际金融组织和外国政府贷款,支持沿黄河省区开展生态环境保护与修复、绿色农田建设和农业高质量发展、沙化土地可持续治理等项目。

(三)支持建立以防洪治理、水沙调控为重点方向的灾害防治保障机制

(4)支持加快构建抵御自然灾害防线。各级财政加大资金投入力度,加强城市防洪排涝体系建设,增强大中城市抵御灾害能力。利用中央预算内投资、水利发展资金等,加强黄河流域中小河流治理、病险水库除险加固等防汛抗旱水利提升工程建设,针对薄弱环节查漏补缺,全面提高水旱灾害防御能力。利用特大型地质灾害防治资金等,支持黄河流域重点地区加强地质灾害风险调查评价、重点隐患排查和监测预警等综合防治体系和防治能力建设,提高地质灾害防治能力。用好水利救灾资金等,支持黄河流域安全度汛、监测预警相关设施灾损修复等水旱灾害防灾减灾工作。

(5)支持完善水沙调控体系建设。将沿黄河省区符合条件的引调水工程和水库工程等重大水利项目纳入地方政府专项债券支持范围。利用中央预算内投资等,支持推进黄河流域重大水利工程建设。通过中央部门预算资金,支持黄河流域中央直属水利工程维修养护和水毁修复、防洪安全监控、水沙调控研究、水文水资源监测、水政执法监督,保障黄河流域河道堤防、水库、涵闸、泵站、蓄滞洪区等水利工程长效运行,提升流域综合管理能力。

（四）支持建立以税费引导、专项奖励为调节手段的水资源节约集约利用机制

（6）支持全方位贯彻"四水四定"原则。把水资源作为最大的刚性约束，利用水利发展资金等，支持黄河流域强化用水需求和用水过程管理，保障生态用水，资金分配向水资源管理目标完成、制度建设和措施落实情况较好的地区适当倾斜，调动各地节约集约用水的积极性。对水资源超载地区，支持其通过调整结构、地下水超采综合治理、节水等措施，严控取用水总量，遏制地下水下降趋势，还水于河。

（7）发挥税费政策引导作用。对企业从事符合条件的环境保护、节能节水项目所得，按规定享受企业所得税"三免三减半"优惠，企业购置并实际使用环境保护、节能节水专用设备的，按规定抵免企业所得税应纳税额。落实水资源税费差别化征收政策，对取用地下水按规定从高征收税费，严格控制地下水超采地区开采地下水。鼓励沿黄河省区创新水权、排污权等交易措施，支持建立完善交易体系，用好财税杠杆，推动提升节水效果。

（8）支持节水产业发展和技术提升。利用中央预算内投资等，支持黄河流域水资源节约和非常规水资源利用。利用农田建设补助资金、水利发展资金等，支持黄河流域高标准农田建设、中型灌区续建配套与节水改造，促进引黄灌溉节约用水。鼓励多渠道筹集精准补贴和节水奖励资金，深入推进农业水价综合改革。支持黄河流域落实《国家节水行动方案》，大力发展节水产业和技术，实施农业、工业和城镇节水技术改造，推进县域节水型社会达标建设，开展节水载体建设和节水宣传教育。支持发展循环农业，推广旱作节水农业和水产健康养殖技术，扩大低耗水、高耐旱作物种植比例。

（五）支持建立以整体治理、分段施策为基本思路的生态保护补偿机制

（9）促进全流域生态环境保护。各级财政加大支持力度，着力打好黄河生态保护治理攻坚战。利用重点生态功能区转移支付等，增加对沿黄河省区的综合生态补偿。利用水污染防治资金等，支持黄河全流域建立横向生态保护补偿机制，加强黄河水生态保护修复，推进汾河等污染严重、生态脆弱河湖治理，调动沿黄河省区参与生态保护修复和污染治理的积极性。利用中央预算内投资等，支持黄河流域城镇污水垃圾处理设施建设。统筹中央对地方资源枯竭城市转移支付等资金，支持黄河流域自然保护地内矿业权退出。支持实施生物多样性保护重大工程，完善野生动植物保护和监测网络，加大对珍稀濒危鸟类、鱼类及其栖息地保护力度，加强重大有害外来入侵物种防控和治理。

（10）支持加快提升上游水源涵养能力。支持一体化保护高原高寒地区独有生态系统，以三江源、祁连山、甘南黄河上游水源涵养区为重点，支持实施一批重大生态保护修复工程，强化水源涵养功能。支持甘南、若尔盖等主要湿地治理和修复，统筹推进封育造林和天然植被恢复。积极推进沙漠边缘防护林建设，支持开展规模化防沙治沙、水土流失综合治理和退化草原生态修复治理。实施第三轮草原生态保护补助奖励政策，支持实施草原禁牧，推动草畜平衡。加快推进三江源等国家公园建设，支持构建以国家公园为主体的自然保护地体系。

（11）支持加强中游水土保持和污染治理。利用水利发展资金等，支持在中游水土流失连片地区实施一批小流域综合治理、固沟保塬、淤地坝除险加固等水土保持工程建设。利用中央预算内投资等，支持坡耕地治理、新建淤地坝和拦沙工程等重点水土保持工程建设。支持全面保护天然林，持续巩固退耕还林还草，科学推进人工造林和草原改良。利用水、土壤污染防治专项资金等，支持流域水污染治理、流域水生态保护修复、集中式饮用水水源地保护、土壤污染源头防控及风险管控等工作。支持集中开展农业面源污染治理。

（12）支持保护修复下游湿地生态。大力支持黄河三角洲湿地保护恢复，完善湿地生态保护补偿机制，加强黄河下游湿地生态系统修复，促进生物多样性保护，推进谋划创建黄河口国家公园。支持推进下游河道和滩区环境综合治理，实施滩区土地综合整治，加强滩区水源和优质土地保护修复，构建滩河林田草综合生态空间，促进黄河下游河道生态功能提升和入海口生态环境改善。

（六）支持建立以因地制宜、集约高效为主要特点的国土空间保护利用机制

（13）支持推动农业绿色发展。利用产粮大县奖励资金、生猪（牛羊）调出大县奖励资金以及农业生产发展资金等转移支付，对河套灌区、汾渭平原和黄河流域农业大省予以积极支持，稳定黄河流域粮食、生猪等农产品及林产品生产，提高农产品质量。各级财政落实农业保险保费补贴政策，推动黄河流域粮食主产区、特色农产品优势区农业产业健康发展，鼓励农户参保，降低农业生产风险。对地下水严重超采地区，支持推进农业种植结构调整，实施轮作休耕。支持继续实施农业投入品减量增效、农业标准化生产和秸秆、农膜、农药包装废弃物、畜禽粪污等资源化利用。深入推进农业绿色发展先行先试，探索一批不同生态类型的农业绿色发展模式。

（14）支持加快产业转型升级。各级财政加大支持力度，鼓励沿黄河省区根据资源禀赋和产业基础，因地制宜发展林草产业、生态产业、循环经济、战略性新兴产业，促进传统产业清洁生产，推动制造业高质量发展和资源型产业转型，提升产业链创新链协同水平，建设特色优势现代产业体系。支持推进沿黄河重点地区工业项目入园。支持深入推进山东新旧动能转换综合试验区建设。在保护好生态的基础上，推动黄河流域智能光伏产业创新升级和特色应用，支持在黄河上游沙漠、戈壁、荒漠地区继续推进大型风电光伏基地建设，支持沿黄河省区稳定能源保供、有序调整能源结构，依法依规淘汰碳排放量大和耗水量高的落后产能和生产工艺。支持黄河适宜河段发展内河航运，发展铁水联运，优化完善综合交通运输体系。

（15）支持提升科技创新支撑能力。通过国家科技计划（专项、基金等）支持黄河流域符合条件的新一代信息技术、现代农业技术、现代制造技术、资源环保技术、盐碱地综合利用技术等关键技术攻关。支持在黄河流域科学布局国家级创新平台和重大科技基础设施，发展新一代信息技术、新材料、生物技术等。支持沿黄河省区吸引集聚人才，依法落实个人所得税优惠、津贴补贴、科研经费等政策，吸引高层次人才创新创业。

（16）推动城乡区域协调发展。利用中央财政衔接推进乡村振兴补助资金等，支持黄河流域巩固拓展脱贫攻坚成果同乡村振兴有效衔接。积极支持黄河滩区居民迁建工作，促进改善黄河原蓄滞洪区群众生产生活条件。支持沿黄河省区结合实际工作需要按规定设立巡河员、护河员等岗位。加快新型城镇化建设，利用农业转移人口市民化奖励资金等，鼓励沿黄河省区吸纳更多人口落户。推动沿黄河省区完善省以下财政体制，加大财力下沉力度，增强基层公共服务保障能力。支持兰州—西宁城市群、黄河"几"字弯都市圈协同发展，发挥山东半岛城市群及西安、郑州等国家中心城市带动作用，推动黄河流域城市群、都市圈强化基础设施互联互通、产业创新协作、生态共建环境共治、公共服务共建共享，提升一体化发展和集约发展水平。

（17）支持宁夏建设黄河流域生态保护和高质量发展先行区。逐步加大一般性转移支付力度，提升宁夏财政保障能力。支持宁夏加快实施河道和滩区综合提升治理工程，确保黄河两岸堤防稳固。支持宁夏实施重大生态保护修复工程，巩固扩大黄河、贺兰山、六盘山、罗山生态保护修复成果。推进宁夏高水平构建高效输配水体系，推进黄河水资源节约集约利用。支持宁夏高水平建设国家葡萄及葡萄酒产业开放发展综合试验区。

（七）支持建立以传承弘扬、协同发展为重要目标的黄河文化投入机制

（18）推进黄河文化遗产系统保护。利用国家文物保护、非物质文化遗产保护等资金，加强黄河流域相关文化遗产保护和国家级文化生态保护区建设。利用中央预算内投资等，支持重点文化遗产保护设施和黄河国家文化公园建设。支持黄河博物馆改造提升，推动沿黄河省区共建黄河文化遗产廊道，支持实施黄河文化遗产系统保护工程，加强数字化保护与传承弘扬，延续历史文脉。

（19）支持传承弘扬黄河文化。深入挖掘黄河文化蕴含的时代价值，利用文化产业发展专项资金等，积极传承弘扬黄河文化，支持符合条件的重大题材影视剧生产创作和文化服务出口，培育壮大数字创意产业，推动文化产业转型升级、融合发展。利用中央预算内投资等，支持黄河流域重大旅游基础设施建设。促进黄河流域与共建"一带一路"国家加强黄河文化交流，支持办好中国—阿拉伯国家博览会、丝绸之路国际博览会、丝绸之路（敦煌）国际文化博览会等国际性重大活动，打造具有国际影响力的黄河文化和旅游带。

（八）保障措施

（20）健全工作机制，加强组织领导。各有关方面要以习近平新时代中国特色社会主义思想为指导，深刻领悟"两个确立"的决定性意义，增强"四个意识"、坚定"四个自信"、做到"两个维护"，坚决贯彻落实党中央、国务院决策部署，坚定不移走生态优先、绿色发展的现代化道路，坚持中央统筹、省负总责、市县落实的工作机制，切实将各项财税支持政策落实到位。财政部要会同有关部门按照黄河流域生态保护和高质量发展战略部署、规划纲要和本方案的要求，聚焦重点工作任务，加强对地方的指导和支持力度，细化政策措施。沿黄河省区各级财政部门要主动作

为,压实责任,不折不扣推动各项财税支持政策措施落地见效。

(21)凝聚广泛共识,形成强大合力。支持相关部门加强宣传舆论引导工作,推动全社会牢固树立绿水青山就是金山银山的理念,坚决守好永久基本农田、生态保护红线、城镇开发边界,统筹谋划黄河上下游、干支流、左右岸,形成共同抓好大保护、协同推进大治理的强大合力。支持沿黄河省区发展外向型经济,打造内陆开放高地,深化与共建"一带一路"国家合作。健全区域间开放合作机制,推动黄河流域上中下游省区深化协同配合,提高与沿海、沿长江地区互联互通水平,加强生态保护合作,协力推进黄河流域保护与治理,提升高质量发展水平。强化财税政策资金支持引导,充分调动市场主体、社会力量积极性,发挥广大人民群众主动性、创造性,共同推动黄河流域生态保护和高质量发展。

(22)强化激励约束,推动工作落实。黄河流域生态保护和高质量发展相关财政资金向工作整体推进成效显著、生态环境突出问题得到有效整改的地区倾斜,形成正向激励机制。对符合税制改革及黄河流域生态保护和高质量发展方向的财税政策,在现行税收制度框架内优先支持在沿黄河省区先行先试。沿黄河省区财政部门要加强财政资金使用管理,建立全过程绩效管理链条,坚决防范财政金融风险,提高财政资金使用效益;要坚持问题导向,立足财政职责,完善长效机制,推动做好黄河流域生态环境突出问题整改工作,支持实现黄河流域生态保护和高质量发展各项政策目标。

讨论:为了推动黄河流域生态保护和高质量发展,我国环境保护税可给予企业怎样的税收优惠?需要与哪些税种配合优惠?

第十四章 税收征收管理和税务行政法治理论与政策

本 章 要 点

1. 税收争议的概念
2. 税收救济的概念
3. 税务行政复议制度
4. 税务行政诉讼制度
5. 税务行政赔偿制度

案 例 导 入

"非典型逃税"如何维权?

2010年,一则4亿元罚单的新闻惊动了税务总局。事件大致如下:河南周口市汇林置业公司应市政府请求,于2005—2006年垫资修建两条公路。市政府决定将其垫付的修路费2 494万元从其应纳税款中逐步偿还。2007年市政府未依约还债,汇林置业公司资金周转出现困难。汇林置业公司向主管税务机关书面说明情况并与市政府积极协商,但终因协商未果,于2008年在税务人员的建议下就2007年、2008年营业税作零申报。随后税务机关及司法机关认为该零申报是逃税行为,于2009年将汇林置业公司法定代表人刑事拘留。

思考:汇林置业公司应该如何维权?

第一节 税收征收管理制度

一、税收征收管理制度的概念

税收征收管理制度是指国家征税机关依据国家税收、行政法规,按照统一标准,通过法定程序将纳税人应纳税款组织入库的一种行政行为,是税收法律、法规实施的过程。税收征收管理主要包括税收管理、税款征收、税收检查三个环节。税收管理是建立健全税务登记、纳税申报等征收管理制度,掌控税源,开展税法宣传,实施对日常税收征纳活动的指导等一系列基础性工作。税款征收是指按照税法规定,及时足额地组织应纳税款缴入国库;税收检查是指对征纳双方履行税法规定的权利和义务的情况进行监督检查。这三个环节相互联系、相互制约。税收管理是税款征收和税收检查的基础或前提条件,税款征收是税收管理和税收检查的最终目的。税收检查是税款征收和税收管理的保证。

二、税收征收管理制度的内容

税收征收管理的内容实际上就是税务机关对纳税人的纳税义务进行确认的过程,基本内容包括:税务机关对纳税义务主体地位的确认(纳税人);税务机关对纳税人纳税义务数额的确认;税务机关对纳税人纳税义务履行情况的确认;税务机关对纳税主体履行纳税义务质量的确认。具体细化为以下内容:

(一)税收基础管理

税收基础管理是为了保证税款的顺利征收所做的一些基础性工作,是税款征收的前提。主要包括税务登记管理、账簿和凭证管理及纳税申报管理。

(二)税收征纳

税收征纳是税款入库的过程。从税务机关的角度来看,是税务机关依照法律、法规的规定征收税款的过程;从纳税人的角度来看,是纳税人或扣缴义务人按照法律、法规的规定缴纳税款的过程。

(三)发票管理

发票管理是指税务机关依照法律、行政法规的规定对发票的印制、领购、开具、取得、保管和缴纳等方面进行的管理。发票管理应该属于税收基础管理的内容,但由于发票是一类非常重要的凭证,尤其是专用发票可以作为税款抵扣的凭证,因此单独进行介绍。

(四)税务检查

税务检查是指税务机关为了减少税款流失,根据税收法律、法规及相关的财务会计制度的规定,对纳税人履行纳税义务、扣缴义务人履行扣缴义务的情况进行的检查和监督。

(五)税收争议解决

税收争议解决是指作为征管方的税务机关与纳税人、扣缴义务人、纳税担保人等相对人在税款征收过程中发生的一些争议予以解决的方针。针对不同情形,可采取税务行政复议或税务行政诉讼的方式解决,当税务机关的行为不当给纳税人造成相对损失时,纳税人有权要求税务机关予以赔偿。

三、税务登记制度

税务登记又称纳税登记,是指国家税务机关对纳税人的生产、经营等基本情况进行登记并据以实施税务管理的一种法定制度。税务部门要征税,就必须要有根据,只有通过办理税务登记,税务部门才能掌握纳税人的基本情况,征税才有了客观依据,才能合理调配征管力量,控制税源、加强征管、减少流失。作为纳税人,进行税务登记就意味着必须接受税务机关的监督管理,但同时也享有依法获得税务服务、领购发票、行政复议、减免税优惠待遇等权利。这些权利的取得是以依法办理税务登记为前提条件的。企业的税务登记主要涉及两个方面：① 企业存续过程中(即从成立到注销的整个过程)需要办理的税务登记,包括设立税务登记、变更税务登记和注销税务登记。② 特定的税务登记,包括一些特定的税种、纳税事项的税务登记。

变更税务登记是指纳税人办理税务登记后,原税务登记内容发生了变化,需要到税务机关变更原来登记内容的一种制度。由于纳税人发生的每一项内容发生变化都会涉及纳税人纳税事宜和税务机关管理的变化。比如,纳税人改变经营项目,就会涉及适用税率的改变;纳税人改变经营地点,就可能涉及主管税务机关的变化。因此,为了有效地掌握纳税人的生产经营情况,防止税款的流失,纳税人如果发生原税务登记内容变化的,应该主动进行税务变更登记,否则,应承担相应的法律责任。

注销税务登记是指纳税人办理税务登记后,发生特定情形,需要在其所登记的税务机关终止履行纳税义务,而注销其登记的行为。需要办理注销税务登记的情形:① 因经营期限届满而自动解散;② 企业由于改组、分级、合并等原因而被撤销;③ 企业因资不抵债而破产;④ 因住所、经营地点迁移而涉及改变主管税务机关的;⑤ 被市场监督管理部门吊销营业执照的;⑥ 纳税人依法终止履行纳税义务的其他情形。

四、发票管理制度

发票是指一切单位和个人在购销商品、提供或者接受服务以及从事其他经营活动中,开具和取得的收付款凭证,是用以记载经营业务活动状况的书面证明。

（一）发票的基本特征

(1) 真实性,是指单位和个人必须实事求是购票、开票和取得发票。只有真实,发票才能作为原始凭证对税收经济事项起证明作用。

(2) 统一性,是指在同一行政区域、同一时期、同一经济性质、同一行业中使用的发票种类、遵循的规则应统一。

(3) 实效性,是指填开发票必须按照税务机关规定的时限进行,既不能提前,也不能滞后。

（二）发票的种类

对发票进行科学的分类,并限定其使用范围,是税务机关依法监督纳税、控制税源、有效防范利用发票进行违法活动的重要管理措施。发票可分为以下 3 类。

1. 普通发票

相对于专用发票而言,适用范围最广,主要是增值税小规模纳税人使用,一般纳税人在不能开具专用发票的情况下,也可以使用。普通发票的基本联次为存根联、发票联、记账联三联。

2. 增值税专用发票

增值税专用发票是专供增值税一般纳税人销售货物、应税劳务、不动产时使用的一种特殊发票。专用发票只限于一般纳税人领购使用,小规模纳税人和非增值税纳税人不得领购使用。专用发票除了具备普通发票的基本属性外,还具备抵扣增值税税款的功能,即专用发票不仅是经济活动中的重要商事凭证,还是兼记销货方纳税义务和购货方进项税额的合法证明,它对增值税的计算和管理起着决定性作用。

3. 专业发票

专业发票是指国有金融、保险、邮电通讯、铁路航运等部门开具使用的专业性很强的票据。具体包括:国有金融、保险企业的存货、汇兑、转账凭证,保险凭证;国有邮政、电信企业的邮票、邮单以及话务、电报收据;国有铁路、民用航空企业和交通部门、国有公路、水上运输企业的客票、货票等。通常实行归口管理,即由行业主管部门统一管理,自行设计式样,不套印税务机关的发票监制章。但是,上述单位承包、租赁给非国有单位和个人经营,或采取国有民营的形式时,其所用专用发票,以及上述单位的其他发票均套印全国统一发票监制章,由税务机关统一管理。

(三)发票管理办法

(1)发票开具使用的要求。任何填开发票的单位和个人必须在发生经营业务并确认营业收入时,才能开具发票,未发生经营业务一律不得开具发票;不得转借、转让或者代开发票;未经税务机关批准,不得拆本使用发票;不得自行扩大专用发票的使用范围,如将增值税专用发票用于非增值税一般纳税人。

(2)发票开具时限的要求。增值税专用发票开具的时限为:采用预收货款、托收承付、委托银行收款结算方式的,为货物发出的当天;采用交款发货结算方式的,为收到货款的当天;采用赊销、分期付款结算方式的,为合同约定的收款日期的当天;将货物交给他人代销的,为收到受托人送交的代销清单的当天;设有两个以上机构并实行统一核算的纳税人,将货物从一个机构移送其他机构用于销售,按照规定应当征收增值税的,为货物移送的当天;将货物作为投资提供给其他单位或者个体经营者,将货物分给股东或投资者的,均为货物移送的当天。一般纳税人必须按照上述规定的时限开具增值税专用发票,不得提前或滞后。

(3)发票开具地点的要求。发票限于领购单位和个人在本省(直辖市、自治区)范围内开具。有些省级税务机关规定仅限在本县、市内开具;有些省级税务机关虽然规定在本省(直辖市、自治区)跨县、市开具,但附有限定条件。任何单位和个人未经批准,不得跨规定的使用区域携带、邮寄或者运输发票,更不得携带、邮寄或者运输发票出入国境。

五、纳税申报制度

纳税申报是纳税人发生纳税义务后或扣缴义务人代扣代缴税款后,按照税法或税务机关规定的期限和内容,就有关纳税事项向税务机关提交书面报告的制度。纳税申报是纳税人履行纳税义务或扣缴义务人履行代扣代缴义务向税务机关办理的纳税手续,也是基层税务机关办理征收业务、核实应征税款、开具纳税凭证的一项必要制度,在税收征管体系中占有重要地位。纳税人必须依据法律条文的规定在纳税申报表上详细填写个人信息,逾期不申报纳税,要受到相应法律的制裁。

六、税款征收制度

税款征收与缴纳是一项重要的税收管理制度,是税收征收管理工作中一个重要环节,是税务机关将纳税人在法定期限内依法向国家缴纳的税款,及时、足额地收入国库的一系列税收管理活动的总称。

税款征收方式是指税务机关根据各税种的不同特点和征纳双方的具体条件而确定的计算、征收税款的形式和方法。我国的税款征收方式主要有以下八种：

（一）查账征收

查账征收是指纳税人按照税法规定自行计算应纳税款，并在规定期限内向主管税务机关报送纳税申报表和有关纳税申报资料，由税务人员审核后，填开缴款书，并监督纳税人按规定期限缴库的一种征收方式。这种税款的征收方式主要是对已经建立会计账册、会计记录完整的单位采用。采用这种方式，要求纳税人纳税意识较强，会计核算真实准确，资料齐全，可作为计税依据。

（二）查定征收

查定征收是由税务机关根据纳税人的生产设备等情况在正常条件下的生产、销售情况，对其生产的应税产品**查定产量和销售额**，然后依照税法规定的税率征收的一种方式。这种税款的征收方式主要是对生产不固定、账册不健全的单位采用。

（三）查验征收

查验征收是指税务机关对某些难以进行源泉控制的征税对象，通过查验证、照和实物，据以征税的一种征收方式。适用于按次、或按批销售的临时经营者。临时经营者应该主动向主管税务机关报验，经税务机关人员审查所携带商品金额后，责成提供担保和交纳保证金，待销售结束后解除纳税担保或退还保证金。查验征收是由税务机关对纳税人的应税产品进行查验，贴上完税证、查验证或盖查验戳，并据以征税的一种方式。

（四）定期定额征收

定期定额征收是指税务机关依照法律、法规的规定，依照一定的程序，核定纳税人在一定经营时期内的应纳税经营额及收益额，并以此为计税依据，确定其应纳税额的一种税款征收方式。税务机关核定定额应依照以下程序办理：纳税人自报、典型调查、定额核定、下达定额。这种税款的征收方式适用于生产经营规模小，又确实无建账能力，经主管税务机关审核批准，可以不设置账簿或暂缓建账的小型纳税人。

（五）自核自报自缴

自核自报自缴是指对纳税人的应纳税额，由纳税人自行计算，自行填写缴款凭证，自行向当地国库按期缴纳税款的一种征收方式。采用这种方式要求纳税人有较强的纳税意识和健全的经济核算制度。

（六）代扣代缴

代扣代缴是指按照税法规定赋有扣缴义务的法定义务人，负责对纳税人应纳税款进行代扣代缴的方式，即由支付人在向纳税人支付款项时，从所支付的款项中依照税法的规定直接扣收税款。其目的是对零星、分散不易控制的税源实行源泉控管。

（七）代收代缴

代收代缴是指按照税法规定，赋有收缴税款的法定义务人，负责对纳税人的税款进行代收代缴的方式，即由与纳税人有经济业务往来的单位和个人在向纳税人收取款项时依照税法的规定收取税款。这种方式一般适用于税收网络覆盖不到或很难控制的领域，如受托加工应征消费税的消费品,由受托方代收代缴的消费税。

（八）委托代征

委托代征是指受托的有关单位按照税务机关核法的代征证书的要求,以税务机关的名义向纳税人征收零散税款的税款征收方式。

第二节　税收争议与税收救济

一、税收争议的概念和特点

（一）税收争议的概念

税收争议,是税务行政争议的简称,有广义与狭义之分。广义的税收争议,既包括税务机关内部的税收争议,又包括外部的税收争议。狭义的税收争议仅指外部的税收争议。本章所述税收争议仅指外部的税收争议。

根据具体对象不同,税收争议可以分为一般税务争议和特殊税务争议。

一般税务争议,是指纳税人、扣缴义务人或纳税担保人等对税务机关在**征税行为**上发生的争议。纳税人及其他当事人必须依照税务机关的纳税决定缴清税款和滞纳金、或者提供担保后才能向上一级税务机关申请复议。当事人对行政复议决定不服的,可以向人民法院提起税务行政诉讼。

特殊税务争议,是指纳税人、扣缴义务人或纳税担保人等对**税务机关作出的强制执行措施或者税收保全措施等**不满而发生的争议。纳税人及其他当事人可以依法申请行政复议,也可以进行税务行政诉讼。**在特殊税务争议中,税务行政复议不是税务行政诉讼的前置条件。**

（二）税收争议的特点

税收争议主要有以下特点:

（1）税收争议是税务机关与纳税人、扣缴义务人、纳税担保人之间由于权利与义务不对等而发生的争议。**税务机关与其他单位或个人发生的争议或纳税人与其他行政机关发生的争议都不属于税收纠纷。**

（2）税收争议是因税务机关实施具体行政行为引起的。**纳税人认为税法规定不合理而与税务机关发生的争议不属于税收纠纷。**

二、税收救济的概念和地位

税收救济是法律救济的一种,是指**国家机关通过解决税收争议,制止和纠正违法或不当的税务行政行为,从而补救税务行政相对人受损的合法权益的行为。**税收救济一般由纳税主体的申请展开。

税收救济法是有关税收救济的法律规范的总称,主要是审查税务行政行为的合法性与合理性,从而保护纳税人及其他当事人的合法权益。税收救济法规定了有关政府部门解决税收争议所必须遵循的方法、途径等,主要由税务行政复议法律制度、税务行政诉讼法律制度与税务行政赔偿法律制度构成。

从整体上看,**税收救济法是程序性法律制度**。从与税法其他部分的关系来看,税收救济法是税法的重要组成部分。

在我国传统法律文化中,存在着严重的重实体、轻程序的倾向。近几年来,随着《税收征收管理法》的修订,税收程序法的地位逐步得到了提高,但作为保护税收当事人合法权益的税收救济法仍未得到足够重视。税收救济法设定的法律程序能纠正税务机关的不合理的行政行为,并保障税收当事人的合法权益,其价值不言而喻。

第三节 税务行政复议制度

为了防止和纠正税务机关违法或者不当的具体行政行为,保护纳税人及其他当事人的合法权益,保障和监督税务机关依法行使职权,国家税务总局制定的《税务行政复议规则》已于 2009 年 12 月 15 日审议通过并予公布,自 2010 年 4 月 1 日起施行。2015 年 12 月 28 日国家税务总局对该规则进行了修正。

税务行政复议是指纳税人、扣缴义务人、纳税担保人或其他税收当事人不服税务机关及其工作人员作出的税收具体行政行为,依法向上一级税务机关(复议机关)提出申请,复议机关经审理对原税务机关具体行政行为依法作出维持、变更、撤销等决定的活动。

一、税务行政复议制度的特点

税务行政复议是我国行政复议制度的一个重要组成部分。我国税务行政复议具有以下特点:

(1) 税务行政复议由纳税人、扣缴义务人、纳税担保人对税务机关及其工作人员作出的税务行政行为不满,向复议机关提出申请后产生。如果当事人认为税务机关作出的具体决定合理,没有提出申请,那么税务行政复议就不存在。

(2) 税务行政复议案件的审理一般由原处理税务机关的上一级税务机关进行。

(3) 税务行政复议与税务行政诉讼有一定的关联性。对大多数税收争议而言,当事人既可以选择行政复议,也可以选择行政诉讼。如果对行政复议不服的,可以向人民法院提出行政诉讼。但当事人对税务机关的征税行为不服的话,必须先缴纳税款或提供纳税担保才可以进行税务行政复议。如果对行政复议仍不服的,可以向法院提出行政诉讼。值得注意的是,**此时税务行政复议是行政诉讼的前置条件。**

二、税务行政复议范围

税务行政复议范围主要包括税务机关的下列具体行政行为:

(1) 征税行为,包括确认纳税主体、征税对象、征税范围、减税、免税、抵扣税款、适用税率、计税依据、纳税环节、纳税期限、纳税地点和税款征收方式等具体行政行为;征收税款、加收滞纳金,扣缴义务人、受税务机关委托的单位和个人作出的代扣代缴、代收代缴、代征行为等。

（2）行政许可、行政审批行为。

（3）发票管理行为，包括发售、收缴、代开发票等。

（4）税收保全措施、强制执行措施。

（5）行政处罚行为：包括罚款、没收财物和违法所得、停止出口退税权等。

（6）不依法履行下列职责的行为：① 颁发税务登记；② 开具、出具完税凭证、外出经营活动税收管理证明；③ 行政赔偿；④ 行政奖励；⑤ 其他不依法履行职责的行为。

（7）资格认定行为。

（8）不依法确认纳税担保行为。

（9）政府信息公开工作中的具体行政行为。

（10）纳税信用等级评定行为。

（11）通知出入境管理机关阻止出境行为。

（12）其他具体行政行为。

三、税务行政复议管辖

（1）对各级税务局的具体行政行为不服的，向其上一级税务局申请行政复议。对计划单列市税务局的具体行政行为不服的，向国家税务总局申请行政复议。

（2）对税务所（分局）、各级税务局的稽查局的具体行政行为不服的，向其所属税务局申请行政复议。

（3）对国家税务总局的具体行政行为不服的，向国家税务总局申请行政复议。对行政复议决定不服的，申请人可以向人民法院提起行政诉讼，也可以向国务院申请裁决。国务院的裁决为最终裁决。

（4）对两个以上税务机关以共同的名义作出的具体行政行为不服的，向共同上一级税务机关申请行政复议；对税务机关与其他行政机关以共同的名义作出的具体行政行为不服的，向其共同的上一级行政机关申请行政复议。

（5）对被撤销的税务机关在撤销以前所作出的具体行政行为不服的，向继续行使其职权的税务机关的上一级税务机关申请行政复议。

（6）对税务机关作出逾期不缴纳罚款加处罚款的决定不服的，向做出行政处罚决定的税务机关申请行政复议。对已处罚款和加处罚款都不服的，一并向做出行政处罚决定的税务机关的上一级税务机关申请行政复议。

（7）申请人向具体行政行为发生地的县级地方人民政府提交行政复议申请的，由接受申请的县级地方人民政府依照规定予以转送。

四、税务行政复议申请

（一）税务行政复议申请人

税务行政复议申请人为依法提起税务行政复议的纳税人和其他税收当事人，具体包括纳税人、扣缴义务人、纳税担保人和其他税收当事人。

有权申请税务行政复议的公民死亡的，其近亲属可以申请税务行政复议。

有权申请税务行政复议的公民为无行为能力人或者限制行为能力人的，其法定代理人可以代理申请税务行政复议。

有权申请税务行政复议的法人或者其他组织发生合并、分立或者终止的,承受其权利的法人或者其他组织可以申请税务行政复议。

与申请税务行政复议的税务具体行政行为有利害关系的其他公民、法人或者组织,可以作为第三人参加税务行政复议。第三人不参加行政复议的,不影响行政复议案件的审理。

（二）税务行政复议的申请

申请人可以在得知税务机关作出税务具体行政行为之日起 **60 日**内提出税务行政复议申请。因不可抗力或者被申请人设置障碍等正当理由耽误法定申请期限的,申请期限自障碍消除之日起继续计算。

申请人可以书面也可以口头申请税务行政复议。口头申请的,复议机关应当当场记录申请人的基本情况、复议请求、申请复议的主要事实、理由和时间。

申请人向复议机关申请税务行政复议,复议机关已经受理的,在法定税务行政复议期限以内,申请人不得向人民法院起诉。申请人向人民法院提起税务行政诉讼,人民法院已经受理的,不得申请税务行政复议。

五、税务行政复议受理

税务行政复议受理是税务行政复议机关在接到当事人复议申请后,经审查决定接受申请或不接受申请的行为及过程。税务行政复议受理程序为:

(1) 行政复议机关收到行政复议申请以后,应当在 **5 日**内审查,决定是否受理。对不符合规定的行政复议申请,决定不予受理,并**书面告知**申请人。对不属于本机关受理的行政复议申请,应当告知申请人向有关行政复议机关提出。行政复议机关收到行政复议申请以后未按规定期限审查并作出不予受理决定的,视为受理。

(2) 对应当先向行政复议机关申请行政复议,对行政复议决定不服再向人民法院提起行政诉讼的具体行政行为,行政复议机关决定不予受理或者受理以后超过行政复议期限不做答复的,申请人可以自收到不予受理决定书之日起或者行政复议期满之日起 **15 日**内,依法向人民法院提起行政诉讼。

(3) **税务行政复议期间,税务具体行政行为不停止执行。**但是,有下列情形之一的,可以停止执行:① 被申请人认为需要停止执行的;② 复议机关认为需要停止执行的;③ 申请人申请停止执行,复议机关认为其要求合理,决定停止执行的;④ 法律、法规、规章规定停止执行的。

六、税务行政复议的审查和决定

行政复议原则上采用书面审查的办法,但是申请人提出要求或者行政复议机构认为有必要时,应当听取申请人、被申请人和第三人的意见,并可以向有关组织和人员调查了解情况。

对于重大、复杂的案件,申请人提出要求或者行政复议机构认为必要时,可以采取听证的方式审理。

行政复议机关审查被申请人的具体行政行为时,认为其依据不合法,本机关有权处理的,应当在**30日**内依法处理;无权处理的,应当在**7日**内按照法定程序逐级转送有权处理的国家机关依法处理。**处理期间,中止对具体行政行为的审查。**

行政复议机关应当自受理申请之日起**60日**内作出行政复议决定。情况复杂,不能在规定期限内作出行政复议决定的,经行政复议机关负责人批准,可以适当延期,并告知申请人和被申请人,但是延期不得超过**30日**。

第四节　税务行政诉讼制度

税务行政诉讼,是指公民、法人和其他组织认为税务机关及其工作人员的具体税务行政行为违法或者不当,侵犯了其合法权益,依法向人民法院提起行政诉讼,由人民法院对具体税务行政行为的合法性和适当性进行审理并作出裁决的司法活动,其目的是保护纳税人、扣缴义务人等当事人的合法权益,监督税务机关依法行使行政职权。

一、税务行政诉讼的受案范围

具体地说,税务行政诉讼的受案范围与税务行政复议的受案范围基本一致,包括:

(1)税务机关作出的征税行为:① 征收税款、加收滞纳金;② 扣缴义务人、受税务机关委托的单位作出代扣代缴、代收代缴行为及代征行为。

(2)税务机关作出的责令纳税人提交纳税保证金或者纳税担保行为。

(3)税务机关作出的行政处罚行为:① 罚款;② 没收违法所得;③ 停止出口退税权;④ **收缴发票和暂停供应发票。**

(4)税务机关作出的**通知出境管理机关阻止出境行为。**

(5)税务机关作出的**税收保全措施**:① 书面通知银行或者其他金融机构冻结存款;② 扣押查封商品、货物或者其他财产。

(6)税务机关作出的**税收强制执行措施**:① 书面通知银行或者其他金融机构扣缴税款;② 拍卖所扣押、查封的商品、货物或者其他财产抵缴税款。

(7)认为符合法定条件申请税务机关颁发税务登记证和发售发票,税务机关拒绝颁发、发售或者不予答复的行为。

(8)税务机关的**复议行为**:① 复议机关改变了原具体行政行为;② 期限届满,税务机关不予答复。

二、税务行政诉讼的管辖

税务行政诉讼管辖,是指人民法院受理第一审税务案件的职权分工。具体来讲,税务行政诉讼的管辖分为级别管辖、地域管辖和裁定管辖。

(一)级别管辖

基层人民法院负责一般的税务行政案件。**中高级人民法院**负责本辖区内重大、复杂的税务行政案件。**最高人民法院**负责全国范围内重大、复杂的第一审税务行政案件。

（二）地域管辖

地域管辖是同级人民法院之间受理第一审行政案件的分工和权限，分一般地域管辖和特殊地域管辖两种。

（1）**一般地域管辖**，是指按照最初作出具体行政行为的机关所在地来确定管辖法院。凡是未经复议直接向人民法院提起诉讼的，或者经过复议，复议裁决维持原具体行政行为，当事人不服向人民法院提起诉讼的，均由最初作出具体行政行为的税务机关所在地人民法院管辖。

（2）**特殊地域管辖**，是指根据特殊行政法律关系或特殊行政法律关系所指的对象来确定管辖法院。税务行政案件的特殊地域管辖主要是指：经过复议的案件，复议机关改变原具体行政行为的，由原告选择最初作出具体行政行为的税务机关所在地的人民法院，或者复议机关所在地人民法院管辖。原告可以向任何一个有管辖权的人民法院起诉，最先收到起诉状的人民法院为第一审法院。

（三）裁定管辖

裁定管辖，是指人民法院依法自行裁定的管辖，包括移送管辖、指定管辖及管辖权的转移三种情况。

（1）**移送管辖**，是指人民法院将已经受理的案件，移送给有管辖权的人民法院审理。受移送的人民法院应当受理。受移送的人民法院认为受移送的案件按照规定不属于本院管辖的，应当报请上级人民法院指定管辖，不得再自行移送。

（2）**指定管辖**，有管辖权的人民法院因特殊原因不能行使对行政诉讼的管辖权的，由其上级人民法院指定管辖。人民法院对管辖权发生争议且协商不成的，由共同的上级人民法院指定管辖。

（3）**管辖权的转移**。上级人民法院有权审理下级人民法院管辖的第一审税务行政案件，也可以将自己管辖的第一审行政案件移交下级人民法院审判。下级人民法院对其管辖的第一审税务行政案件，认为需要由上级人民法院审判的，可以报请上级人民法院决定。

三、税务行政诉讼的起诉和受理

（一）税务行政诉讼的起诉

税务行政诉讼的起诉，是指公民、法人或者其他组织认为自己的合法权益受到税务机关具体行政行为的侵害而向人民法院提出诉讼请求，要求人民法院行使审判权，依法予以保护的诉讼行为。与民事诉讼不同，作为被告的税务机关不能反诉。

纳税人、扣缴义务人等当事人在提起税务行政诉讼时，必须符合下列条件：① 原告是认为具体税务行为侵犯其合法权益的公民、法人或者其他组织；② 有明确的被告；③ 有具体的诉讼请求、事实和法律根据；④ 属于人民法院的受案范围和受诉人民法院管辖范围。⑤ 符合法定的期限和必经的程序。

对税务机关的征税行为提起诉讼，必须先经过复议；对复议决定不服的，可以在接到复议决定书之日起 **15 日**内向人民法院起诉。对其他具体行政行为不服的，当事人可以在接到通知或者知道之日起 **15 日**内直接向人民法院起诉。税务机关作出具体行政行为时，未告知当事人起诉权和起诉期限，致使当事人逾期向人民法院起诉的，其起诉期限从当事人实际知道起诉权或者起诉期限时计算，但最长不得超过 2 年。

（二）税务行政诉讼的受理

原告起诉，经人民法院审查认为符合起诉条件并立案审理的行为，称为受理。

对当事人的起诉，人民法院一般从以下几方面进行审查并作出是否受理的决定：① 审查是否属于法定的诉讼受案范围；② 审查是否具备法定的起诉条件；③ 审查是否已经受理或者正在受理；④ 审查是否有管辖权；⑤ 审查是否符合法定的期限；⑥ 审查是否经过必经复议程序。

根据法律规定，人民法院接到诉状，经过审查，应当在 7 天内立案或者作出裁定不予受理。原告对不予受理的裁定不服的，可以提起上诉。

四、税务行政诉讼的审理和判决

（一）税务行政诉讼的审理

人民法院审理行政案件实行**合议、回避、公开审判和两审终审的审判制度**。审理的核心是审查被诉具体行政行为是否合法，即作出该行为的税务机关是否依法享有该税务行政管理权；该行为是否依据一定的事实和法律作出；税务机关作出该行为是否遵照必备的程序等。

（二）税务行政诉讼的判决

人民法院对受理的税务行政案件，经过调查、收集证据、开庭审理之后，分别作出如下判决：

（1）**维持判决**。这适用于具体行政行为证据确凿，适用法律、法规正确，符合法定程序的案件。

（2）**撤销判决**。被诉的具体行政行为主要证据不足，适用法律、法规错误，违反法定程序，或者超越职权、滥用职权，人民法院应判决撤销或部分撤销，同时可判决税务机关重新作出具体行政行为。

（3）**履行判决**。税务机关不履行或拖延履行法定职责的，判决其在一定期限内履行。

（4）**变更判决**。税务行政处罚显失公正的，可以判决变更。

对一审人民法院的判决不服的，当事人可以上诉。对发生法律效力的判决，当事人必须执行，否则人民法院有权依对方当事人的申请予以强制执行。

第五节　税务行政赔偿制度

税务行政赔偿属于国家赔偿中的行政赔偿。国家赔偿，是指国家机关和国家机关工作人员违法行使职权，对公民、法人和其他组织的合法权益造成损害，由国家承担赔偿责任的制度。

一、税务行政赔偿的概念

税务行政赔偿是指税务机关及其工作人员的职务违法行为给纳税人和其他税收当事人的合法权益造成损害,由税务机关代表国家予以赔偿的制度。税务行政赔偿由以下要点内容构成:① 必须是税务机关或者其工作人员违法行使税收征管职权的行为。② 税务机关或者其工作人员对纳税人和其他税收当事人的合法权益造成了损害。③ 税务机关及其工作人员的职务违法行为与现实发生的损害事实存在因果关系。

二、税务行政赔偿的范围

我国的《国家赔偿法》将损害赔偿的范围限于对财产权和人身权中的生命健康权、人身自由权的损害,未将精神损害等列入赔偿范围。此外,我国国家赔偿法中的损害赔偿仅包括对直接损害的赔偿,不包括间接损害。依据《国家赔偿法》的规定,税务行政赔偿的范围包括:

(一)侵犯人身权的赔偿

侵犯人身权的赔偿主要包括:税务机关及其工作人员非法拘禁纳税人和其他税收当事人,或者以其他方式剥夺纳税人和其他税收当事人人身自由的;税务机关及其工作人员以殴打等暴力行为或者唆使他人以殴打等暴力行为造成公民身体伤害或者死亡的;税务机关及其工作人员造成纳税人或其他税收当事人身体伤害或者死亡的其他违法行为。

(二)侵犯财产权的赔偿

侵犯财产权的赔偿主要包括:税务机关及其工作人员违法征收税款及滞纳金的;税务机关及其工作人员对纳税人和其他税收当事人违法实施罚款、没收非法所得等行政处罚的;税务机关及其工作人员对纳税人和其他税收当事人财产违法采取税收强制措施或者税收保全措施的;税务机关及其工作人员违反国家规定向纳税人和其他税收当事人征收财物、摊派费用的;税务机关及其工作人员造成纳税人和其他税收当事人财产损害的其他违法行为。

三、税务行政赔偿请求人

税务行政赔偿请求人指有权对税务机关及其工作人员的违法职务行为造成的损害提出赔偿要求的人。根据《国家赔偿法》,税务行政赔偿请求人可分为以下几类:① 受害的纳税人和其他税收当事人;② 受害公民的继承人、其他有扶养关系的亲属;③ 承受原法人或其他组织的法人或其他组织。

四、税务行政赔偿的赔偿义务机关

一般情况下,哪个税务机关及其工作人员行使职权侵害公民、法人和其他组织的合法权益,哪个税务机关就是赔偿义务机关。

如果两个以上税务机关或者其工作人员共同违法行使职权侵害纳税人和其他税收当事人合法权益的,则共同行使职权的税务机关均为赔偿义务机关,赔偿请求人有权对其中任何一个提出赔偿请求。

经过上级税务机关行政复议的,最初造成侵权的税务机关为赔偿义务机关。但上级税务机关的复议决定加重损害的,则上级税务机关对加重损害部分履行赔偿义务。

应当履行赔偿义务的税务机关被撤销的,继续行使其职权的税务机关是赔偿义务机关;没有继续行使其职权的,撤销该赔偿义务机关的行政机关为赔偿义务机关。

五、税务行政赔偿的请求时效

依据《国家赔偿法》,税务行政赔偿请求人请求赔偿的时效为 **2 年**,自税务机关及其工作人员行使职权时的行为被依法确认为违法之日起计算。如果税务行政赔偿请求人在赔偿请求时效的最后 6 个月内,因不可抗力或者其他障碍不能行使请求权的,时效中止。从中止时效的原因消除之日起,赔偿请求时效期间继续计算。

六、税务行政赔偿的程序

税务行政赔偿的程序由两部分组成:一是非诉讼程序,即税务机关的内部程序;二是税务行政赔偿诉讼程序,即司法程序。

(一) 税务行政赔偿的非诉讼程序

1. 赔偿请求的提出

税务赔偿请求人应当先向负有履行赔偿义务的税务机关提出赔偿要求。这是税务行政赔偿的必经程序。税务赔偿请求人要求赔偿的项目,可以是一项,也可以是数项,这依据税务机关或者其工作人员职务侵权行为的损害后果而定。如果税务行政赔偿请求人在要求税务行政赔偿的同时,还要求上级税务复议或者人民法院确认致害的职务行为违法或者要求撤销该行为,则可以在申请税务行政复议或者提起税务行政诉讼时,一并提出税务行政赔偿请求。

2. 赔偿请求的形式

依据《国家赔偿法》,要求税务行政赔偿的,应当递交申请书。申请书应当载明受害人的姓名、性别、年龄,工作单位和住所,法人或者其他组织的名称、住所和法定代表人或者主要负责人的姓名、职务,具体的要求、事实根据和理由,申请的年、月、日等事项。

3. 对税务行政赔偿请求的处理

税务行政赔偿请求人在法定期限内提出赔偿请求后,负有赔偿义务的税务机关应当自收到申请之日起 **2 个月**内依照法定的赔偿方式和计算标准给予赔偿。逾期不赔偿或者赔偿请求人对赔偿数额有异议的,赔偿请求人可以在期间届满之日起 **3 个月**内向人民法院提起诉讼。

(二) 税务行政赔偿的司法程序

当赔偿义务机关逾期不予赔偿或者税务行政赔偿请求人对赔偿数额有异议时,税务行政赔偿请求人可以向人民法院提起诉讼,此时进入税务行政赔偿司法程序。应当注意的是,税务行政赔偿诉讼与税务行政赔偿非诉讼程序中规定的,可以在提起税务行政诉讼的同时一并提出税务行政赔偿请求不同:

(1) 在提起税务行政诉讼时一并提出赔偿请求无须经过先行处理,而税务行政赔偿诉讼的提起必须以税务机关的先行处理为条件。

（2）依据《行政诉讼法》，税务行政诉讼不适用调解，而税务行政赔偿诉讼可以进行调解，因为税务行政赔偿诉讼的核心是税务行政赔偿请求人的人身权、财产权受到的损害是否应当赔偿、应当赔偿多少，权利具有自由处分的性质，存在调解的基础。

（3）依据《行政诉讼法》，在税务行政诉讼中，被告即税务机关承担举证责任，而在税务行政赔偿诉讼中，损害事实部分的举证责任不可能由税务机关承担，也不应由税务机关承担。

七、税务行政追偿制度

税务行政追偿制度是指税务机关工作人员故意对税收当事人的合法权益造成损害的，或者有重大过失的，税务机关赔偿其造成的损害后，再追究其责任的制度。

依据《国家赔偿法》，履行赔偿义务的税务机关在赔偿损失后应当责令有故意或者重大过失的工作人员承担全部或者部分赔偿费用。国家赔偿法还规定对有故意或者重大过失的工作人员，应当依法给予行政处分；构成犯罪的应当依法追究刑事责任。

此外，如果赔偿义务机关因故意或者重大过失造成赔偿的，或者超出《国家赔偿法》规定的范围和标准赔偿的，同级人民政府可以责令该赔偿义务机关自行承担部分或者全部赔偿费用。

八、税务行政赔偿方式

税务行政赔偿方式是指国家承担赔偿责任的各种形式。依据《国家赔偿法》的规定，国家赔偿以支付赔偿金为主要方式，如果赔偿义务机关能够通过返还财产或者恢复原状实施国家赔偿的，应当返还财产或者恢复原状。

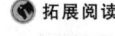

（1）金钱赔偿。这是最主要的赔偿形式。支付赔偿金简便易行，适用范围广，它可以使受害人的赔偿要求迅速得到满足。

（2）返还财产。这是对财产所有权造成损害后的赔偿方式，返还财产要求财产或者原物存在。

税收救济的
发展趋势

（3）恢复原状。这是指对受到损害的财产进行修复，使之恢复到受损前的形状或者性能。

本 章 小 结

1. 税收争议是税务机关与纳税人、扣缴义务人、纳税担保人之间由于权利与义务不对等而发生的争议。税收争议是因税务机关实施具体行政行为引起的，纳税人认为税法规定不合理而与税务机关发生争议，不属于税收纠纷。

2. 税收救济指国家机关通过解决税收争议，制止和纠正违法或不当的税务行政行为，从而补救税务行政相对人受损的合法权益的行为。税收救济一般由纳税主体的申请而开展。

3. 税务行政复议是指纳税人、扣缴义务人、纳税担保人或其他税收当事人不服税务机关及其工作人员作出的税收具体行政行为，依法向上一级税务机关（复议机关）提出申请，复议机关经审理对原税务机关具体行政行为依法作出维持、变更、撤销等决定的活动。

4. 税务行政诉讼，是指公民、法人和其他组织认为税务机关及其工作人员的具体税务行政行为违法或者不当，侵犯了其合法权益，依法向人民法院提起行政诉讼，由人民法院对具体税务行政行为的合法性和适当性进行审理并作出裁决的司法活动，其目的是保护纳税人、扣缴义务人等当事人的合法权益，维护和监督税务机关依法行使行政职权。

5. 税务行政赔偿是指税务机关及其工作人员的职务违法行为给纳税人和其他税收当事人的合法权益造成的损害，由税务机关代表国家予以赔偿的制度。

 复习思考题

一、单项选择题

1. 以下符合税务违法行为检举管理办法的是（　　）。

    A. 检举人必须实名检举，不得匿名检举

    B. 无法确定被检举对象或者不能提供税收违法行为线索的检举事项，举报中心不予受理

    C. 调查核实情况可出示检举信原件

    D. 立案检查时可出示检举信复印件

2. 下列关于税款追征的表述中，正确的是（　　）。

    A. 因税务机关责任，致使纳税人少缴税款的，税务机关在 3 年内可要求纳税人补缴税款，但不加收滞纳金

    B. 因税务机关责任，致使纳税人少缴税款的，税务机关在 3 年内可要求纳税人补缴税款并按银行同期利率加收滞纳金

    C. 对于纳税人偷税（逃避缴纳税款）、抗税和骗取税款的，税务机关在 20 年内可以追征税款、滞纳金；有特殊情况的，追征期可延长到 30 年

    D. 因纳税人计算等失误，未缴或者少缴税款的，税务机关在 3 年内可以追征税款、滞纳金；有特殊情况的，追征期可延长到 10 年

3. 下列可以作为税务行政复议申请人的是（　　）。

    A. 有权申请行政复议的公民下落不明的，其近亲属

    B. 有权申请行政复议的公民为限制行为能力人，其法定代理人

    C. 有权申请行政复议的股份制企业，其股东代表大会

    D. 有权申请行政复议的法人发生终止的，其法定代表人

4. 以下关于税务行政复议申请的规定,说法正确的是( )。
   A. 申请人应在得知税务机关作出具体行政行为之日起15日之内提出复议申请
   B. 对于与税务有关的争议,行政复议是行政诉讼的必经前置程序
   C. 税务行政复议可采用书面或口头形式申请
   D. 申请人向行政复议机关申请行政复议,行政复议机关已经受理的,在法定行政复议期限内申请人可以向人民法院提起行政诉讼

二、多项选择题
1. 下列关于申请延期缴纳税款的表述中,符合规定的有( )。
   A. 在批准期限内免于加收滞纳金   B. 延期期限最长不得超过3个月
   C. 应在规定期限内提出书面申请   D. 延期纳税须经县级税务局批准
2. 有下列情形之一的纳税人、扣缴义务人或者其他涉税当事人,税务机关确定其为失信主体有( )。
   A. 骗取国家出口退税款的
   B. 以暴力、威胁方法拒不缴纳税款的
   C. 虚开增值税普通发票金额100万元以上的
   D. 税务代理人违反税收法律、行政法规造成纳税人未缴或者少缴税款100万元以上的
3. 对税务机关作出的逾期不缴纳罚款加处罚款的决定不服的,可申请行政复议,以下符合行政复议管辖规定的有( )。
   A. 向作出行政处罚决定的税务机关申请行政复议
   B. 向作出行政处罚决定的税务机关的上一级税务机关申请行政复议
   C. 向具体行政行为发生地的县级地方人民政府提交行政复议申请
   D. 向国家税务总局提交行政复议申请

三、简述题
1. 简述税务行政复议的范围。
2. 简述税务行政复议和税务行政诉讼的关系。
3. 简述税务行政赔偿的范围。

四、案例分析
   A县税务局查实某建筑企业某年5月份采取虚假的纳税申报偷税20万元,依法定程序分别下达了税务处理决定书和税务行政处罚决定书,决定补缴税款20万元,按规定加收滞纳金,并处所偷税款一倍的罚款。该企业不服,在缴纳10万元税款后,于6月25日向市税务局申请行政复议,市地税局于收到复议申请书后的第8天以"未缴纳罚款为由"决定不予受理。该纳税人在规定时间内未向人民法院上诉,又不履行。县税务局在屡催无效的情况下,申请人民法院扣押、依法拍卖了该企业相当于应纳税款、滞纳金和罚款的财产,以拍卖所得抵缴了税款、滞纳金和罚款。

解析

   讨论:该建筑企业的行政复议申请是否符合规定,为什么?

DISANPIAN

GUOJI YU QIANYAN
SHUISHOU LILUN

第三篇
国际与前沿税收理论

第十五章 国际税收理论与政策

本 章 要 点

1. 国际税收协定的相关概念
2. 国际税收合作的发展及现状
3. "一带一路"倡议下的税收合作新格局
4. BEPS 行动计划与 CRS
5. 国际避税的基本概念与反避税

案 例 导 入

2016 年初,一则某知名房企投资近百亿元入驻北京市顺义区的经济新闻报道,吸引了顺义区国税局税务人员的注意。随即,该局发现该公司确实已经易主。2015 年底,英属维尔京群岛(BVI)A 公司将其持有的 X 公司(位于英属维尔京群岛)100％的股权,转让给非关联企业 B 公司(位于英属维尔京群岛),交易价款包括 X 公司的股权和应收债权,受让方分期完成支付。拥有大量土地的北京 C 公司为 X 公司 100％控股的子公司。X 公司的资产主要由北京 C 公司的投资构成。X 公司没有聘用员工或购置用于生产经营的固定资产或无形资产,账务和审计服务均由外部公司提供,并无实质性生产、经营活动,其主要收入来源为对北京 C 公司的投资收益。

税务机关根据《国家税务总局关于非居民企业间接转让财产企业所得税若干问题的公告》(国家税务总局公告2015 年第 7 号,以下简称 7 号公告)判定:此次转让行为是 A 公司通过实施不具有合理商业目的的安排,间接转让北京 C 公司的股权,其目的是规避企业所得税纳税义务。因此,税务机关确认其交易实质为 A 公司转让北京 C 公司 100％的股权。

税企双方对税款计算,特别是股权转让价格的确认上产生争议,双方观点如表 15-1 所:

表 15-1 税企双方对税款计算持有的观点

企 业 观 点	税 务 机 关 观 点
交易价格中仍有近 20 亿元需要调减的项目	X 公司投入 C 公司的全部投资额为股权交易成本

企 业 观 点	税 务 机 关 观 点
北京 C 公司的交易日后调整事项数额尚未最终确定,此项金额需从交易价款中扣除	该次股权转让交易尚未全部完成,企业提到的交易事后调整事项金额仍未确定,因此允许企业按实际情况预估金额从交易价款中扣除,待交易全部完成后税款多退少补
北京 C 公司对境内和境外债权人的负债金额需扣除	协议中明确区分了股权和债权的价格,且债权人通过签订债权转让协议的方式,已将债权转让给购买方 B 公司,可以将该类负债视为现金流,不产生资本收益,允许企业从计税价款中扣除
该份股权转让合同从成交当日到最终完成付款,时间持续较长,相关分期付款利息费用需扣除	分期付款利息部分,仅体现在转让方 A 公司的说明信中,交易合同中没有记录,且金额计算缺乏依据,随意性较大,不能视为交易双方的共同意向,不允许 A 公司在计算股权转让价时扣除

最终,A 公司同意税务机关的调整方案,就该笔间接股权转让案件缴纳企业所得税6.3 亿元。

思考:股权转让价格如何确认?本案件涉及间接股权转让,为何需要缴纳股权转让环节的所得税?

第一节　国际税收协定

一、国际税收协定的概念和重要性

（一）国际税收协定的概念

国际税收协定又称避免双重征税协定,是两个或两个以上的国家为了避免和消除对同一纳税人基于同一项所得或财产的重复征税及协调处理其他有关税务问题,通过谈判缔结的书面协议。它是国际税收关系与税务合作的法律基础。 国际税收协定主要通过降低所得来源国税率或提高征税门槛,来限制国家按照国内税收法律征税的权力,规定居民国对境外已纳税所得给予税收抵免,进而实现避免对所得或财产重复征税的基本目的。

有的国家并不使用"协定"一词,而是称其为"条约",例如,英国与英联邦以外的国家签订的税收协定就叫作"条约"。经合组织以及联合国制定的国际税收协定范本也使用的是"条约"一词。无论是"协定"还是"条约",国际税收协定都是对签字国有法律约束的文件。

（二）国际税收协定的重要性

从当前的国际交往情况来看,有些问题必须由有关国家通过签订对双方都有约束力的税收协定加以解决。由此国际税收协定的重要性就体现出来了:

（1）国际税收协定可以弥补国内单边税法在解决国际重复征税问题时存在的缺陷。一国为了避免国际重复征税通常会采取免税法或抵免法等措施,这往往只能解决不同税种管辖权交叉所造成的重复征税,但由于不同国家判定居民身份或所得来源地标准不一致而产生的法律型重复征税很难通过这种单边的措施解决。这就要求相关国家订立税收协定来协调各自界定税收管辖权或地域管辖权时可能出现的冲突，避免因两国对同一个纳税人或同一笔所得同时行使居民管辖权或同时行使地域管辖权而造成重复征税。

（2）**国际税收协定可以较好地兼顾协定国各方的税收利益，容易被各国共同接受。** 国际重复征税问题主要是纳税人的居住和所得来源国在征税权上存在矛盾。为了避免双重征税，一般来说，来源国征税后，居住国就不能再征税；来源国多征税，居住国就应该少征税。但在实践中，居住国和来源国都很难忽视自身的税收利益，而所得来源国对跨国所得在法律上有优先征税的优势，居住国在这种情况下虽可以采用免税法或者抵免法来消除双重征税，但这些措施要以放弃本国的税收利益为代价。如果这部分牺牲的利益过大，那么居住国也很难单方面持久地采用这些避免双重征税的措施。反过来看，如果居住国强调自己的税收利益而要求所得来源国放弃对本国境内所得征税的权力，而全部由居住国征收，那么所得来源国的税收利益也会受到侵害。显然，任意一方都是不可能主动放弃本国的税收利益的。也就是说，要解决好国际重复征税问题，两国或多国间需要通过协商，达成一定的税收协定，通过这种具有法律约束力的文件来制约各方的征税权以减少矛盾。

（3）**国际税收协定的存在便于国与国之间在反偷逃税问题上的相互协助。** 虽然一国可以自行采取防止国际避税和反国际偷逃税的措施，但是实际上，跨国偷逃税行为极大程度地依赖外国机构进行，而一国没有权力要求另一个主权国家单方面提供有关税收情报，也很难派遣有关人员进入别国进行检查。因此，一国单独采取措施解决国际偷逃税问题的难度很大。由于国际偷逃税问题往往会同时危及相关国家的税收利益，国与国之间很有必要在反偷逃税问题上相互配合。各国之间只有通过达成一定的税收协定，规定相互负有交换税收情报的义务，防止国际偷逃税问题的解决才真正有了法律保障。

二、当前的国际税收协定

（一）税收协定范本

1899 年，德国和奥地利签订了世界上第一个双边税收协定。1920 年，国际商会（ICC）认为随着资本逐步全球化，各国应该共同采取措施以避免双重征税，由此联合国的前身——国际联盟倡议制定了第一份协定范本。1922 年，通过各方努力，国际联盟财政委员会正式成立。1925 年，国际联盟发布了税收协定范本初稿。第二次世界大战结束后，联合国取代了国际联盟。1955 年，经济合作与发展组织的前身——欧洲经济合作组织（OEEC）开始接替协定范本制作的工作。随后便出现了目前国际上最重要、影响力最大的两个国际税收协定范本——**经济合作与发展组织的《关于对所得和财产避免双重征税的协定范本》（即 OECD 协定范本）和联合国的《关于发达国家与发展中国家间避免双重征税的协定范本》（即 UN 协定范本）**。它们是两个国际组织为了协调和指导各国签订双边税收协定或多边税收协定而制定并颁布的示范性文本。各国在签订协定的活动中，不仅参照两个税收协定范本的结构和内容来缔结各自的税收协定，而且在协定大多数的税收规范上都遵循两个协定范本所提出的一些基本原则和要求。

（二）国际税收协定的分类和生效

通常，国际税收协定按参与国的多少，分为了双边税收协定和多边税收协定。**双边税**

收协定是指只有两个国家缔结的税收协定,是目前国际税收协定的基本形式。**多边税收协定**是指有两个以上国家缔结的税收协定,目前国际上还不多见,但在某种程度上预示着未来国际税收协定的发展方向。

国际税收协定按其协调的范围大小,可以分为一般税收协定和特定税收协定。**一般税收协定**是指各国签订的关于国家间各种国际税收问题协调的税收协定。**特定税收协定**是指各国签订的关于国家间某一特殊国际税收问题协调的税收协定。

国际税收协定由缔约国各方经谈判后达成,经过各自国家的立法程序后生效,对于缔约国政府具有法律上的约束力。国际税收协定隶属于国际法的范畴。

(三)我国国际税务实践和现行税收协定

我国在处理国际税务问题时,适用税收协定和国内法孰优的原则。具体为:税收协定优先的原则,即国内税收法律法规规定税率高于税收协定的,按税收协定执行;孰优原则,即国内法规定税率低于税收协定的,按国内法执行。

我国自1981年开始对外缔结综合税收协定的谈判工作。1983年9月6日,我国与日本签署了首个国际税收协定,即《中华人民共和国政府和日本国政府关于对所得避免双重征税和防止偷漏税的协定》。截至2018年10月底,我国已对外正式签署109个避免双重征税协定,其中102个协定已生效。中央政府和香港、澳门两个特别行政区签署了税收安排。这有力地促进了我国对外经济技术合作和人员交流,有效服务了我国"引进来"和"走出去"的对外开放战略,同时为跨境投资和经营企业在东道国享受公平待遇、有效解决纠纷、维护税收权益提供了坚实的法律依据。

第二节 "一带一路"倡议下的国际税收合作

一、依托"一带一路"倡议开展国际税收规则重塑,成为国际规则的制定者

随着世界经济交流的不断加强,我国国际贸易得到了快速的发展。我国在与其他国家进行贸易往来的过程中出现了一系列的问题,诸如国际偷逃税、国际避税、双边或者多边预约定价税收征管问题以及电子商务的税收征管问题。这些问题不仅对我国扩大对外贸易产生了不利的影响,而且使得我国的税收收入减少,国际税收征管难度加大,阻碍了国家贸易的公平竞争。国际税收合作也早已应运而生,并且在借鉴各国国际税收的经验与教训中不断发展完善。

近年来,我国依托"一带一路"倡议,充分利用二十国集团(G20)委托OECD开展国际税收规则重塑的重大机遇,积极主动走向国际舞台中央,加入税基侵蚀和利润转移(BEPS)行动计划,主动**争取将"一带一路"沿线及其他发展中国家的诉求融入国际税收新规则**。中国作为G20成员国,先后提出了"修改数字经济税收规则""利润在经济活动发生地和价值创造地征税"等1 000多项立场声明和意见建议,成功地将以我国为代表的发展中国家的观点和理念渗透到BEPS行动计划成果之中。在《OECD税收协定范本》《联合国税收协定范本》《金融账户涉税信息自动交换标准》等国际税收新规则中反映出"中国

方案"的鲜明主张。

中国正在努力实现从既有规则的接受者到国际规则的参与者、制定者和引领者的转变,逐步成为国际税收大家庭不可或缺的重要成员。目前,中国既是领导和组织多边法律工具谈判与起草的副主席国,又是全球税收论坛指导委员会副主席国,还是全球税收论坛同行评议小组、OECD 自动信息交换小组和共同传输系统(CTS)技术小组成员。目前,中国与 OECD、世界银行(WB)、国际货币基金组织(IMF)等 25 个国际组织建立了合作关系;与美国、加拿大等 15 个世界主要经济体签署税务合作备忘录。中国既是 OECD 的观察员国,享有对税收规则的发言权;又是 G20 的重要成员,享有对税收规则的决策权。因此,我国一方面要继续充分利用好 OECD 合作平台;另一方面,要结合"一带一路"倡议,积极加强与联合国国际税收专家委员会、金砖国家税收合作机制、亚洲税收管理与研究组织(SGATAR)、国际联合反避税信息交换与协作工作组(JITSIC)等税收平台的合作,形成与 OECD 主要合作平台相互呼应的格局。

二、依托"一带一路"倡议助力区域性税收组织工作

在区域性税收组织中,由于参与者相对小众,可能更易寻找税收利益的最大公约数,更易在"一带一路"倡议下的税收政策取向方面达成共识。比如,中国与金砖国家建立税务局长会晤机制,签署了金砖国家税务合作的第一份机制性文件——《金砖国家税务合作备忘录》,首次以官方文件形式将金砖国家税收领域合作上升至制度层面。又如国际税收征管论坛(FTA)大会,已发展成为成员国税务局在局长层面沟通对话和协调合作的独特平台。在第十届 FTA 大会上,签署税收协议或达成合作意向共 11 个,对中国正在实施的全面推开"营改增"试点和税收现代化"中国方案"给予了高度评价。

在当前的国际形势下,中国作为世界上最大的发展中国家在进一步推进国际税收合作方面面临着一定的机遇和挑战。一方面,发达国家希望发展中国家在其进行国际贸易的过程中能够给予自己支持,很多发达国家也愿意为发展中国家提供帮助以促进伙伴国家经济和贸易的发展。另一方面,少数发达国家不希望发展中国家成为强有力的竞争对手,在别国、个国际贸易中可能会成为阻碍。此外,许多发展中国家税收法律还不够完善。这些都将成为发展中国家扩大国际税收合作的壁垒。

近年来,中国在各领域税收政策的运用得到了国际的广泛肯定。2016 年 3 月 14 日,OECD 与中国国家税务总局在税务总局干部进修学院共同建立了 OECD – SAT 多边税务中心。这是第一个设立于非 OECD 国家的多边税务中心。双方在税收政策、税收征管、国际税收等 19 个领域开展培训咨询等多样化合作,共同为发展中国家税务官员提供税收培训,构建帮助发展中国家加强税收征管能力建设的平台。截至目前,该中心为 68 个发展中国家 300 余名税务官员提供了业务培训。

国家税务总局为帮助提升发展中国家税收能力,在 2016 年共实施了 12 个双边和多边合作项目,并与加拿大税务局牵头组织 FTA 框架下的税收征管能力建设项目——加拿大全球保税交易中心(GTEC)项目。共同探索帮助发展中国家加入全球合作包容性框架,应对 BEPS 挑战,提升运用税收手段提高经济治理的能力。这是中国"一带一路"倡议进入北美的一个里程碑。

2018 年 2 月,由 IMF、OECD、WB 和 UN 联合举办的税收合作平台首届全球大会上,

中国国家税务总局局长王军介绍了中国税务机关支持和推动可持续发展的做法和经验，广受好评。非洲税收论坛执行秘书沃特认为，中国的税收政策在脱贫过程中得到较好运用，值得很多发展中国家学习借鉴。IMF财政事务部主任加斯帕也指出，落后的征管手段是导致一些国家税基严重侵蚀的重要原因，各国有必要借鉴中国运用信息化手段提升税收能力的成功做法。中国创造性地利用国际国内两方面资源，积极致力于帮助发展中国家提高税收征管能力，通过分享"中国经验"促进"民心相通"，让更多发展中国家搭上了中国税改的"快车道"。

2018年5月16日，"一带一路"税收合作会议在哈萨克斯坦首都阿斯塔纳闭幕。这是首次以"一带一路"税收合作为主题举办的国际税收会议。来自50多个国家、地区和国际组织的200多位代表出席会议。参会各方就税收法治、纳税服务、争端解决和能力建设等议题深入讨论并达成广泛共识，联合发布了《阿斯塔纳"一带一路"税收合作倡议》。

三、推进"一带一路"合作平台成为现行多边税收合作机制的重要补充

党的十九大以后，中国的国际税收合作重心由落实G20国际税改成果、打击国际逃避税，转移到服务"一带一路"建设，助推全面开放新格局。随着"一带一路"建设不断深入推进，税收环境越来越成为营商环境的重要体现，越来越成为经贸便利的重要保障，税收合作也越来越成为国际合作的重要组成部分。

"一带一路"税收合作平台将作为现行多边税收合作机制的重要补充，聚焦"一带一路"建设的重要税收议题，以**共商共建共享**为原则，面向所有支持"一带一路"的国家开放，借鉴国际组织和区域性组织在开展多边合作方面的经验，通过分享成功经验和最佳实践协调解决税收争端，加强税收政策沟通与征管协作，推动实施经济增长友好型的税收政策，提升税收征管能力，实现经济互惠互利，推动全球经济体系向更加公平、透明和现代化的方向发展。

中国的国际税收合作将以服务"一带一路"建设为重点，以推动形成全面开放新格局为目标，以建立国际税收合作机制和平台为抓手，更好地成为全球化进程的推动者、公平正义国际税收秩序的维护者、全球经济治理体系的建设者人类命运共同体的贡献者。

第三节 BEPS、CRS与国际反避税

一、BEPS行动计划

（一）BEPS及其应对

税基侵蚀和利润转移（BEPS）是指利用不同税收管辖区的税制差异和规则错配进行税收筹划的策略，其目的是人为造成应税利润消失或将利润转移到没有或几乎没有实质经营活动的低税负国家（地区），从而达到不缴或少缴企业所得税的目的。

2015年10月5日，经合组织（OECD）发布了税基侵蚀和利润转移（BEPS）项目的十三份最终报告和一份解释性声明，介绍了BEPS项目下各方业已达成的行动共识。这标

志着国际税收规则体系正在发生根本性变革。**BEPS 行动计划(Action Plan)是应对 BEPS 问题所制定的行动方案,提出通过全面和协作的方式应对 BEPS 问题,具体包含 15 个行动事项。**

BEPS 行动计划基于三条核心原则制定:一致性、实质性和透明性。BEPS 行动计划要求在应对数字经济带来的挑战方面做进一步的工作。鉴于避税工具不断创新,BEPS 行动计划还建议建立多边机制,使各国得以据此执行相关行动事项。另外,OECD 在积极应对双重不征税问题的同时也将继续在避免双重征税方面所做的工作,具体做法包括提高相互协商程序和仲裁条款的效用。15 个行动事项在 2014 年 9 月、2015 年 9 月和 2015 年底前分阶段完成,且自实施以来已对运行上百年的国际税收规则体系进行了多方案的修复、提升、创新。

(二) BEPS 行动计划的具体内容

BEPS 行动计划的核心,就是反避税。这从 OECD 设计的 15 项 BEPS 行动计划的内容也可以得到佐证。以下简列 15 项行动计划的内容。

(1) BEPS 第 1 项:应对数字经济的税收挑战。第 1 项指出数字经济下增值税征管的首要挑战是目前许多税收管辖权对跨境网购的低价值货物免征问题,而第二大挑战则是通过远程系统跨境提供服务和无形资产引发的没有或只有极少增值税得以征收的现实机制缺失。

(2) BEPS 第 2 项:消除混合错配安排的影响。

(3) BEPS 第 3 项:制定有效受控外国公司规则。第 3 项提出了 CFC 的六个构成要素为各国设计 CFC 规则提供了可依据的方案,同时具体考虑了一些处理数字经济中典型收入所得的措施。通过制定或补拓 CFC 规则,将冲击许多高度数字化跨国企业的常见离岸机构,规制其享有的税收免除或无限期递延纳税的 BEPS 现象。

(4) BEPS 第 4 项:对利用利息扣除和其他款项支付实现的税基侵蚀予以限制。

(5) BEPS 第 5 项:考虑透明度与实质性因素,更有效地打击有害税收实践。第五项强调了有害税收实践相关工作的一贯重要性,委托有害税收实践论坛(FHTP)同步推动"税收优惠制度监管框架"与"税收裁定的透明度"相关工作:强调实质性经营活动标准与提高税收透明度。目前,上述两项工作成效明显。

(6) BEPS 第 6 项:防止税收协定优惠的不当授予。

(7) BEPS 第 7 项:防止人为规避构成常设机构。

(8) BEPS 第 8—10 项:确保转让定价结果与价值创造相匹配。

(9) BEPS 第 12 项:强制披露规则。

(10) BEPS 第 13 项:转让定价文档和国别报告。

(11) BEPS 第 14 项:相互协商程序措施。

(12) BEPS 第 15 项:建立多边机制。

第 11、第 14、第 15 项实际上属于 BEPS 行动的保障性措施,它们本身不是以消除 BEPS 为直接目的,而是为其他行动计划中提出的措施的有效实施提供保障的。

BEPS 行动计划成果公布以后,OECD、G20 国家以及其他不少参与方都对 BEPS 行动计划与研究成果予以高度评价和充分肯定,甚至认为这是国际税收规则的"百年重塑"。

BEPS 的许多成果建议正陆续被一些国家特别是欧盟国家所采纳,逐步转化为国内法。总的来说,BEPS 行动计划有助于完善国际税收规则和推动税收征管合作,有利于打击国际避税,缓解税基侵蚀和利润转移现象。

（三）BEPS 行动计划的局限

由于 BEPS 方案的设计初衷系修补现行国际税收规则漏洞,以解决双重不征税问题,而非应对数字经济带来的税收挑战。因此,尽管多项 BEPS 行动计划都有助于解决数字经济的税收问题,但总体上收效甚微。美国乔治梅森大学麦卡特斯研究中心 2016 年 3 月 17 日发布了题为《OECD 征服美国:理解 BEPS 项目和税收协调的代价和后果》的报告,认为 BEPS 项目试图将公司税收的管理由各个国家转向国际组织,以此来改变国际税收体系,其结果是虽然强化和统一了税收规则,但牺牲了遵从效率、纳税人的权利和国家制定适合本国国民的税收政策的能力,破坏了国家主权。一些国际行业组织,如国际商会(ICC)、欧洲银行联合会等都对 BEPS 的一些建议实施表示关注并对由此引发的企业增加成本、风险表示担忧。另据美国 RSM 组织的一次对全球企业高管的问卷调查显示,多数企业认为 BEPS 行动计划的实施将增加企业税负和税收遵从成本。

对于 BEPS 行动计划及其研究成果一方面确实对完善国际税收规则和加强反避税都具有重要的理论价值和现实意义,但也存在一些不足,除了不少规则尚待进一步讨论完善,现有规则的改进明显使国际税收规则更加复杂、遵从成本增加以外,还体现在以下几个方面。

（1）BEPS 成果有利于完善国际税收规则,但还达不到"重塑"的高度。虽然提出了"转让定价结果与价值创造相一致",重视价值创造地的理念,是一种创新和进步,但仍然是在"独立交易原则"的核心框架下的局部改进。税源国际化,特别是数字经济的无地域化与税收管辖权的地区特征的矛盾未能有效解决。

（2）BEPS 行动计划过程的开放性,使发展中国家能够平等地参与研究、讨论并发出自己的声音,这种做法值得肯定,也在实际上有助于提升发展中国家在国际规则的制定和形成过程中的参与权和话语权。但是话语权的核心影响因素还是话语本身的说服力,这需要以相关问题的深入研究为基础。就此而言,发展中国家对国际税收规则创新方面的研究明显薄弱,BEPS 成果大多缘于 OECD 历年来研究成果的积累。换言之,发展中国家对国际税收规则完善的作用和影响力还相当有限,发达国家仍然主导着规则的调整。因此,包括中国在内的发展中国家,有必要加大研究投入,提高研究能力是提升国际话语权的最根本途径。

（3）加强税收信息交换,提高税收透明度确实很重要,这方面的进展很明显,也很有意义。但也存在不公平,主要体现在两个方面:

一是美国为实施《海外账户税收合规法案》而谈签的双边《主管当局协议》,虽然形式上是双边对等的协议,但实质上主要是向美国单向交换信息,不仅存在不公平,而且,由于美国以有 FATCA 协议为理由,至今未签署、也未承诺执行《多边自动信息交换协议》;同时,美国尚没有受益所有人审查和登记的有效国内立法。其结果是美国让上百个国家为税务信息交换去博弈,但把美国本土保护起来成为安全岛。2016 年 4 月 5 日,美国《华盛顿邮报》网站发表安娜·斯旺森的文章:《美国如何成为了全世界最大的避税港之一》,指出美国已成为最宽容、最安全的目的地之一。

二是税收信息交换的成本收益不匹配。无论是税收信息交换协议,还是多边征管互助公约,信息交换成本都分为常规成本和非常规成本,其中常规成本由信息交换国自行承担。由于各国输入、输出国际资本的水平不同,征管能力也不同,参与国际税收信息交换的频率、信息采集成本、信息使用需求和实际效益都存在不同。通常发展中国家以资本输入为主,征管能力又较弱,可能会承担更多的信息提供义务和成本,而信息交换的效益可能更多地为发达国家所分享。也就是说,信息交换形式上是相互的、平等的,但实际上产生的成本和收益是不对等的,发展中国家会承担更多的成本和义务,而发达国家则分享更多的收益。因此,在国际税收征管合作中,强调发达国家援助发展中国家的税收能力建设是非常有必要的。这不是发达国家对发展中国家的施舍,而是应该承担的义务,是对税收信息交换权利义务不匹配的一种补偿。但现在的问题是,这种"补偿"说的多,做的少,进展缓慢。

(四) BEPS 行动计划给我国带来的机遇和挑战

1. BEPS 行动计划给我国带来的机遇

首先,现行的国际税收协定和准则已经落后于全球化商业的发展速度,BEPS 行动计划可以完善和发展这些税收协定和准则,更好地与各国税收制度衔接,适应全球经济一体化带来的影响。从中国国内立法的角度来看,BEPS 行动计划将完善我国企业所得税等税收立法的制定,以缩减跨国企业利用各国税收制度和征管差异规避税收的空间,在各国之间营造公平的税收环境和秩序。其次,中国的公司在全球经济中的参与度越来越高,我国在经济发展中承担的功能越来越重要,在全球经济一体化价值链中担当的角色日益突出。作为 G20 成员国,BEPS 行动计划是我国在国际税收规则上增加话语权,提升我国影响力的好机会。我国可以从发展中国家的角度,在制定国际税收规则,维护跨国税收公平秩序方面,获得一个良好的机会,在今后的国际税收管理中更好地争取和维护我国的权益。

2. BEPS 行动计划给我国带来的挑战

首先,我国参与国际税收规则制定的时间尚短,既缺乏实际经验,也缺乏相关的研究人才,同时还受限于语言、资源、研究能力等条件,导致我国在这方面与发达国家的差距很大,BEPS 行动计划是否能朝我国期望的方向发展,能在多大程度上维护本国利益,难以预测。

其次,作为提倡 BEPS 行动计划的 G20 成员国之一,虽然没有法律的硬性约束,但我国承诺跟 G20 的其他国家一样在 BEPS 行动计划框架下展开税制改革。这就意味着,我国的税收制度和管理将受到行动计划的影响,逐步进行税收改革,以适应国际税收协定。不论行动计划的最终结果如何,我国都将面临接受新规则和履行义务的压力。我国的企业将面临适应新的国内税收改革的压力。

最后,BEPS 行动计划的影响是双向的,在我国享受了国际税收协定规则修改带来的好处的同时,我国的企业也将面临来自外国税务机关更加严格的税务审查。这将使我国企业的财务成本增加,经营压力增大,甚至给企业带来双重征税的几率。

二、CRS 及其运行机制

(一) CRS 及其发展

1. 何为 CRS

2014 年 7 月,经济合作与发展组织(OECD)发布了《金融账户涉税信息自动交换标准》(简称 AEOI 标准),由主管当局间协议(简称 MCAA 协议)和**统一报告标准(简称CRS**)两部分组成。其中,CRS 是标准的核心内容,**对金融机构收集和报送外国税收居民个人和企业账户信息的相关要求和程序作出了明确规定**,制定 CRS 下报送账户的识别规则,旨在**在国家间定期相互披露对方国家公民在本国的经济财产情况,以提升税收透明度,加强全球税收合作,共同打击跨境金融账户逃避税行为。**

2. CRS 的要求

CRS 集中体现了 AEOI 标准对金融机构的要求:

(1) **金融机构和金融账户的类型。**CRS 中的金融机构主要指储蓄、托管、投资等机构,以及提供有现金价值的保险或年金业务的保险机构。金融账户主要包括存款账户、各种类型的托管账户(如证券经纪、理财产品、基金、信托计划、集合理财产品等托管账户),以及包括不具有现金价值的保险合同和私募投资基金的合伙权益等在内的其他账户。

(2) **金融账户涉税信息的认定**,主要通过金融机构开展尽职调查去识别。尽职调查的途径主要为标识检索、居住地址测试、自证声明获取、询问客户经理等。

(3) **自动交换金融账户涉税信息的范围。**CRS 标准规定国家间或者不同税收辖区间自动交换的金融账户涉税信息主要指金融机构识别出的应申报账户涉税信息,主要包括账户的名称、纳税人识别号、账号、余额以及出售金融资产的收入等信息。

3. CRS 的发展

由于标准属于软法性质文件,对各国不具有强制约束力,因而没有设定明确的实施时间节点,而是取决于相关国家的意愿,通过国家间签订相关涉税信息交换协定执行。根据目前不同国家间签署税务主管当局协议的情况,标准实施的时间分为两批——2017 年 9月之前和 2018 年 9 月之前。截至 2016 年底,全球共有 100 多个国家或地区通过协议的形式承诺实施标准。我国于 2015 年底完成了多边税务主管当局协议的签署,并计划于2018 年 9 月前与其他 CRS 辖区间开展首次金融账户涉税信息自动交换,之后遵循每年定期自动交换的做法。

CRS 就是全球版的"肥咖法案"。"肥咖法案"即 FATCA 法案(《海外账户税收合规法案》),是美国用于打击海外避税和偷逃税行为的一项立法。它没有征税的功能,主要是用来查明美国纳税人的离岸财产信息,本质上是为了征税目的的辅助工具。

美国 FATCA 法案可以说是 CSR 的前世。FACAT 法案主要影响的是在美国境外有账户的美国人、美国跨国公司及缔约国外国金融机构。CRS 影响的是 100 多个签约国的非税务居民,影响范围更广泛。FATCA 法案只针对余额超过 50 000 美元的个人账户,以及不同限制的公司账户。CRS 则没有最低金额限制,通过存量账户、个人低净值账户按持有人的地址来确定税收居民身份(同一家金融机构及其关联机构账户总余额不超过600 万美元)。

据统计,截至 2018 年 8 月 7 日,全球已有 103 个国家加入 CRS 框架,CRS 下离岸金融账户信息自动交换的国际网络已覆盖 90 多个辖区,其余十几个国家将在 2018 年下半年加入。100 多个承诺的管辖权已于 2018 年 9 月根据现有的 3 200 多个双边关系交换CRS 信息。2017 年 7 月,在首批交换信息的 50 多个国家(地区)近 2 000 个双边交换关系中,有 50 万自然人被披露了财产,征收的额外税收大约有 850 亿欧元。

（二）CRS 信息互换机制及其影响

1. CRS 信息互换机制

首先，A 国（地区）金融机构通过尽职调查程序，识别 B 国（地区）税收居民个人和企业在该机构开立的账户，向 A 国（地区）主管部门报送账户持有人名称、纳税人识别号、地址、账号、余额、利息、股息以及出售金融资产的收入等信息；随后，A 国（地区）税务主管当局与账户持有人的居民国，即 B 国（地区）的税务主管当局开展信息交换，最终为各国（地区）进行跨境税源监管提供信息支持。根据国家税务总局官网给出的资料，CRS 信息互换的过程如图 15-1 所示。

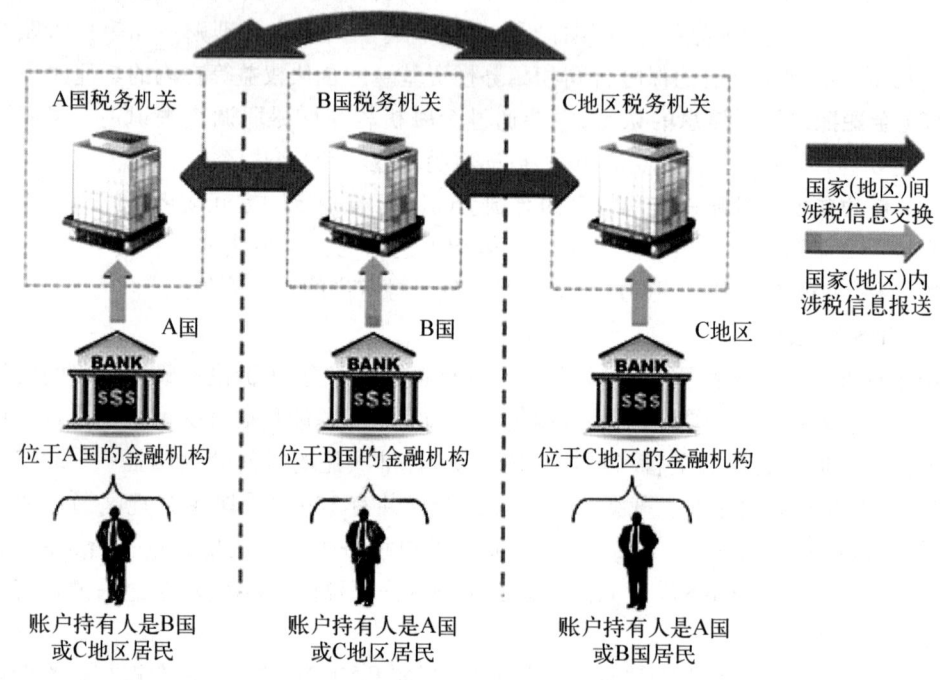

图 15-1　CRS 信息互换的过程

2. CRS 的影响

CRS 的签署与实施，预示着个人的金融资产信息将在协议参与国家（地区）的税务机关间进行自动交换，为各国（地区）进行跨境税源监管提供信息支持。被藏匿在离岸国家和地区的资产的保密性、非透明的优势将受到很大冲击。通过互换的资产信息的交叉比对核查，避税、逃税等行为会浮出水面。这意味着，富人们的财富保护罩将被逐渐揭开。

富人们一旦被查到在海外藏匿巨额财产没有申报，不仅要面临高额的个人所得税补缴，拥有的境外公司还可能面临最高达 25% 的企业所得税，合计税务总成本可能高达 40%。

CRS 标准会对诸如已经移民的群体、在境外有金融资产的群体、设立海外贸易信托的群体、国际贸易企业主、用海外壳公司投资理财的群体以及在境外配置大额保单的群体产生较大的影响。因此，中国的高净值人士面临的是一个崭新的税务环境，传统的税务筹划理念需要进行调整。

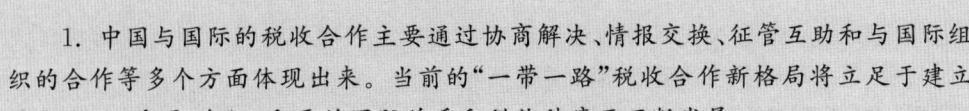

本章小结

1. 中国与国际的税收合作主要通过协商解决、情报交换、征管互助和与国际组织的合作等多个方面体现出来。当前的"一带一路"税收合作新格局将立足于建立更加公开、透明、友好、和平的国际关系和税收秩序而不断发展。

2. 反避税是BEPS行动计划的核心。BEPS行动计划对于中国是一把双刃剑，既有机遇，也存在挑战。

3. CRS是《金融账户涉税信息自动交换标准》的核心内容。

4. CRS标准将会对已经移民的群体、在境外有金融资产的群体、设立海外贸易信托的群体、国际贸易企业主、用海外壳公司投资理财的群体以及在境外配置大额保单的群体产生较大的影响。

复习思考题

一、单项选择题

1. 我国一居民总公司在B国设有一分公司，某纳税年度，总公司在我国取得所得600万元，在B国分公司取得所得100万元，分公司适用30%税率，但因处在B国税收减半优惠期而向B国政府实际缴纳所得税15万元，我国所得税税率为25%，按照限额饶让抵免法，则我国应对总公司征税（　　）万元。

   A. 175　　　　　　B. 160　　　　　　C. 150　　　　　　D. 145

2. 某居民企业2021年境内应纳税所得额400万元，其在甲国非独立纳税的分支机构发生亏损460万元，则该分支机构可以无限期向后结转弥补的亏损额为（　　）万元。

   A. 0　　　　　　　B. 60　　　　　　　C. 400　　　　　　D. 460

3. 在资本弱化管理中，计算关联债资比例时，如果所有者权益小于实收资本与资本公积之和，则权益投资为（　　）。

   A. 实收资本　　　　　　　　　　B. 实收资本与资本公积之和

   C. 资本公积　　　　　　　　　　D. 所有者权益

4. 企业取得的境外所得根据来源国税收法律法规不判定为所在国应税所得，而按中国税收法律法规规定属于应税所得的，则下列处理，正确的是（　　）。

   A. 按照中国法律判定的应税所得给予税收饶让

   B. 给予免税

   C. 按照10%的税率征税

D. 不属于税收饶让抵免范畴,应全额按中国税收法律法规规定缴纳企业所得税

5. 以下关于国际重复征税的说法中,正确的是(   )。

A. 由于股份公司经济组织形式所引起的对利润和股息红利所得的国际重复征税称为法律性国际重复征税

B. 复合税制度所造成的国际重复征税称为经济性国际重复征税

C. 税制性国际重复征税是指不同的征税主体对不同纳税人的同一税源进行的重复征税

D. 国际税收中所指的国际重复征税一般属于法律性国际重复征税

二、多项选择题

1. 按照《中新协定》,如果新加坡企业在向中国客户转让专有技术使用权的同时,也委派人员到中国境内为该项技术的使用提供为期60日的有关支持、指导等服务并收取服务费,则以下表述不正确的有(   )。

A. 单独收取未包括在技术价款中的服务费不在我国缴纳企业所得税

B. 包括在技术价款中的服务费,应在我国缴纳企业所得税

C. 服务所得按照"营业利润"在我国缴纳企业所得税

D. 服务费视为"特许权使用费"在我国缴纳企业所得税

2. 按照非居民税收管理规定,下列对所得发生地主管税务机关的确定,表述正确的有(   )。

A. 不动产转让所得,为不动产所在地税务机关

B. 权益性投资资产转让所得,为投资企业的所得税主管税务机关

C. 股息、红利等权益性投资所得,为取得所得企业的所得税主管税务机关

D. 利息所得、租金所得、特许权使用费所得,为负担、支付所得的单位或个人的所得税主管税务机关

三、简述题

1. 国际税收与国家税收有什么区别与联系?

2. 为什么会出现国际避税? 国际社会该如何应对?

3. 中国企业"走出去"会遇到哪些国际税收问题?

4. 国际税收协定有哪些内容?

5. 滥用国际税收协定指的是什么?

6. 谈一谈有关避免双重征税协定的经合组织范本与联合国范本的主要区别有哪些?

7. 我国对外谈签国际税收协定时应该遵循什么原则?

8. 未来国际税收的发展趋势会是什么?

四、计算分析题

1. 我国居民企业甲在境外进行了投资,相关投资架构及持股比例如图15-2所示:

2022年经营及分配状况如下：

（1）B国企业所得税税率为30%，预提所得税税率为12%，丙企业应纳税所得总额800万元，丙企业将部分税后利润按持股比例进行了分配。

（2）A国企业所得税税率为20%，预提所得税税率为10%，乙企业应纳税所得总额（该应纳税所得总额已包含投资收益还原计算的间接税款）1 000万元。其中来自丙企业的投资收益100万元，按照12%的税率缴纳B国预提所得税12万元，乙企业在A国享受税收抵免后实际缴纳税款180万元，乙企业将全部税后利润按持股比例进行了分配。

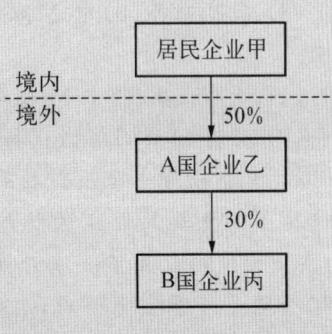

图15-2　相关投资架构及持股比例

（3）居民企业甲适用的企业所得税税率25%，其来自境内的应纳税所得额为2 400万元。

要求：根据上述资料，按照下列序号回答问题，如有计算需计算出合计数。

（1）简述居民企业可适用境外所得税收抵免的税额范围。

（2）判断企业丙分回企业甲的投资收益能否适用间接抵免优惠政策并说明理由。

（3）判断企业乙分回企业甲的投资收益能否适用间接抵免优惠政策并说明理由。

（4）计算企业乙所纳税额属于由企业甲负担的税额。

（5）计算企业甲取得来源于企业乙投资收益的抵免限额。

（6）计算企业甲取得来源于企业乙投资收益的实际抵免额。

2. 2010年境外A公司出资3 000万元在我国境内成立M公司。A公司、M公司2022年部分业务如下：

（1）4月1日，M公司股东会作出利润分配决定，以账面未分配利润中的620万元向A公司分配股利。

（2）A公司股东会决议将M公司应分回股利用于增加M公司的实收资本，4月1日已完成相关账务处理。

（3）6月1日，M公司出口货物一批，合同总金额600万元并支付给境内合规中介机构佣金53万元。

（4）8月10日，M公司向A公司支付商标费1 060万元。

（其他相关资料：M公司所从事的业务为非禁止外商投资的项目和领域，不考虑税收协定因素。）

要求：根据上述资料，按照下列序号回答问题，如有计算需计算出合计数。

（1）说明A公司分得利润享受暂不征收预提所得税政策的理由及其所需符合的条件特征。

（2）回答A公司可以享受暂不征收预提所得税政策的分配利润的金额。

（3）回答业务（3）中 M 公司佣金支出企业所得税前扣除限额的规定并计算限额。

（4）计算业务（4）中 M 公司应代扣代缴的企业所得税额。

（5）说明 M 公司解缴代扣企业所得税的期限。

3．甲公司为一家注册在香港的公司，甲公司通过其在开曼群岛设立的特殊目的公司 SPV 公司，在中国境内设立了一家外商投资企业乙公司。SPV 公司是一家空壳公司，自成立以来不从事任何实质业务，没有配备资产和人员，也没有取得经营性收入。甲公司及其子公司相关股权架构示意如图 15-3，持股比例为 100%。

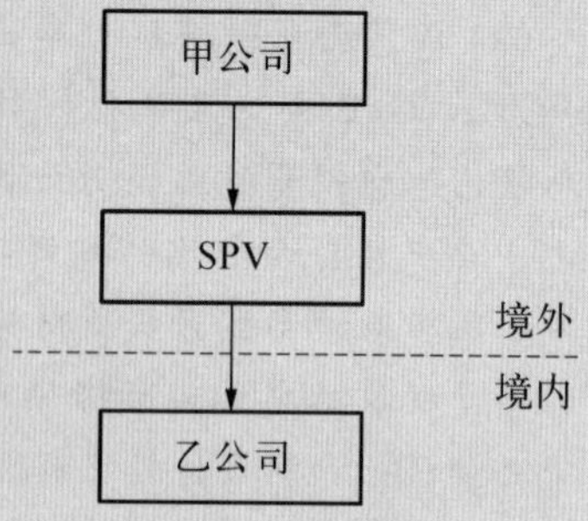

乙公司于 2022 年发生了如下业务：

（1）5 月 5 日，通过 SPV 公司向甲公司分配股息 1 000 万元。

图 15-3　甲公司及其子公司相关股权架构示意

（2）7 月 15 日，向甲公司支付商标使用费 1 000 万元、咨询费 800 万元，7 月 30 日向甲公司支付设计费 5 万元。甲公司未派遣相关人员来中国提供相关服务。

（3）12 月 20 日，甲公司将 SPV 公司的全部股权转让给另一中国居民企业丙公司，丙公司向甲公司支付股权转让价款 8 000 万元。

（其他相关资料：假设 1 美元折合 6.5 元人民币。）

要求：根据上述资料，按照下列序号回答问题，如有计算需计算出合计数。

（1）计算乙公司向 SPV 公司分配股息时应代扣代缴的企业所得税。

（2）计算乙公司向甲公司支付商标使用费、咨询费、设计费应代扣代缴的增值税。

（3）计算乙公司向甲公司支付商标使用费、咨询费、设计费应代扣代缴的企业所得税。

（4）指出乙公司上述对外支付的款项中，需要办理税务备案手续的项目有哪些，并说明理由。

（5）判断甲公司转让 SPV 公司的股权是否需要在中国缴纳企业所得税并说明理由。

五、案例分析

苹果公司避税案

2013 年 5 月，美国参议院发布了一份长达 40 页的备忘录。该备忘录指出，在 2009 年到 2012 年间，苹果公司利用美国对海外企业在税收方面的漏洞，规避了 440 亿美元海外收入的税务支出。经过计算，苹果公司总税率仅为 22%，远低于联邦政府要求的 35% 的税率。同时，该备忘录还指出，苹果公司拥有的 1 400 亿美元资金中，约有 1 022 亿美元的资金在海外子公司，并且苹果公司无意将这些资金转回美国。与此同时，2013 年，苹果公司在美国发行了 170 亿美元的企业债券，募集的资金用于美国业务的拓展，却拒绝将海外的资金汇回美国，而是选择将这些资金用于其他业务的开展和作为股东分红，避免向美国政府交纳税收。

讨论：苹果公司是如何构架完美的避税框架来规避巨额税负的？

背景：英属维尔京群岛位于大西洋和加勒比海之间。旅游业和金融服务业常被称为英属处女群岛经济的"两大支柱"（twinpillars）。为发展当地经济，该岛政府于1984年通过了《国际商业公司法》，允许外国企业在本地设立"离岸公司"，并提供极为优惠的政策：在当地设立的公司除每年交纳营业执照续牌费外，免交所有当地税项；公司无注册资本最低限制，任何货币都可作为资本注册；注册公司只需一位股东和董事，公司人员中也不必有当地居民；无须申报管理者资料，账目和年报也不必公开，同时英属维尔京群岛也没有任何外汇管制，对于任何货币的流通都没有限制。这些宽松的条件使其成为了世界上有名的避税天堂。

解析

第十六章 税收前沿理论与政策

本章要点

1. 基于区块链技术的税收征管系统
2. 税收风险分析中引入人工智能的必要性
3. 人工智能在税务风险分析中的应用
4. 共享经济税收治理的难点与争议
5. 共享经济的税制优化与税收治理方略
6. 数字经济发展与现行税制的适应性
7. 促进数字经济发展的税收政策

案例导入

区块链电子发展在广州市的应用

区块链电子发票在多场景应用

从 2018 年 6 月开始，广州市税务局开始探索区块链技术在税务领域的应用，目前已在全市范围内应用"税链"区块链电子发票平台，并实现在支付宝、钉钉等网络平台，餐饮、停车服务、电商、物业、地铁等领域进行场景应用。

广州花城汇停车场车主自主开具的区块链电子发票

在广州大型商业中心花城汇停车场，共设有 1 880 个停车位，该停车场每日的进出车流量较大。记者在现场看到，车主驶离时，通过手机在线缴费后，可以自主开具电子发票，真正体验无感停车。该停车场从 2019 年 4 月开始推行"税链"区块链电子发票平台，车主可以通过微信公众平台"实时开票、在线申领"。

停车场共有 13 个车库，每个车库都是独立的，相互之间没有连通。以前都是各个岗亭人工收费，并给车主开具机打或手撕发票，需要大量的人力。区块链电子发票推广以后，节约了人力成本，同时提高了车辆通行效率。在广州越秀区较场东路，不少车辆停放在路边的临时泊位，车主离场时可以通过手机开具电子发票。据了解，自 2021 年 1 月 14 日起，广州市交通运输局在中心六区城市道路临时泊位开始推行区块链电子发票。

区块链促进涉税业务跨部门跨区域联动

除了不可篡改之外，区块链智能合约的特性使得政府部门间不仅可以实现简单的数据共享,而且能设定更复杂的规则,由智能合约自动、自主地执行。

2021年7月,广州市税务局联合广州市市场监督管理局、广州市政务服务数据管理局,创新推出"区块链＋股权转让"应用,实现了"申报完税—数据上链—智能审核—股权变更—后续管理"的跨部门、全流程实时链上业务流转。

纳税人通过"区块链＋股权转让"新模式办理业务,在税务机关完税后,在网上即可直接完成整个股权转让变更的相关流程,不用再跑到市场监督管理部门前台办理,全流程办理时间缩短近60%。税务部门在受理完股权转让个人所得税申报后,相关信息自动归集上链,市场监督管理部门实时获取链上的完税信息,核验通过并完成股权变更业务,再自动将股权变更结果实时回传上链。

"区块链＋股权转让"涉及三个部门,以往任何一个部门数据更新不及时,都会对审核造成误判。如今,借助区块链技术,各个政府部门将数据直接上链,哪个政府部门需要审核,可以在平台上直接获取信息,一目了然。由于任何一个改动都有记录,这让政府部门间建立了信任。

值得一提的是,广州、深圳双城联动,提供基于区块链技术的《代理出口货物证明》,标志着区块链技术在国内出口退税领域实现跨区域突破,推进了"区块链＋出口退税"业务的全国互联。通过区块链技术赋能出口退税,实现税务机关之间信息数据实时精准传输。在数据审核无疑点的情况下,可以实现企业当天申报,当天完成审核。

思考:区块链技术应用于税收征管,能够带来哪些创新?

第一节　区块链税收应用前沿

一、区块链的基础架构及其与税收征管活动的契合性

区块链是一种能够存在于公开的、有风险的网络中的分布式数据库系统。这类系统具有以下三个性质:① 系统满足**去中心化的分布式结构**,且分布在不安全的运行环境中;② 系统能够利用**密码学**等方法,**保证已有数据无法篡改**;③ 系统能够通过**共识算法**保证**每个分布式节点对新增数据达成共识**。

拓展阅读

区块链技术
税收应用研
究现状

（一）区块链的基础架构

区块链的基础架构包括六层,分别为数据层、网络层、共识层、激励层、合约层和应用层,如图16-1所示。

(1) 区块链基础架构的最底层为数据层,包括数据库的链式结构与数据区块。其中还封装了区块链的数据加密技术,如非对称加密技术、哈希算法、时间戳等,区块链将这些技术进行整合应用,使之成为区块链的基础。

(2) 第二层是网络层,为了满足去中心化的分布式结构,区块链需要在这一层提供P2P网络、数据传播和数据验证等多种机制。

(3) 第三层是共识层,用于解决区块链中所有节点对新增数据的共识问题。这一层封装了节点的多种共识算法,包括数据库写入的主体,写入的方式等,是保证整个区块链

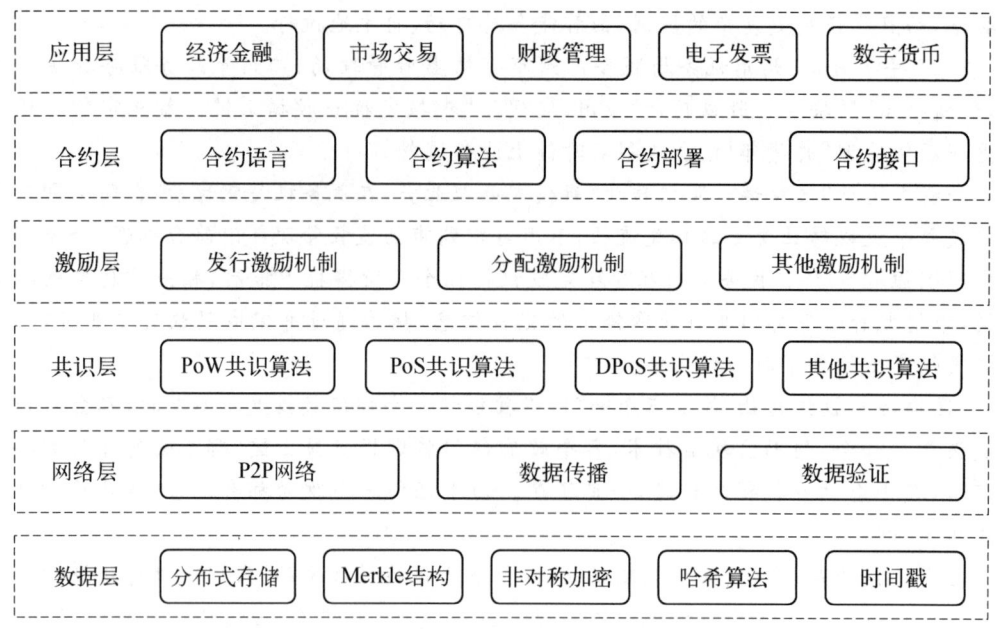

图 16 - 1　区块链的基础架构

系统安全可靠的基础。目前主流的共识机制算法包括 PoW、PoS、DPoS 等。

（4）第四层为激励层，一般存在于公有链中，主要是通过经济激励的发行机制和分配机制等手段，激励参与维护数据库的节点，惩罚违规节点，使得整个系统能够稳定运行。一般私有链中无需激励，根据链外约定，按照规则会共同维护数据库。

（5）第五层为合约层，是为应对较为复杂的信息交互需求，提供智能合约等解决方案。合约层使得区块链技术逐渐脱离比特币等数字货币的范畴，开始活跃在经济金融、市场交易、财政管理等领域，扩大了区块链技术的可用范围。

（6）最上面一层为应用层，主要包括针对各种应用场景提供的解决方案，如可编程货币、电子发票，体现了区块链技术的实际应用。

在区块链的六层基础架构中，数据层、网络层与共识层是区块链必须具备的基本结构，激励层、合约层和应用层则一般根据需求情况进行选择。

（二）区块链与税收征管活动的契合性

1. 去中心化与信息共享理念

区块链技术具有去中心化的特点，这与税收征管中信息共享的理念相适应。区块链本质上是一种去中心化的分布式账本数据库。在区块链数据库中，每一个节点都独立地储存完整的数据，各节点之间依靠共识机制保证储存信息的一致性，避免了单个节点对数据的控制。区块链的去中心化本质上可以说是多中心化——各节点都可以看作是一个中心，每个节点都有自己的数据库副本，以确保区块链记录数据的真实性。由于保护纳税人隐私的要求，每个节点上的数据不可能全部公布在区块链上，税务部门可以通过纳税人授权访问这些数据。税务部门作为数据的中心掌握纳税人的涉税信息，同时也赋予纳税人更多的自主权，使区块链去中心化的核心理念与政府主导监管的税收征管模式相契合。信息储存结构的去中心化，与消除税务部门与纳税人之间的信息不对称以及实现信息共享、社会共治的税收治理理念相适应。

2. 不可篡改性和数据可靠性

区块链通过结点连接的散状网络分层结构,能够在整个网络中实现信息的全面传递,并能够检验信息的准确程度。在区块链的基本架构中,最底层的数据层封装了时间戳等加密技术,上链后的任何信息都会带有时间戳,且每个区块中都包含上一个区块的哈希值,以此保证信息在进入区块链后被永久存储起来。如果要对区块链中的数据进行修改,就需要获得整个系统 50% 以上的节点的控制权,这在一般情况下是很难做到的。因此,在较为成熟的区块链系统中,节点数量非常多,算力非常大,数据难以被篡改,以此保证了区块链中数据的安全性。

共识机制作为区块链技术的重要组件,在很大程度上确保了整个区块链系统中不同节点之间的相互信任。在共识机制的作用下,区块链数据库中的信息记录需要经过大多数节点的确认。这样,记录在区块链上的交易信息就能起到一种公示作用,而任何一个节点想要对其中的数据进行修改,就需要经过其他节点的共同确认,这就保证了数据记录的准确性、不可篡改性。

总之,区块链技术应用到税收征管领域,其不可篡改性和共识机制能够保证涉税数据的安全可靠,同时提高信息共享的便捷性与准确性。这与税收征管中保障涉税数据真实准确、不可篡改性的原则要求相一致。

3. 可追溯性与信息链条

区块链技术的可追溯性能实现涉税数据的链条完整和对往期数据的追溯。在区块链系统中,交易产生的所有数据信息都会被记录,并能保证准确性和唯一性。这些交易数据按照时间顺序在每一节点冗余保存,从而实现了数据信息的可追溯性。信息的可追溯性能保证在税收征管中对相关交易链条的完整追溯,能从源头上有效追溯或打击税收逃避行为。此外,涉税数据的可追溯性对于历史成本、现值、可变现净值等价值计量属性的选择以及会计核算结果的准确性也有一定的佐证力。

4. 智能合约与纳税成本

区块链技术的智能合约机制能够降低合约的执行成本。将智能合约与区块链结合,就能建立起一套自动执行系统。智能合约基于区块链上可靠且不可篡改的数据,通过预先设定好一些条款,自动地执行设定的规则。应用到税收征管工作中,可以在系统中预先设定好收入确认条件和纳税义务发生时点等规则,当区块链中的交易事项满足预定的条件时,便通过合约机制自动完成交易活动的纳税义务。这样的自动机制可以有效降低税收征管成本,提高税收征管效率。

二、基于区块链技术的税收征管框架与模式创新

(一) 基于区块链技术的税收征管框架设计

1. 税收征管框架的逻辑结构

税收征管的效率主要受税收收入和征管成本两方面因素的影响。一方面,理论上的税收收入总量由一定时期的税收制度和社会经济状况所决定,而实际征收到的税收收入一般会低于理论上的税收总量。这主要归因于税收征管工作的局限性和纳税人的纳税不

遵从行为。从税收收入角度讲,要提高税收征管效率就需要尽可能地提高纳税人的税收遵从度。另一方面,税收征管成本主要包括税收征管中的信息获取成本、征收管理成本、稽查评估成本等,而通过信息技术手段尽可能地降低征管成本是提高征管效率的有效途径之一。

区块链技术的发展为税收征管改革提供了机遇。在区块链技术背景下,基于**"税源管理—税款征收—税务稽查"**的逻辑结构,税务部门可以构建一套管理有序、运行高效的税收征管框架。其中,税源管理结合税收信用管理实现对税收征管的事前管理,通过提高纳税人的不遵从成本来约束纳税人行为。在税款征收过程中,通过区块链技术应用简化征管流程,降低征管成本。税务部门通过税务稽查和纳税评估工作的开展,对纳税人的税收不遵从行为进行纠正,使税收征管活动形成一个闭环。

(1) **税源管理**。税源管理作为税收征管过程中的重要组成部分,影响着税收征管的质量和效果。随着新的税收征管模式的不断深入实施,税源管理工作也得到不断强化。将区块链运用到税源管理工作中,一方面,可以**与市场监督管理、海关、金融等部门联合,获取与纳税人相关的商品交易信息、资金流向等更广泛的信息**,形成多方联动的立体防控体系。根据纳税人的经营活动和涉税数据,可以建立起自动的风险识别和预警机制。另一方面,可以完善税收分析和纳税信用评级制度。通过预先设定规则,根据纳税人的税收遵从情况自动计算纳税信用评级,并可以根据实际情况实时更改变动,保障信用信息的准确性和及时性,从而对税源进行有针对性的管控。

(2) **税款征收**。将区块链技术和智能合约相结合运用到税收征管中,可以简化税款征收流程,创新税款征收方式。在具体的实施方面,由于企业所有的交易数据和相关信息都真实完整地记录在区块之中,可以设置一套征管规则,通过技术软件在期末将一定时期的交易记录进行自动整理分析,从而自动生成企业的纳税申报表。在此基础上,可以通过系统进行税款的自动扣缴。而对于增值税等流转税的征管,目前主要采用环环抵扣的方式。这种征收方式建立在发票管理的基础上,而传统的纸质发票的管理存在很多问题,容易出现增值税链条不完整及纳税人虚开发票等问题,电子发票的使用也可能有类似问题。而将区块链技术应用到电子发票系统中,可以有效保证电子发票的透明度和不可篡改性,并使电子发票中记载的交易信息具有可验证性和可追踪性,从而保证整个交易链条的完整追溯。

(3) **税务稽查**。区块链在税收征管过程中的应用,提高了征管工作的效率,通过事前和事中的实时管控,也在一定程度上减轻了税务稽查工作的负担。目前的税务稽查主要面临着选案难、取证难等问题。在区块链技术下,区块链中记载企业完整的交易链条和相关信息,通过数据识别和采集程序,税务部门可以在区块链中便捷地获取和掌握企业的生产经营情况,确定企业在成本列支和收入申报中存在的疑点和异常行为,及时开展评估、稽查等征管活动。通过设定不同的指标体系,可以实现稽查过程中的自动选案。借助区块链的可追溯性、不可篡改性,有效保障数据的透明性和防篡改,从而实时为税收稽查取证提供数据基础。

2. 基于区块链技术的税收征管框架

基于区块链技术的税收征管框架如图 16-2 所示。

基于区块链技术的税收征管活动可以划分为以下三类:

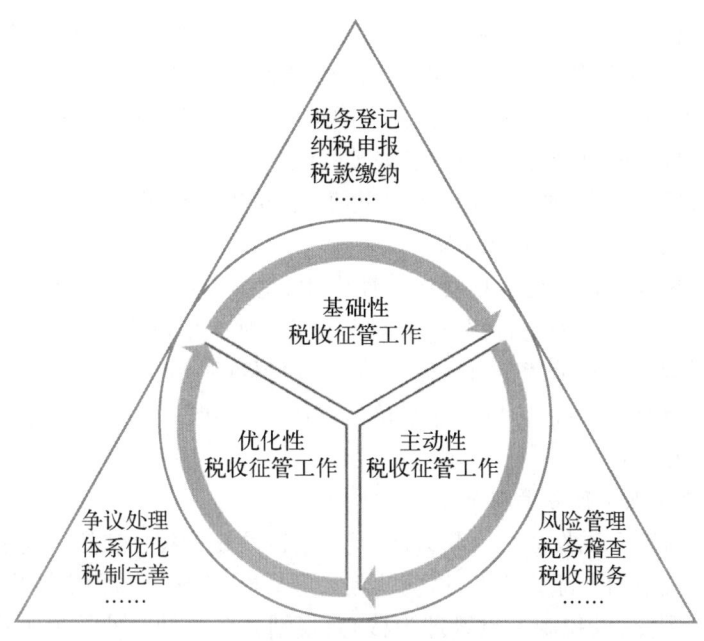

图 16 - 2　基于区块链技术的税收征管框架

（1）**基础性税收征管工作**，主要包括税务登记、纳税申报与税款缴纳等。税务部门借助区块链透明、可靠、不可篡改的特性，最大限度地解决涉税证据搜寻与信息失真问题，依托区块链技术为整个基础性税收征管工作提供安全可靠的自动化解决方案。

（2）**主动性税收征管工作**，主要包括风险管理、税务稽查、税收服务等。税务部门借助区块链的透明性与实时性完成涉税信息的共享与使用，有效提升税收征管效率，极大地降低征税成本。税务部门通过整合区块链上记录的信息，加强特定纳税人的涉税信息查询及反馈，着力构建风险管理、税务稽查和纳税服务等全流程监控体系。

（3）**优化性税收征管工作**，主要包括争议处理、体系优化、税制完善等。税务部门利用区块链衍生出的海量数据采集与分析能力，通过神经网络、机器学习、数据建模等技术手段深度挖掘涉税数据的关联性与内在价值，科学、高效地推进优化性税收征管工作。

（二）基于区块链技术的税收征管模式创新

结合我国税收征管现状以及区块链等技术的优势，税务部门应建立以智能合约和优化服务为基础，以风险管理为导向，以现代信息技术为依托，重视税源管理，依法征收的信息管税型征管模式。

1. 构建信息管税型征管模式

与传统税收征管模式不同，在信息管税型征管模式中，信息与数据成为整个税收征管模式的核心。信息管税型征管模式以各个信息系统为信息采集的端口，采集、分析、计算与存储税收征管中的核心数据。这些数据将通过整个信息系统在各个部门、各个节点间流动，能够较为有效地解决信息不对称导致的税收征管难题。

2. 设计基于智能合约架构的征管逻辑

在区块链技术下，涉税信息的采集、存储和共享将更加便利，所有的合约都能够实现智能化。在区块链系统中接入税收征管政策与规则，通过智能合约的规范性程序处理，会形成科学严密的税收征管逻辑。利用智能合约可以避免税收征管中存在的政策模糊地带或者地区差异性,解决税务部门和纳税人之间对税收政策理解不一致所产生的问题。一方面,企业入链后,所有交易都在区块链系统中进行,系统将根据交易产生的信息,通过智能合约实现应纳税额的自动计算,减少了繁琐的纳税申报工作。另一方面,税务部门通过区块链平台,可以更好地为纳税人提供网上办税、咨询等涉税服务。

3. 构筑风险管理导向的征管框架

风险管理在税收征管过程中具有指导性作用,是征管的核心组成部分。通过对税收征管中各个参与节点的行为进行采集、整理与储存,对产生风险的特定案例进行深入分析,总结规律,对风险进行分类管理。从个人、企业到行业,从微观到宏观,全面地分析税收风险,并对不同纳税主体进行风险等级确认,并采取不同的风险管理措施,增强税收征管工作的科学性和专业性。

4. 关注税源节点与税源管理节点

税源管理是对整个税收征管的源头进行管理,区块链的特性决定了企业、个人等税源将作为区块链系统中的大部分节点,这些节点的可靠性、准确性与稳定性决定了整个系统能否稳健运行。因此,以税源节点管理为核心,规划并落实针对性的税源管理体系,在税源节点与税源节点之间、税源节点与税源管理节点之间的信息流动方面,做好监控与管理,从源头上有效地堵塞税收征管漏洞。

5. 推进区块链技术融入依法治税

依法治税是税收工作的灵魂,加快税收法治建设也是区块链技术下实现税收征管现代化的重要基础。一方面,要进一步加快税收立法工作,完善税收征管法律法规,做到税收征管有法可依;另一方面,要提高税收法律地位,增强全社会的税收法治观念,做到纳税人依法纳税,税务机关依法征收。依靠完善的税收法制体系,应用区块链及智能合约技术,就可以实现税收法律代码化,实现法律规范下税收征管流程的优化。

三、基于区块链技术的税收征管系统构建

(一)基于区块链技术的税收征管系统的基础架构

基于区块链技术的税收征管系统的基础架构共有 5 层(见图 16-3),分别是基础数据层、智能合约层、基础服务层、外部接口层以及征管应用层。与传统区块链系统架构类似,基础数据层与智能合约层为系统提供区块链底层技术,基础服务层与外部接口层提供外部主体的接入服务,应用层提供具体的应用服务。

1. 基础数据层

基础数据层提供底层数据的存储、校验与传输能力。该层能够处理区块链中各个主体在应用端接入的各类区块链应用所产生的数据,包括对数据产生过程中的共识算法的制定,如一般区块链的 PoW 即工作量证明算法,或本次设计的区块链系统所属的主权区块链中,通过链下协议的方式达成共识算法。除了产生数据共识外,该层还包括数据传输中的加密技术应用,并提供数据存储服务。以上过程抽象来看,其实就是将数据打包成区块、对区块进行校验并在各节点达成共识。这一层的主要工作包括分布式存储、共识机制、非对称加密、哈希算法和数字签名等。

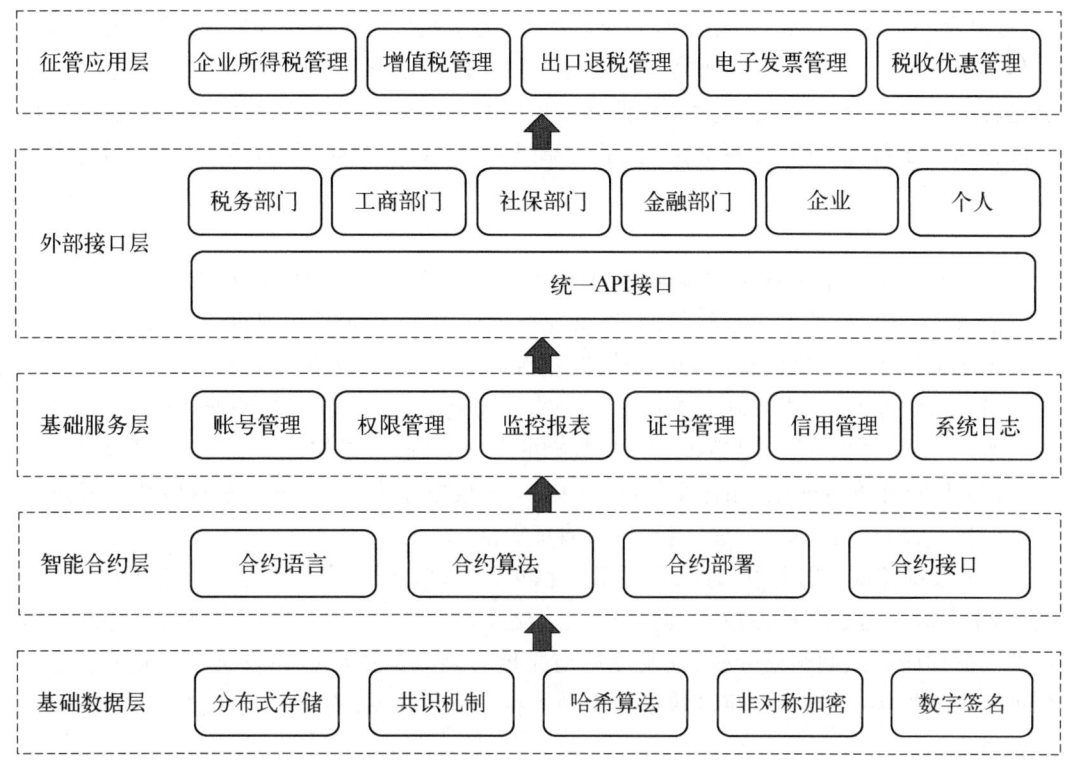

图 16-3 基于区块链技术的税收征管系统的基础架构

2. 智能合约层

在最初的区块链系统中,即我们所熟知的比特币系统,其内部逻辑框架非常简单,只能够处理收入与支出等流水式的信息,基本无法承载市场交易中复杂的逻辑需求。在随后出现的以太坊等第二代区块链系统中,智能合约赋予了数据完整的图灵逻辑,解决了传统区块链只能进行简单逻辑校验的问题,使得系统能够处理复杂场景下的数据需求,成为区块链技术应用于税收征管活动的核心能力。该层的主要工作包括:合约语言、合约算法、合约部署与合约接口等。

3. 基础服务层

基础服务层为整个系统提供后台管理服务,使得系统中的监管机构如税务部门、金融部门能够通过基础服务层满足管理调控的需求。同时,与所有信息化系统一样,税收征管系统也需要账号管理、权限管理、证书管理等基础性的系统后台管理。此外,在整个税收征管系统中,对数据的统计分析、对企业的信用评定和对市场交易行为的实时监控等,都会在这一层中提供。服务层的主要工作包括:账号管理、权限管理、监控报表、证书管理、信用管理、系统日志管理等。

4. 外部接口层

外部接口层为外部应用提供各类接口的调用服务,使得各主体能够通过接口方式将信息同步到区块链系统中。通过封装接口的方式向外部应用提供服务,是目前信息系统常用的方式,能够保证各个主体快速低成本地接入税收征管系统,同时保证系统的安全性。在税收征管系统对接前期,由于系统参与的各个主体在对接前都拥有自己的数据采集、数据存储、数据结构与数据参数等不同标准,为了能使系统平稳高效地运营,需要各个主体通过统一的 API 接口与规范的数据格式接入数据,只有这样才能保证各个主体间能够进行信息交换与共享,这将大大降低各主体间的沟通成本。目前,税收征管系统的主体一般分为市场监管者(包括税务部门、工商部门、社保部门、金融部门、海关部门等)与市场参与者(如企业、个人)。

5. 征管应用层

征管应用层是整个系统的表现层,为税收征管工作的征收、管理、稽查等活动提供具体解决方案,在原有的税收征管机制、征管业务流程中,逐步梳理出可以更高效、更智能地使用区块链技术进行优化处理的应用场景。当前主要有三个发展方向:

(1) 信息透明,即消除信息不对称产生的税收逃避、税收政策不匹配、征管成本高昂等问题,如 B2B、B2C 的交易数据与涉税数据的入链管理,可以实现自动计算与核查。

(2) 税收征管智能化,如在交易过程中自动生成电子发票、智能匹配税收优惠并进行执行,自动实现税收入库、分成、退税等税收征管活动。

(3) 数据挖掘,即通过一段时间的数据积累后,税收征管系统能将海量存储的涉税数据,利用大数据与数据挖掘技术,通过风险建模等方式提前分析并识别风险点,协助政策前期数据调研和预期结果分析,以及评估与监控实施政策执行后的效果等。通过以上对各类税收征管场景的应用,将区块链技术融入税收征管体系,逐步实现税收征管的高效化与智能化。

(二) 基于区块链技术的税收征管系统的主要模块

1. 基础数据模块

税收征管系统的本质是一个数据库管理系统,数据的产生、传输、存储、校验是整个系统运行的基础。因此,税收征管部门及政府其他监管部门产生的基础数据将通过图 16-4

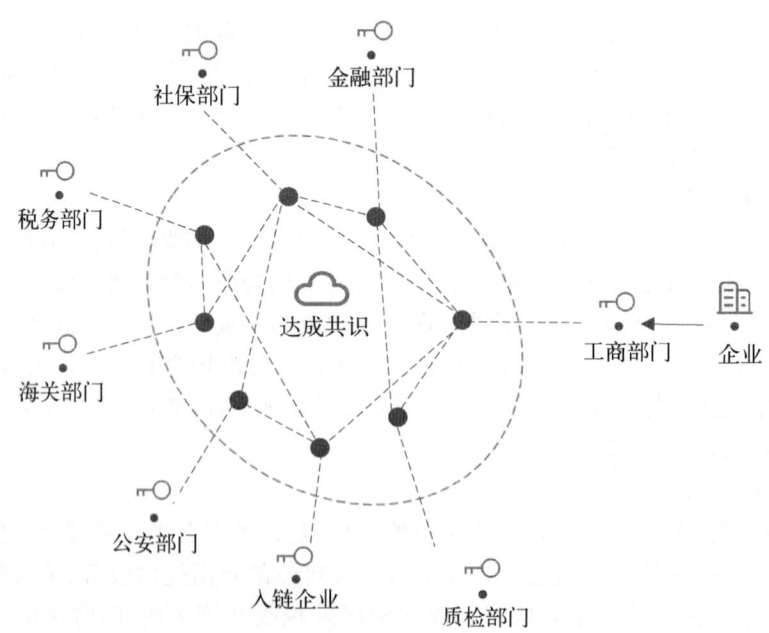

图 16-4 企业入链机制与政府公共信息系统

所示的机制接入政府公共信息系统。政府公共信息系统其实也是一个区块链系统,信息集成且数据无法篡改,税收征管系统作为其子集也融入其中。

基于区块链的税收征管系统构建后,政府监管部门将会按照各自的审核要求与所需材料,共同制定税收征管系统的准入流程,并形成官方公开文档。参与税收征管系统中的企业需要按照规定准备所需的申报材料,向市场监督与管理部门提交申请。市场监督与管理部门在收到企业的申请后,会对申报材料进行初步审核,通过后向全网广播。系统中各个政府监管部门的节点包括税务部门、社保部门、金融机构、公安部门、海关部门、质检部门等,这些部门将会对申请材料进行再审核确认,并对企业的申请予以通过,完成共识。

企业在申请通过后,会收到各监管部门通过税收征管系统向企业发放的证书、身份证明与企业公开资料等信息,并获得进入税收征管系统的权利。企业按照规定将需要提供的交易数据、涉税信息等接入税收征管系统中,并对数据的真实性负责。企业在数据接入系统后,通过收到的证书,参与正常的经营活动。

在一个税收征管系统中,将会出现数量极多的企业。这些企业的交易数据、涉税信息会实时地接入系统中,并在一定的时间周期内打包成区块,标记时间戳,链接到整个区块链条中,如图16-5所示。以企业 P 与企业 Q 的一项交易为例,首先企业 P 通过智能合约向企业 Q 支付一笔货款,支付机构在收到合约后确认与冻结企业 P 账户中的对应金额,并向企业 Q 发送确认信息,企业 Q 收到确认信息后按照合约内容发货,企业 P 在收到货物后进行确认,支付机构在收到确认信息后将企业 P 账户中的对应金额转移到企业 Q 账户中,并向企业 Q 发送确认信息,企业 Q 确认收到货款后,整个交易结束。企业借助企业链上的交易流程,利用区块链技术中的智能合约机制自动计算应纳税额并实现税款入库,避免了因税务部门和纳税人之间对税收政策理解不一致而造成的税收征管混乱,同时也在源头上保证了企业涉税信息的真实性和不可篡改性。

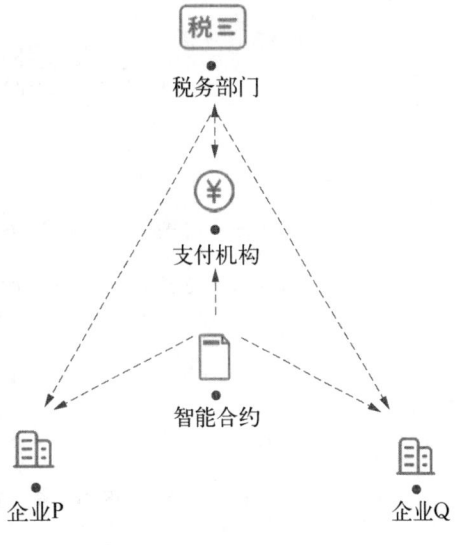

图 16-5　企业链上的交易流程

2. **增值税管理模块**

目前,我国增值税征管活动仍存在一些问题,这些问题均可通过基于区块链技术的增值税管理模块来解决。

(1) 虚开增值税发票问题的解决方案。在区块链技术支持下,企业之间的交易过程所产生的所有交易数据都将被实时记录,并通过特有的加密方式进行传输存储,最后永久存储在系统中。这些数据将会依据系统各个节点的所有主体进行备份,即使有其中某些服务器受到攻击,也无法篡改交易记录,系统将通过这些交易记录自动生成电子发票,在企业申请抵扣时自动核验,这不仅可以提高税收征管效率,也极大地降低了虚开虚抵增值税发票的可能性。在审核管理方面,所有的交易数据在存储时都会附加时间戳,明确标示交易数据产生的时间,便于相关部门审核查验。

(2) 增值税管理覆盖范围问题的解决方案。增值税管理模块具有向所有企业提供电子发票的功能。这对于那些财务水平低、收入额低且无法承担较高纳税成本的小微企业来说更有意义,使他们能够有机会公平地参与到市场交易中,不会因为无法提供增值税发票而影响业务发展。根据区块链技术原理,税收征管系统可以根据存储在区块中的交易数据,在政府各监管部门的协作下,按照当前规定的开票流程与规范化信息,通过智能合约方式存储电子发票的计算逻辑,并对相关企业的所有交易数据进行校验、计算,在校验通过后自动生成电子发票。企业只需通过标准的 API 接口,接入到税收征管系统中,同步交易数据与涉税信息,即可低成本、高效率地获取相应的电子发票,也使得整个国家的增值税管理实现全面统一的全区域、全行业覆盖。

(3) 出口退税问题的解决方案。假设一个拥有外贸经营权的企业 X 从企业 Y 处购买了一批货物,在国内销售时没有开具增值税发票。同时企业 X 再帮助一家没有外贸经营权的生产企业 Z 出口销售他生产的一批货物,由于购买生产企业生产的货物不能抵扣增值税,这一批货物无法获得任何进出口退税。但是企业 X 可以声称自己是将从企业 Y 处购买的货物进行了出口,并且出示出口清单,即可骗得出口退税,如图 16-6 所示。

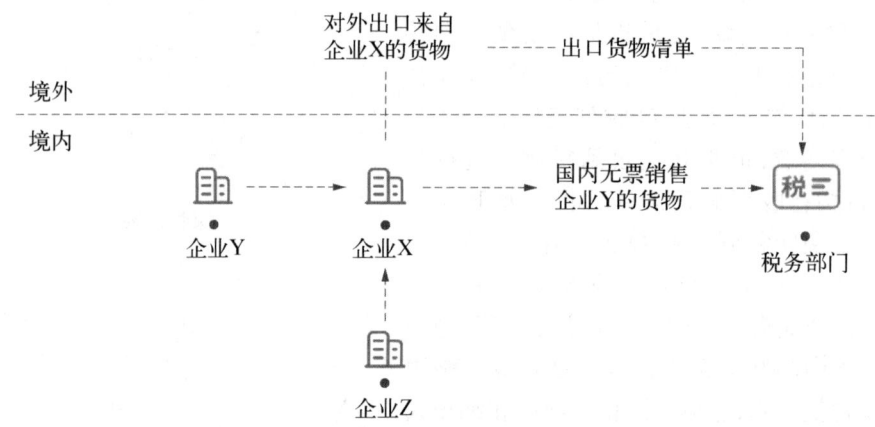

图 16-6 企业骗取出口退税的过程

在区块链增值税管理模块中,企业 X、企业 Y 和企业 Z 的所有交易信息都会记录到区块中,包括交易的每一个货物信息与这笔交易所涉及的资金信息,企业申请出口退税时,系统将会自动校验所申请的货物是否存在无法匹配的情况。而随着信息化程度的进一步提高,可以联合海关部门、税务部门、工商部门等相关管理部门,将出口退税的标准流程与计算逻辑通过智能合约的方式写入系统,企业在申请出口退税后能够快速计算应退税额,使得这类由于信息不互通导致的骗税问题发生的概率大大降低。

3. 企业所得税管理模块

(1) 企业所得税征管活动的主要难题。企业所得税的征管活动主要有以下两个难题:① 企业所得税这个税种本身在计算应纳税所得额时,由于不同企业的战略目标不同,财务水平不同,各企业在计算应纳税所得额时,难以使用统一的标准进行核验。企业面对不断变化的错综复杂的税收优惠政策,可能不能完全掌握税收优惠政策的使用方法。政府部门只能依据企业递交的相关材料核验,无法或难以校验材料的完整性、真实性、有效性,变相增加了企业所得税的征管难度与征收成本。②与增值税管理类似,企业所得税管理在小微企业方面仍存在较大困难。小微企业数量众多,收入水平较低,且大多处于初创期,在公司制度和财务管理方面都较为混乱,难以有效地核定其经营成本。因此,针对小微企业,目前税务部门采取核定征收办法,即根据小微企业的经营状况对其应纳税所得额进行核定,而没有根据实际经营所得进行征税。核定征收税款其实并不准确,可变性很强,可能会导致企业税负过高或过低等不合理情况发生,同时也使税收管理无章法可循,难以保证征税标准的统一性。

(2)企业所得税智能合约机制。针对上述问题,在引入区块链技术的企业所得税管理模块中,首先由税务部门主导、其他部门配合审核企业所得税各项指标的核算标准以及算法逻辑,将这些政策及算法通过智能合约方式写入系统。在政策成功纳入系统后,调取参与系统中的各个节点企业的交易数据与涉税信息,按照此前制定的智能合约计算企业交易数据,并自动核验生成企业的应纳税所得额。同时在系统中校验所有的税收优惠适用情况,判断是否存在满足享受税收优惠的先决条件,并进行相应的扣减补贴等计算,最终计算出企业的应纳税额,如图 16 - 7 所示。

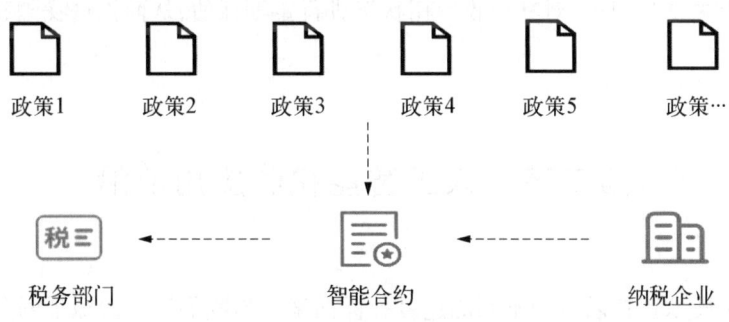

图 16 - 7　企业所得税智能合约机制

企业所得税管理模块在区块链技术的支持下,一方面能够极大地提高税务部门的核算效率,降低征税成本,既将税收优惠政策全面、便捷地落实到每一个符合要求的企业中,又避免某些企业通过滥用税收优惠逃避税款,使得政府的税收激励机制能够取得预期的政策效果;另一方面,企业所得税管理模块能够使企业从繁冗的政策条文中解脱出来,专注于企业经营质量与价值创造,并帮助企业提升所得税核算能力、降低纳税成本、提高税收信用度。

4. 税收宏观调控模块

引入区块链技术的税收征管系统,其底层其实是一个巨量的分布式数据库,存储着海量的交易数据与涉税信息,且这些数据信息真实有效、无法篡改。同时,还能通过大数据、云计算技术等建模,对这些海量数据进行深度分析,为税收征管决策提供有用的信息。税收宏观调控模块的工作内容及管理重点归纳为以下三个方面。

(1)有效评估、预判税收征管政策的影响效应。通过对海量交易数据与涉税信息进行分析,可以对此前制定的税收征管政策进行效应分析,并利用已有数据进行政策影响结果的计算,评估政策的优劣,并对相关数据与阈值进行优化调整。在税收新政发布后,通过监控政策变化对交易数据的影响,分析政策的影响效果,在参数异常时提前进行预警,使政策制定与发布有效可控。在政策制定过程中,可以利用数据建模指导政策制定策略,分析政策在实施过程中的影响因子与效果,并通过历史数据进行预判计算,帮助决策者更有效地制定税收政策。

（2）通过智能合约形成税收征管逻辑。由于税收征管各主体的交易数据、审核数据、信用数据等全部被接入税收征管系统中,当税收新政发布之后,就可通过智能合约快速形成税收征管逻辑,新增或者覆盖此前的计算逻辑,实时生效,系统将自动按照新政策形成的计算逻辑进行执行,对各企业应纳税额进行计算与调整,大大提高了政策执行效率,也有效消除了新政策发布之后企业高管与财务人员、税务部门对政策理解不一致产生的矛盾问题。

（3）利用区块链技术实现数据不被篡改,推进我国税收信用体系建设。企业通过申请进入税收征管系统后,系统会为其分配唯一识别的 ID,此后该企业在生产经营活动中产生的交易数据与涉税信息,都会在一定时间内打包到区块链中,并永久存储。如果纳税主体在经营活动中出现违约、违规、违法等情况,也同样会被记录到区块链中,永久有效,无法篡改或去除。这些信息一旦生成就能够被系统中的所有节点查阅。系统将根据企业经营活动的历史交易记录,对其税收信用状况进行定期评估,从而推进我国税收信用体系建设。

拓展阅读

区块链技术推进税收征管创新的挑战与建议

第二节　人工智能税收应用前沿

人工智能技术正在以意想不到的速度扑面而来。当我们还在震惊于阿尔法狗战胜人类围棋冠军时,新的阿尔法狗已经以 100∶0 的战绩战胜了原来的阿尔法狗。这次的比赛之所以如此引人关注和深思,在于这两台阿尔法狗已经具备了自我学习的能力,而不是依靠储存和记忆数量庞大的棋谱。也就是说,在人工智能领域,已经出现了认知革命。这种认知革命的影响在迅速扩大,国内能和人交流的、有学习能力的机器人已经出现,美国也出现了对股市分析的人工智能系统。基于这样的背景,探讨在税收风险分析中引入人工智能技术尤显必要。

一、人工智能及其对财务、金融的影响

（一）基本概念

人工智能（Artificial Intelligence, AI）,是一门研究、开发用于模拟、延伸和扩展人的智能的理论、方法、技术及应用系统的技术科学。美国麻省理工学院的温斯顿教授认为:"人工智能就是研究如何让计算机去做过去只有人才能做的智能工作。"这一说法反映了人工智能学科的基本思想和基本内容,即人工智能是通过研究人类智力活动的规律,构造具有一定智能的人工系统,从而进一步研究如何让计算机去完成以往需要人的智力才能

胜任的工作,也就是研究如何应用计算机的软硬件来模拟人类某些智力行为的基本理论、方法和技术。

（二）人工智能的实现形式

人工智能有两种实现方式。

1. 直观法

这种方法采用传统的编程技术,使系统呈现智能的效果,而不考虑所用方法是否与人或动物机体所用的方法相同。这种方法已在一些领域取得了应用,如文字识别、在线翻译、电脑下棋。采用这一方法,需要人工详细规定程序逻辑。如果逻辑简单,实现起来还比较容易;如果逻辑复杂,角色数量和活动空间增加,相应的逻辑复杂程度就会按指数级别增长。

以电脑下棋为例,这种方法在处理象棋(包括国际象棋和中国象棋)和围棋时有很大的不同,象棋中每走一步都有明确的价值判断,棋谱有穷尽;而围棋每一步棋都需要结合"势"来分析,棋谱多到无法穷尽。根据阿尔法狗之父——英国剑桥大学神经学博士杰米斯·哈萨比斯计算:"一共有 10 的 170 次方的可能性,这个数字比整个宇宙中的原子数(10 的 80 次方)都要多"。

2. 模拟法

这种方法不仅要看产生的效果,还要求实现方法也和人类或生物机体所用的方法相同或相似。模拟法分为遗传算法和人工神经网络两种。遗传算法模拟人类或生物的遗传和进化机制,人工神经网络则是模拟人类或动物大脑中神经细胞的活动方式。采用这种方法时,编程者要为每一角色设计一个智能系统来进行控制,这个智能系统开始什么也不懂,就像初生婴儿那样,但它能够学习,能渐渐地适应环境,应付各种复杂情况。这种系统开始也常犯错误,但它能吸取教训,下一次运行时就可能改正。

阿尔法狗的运行机制是这一方法的典型应用,阿尔法狗首先根据人类棋谱只模拟下一步棋摆放位置的 5～10 种可能性,然后进行几百万次的训练,通过误差加强学习。如果系统赢了,系统意在下次出现类似的情形时,更有可能做出相似的决定。相反,如果系统输了,那么下次再出现类似的情况,就不会选择这种走法。阿尔法狗通过这种试错机制不断走向优化,这和人类的活动非常类似。

（三）人工智能在财务、金融等领域的应用

目前,人工智能在不同领域飞速发展,并在财务、金融等诸多应用场景中取得了一定的成效。

1. 人工智能在财务中的应用

德勤会计师事务所相继推出了财务机器人,用以完成枯燥的、高度重复的制作会计凭证、输入信息系统和产生会计报表等工作,并与企业生产经营系统、销售系统、人事系统等实现有效的对接。这一做法的意义非同寻常:

（1）虽然财务电算化早已成熟,但是对各类纸质票据的自动识别一直需要人工处理。如果财务机器人能够识别纸质票据并能辨别真伪,就可以替代人工完成相当一部分的审计工作。

（2）审计将从抽样变为全面。众所周知,由于人工成本问题,对某一企业特别是大企业开展全面审计是难以实现的,抽样审计是当前财务审计的主流。如果财务机器人能够替代人工,审计的工作量将主要是**对规则的确认和例外的处理**,后续检查的工作量将大大减轻,全面审计的时代将逐步到来,利用"未发现"之类词汇掩盖特定数据审计责任做法的空间将逐步收窄。这对税收管理也有一定的借鉴意义。

(3) 大数据分析的前景开始显现。当一台或几台财务机器人 7 天×24 小时工作时,它们可以处理大量的企业账务,并且基本上不会出错。可以想见,未来或出现**若干大规模的记账中心**,每个记账中心会处理成千上万户企业的账务,这将对税收风险管理提出深刻的挑战。

2. 人工智能在金融中的应用

在金融领域,人工智能的应用也在不断拓展。目前,人工智能在金融领域的应用主要体现在分析客户行为习惯以提供适合客户的产品方面。但是,人工智能替代金融分析的前景已经显现。国际金融协会(IIF)指出,科技的迅猛发展,大数据的爆发、更强大的软件、更低的成本、规模化的云计算,人工智能似乎终于来到了转折点,人工智能服务的应用将极大地改变行业运营和就业。野村证券认为,随着数据量的快速增长,在一些行业里,机器人在速度和数据整合准确度上的表现可能已经超过金融分析师。野村证券通过对未来 2～3 年券商业务的构建框架做出预测,认为经纪平台将从股票研究、企业接入、交易转变为交易、企业接入、独立研究、金融数据机器人。

在其他领域,人工智能技术也在快速与具体业务结合。例如,贵州法院已经开始采用计算机自动判案;阿里巴巴也在基于大量的医疗实例的基础探讨电子医生开出的处方和人类医生开出处方的差别,以实现计算机自动诊断;部分税务机关也正在引进人工智能技术提供纳税服务或者开展税收分析。

二、在税收风险分析中引入人工智能的必要性

(一)引入人工智能是由税收风险分析的性质决定的

在引入人工智能分析之前,我们首先需要探讨税收风险分析在做什么。在税收工作实践中,税收风险分析基本上围绕以下三个方面来展开:① 查找异常企业;② 查找异常业务;③ 查找异常行为。

查找异常企业是以大数据为基础展开的。其基本步骤是:先选取同一行业内若干样本企业,再设定一个指标,比如增值税税负率或者资产负债率,然后计算出不同样本企业针对这一指标的加权平均值,也就是我们通常说的阈值,最后将明显超出或者明显低于这个阈值的企业确定为异常企业。例如:我们选取 1 000 户服装加工企业,设定一个净利率的指标,信息系统自动统计出这 1 000 户企业的平均净利率是 8%,那么这个 8% 就是阈值。假设某一服装加工企业的净利率只有 1%,那么我们有理由怀疑这个企业有着比较高的税收风险。查找异常企业主要基于财务报表。事实上,报表本身就是一系列指标的组合,从中我们可以组合出非常多的比率,其中,和税收相关的指标就构成了税收风险指标体系。在报表之外,我们还可以更深入地查找账套数据。账套数据的好处在于它提供了更细的颗粒度,我们可以看到更明细的科目甚至是凭证的摘要。这为人工智能分析提供了与人工查账更相似的环境。

查找异常业务是针对某一企业的具体生产经营行为的更细一步的分析,这一分析需要企业的账套数据。即使我们通过前面的设定指标没有发现这一企业有问题,我们仍然可以通过对会计分录的进一步分析来发现更多的问题。这是因为报表往往只提供了一级科目的内容,而通过会计分录我们可以看到二级明细甚至更多。例如,我们可以通过分析企业销售数据中不同客户的销售毛利率来确定是否存在关联交易。假设某一企业有 5 个客户,它销售给其他 4 个客户的毛利率是 20%,而销售给第 5 个客户的毛利率是5%,那么我们就有理由怀疑这第 5 个客户和这个企业是关联企业。再比如说,假设某一企业管理费用中出现了某一单项大额支出,我们也可以据此分析存在资本费用化的嫌疑。

查找异常行为主要是针对企业存在的发生真实业务但是不入账的行为。这一分析主要通过税收发票数据和第三方数据实现。目前,我们的税收管理基本上还是采取"以票控税"的方式,为此,我们的增值税专用发票上规定了很多开列的规矩,包括品目的代码化、基础信息的规范等,甚至在"发票备注栏"的填写内容上也作出了很多明细的规定。因此,通过发票数据和申报数据的关联也可以发现很多问题。比如可以设定一个指标"连续三个月购买发票但申报收入是 0",以发现开票不入账的风险;再比如可以设定进项发票的品目和开票品目的对应关系,找到企业是否存在虚开或者购买虚开的线索。在查找异常行为中,第三方数据的作用不可小觑。来自其他政府部门的数据往往可以佐证企业申报数据的真实性和完整性。比如房地产部门的交易数据信息和税务申报数据的比对可以查询出漏报情况,建筑业行业的标准成本数和企业申报数的比对可以显示企业是否存在虚列支出的情况。

通过以上探讨我们可以看出,绝大多数的税收分析可以通过信息系统来实现。通过大数据查找异常企业自不待言,查找异常业务和异常行为也可以通过分行业设定不同的指标来实现。不断优化的指标体系为税收风险防范提供了一张越来越细密的网。目前,这一优化过程是通过人工经验和指标设计的反复迭代实现的,但是,如果信息系统足够智能,它也可以通过自我学习达到不断完善的效果。

(二)引入人工智能是提高管理效率的需要

截至目前,在税收风险分析中人工因素是不可或缺的,原因有三:一是企业遵从意愿不足。部分企业出于各种各样的考虑,会刻意隐瞒一些重要信息,或者根据税务机关的分析方式有针对性地隐瞒一些业务或者混淆业务边界的情形。这就需要我们不断完善我们的指标体系,实现人工分析成果进入指标体系的迭代。二是企业遵从能力不够。虽然对于大企业而言,主观不遵从税法的意愿较少,但是客观的遵从能力仍然会存在一定的差异。企业的经营行为千差万别,企业财务人员存在将不同业务错配计入不同会计科目的情形。这对指标的智能性是一个考验。比如真实业务是"购买打印机",而凭证摘要里显示的是"购买打印纸",应计入固定资产的费用计入了管理费用。我们无从知道这一业务的实质。三是指标体系建设慢于纳税人实践。产生问题和发现问题是矛和盾的关系,二者既相互统一又相互斗争,存在相互促进、相互提高的过程。一般来说,指标体系是慢于纳税人生产经营实践的。随着企业生产经营方式的变化和新税收政策的出台,企业出现了新的应对方式,税务机关发现了这一问题,才会开展相关的指标建设,这也需要一定的时间。

以上三个方面正是人工智能技术需要解决的问题,我们所要做的,就是尽可能用信息系统来替代人工,以获得更高的管理效率。首先,针对企业刻意隐瞒的事宜,我们需要更强的人工智能分析。目前,大量的税收风险应对结果不能迭代到指标建设中用以完善或深化相关指标,客观上造成了目前的风险管理闭环并没有完全封闭,应对结果和分析结果都在信息系统中,二者需要一个结合点,需要一个更加智能的信息系统。其次,对更细颗粒度的分析需要人工智能的解决方式。例如如何让计算机模拟人工的思维方式来判断企业的某一业务是"购买打印机"还是"购买打印纸",需要更加深入的研究,比如分析这一企业打印纸的月平均使用量等。最后,指标建设要想与企业生产经营实践同步,计算机的学习能力不可或缺,这主要体现在政策的分析上,当一个新的税收政策出台后,可能会涉及哪些行业、哪些公司、哪些业务、哪些会计科目以及产生哪些关联行为等等,都需要计算机系统在汇集专家智慧的基础上逐步形成自己的思考。

（三）引入人工智能是优化纳税服务的需要

人工智能分析带给税务机关和纳税人的不仅仅是管理效率的提高,也是纳税服务水平的提升。这主要体现在以下三个方面:一是更精准的宣传。人工智能可以通过分析纳税人的习惯来推送相关的税收政策。比如纳税人经常在某一方面出现问题,这可能意味着纳税人在这一方面的知识缺失,税务机关推送的政策可以有效弥补纳税人的这一短板,这将对纳税人遵从税法提供明显的帮助。二是更少的打扰。税收是中性的,不影响纳税人的生产经营,这一点不仅仅体现在税制设计上,也应体现在纳税服务过程中。无论是服务还是管理,税务机关都应该尽可能减少与纳税人的直接接触,因为每一次直接接触纳税人都会付出相应的时间成本和管理成本。引入人工智能后,分析的涉税疑点将更加精准,这有助于更直接地定位纳税人的问题所在,更快捷高效地核实相关问题,而无需提出大量的无效疑点让纳税人去确认或排除。三是更个性的服务。人工智能系统可以综合多方面情况对纳税人的遵从意愿和遵从能力进行评判,并对纳税人遵从税法情况进行排序。这有助于区别不同纳税人的具体情况,并针对具体情况给予不同的纳税服务措施,甚至可以为每个大企业提供定制化的个性化服务。

三、人工智能在税务风险分析中的应用

（一）可行性分析

在税收风险分析中引入人工智能分析,不但必要,而且可行。这主要体现在以下四个方面。

一是有成熟技术。从税收分析的角度看,我们并不需要太复杂的人工智能技术,我们只需要它基于纳税人数据,以指标体系建设为核心,采用大数据原理或者根据税收政策变化自主生成更多更有效的指标。具体来说,我们只需它:首先,通过了解自己所处的环境,尽力找出自己要达到的目的;其次,面对真实环境,在特定时间节点自动按照既定算法找出最佳选择;最后,这个选择会或多或少改变所处环境,从而进一步驱动观察的结果,并反馈给主体,作为人工智能系统下一步决策的依据。

二是有政策支持。目前,税收风险管理理念已经逐步深入人心,税收风险管理已经成

为税务部门落实中央"放管服"要求、转变管理方式的重要内容。税收风险分析作为风险管理的核心环节受到越来越多的重视。例如,北京市国家税务局设有第五直属税务分局,其主要职能就是负责总局确定企业的税收风险分析工作,包括对总局确定企业的税收数据的具体处理、软件工具的研发使用、分析平台的运行维护,对税收风险进行计算机扫描,开展人工专业复评,协助开展税收经济分析等。

三是有人才梯队。目前,全国税务系统有近 80 万税务干部。面对税收现代化建设紧迫的形势,税务总局党组高度重视人才培养工作,提出领军工程育俊才。从 2014 年起,用 5 年时间,培育 1 000 名左右领军人才、1 万名专业骨干、5 万名岗位能手。经过 5 年实践,目前已分 5 批选拔了 607 名领军人才培养对象,全部为硕士以上学位,其中博士 106 人。通过素质提升"115"工程等的实施,营造了良好的学习氛围,培养了大批优秀税务干部。其中,既有从事税收风险分析的领军人才,又有税收风险管理的人才库成员,还有每年业务大比武比出来的业务骨干和岗位能手,更有千千万万在基层部门默默从事税收管理工作的基层人员。这些人才将为人工智能在税收分析领域的开展提供丰富的管理工作经验。

四是有数据储备。从最早的 CTAIS 系统到现在的金税三期工程,税务信息系统积累了大量的税收数据。这些数据是税务部门的"金山银山",将在以后的税收管理工作中发挥至关重要的作用。一个简单的比较就可以说明这一切:阿里巴巴仅仅知道天猫和淘宝网站上的千千万万个商户的销售数据,就形成了庞大的信用体系,并据此开发了各种应用;而税务系统不但了解每一个纳税人的销售数据,还可以通过增值税发票系统了解每一个一般纳税人的进货数据,从这些天量数据中挖掘出有价值信息的前景非常广阔。

(二)如何在税收风险分析中引入人工智能

在税收风险分析中引入人工智能的基础是纳税人各类涉税信息,手段是具有自主学习功能的人工智能系统,核心是强化信息系统对税收政策与纳税人经营行为的关联。

1. 纳税人信息是实现人工智能分析的基础

巧妇难为无米之炊,没有数据,再强大的分析软件也无从下手。纳税人信息越丰富,得出的分析结论越精准。从数据来源看,纳税人信息可以分为纳税人端信息、税务系统端信息和第三方信息三类。

(1)**纳税人端信息**包括纳税人的各类申报表和向税务机关报送的各种报告,如企业所得税申报表、财务审计报告。

(2)**税务系统端信息**包括税务机关发起的税收服务和管理行为带来的纳税人信息,如税务稽查报告、纳税评估结论。

(3)**第三方信息**包括来自其他政府部门或各类媒体的纳税人信息。

2. 人工智能技术是税收风险分析的重要工具

工欲善其事,必先利其器。正如蒸汽机带来了工业革命、电子计算机带来了信息革命,人工智能技术必将引领人类走向一个新的历史阶段。在税收分析领域,人工智能系统至少可以通过以下几点引导纳税人遵从税法。

（1）**建立税收风险特征库**。根据现有人工分析经验，针对不同行业、不同税种的税收风险点建立指标模型，并汇集成税收风险特征库。

（2）**建立自主学习的方法**。人工智能系统能根据税收政策要求自主建立新的指标模型，并根据新税收政策自主提出指标模型。这一点并不复杂。事实上，12366纳税服务平台对于新税收政策就有一个细分、整理、发布到知识库的过程，为计算机语音自动应答提供依据。我们所要做的，就是从知识库中取出知识模块并进一步强化为风险指标模型。

（3）**建立指标模型优化机制**。税务部门应建立"开发—验证—应用"的指标优化机制。对人工智能系统提出的指标模型，可以在既往案例中自主验证有效性，也可指派风险应对人员验证有效性，其评价结果决定该指标模型进入税收风险特征库。

3. 信息系统对税收政策与纳税人经营行为的关联是人工智能分析的核心

人工智能系统应能自主建立风险指标并验证实施，这需要一个先教后学的过程，需要告诉人工智能系统如何去"思考"。例如，我们可以告诉人工智能系统，哪些指标和税收收入正相关，哪些指标和税收收入负相关，是哪些因素造成的正相关，哪些因素造成的负相关，这样，人工智能系统就可以自动对相关指标进行扫描，排查出异常企业和异常分录。但是仅仅这样是不够的，这样的系统还依赖人工的介入，我们希望人工智能系统据此对新情况作出新判断，并自主确定指标模型。举例来说，如果我们先期已经告诉了人工智能系统，少计主营业务收入是各行业普遍存在的一个税收疑点，并且可以从以下三个方面来判断是否存在这一问题：一是本期发出存货的数量乘以单价后与销售收入的对应情况。二是以用电量、用水量等与产量有固定比例关系的指标确定本期产成品数量。三是存货损失是否已备案。那么，当新的政策出现时，如面对2018年刚刚实施的《环境保护税法》及其实施条例，人工智能系统就应该把少计收入列作环境保护税的疑点，并自主进行以下三个方面的数据比对：一是发出存货的数量乘以单价后与销售收入的对应情况，据此确认发出存货是否准确。二是比较同行业所有企业的排污量和产量的比率，找出指标明显异常的企业；或查找相关行业标准，确定产量和排污量的关系。三是存货损失的备案情况。这样的指标模型建成后，可以扫描所有类型的企业，并通过人工方式对扫描企业进行验证，也就是不断的试错，最终形成行之有效的年度风险分析指标模型，从而不断提升纳税人的纳税遵从度。

总之，人工智能技术正在飞速发展，在税收风险分析中探索引入人工智能正当其时，它将会推动税收风险分析工作再上一个新台阶，并为税收现代化的早日实现提供更加科学、高效、有力的工具。

🌐 **拓展阅读**

基于人工智能技术的智慧税务场景构建

第三节 共享经济税收治理应用前沿

共享经济是将闲置资源重新分配给有需求的消费者，是对闲置资源与潜在消费者进行的排列组合，打破了个体闲置资源在时间、空间上的界限，这种全新的商业模式在这一过程中产生了新的价值。共享经济的本质是人类社会资源组织模式的创新，在带来众多价值的同时也给原有的社会管理体系，包括传统的税收体系及征管模式带来一定程度的挑战。

共享经济适应了新时代"创新、协调、绿色、开放、共享"的五大发展理念,是我国经济突破发展瓶颈、加快转变发展理念的突破口,也是实现创新驱动、推进供给侧结构性改革的试验场,对构建数字经济时代中国竞争新优势将产生深远影响。

一、共享经济概述

(一) 共享经济的概念

共享经济(Sharing Economy)最早由美国得克萨斯州立大学社会学教授马科斯·费尔逊(Marcus Felson)和伊利诺伊大学社会学教授琼·斯潘思(Joe L. Spaeth)于1978年提出,麻省理工学院马丁·威茨曼教授于1984年深入阐述了共享经济的概念。

近年来,随着互联网技术的发展,共享经济理论研究和实践活动日渐成为社会关注的热点。

广义的共享经济,是指拥有闲置资源的一方(包括个人、企业或其他组织)基于某种目的,将资源的使用权让渡给他人,实现资源共享和利益共赢。从狭义的角度来看,共享经济是指资源所有者(供应方)为获得一定报酬而将物品或资源的使用权暂时转让给需求方,供应方获得使用权转让的报酬,需求方利用该资源创造价值,物品或资源的使用权价值获得分享。因此,共享经济又被称为"分享经济"。

在数字经济时代,现代信息技术的广泛应用降低了搜寻成本,供需双方通常可借助互联网等信息平台发生交易。可以说,信息技术的高速发展是共享经济繁荣的催化剂。

(二) 共享经济的本质和类型

共享经济的运营核心有两点:① 供给方将自身的闲置商品或服务在短期内租给客户使用;② 创建 P2P 共享经济平台,为供给方提供商品或服务以及中介服务,更高效地匹配供需双方各自的利益诉求。共享经济集合了各个利益主体不同的经济利益诉求,平台通过整合不同供给者分散的资源与不同消费者分散的需求,实现供给与需求的快速匹配,提升了需求方的消费体验,从而产生利润。共享经济验证了诺贝尔经济学奖得主奥斯特罗姆提出的观点:在有些情况下,社群对资源的使用和管理的交易成本比市场和国家使用和管理的交易成本还要低。这是因为社群在不断沟通和协调基础上所做的制度安排比外部强加(如政府)的制度更有效。

以消费交易对象为分类标准,共享经济行业可分为五大类型——交通共享、旅行住宿共享、物流共享、服务共享和闲置用品共享。

(三) 共享经济的价值

1. 提供非标准的特色商品或服务,形成无与伦比的独特价值

由于共享经济由劳动(服务)提供者而非通过追求标准化商品或服务的商业机构直接提供商品或服务,因此个体劳动者所提供的商品或服务通常是非标准且富有个性的。

2. 共享经济提供一种网络结构,具有全球规模化发展的潜力

共享经济模式其实提供了一种供需结合的网络状结构。共享经济的网络结构具有五个核心功能:

(1)可分享性。产品和服务可以很容易地在社区内分享,这样的社区可以是任何形式(本地化或全球化)的。

(2) 依靠先进的数据网络。有了数据,才有了分享的内容和实时跟踪的工具。

(3) 即时性。商品或服务可以随时随地分享,不再具有任何滞后性。

(4) 广告被社交媒体的推送所替代。微信、脸书、推特等平台的信息推送替代了广告,广告不再重要或者正在被逐渐淘汰。

(5) 网络扩展性。共享经济像一个透明体,信息公开透明,在其网络结构中蕴藏着全球规模化发展的无穷潜力。

3. 共享经济拓展了产权经济思想,引导共有使用权走出一条实践之路

从本质上看,私有制通过明确产品的所有权来降低生产生活交易中的不确定性,明晰的所有权有助于提高交易的确定性。而共享经济则是通过人工智能技术的发展与组织形式的创新来提高交易的确定性的一种模式。共享经济改变了人们传统的以所有权为核心的产权观念,使得**使用权交易**理念深入人心,诠释了共享经济的核心价值。因此,共享经济的出现在一定程度上会替代所有权功能。共享经济时代,拥有某项资产所有权的重要性在降低,而如何在一定时间内高效地完成某项资产的使用权的交易愈发受到重视,共享经济平台与人工智能技术的发展则加速了闲置资源使用权的交易。所有权对应的资产价值为交换价值,而共享经济模式下使用权对应的资产价值则为分享价值。简言之,**共享经济是使用权的交易,而非所有权的交易,其本质是闲置资源的使用权在整个社会体系中的自由流通与整合利用。**

二、共享经济的多维影响与治理模式

（一）共享经济对未来经济社会发展的重大影响

共享经济的发展模式具有强劲的发展潜力,备受资本市场的青睐,并且在培育经济增长新动能、加快产业升级方面具有无限的能量。

1. 共享经济将改变产业环境

传统商业模式中供给方与需求方存在信息不对称的情况,往往会同时出现产能过剩与需求不足的现象,生产者在将商品转换为货币的过程中需要承担较大的风险,购买者也会存在难以寻求到心仪商品与服务的情况。在这种情况下,产业链很可能断裂,这对上下游产业均会产生较大的冲击。而共享经济形成一种新的供需模式和交易关系,依托大数据、互联网、深度学习等人工智能技术,通过整合社会中存在的分散资源,同时将海量资源与不同主体的差异化需求进行高效自动匹配,实现最优的资源配置。

2. 共享经济将革新就业方式

共享经济改变了企业原有的雇佣关系,促进新型、弹性的劳动力就业模式的发展。一批基于共享平台的新兴职业大量涌现,如网约车司机、外卖骑手、平台主播。共享经济丰富了人们的就业渠道与方式。新型的就业模式,打破了原先明确的劳动雇佣关系、固定的工作时间、稳定的薪酬体系。共享经济平台仅仅作为中介为供求双方完成交易提供服务。人们可以同时作为生产者和消费者,根据自己的兴趣、能力、时间在这两个角色中自由切换。在共享经济中服务提供者的类型也逐渐由兼职向专职化趋势转变,共享经济涉及的领域也由生活服务领域向工业制造、农业生产等领域转变。

3. 共享经济改变消费模式

共享经济实现了从一次性消费向可持续消费、绿色消费模式的转变,给原有的生产、消费模式带来较大的冲击。在共享经济模式下,所有权转移不再是衡量交易完成最重要的指标,而使用权的转移愈发成为重要的衡量指标。消费者通过共享平台进行消费或者交换,可以享受多样化、便利化的用户体验,获得快捷和实惠的商品与服务。

4. 共享经济影响资本创利模式

共享经济对资本创造利润的模式产生颠覆性影响。一些共享经济的起源基于物尽其用的理念,但是真正发展起来依靠的还是资本的力量,其生存发展还必须依赖资本创利模式。资本的快速进入与退出对共享经济的健康持续发展有着重大的影响。

5. 共享经济影响政府公共管理

所有权共享、使用权交易、服务的供需双方与共享平台之间复杂的经济关系,带来了一系列公共管理问题。首先,共享经济通过平台注册让大量非专业人员进入,劳动者的素质、能力难以在短期内做出衡量,且平台为了快速占领市场会放低进入门槛,平台在发展初期的审核、监管水平亟待提高。其次,政府的监管、相关的规定等并不能快速地适应新兴的经济发展模式,监督体系与共享经济的特点也难以契合,由此带来对共享经济行业的监管盲区。最后,供需双方利用共享平台、第三方支付系统完成了交易,与此同时共享平台也获取了海量的个人信息,个人的隐私和信息安全可能在网络平台上受到侵害。综上所述,共享经济需要一套行之有效的监管模式,才能保障其健康有序发展。

(二)共享经济的治理策略

共享经济对社会经济会产生多维影响,在培育经济增长新动能、带动服务业转型、促进消费模式转变等方面具有积极影响,但其运营模式也存在一定的瑕疵。为引导共享经济健康发展,政府应制定规范其商业模式及经营活动的法规制度,健全适应共享经济发展的监管体系,加强共享经济行业标准的制定。

(1)制定共享经济的行业标准,规范经营者的合法身份。共享经济的商业模式及经营活动受到不少质疑,主要是因为一些共享平台存在非法经营问题,这与目前缺乏相应的政策约束有关。网络约车、共享单车等共享经济商业活动虽然不能按照传统的交通运输业管理办法对其进行规范,但应有相对细致规范的行业标准,明确共享平台的责任与义务、从业人员的准入标准,只有获得相应许可才能从事共享业务。

(2)制定共享经济的资金池监管制度,防范金融风险。由于共享经济出现共享平台,极易产生以押金等为典型形式的资金沉淀。

(3)建立共享经济税制体系,明确经营者的纳税义务。我国政府应借鉴美国、澳大利亚等国家的先进经验,针对共享经济的实际情况,明确共享经济的纳税主体、交易活动中的适用税种和税率等,构建我国共享经济税制体系。在共享经济模式下,自然人主体将暂时闲置的资源信息投放到共享平台,通过平台快速匹配到需求方,通过分享的方式获得收益,其取得的收入应当缴纳个人所得税。

(4)提供适当的税收激励机制,推动共享经济有序发展。从经济增长的角度看,共享经济正在向全行业渗透。共享经济模式蕴藏的税源巨大,而且向未来社会生活全方位渗透的潜在税源依然巨大。共享经济目前还处于初期阶段,它所催生的商业模式是革命性、颠覆性的,对社会民众具有潜在的巨大利益,因此政府必须制定合理的税收优惠政策,权衡传统经济模式与共享经济模式的税负水平,促进共享经济健康有序发展。根据拉弗曲线的最优税率原理,共享经济税制的建设方向应是在规范税收征收与监管的同时合理地降低其税负率水平。建议政府通过设计起征点、费用免除额、适用低税率等税收优惠政策促进共享经济健康、有序发展。

(三) 共享经济的共同治理模式

共享经济是一种信用经济,应促进治理模式由管控型向信用型模式转换。我国传统经济治理呈现一种管控型的特征,各个部门都试图找到一个环节,通过这个环节来管控相关领域。例如,在传统经济治理模式下,行政审批制度是一个很有效的管控经济社会生活的手段,但是随着经济社会生活的多样化、多元化,这种管控手段已经不能适应时代发展的要求。共享经济的出现恰恰能够发挥社会共治效应,使得每个交易主体均不能"独善其身"。在共享经济下,每个交易过程都会有痕迹。这种痕迹成为判定其信用状况的重要尺度和依据。如果交易主体不守信用,其违约成本将大大提高。

但是,在现代社会经济条件下,共享经济既没有纯粹的自律机制,也没有完全的政府监管模式,真实世界中展现给我们的更多的是多主体的混合治理模式,即共同治理模式。一方面,国家立法层面针对可能危及三大安全(即国家安全、经济安全、社会安全)的共享公司设立行为建立专门的审查制度和准入制度,并且对其经营过程中涉及的信息安全、垄断安全事项进行动态监管,将政府监管与自律监管结合,构成了共同治理模式。

共享经济独特的三方结构和运行模式既为共同治理模式提供了实施条件,也对这种共同治理模式提出了监管要求。共同治理模式与共享经济的法律结构具有耦合性,能够为共享经济提供合法性规范,为从业者和监管者找到契合点和制度支撑,将对未来经济社会产生深远的影响。

三、共享经济税收治理的难点与争议

(一) 共享经济税制缺失引发可税性争议

纳税主体、课税对象和税率是税制三大要素,三大要素的准确界定是解决共享经济税收治理难题的突破口。下面我们以网络约车征税为例探讨税制合法性问题。

1. 纳税主体难以确定

共享经济商业模式通过交易平台,将资源的供求双方联系在一起,交易中的资金流呈现"需求方—第三方支付平台—交易平台—供给方"的流动状态。资源的需求方首先将资金支付给第三方支付平台,支付平台接着会将平台收入返还至交易平台,交易平台将扣除平台收益后的剩余资金返还至供给方账户。从资金流向来看,第三方支付平台、网络交易平台和资源供给方在交易中均获得了收益,都是纳税主体,负有相应的纳税义务。企业(或个人)将闲置的资产提供给他人使用获得收益,这份收益若从经济学角度观察,通常被认为是对原有资产价值的提升,是一种增值。从税收角度分析,企业(或个人)在交易中获得了这份收益的同时,也需要承担相应的税负。

但在现实经济业务中,纳税主体的确定是存在困难的。我国现有税收制度并未对共享经济的纳税主体制定明确具体的规定。通常情形下,税务机关依据纳税人的税务登记对其实施税务监管。以滴滴出行为例,第三方支付平台和滴滴平台由于开展业务的范围、规模较大,进行工商登记是必经程序,成为纳税主体是明确的。但是将网约车司机确定为纳税主体的可行性存在一定的技术难题,因为税务机关从未对网络约车的接单司机进行过纳税登记,也未对这网约车司机进行过税务检查。

部分共享经济的经营者(特别是个人经营者)只是按照共享平台的要求,办理简单的登记,没有进行工商登记,这导致无法准确认定纳税主体。由于共享经济模式下,共享平台是将资源供给双方联接起来的唯一纽带,共享平台依托互联网技术、平台算法等,使得监管存在盲区。资源供给双方、交易平台出于隐私、税收等目的,倾向于利用互联网技术变更或隐匿真实的姓名、身份和地址,加大了税收征管的难度。

2. 课税对象界限模糊

课税对象反映了征税的范围和界限,是区分不同税种的主要标志。课税对象难以认定的一个原因是,共享经济作为新兴的经济模式往往采用了大数据、互联网等人工智能技术,将传统的业务模式进行线上、线下的重新整合,仍旧以原有的课税对象判定标准来衡量势必存在界定模糊的问题。

以滴滴出行为例,平台提供的网络约车服务,归属于交通运输服务还是现代服务业,依然存在争议。争议的核心点为,滴滴平台提供的业务类型的实质究竟是什么。滴滴平台如果是为乘客提供运输服务,则应按照交通运输服务项目缴税;平台如果是为司机提供中介服务,借助信息技术,快速匹配、定位乘客,则应按照信息技术服务缴税。实际业务中,滴滴平台是为双方提供服务的,这就使得判定其业务对应的征税类别存在困难。共享经济模式下的交通出行领域,其经营内容实质上是交通运输业务,但形式上却有多种运作模式。

网约车司机与滴滴平台间的关系也存在认定模糊的情况,网约车司机通过平台线上信息的核验即可成为签约司机。随着共享经济的快速发展,网约车司机群体包含了兼职司机与专职司机。要判断网约车司机取得的收入属于什么类型,首先需要判断网约车司机与平台之间是否存在雇佣关系。兼职司机往往具有本职工作,其在平台上取得的收入应归属为劳务报酬。而专职司机与滴滴平台之间是否存在雇佣关系仍然存疑,专职司机作为平台的签约司机,签约形式、签约内容与传统的劳动合同存在很大的差异,且尚未有明确依据可以判定。专职司机的收入究竟归属于工资薪金所得还是个体工商户生产经营所得,仍然值得探讨。

伴随着征税范围的难以界定,税款抵扣等问题也将产生。目前,我国税法尚未对一些共享经济相关领域业务税目和税率做出明确规定。还有一些共享经济活动本身就属于税法意义上的混合经营或兼营行为,在认定征税对象及税率方面可能会存在争议。

3. 税率无法合理确定

共享经济由于课税对象界定模糊,适用的具体税率无法合理确定。目前滴滴出行按照交通运输服务缴纳增值税,且可以选择适用简易计税方法。如果滴滴出行被认定为现代服务业,则适用的税率为6%,增值税税负将会大幅提升。但相关共享出行的政策规定并未清晰界定所属征税类别与适用税率,因此滴滴出行适用的税率仍然无法合理确定。同样,滴滴平台的网约车司机获得的收入也存在适用税率无法合理确定的情况。由于税法尚未明确网约车共享平台的课税对象与税率适用,税务机关征税时缺乏相应的政策依据,共享平台涉税事项的适用税率具有不确定性。同时,由于税收征管存在现实约束与执行环节的缺陷,也可能导致共享平台为顾客开出电子发票确认主营业务收入时,由于没有网约车司机的成本费用冲抵及进项税额抵扣,导致其实际税负率远远超出名义税负率。

（二）共享经济对税收管辖权形成挑战

共享平台借助互联网、大数据等人工智能技术,可以快速地将经营范围扩展至全国各地,而并不依赖于搭建线下实体经营机构。共享平台的业务收入来源地不仅局限于机构所在地,极大地扩展至互联网存在的任何区域,使得共享平台的应税行为受到广泛关注。我国流转税收入是按照生产地原则进行征收的,即企业一般向其机构所在地缴纳增值税。

滴滴出行的机构所在地位于天津市经济开发区,而其业务收入来自全国各地,根据我国流转税征收原则,滴滴平台的收入由天津市税务局征收,造成了交易所在地的税源流失。共享经济业务模式的特点使得税收管辖权遭到了挑战,交易所在地与机构所在地的税务机关对共享平台如何征税的问题产生争议。乘客在 A 地享受网络约车出行服务,但平台注册地可能在 B 地,那么按照现行税收管辖权制度,平台业务归属于注册地 B 地税务机关的管辖范围,与消费地无关。有的共享出行平台还提供多地开票服务,乘客在 C 地享受网络约车出行服务,然而网络约车司机却选择在 D 地开具发票,这显然增加了网络约车税收征管的难度。

（三）共享经济增加了税基评估的操作难度

一方面,共享经济借助大数据、互联网等技术快速发展,产生的物流信息、资金流痕迹、交易的发票及其传递全部以电子数据的形式呈现。核验货物来源渠道、交易过程、资金支付等一系列环节的真实性完全依赖于数据信息的可靠性,判断是否属于纳税行为、是否享受税收优惠政策等都需要电子数据信息的支持。共享经济交易活动依赖网络技术衍生出大量业务数据信息和财务数据信息。这些电子数据信息存在被篡改、破坏的可能性,这就使得税基评估的真实性、可靠性存疑。

另一方面,共享经济的课税对象界定较为模糊,税目与适用税率无法合理确定,因而税基的范围难以确定。征税对象明确是进行税基评估的前提,但共享经济是新兴的经济模式,难以用传统的评估方法准确评估其税基,对共享经济的税基评估存在一定的技术难题。

（四）共享经济交易活动的有效电子证据难以获取

共享经济的发展给税务部门取证带来了相当大的难度。共享经济平台上完成的交易活动集物流、信息流、资金流为一体。交易活动一般通过第三方支付平台,不再使用货币、刷卡等传统支付方式,这就给税务机关监控应税资金流增加了困难。共享经济新颖的交易模式,互联网、区块链、大数据、人工智能等技术的应用,加大了税务机关获取真实涉税信息的难度。

共享经济交易活动中,纳税人还可以使用超级密码和用户名双重保护来隐藏有关信息,税务机关如何协调获取真实交易数据与保护个人隐私权、保护知识产权之间的关系变得越发重要。特别是随着计算机加密技术的飞速发展,如果纳税人拒绝提供密码,那么将严重影响税务机关获取真实交易数据的效率,由此带来的后果是,税务机关对纳税人的交易活动是否满足独立交易原则的认定将缺乏有力依据。当然,这也将有力地推动人类社会获取交易记录的真实性和完整性的技术进步,使得现代信息技术又反过来应用于对其本身的监管上。

（五）税源不稳定性、数据真实性给税收征管活动带来难题

1. 税源高度分散性和收入波动性的税收影响

共享经济的优势在于彻底盘活闲置资源,解放生产力。然而,共享经济的分散化特点使得税源分布呈现出高度分散性和收入波动性的特征。共享平台的业务分布范围广,不局限于某一个具体的区域或特定的人群,税源具有高度分散性。共享经济的收入波动性特征以网络约车业务最为典型。由于从事网络约车业务的司机有相当一部分人是利用闲余时间兼职,他们没有相应的劳务合同,也没有进行全面系统的劳务登记。加之网络约车共享平台的准入和退出门槛较低,网络约车司机的停业和歇业比传统出租车司机更加灵活。这进一步加大了税收收入的波动性,给税收征管和税收稳定性带来负面影响。

2. 交易安全性和数据真实性的税收影响

在传统交易活动中,发票作为重要的交易凭证,能够清楚地记录交易双方、交易内容、金额、日期等,用来证明交易发生和责任归属。而共享经济交易活动主要依托于大数据、互联网、云计算、区块链、人工智能等信息技术,交易过程中产生的交易记录、支付信息以及凭证等都是各种电子化的数字信息。共享经济征税涉及一个关键问题,即数据信息易被篡改、破坏或隐藏。平台可能出于自身利益或者提高平台竞争力通过修改交易数据而隐匿平台或者个人的收入。这增加了税收征管的难度。

从信息不对称性角度分析,共享平台与政府之间数据共享水平较低,使得平台交易的安全性、信用机制完善程度等亟待提高。此外,共享平台还存在刷单现象,使得共享经济交易数据的真实性存疑,税务机关难以确定真实发生的交易额,这也同样给税收征管带来挑战。

（六）共享经济组织边界模糊性和共享平台税款代征引发的征管合法性争议

传统经济组织结构明晰,税务机关可以采取以票控税的方式完成对经济体纳税的监管,个人税款的缴纳依赖企业、单位等组织结构的代扣代缴。在共享经济商业模式下,传统组织形式的印象在逐渐淡化,交易主体、交易内容、交易方式等的改变均给税收征管实践带来新的挑战。共享经济的发展,使得个人更多地参与到商品或服务的交易中,在交易中发挥的作用越来越大,个人既可以是消费者,也可以是商品或服务的提供者,个人极有可能逐渐摆脱法人机构的雇佣或组织的束缚。在这种情况下,个人不再受雇于法人机构或企业,法人机构或企业也不再为个人承担"三险一金"等社会保障费用。共享经济下个体从业者提供商品或服务后,也有为被服务方开具发票的需求,一些共享平台开始成为代开发票的平台,甚至还有一些平台嫁接到税收洼地,享受地方政府给予的招商引资减免税收或财政返还政策。从这一社会现象分析,共享平台如果造成国家税收大幅流失,那么共享经济也有必要被"下猛药治理"。

在现代社会中,共享平台更多地扮演着桥梁、纽带、服务者的形象,共享平台与个人之间的关系与传统组织中的劳动雇佣关系差别较大,但平台是否对个人取得的收入负有代扣代缴税款的责任还存在争议。共享平台能否通过地方政府的"税收洼地"实施超范围的

多区域的税收代征活动,也存在对税收管辖权的挑战和争议。要解决这些现实问题就必须进一步厘清关系,区分违法与合法的界限,关注增值税发票开具行为的合规性问题,慎重对待这些由共享经济所引发的各类涉税行为,既不包庇违法活动,也不打击正当交易行为。

(七)共享经济交易活动可能会诱发交换隐形化避税

原始社会的经济模式表现为交换经济,即劳动者相互交换劳动成果,或者相互提供服务。这一时期人类的交换经济没有货币在其间充当一般等价物,不依赖货币交易,只体现为劳动成果的交换。随着社会经济和商贸业的发展,原始的交换经济被货币交易所取代。共享经济时代的到来,加速推动了个体经济之间交换活动的发展与繁荣,原始的交换经济又以共享模式重返人类经济社会领域,导致劳动成果交换的隐形化,诱发了交换隐形化避税。现阶段国际上流行的电子货币研究与应用热潮,在一定程度上代表货币监管形式的变化,以及人类交易依赖商品价值的计量与评估,而电子货币仅仅是一种度量工具与手段,电子货币本身的支付过程也变成一种无纸化、依靠无线网络传输,体现着主导交换经济或市场经济的金融、财税管理领域的本源回归。

四、共享经济的税制优化和税收治理方略

(一)捕捉共享平台交易特征,推进共享经济的税制优化

1. 建立科学包容的共享经济税制体系

税制的包容性和灵活性体现为税制本身对经济变革的适应性程度。当出现共享经济等新兴经济业态时,税制或税收政策一般采取跟进式调整,以实现税制对经济环境变迁的适应性。如果新兴经济模式发生跳跃式变迁,则税制极有可能无法及时做出调整。技术革新带来经济社会的快速裂变,导致税制跟进式调整的难度不断加大,税制的滞后性更为明显,进而导致税制的适用性减弱。为解决这一问题,需要跳出旧有跟进式调整的思路,转而采取宽泛的税收规则以兼容各类共享经济商业模式及交易活动,凸显税制对经济变革的适应性。

2. 增强税制设计的前瞻性,引导共享经济的健康发展

借助共享经济的发展契机,在税制难点与重点领域破题。比如,考虑物联网技术突破时,以物流信息确定商品的最终消费地,将流转税改为消费地课征并归属消费地,避免税源跨地区流动引发的收入归属之争、招商引资之乱。针对共享经济、数字经济,还有学者提出一种新的税制改革思路:放弃流转税,转为对自然人并依托收入和支付信息的电子化征收个人所得税并由消费者直接缴纳的真正意义上的消费税。共享经济还需要进一步探索建立个人纳税信息共享平台,强化双向申报制度的推广应用,改变过去主要依靠代扣代缴的个人所得税征管制度,扩大综合征收的所得项目范围,大力推进个人所得税改革,更好地适应财产收入来源复杂的新局面和自由职业者兴起的新形势。

3. 提高税制的宽容度,发挥共享经济的创新动力

深化改革是时代的呼唤,进入改革领域的"深水区",要鼓励创新,用财税、经济政策激励创新,并且允许试错创新与渐进式改革。因此,政府对新业态、新技术、新模式应采取鼓

励态度,进一步完善相关税收优惠政策,激励社会各界开展创新创业,激发出市场主体的创新动力,以创新力量驱动国民经济的持续性增长。

4. 增强税制的普惠性,实施对共享经济的税收激励

共享经济是新生事物,有着巨大的发展潜力和社会价值,应该被国家鼓励发展,而轻徭薄赋政策将是刺激其进一步发展的重要引擎。由于共享经济蕴藏着巨大的税源潜力,采取低税率政策符合"宽税基、低税率"的税收征管改革要求。采用共享经济模式的企业多为初创公司。它们不但面临着传统行业竞争对手的打压,还需要大范围补贴培养消费者的消费习惯。因此,政府必须采取普惠的低税率政策以促进其完成初创阶段的发展。基于上述原因,对共享经济实行低税率是促进共享经济发展需求的必然选择。

(二)利用现代信息技术创新加强对共享平台及个体从业者的税收监管

随着移动互联网的发展,以地理位置判断纳税地点已很难适应共享经济商业模式发展的需要。我国应在进一步完善适应共享经济发展的税收政策、监管体系的基础上,逐步明确共享平台、从业人员等相关利益主体的纳税义务、课税对象、适用税率等税收要素,完善对共享经济的系统性、有效性税收监管;在税收征管、稽查领域引入大数据、区块链、云计算、人工智能等现代信息技术,加强对网络经营地理区位的定位与网络经营合法性的监控,结合我国推行的纳税人统一识别号制度,为全国范围共享经济平台及个体从业者建立涉税信息档案,将共享平台、个体从业者及其共享平台其他相关的利益共同体的交易纳入税务管理体系,完善国家统一的自然人税收监管机制;并利用区块链技术实现经营活动信息及涉税信息的真实性和不可篡改性,利用大数据技术实现多种涉税信息的集成,将税务监管与第三方支付平台有机结合起来,即通过第三方支付平台的网络接口识别业务发生的具体地理位置,以有效解决税收管辖权与网络经济的冲突问题。

(三)引入批量评估技术推进共享经济的税基评估

批量评估(Mass Appraisal)于20世纪70年代在国外逐步兴起,是已具有很大影响力的新型评估模式。针对现阶段我国共享经济发展状况,就税基评估价值类型选择而言,应当选择市场价值或者课税价值作为其评估结果的价值类型。原则上,课税价值应当以市场价值为基础,可以高于或低于市场价值,也可以是市场价值的某个百分比。

根据共享经济自身的特点及其对税基评估的影响,考虑到批量评估的要求,共享经济税基评估的基本模型应该符合"**基础价值+个别因素调整值**"的整体框架。基础价值是税基评估模型中所要确定的税基价值的基本部分,在共享经济税基评估中主要指每一笔共享经济业务的基础产品或服务的价值。**在共享经济模式中,这个基础价值主要指的是服务费用。**以滴滴出行为例,滴滴平台为乘客和司机搭建共享交通服务平台。乘客接受交通运输服务后,将费用支付给滴滴平台,滴滴平台扣除相应交易提成后,将剩余款项转付给司机。这里的交易款项即服务费就是基础价值。**个别因素调整值是指超过共享经济税基评估基础价值以外的部分。基于共享经济的基础价值,对基础价值偏离价值类型(目标)的实际情况进行调整,从而得到个别因素调整值。**

第四节 数字经济税收治理应用前沿

一、数字经济及其对社会经济的影响

(一) 数字经济的概念和发展方向

1. 数字经济的概念

美国加州大学历史学教授理查德·格拉(Richard von Glahn)在其著作《剑桥中国经济史》前言中写道:现代经济的增长并非主要源于市场的扩张,而是源于新知识和新技术所孕育的创新。技术进步的力量很大,技术进步对经济和社会的推动作用很直接。近年来,在全球异军突起的数字经济就是一个新知识、新技术所孕育的创新的典范。

数字经济概念最早出现距现在已经20多年了。1995年,美国经济学家唐·泰普斯科特(Don Tapscott)认为:与传统经济相比,数字经济应该具有知识性、融合性、创新性、数字化等12个特征,美国信息高速公路的普及与产生的新体制表明数字经济时代已经来临。Beomsoo Kim认为经济交易中的货物与服务在数字经济的背景下变得难以区分。

《二十国集团数字经济发展与合作倡议》中对数字经济作如下权威性界定:**数字经济是指以使用数字化的知识和信息作为关键生产要素、以现代信息网络作为重要载体、以信息通信技术的有效使用作为效率提升和经济结构优化的重要推动力的一系列经济活动。**2016年,在世界经济论坛上,数字经济被定义为"第四次工业革命"框架中的一部分,数字化不仅是技术,还是一种思维方式以及新型商业模式和消费模式的源泉。

数字经济发展迅速,创新活跃、辐射广泛,已经渗透到世界经济的各个方面,对银行、零售、能源、交通、教育、出版、媒体或健康等领域产生重大影响,信息和通信技术正在改变社会交往及个人关系模式,为经济社会发展提供新动能。数据资源的爆发式、指数化增长及分析应用水平的持续提升,新兴数字技术的迅猛发展及与实体经济各行业领域的深度融合,为全球经济实现健康、可持续增长提供了有力支持。

2. 数字经济的发展方向——数字产业化与产业数字化

数字产业化与产业数字化是数字经济发展过程中的重要阶段性特征,虽然二者都与数字经济有关,但其内涵、特征与意义截然不同。

(1) 数字产业化。**数字产业化是指以信息技术为基础的基础电信、电子设备、软件等互联网产业,结合大数据、人工智能、区块链、云计算等新兴技术,对数据进行清洗、整理、挖掘和分析,形成具有一定价值或潜在价值的数字资产,为需求者提供相关技术服务或解决方案,帮助企业实现智能化发展。**数据挖掘与数据分析可以明确得出消费者偏好、市场发展趋势、企业经营缺陷等信息。这些分析结果也就是数字产业化下形成的数字产品,可以进行市场交易或流通。数字产业化正在引发传统的产业组织形态的变革,借助于信息技术的不断创新,推动数字经济不断向前发展。

(2) 产业数字化。**产业数字化是指在传统产业的基础上应用信息技术,提升传统产业的效率水平,实现传统产业的数字化转型。**产业数字化不仅可以提高实体经济的运行效率,还可以借助信息技术构建一种产业和互联网的融合发展模式,推动新旧动能转换,促进传统产业转型升级,形成数字经济的重要组成部分。产业数字化通过数字经济平台进行资源优化配置,利用数字技术连接和整合传统产业的产品供给者和消费者,促进双方通过平台达成交易,创造更多社会价值。数字产业化的发展不断促进创新传统商业模式,电子商务、共享经济、区块链经济、网络金融等领域的表现尤为突出。世界银行数据表明,近十年全球工业新增GDP中大部分都源于电子信息、汽车、高端制造等实体经济,将信息技术与传统产业相结合是未来经济发展的总趋势。产业数字化的发展不仅可以优化产业结构,提高企业生产效率,还有助于塑造全球数字经济价值链,实现交通、物流、医疗等多领域综合应用。**产业数字化体现着实体经济和数字经济的深度融合发展**,共同推动我国经济的高质量发展。

（二）数字经济发展对社会经济的影响

联合国《2019年数字经济报告》指出,当前数字经济占世界GDP总值比重约为4.5%～15.5%。《中国互联网发展报告2019》蓝皮书指出,2019年中国数字经济规模为31.3万亿元,占GDP比重达34.8%。以习近平同志为核心的党中央站在新的历史方位,对大数据、人工智能、区块链、云计算、数字经济的发展给予高度重视。习近平总书记提出了"加强人工智能和产业发展融合,为高质量发展提供新动能""推动经济高质量发展,要把重点放在推动产业结构转型升级上""要聚焦主导产业,加快培育新兴产业,改造提升传统产业,发展现代服务业,抢抓数字经济发展机遇"等一系列富有突破性的新论断,为数字经济在中国的发展、社会治理及进一步向纵深推进提供了理论创新方向和实践指导路径。李克强总理提出,要在全国大范围掀起"大众创业、万众创新"的新浪潮。在推动产业结构转型和发展双创产业上,数字经济具有其独特价值与优势。数字经济资源可以无限衍生,不仅能够缓解我国资源短缺的压力,而且为大众创业提供了良好环境和条件,不断促进国民经济发展。

数字经济的发展有助于提升国家治理的现代化。我国政府积极探索促进数字经济发展的相关研究,把鼓励创新和发展作为国家治理的重要任务,为数字经济的发展提供有利的政策和市场环境。同时,数字经济的发展反作用于国家治理能力和治理体系的现代化提升,形成政府、企业、平台、消费者等多方协同共治的治理新格局,构建协同共治、健康运行的数字经济税收生态系统,完善我国数字经济的税收治理结构与协同共治模式。

二、数字经济对我国现行税制的冲击和挑战

（一）数字经济对纳税主体的界定提出了挑战

数字经济的商业模式大多为通过交易平台,将资源的供需方联系在一起,资金由资源需求方通过第三方支付平台支付后返还网络交易平台,扣除平台收入后余下部分进入资源供给方账户。从资金流向来看,第三方支付平台、网络交易平台和资源供给方都是纳税主体,根据其是否为法人机构判定增值税、个人所得税或企业所得税等相应税种的纳税或扣缴义务。随着数字经济的不断发展,线上交易突破了交易半径的限制,纳税主体的确定是不容易的。由于数字经济模式下供方和需求方的连接渠道仅依靠网络或数字平台等媒介,交易双方很容易利用高科技手段隐匿个人姓名、身份和地址等真实信息,无形中加

大了税收征管难度。

(二)数字经济对国际税收规则形成冲击

数字经济作为信息化时代的产物,必将成为未来国内交易和国际贸易的主流形式以及世界经济发展的重要驱动。但这种新型商业模式具有的数字化、流动性、虚拟性等特点给国际税收管辖权带来巨大挑战。常设机构和利润归属的判定是数字经济在国际税收规则制定中的主要问题。国际税收管辖权划分是国际税收分配关系的核心问题,对跨国公司在跨境交易中收益分配起到关键性影响。我国在双边税收协定中强调收入来源地原则,但目前来看,依然坚持收入来源地原则就会成为未来国际经济交往的障碍。特别是在"一带一路"倡议下,我国现行税收协定的修订必须重新审视居民管辖权与收入来源地管辖权的差异性及其对我国利益的影响。

(三)数字经加济增加了涉税信息的获取难度

数字经济的发展给税务机关检查取证增加了难度。互联网上进行的交易活动,集物流、信息流、资金流为一体。数字经济交易模式一般通过网上支付,不再使用货币、刷卡等传统支付方式,这给税务机关监控应税资金流动增加了困难。数字经济交易环节,计算机加密技术的普及与推广也同样加大了税务机关获取涉税信息的难度。数字经济交易模式下,纳税人还可以采用超级密码和用户名双重保护来隐藏有关信息,税务机关对数字经济活动进行监控,面临着合理成本范围内获取必要信息与保护个人隐私、保护知识产权协调问题,因而对纳税人逃避税款的认定将缺乏有力依据。

(四)数字经济对税收征管模式创新提出了要求

在数字经济模式下,一些交易双方私下进行交换,不再通过资金进行交易,导致经济交易资金难以被监管,甚至一些纳税人在数字经济交易活动中,主动采取"交换"的方式,隐藏资金的流转和交易的实质,导致税务机关无法掌握相关信息开展征税活动,因税基侵蚀而导致税收流失。一些数字经济交易活动中的共享模式,取代货币为一般等价物的交易模式,从而导致劳动成果交换的隐形化,诱发了交换隐形化避税。交易内容的数据化使得税收征管面临找不到纳税主体或者即使找到也难以监控其经营活动的情况,这无疑给税收征管活动带来了巨大挑战,税收征管体制与征管模式亟须随数字经济发展而不断优化创新。

三、数字经济税收政策的国际比较和借鉴

数字经济在各国经济发展中所起的作用越来越重要,以何种态度、制定什么样的税收政策应对数字经济的发展,是摆在世界各国面前的共同问题。对数字经济加强税收监管还是保持开放包容态度,各国在制定税收政策时都在寻找一个平衡支点。

(一)美国对数字经济的相关税收政策

20世纪90年代,美国在信息技术和互联网研发与应用领域居于前列,并且率先提出以"高速信息公路"[①]为核心的数字经济发展模式。美国作为世界上最早开展数字经济建设的国家之一,在数字经济发展和财税政策制定方面富有经验。美国电子商务的市场体

---

① "信息高速公路"是一种高速多媒体传输系统,能在全球范围内传输声像图文并茂的多媒体信息。

系、法律体系、政策体系、税收体系等都较为完善。其颁布的第一项电子商务法案是《互联网免税法案》,该项法案明确提出不针对互联网交易开征新税种。这一政策在美国数字经济发展初期极大地推动了电子商务行业的发展,但也导致了数字经济和实体经济之间的税负不公平问题。于是,美国政府在2014年又出台了《市场公平法案》,提出由各州或地方政府针对电子商务公司开征消费税。随着数字经济的不断发展,美国也逐渐建立了较为规范的税收政策体系,寻找促进数字经济发展的政策引导路径。

(二)欧盟对数字经济的相关税收政策

欧盟的数字经济发展晚于美国。鉴于欧盟包含多个成员国,需要兼顾欧盟组织内部各个国家之间的税收主权和利润转移问题,欧盟对数字经济的监管较为严格,在一定程度上为数字经济的税收征管带来了便利。欧盟同美国一样,在数字经济发展初期没有设立新的税种,但是却明确提出对电子商务征收增值税,以避免引发数字经济和传统经济之间的税负不公平问题。2015年,欧盟提出"欧洲数字单一市场战略"(Digital Single Market Strategy for Europe),意图打破欧盟境内各国之间的数字贸易壁垒,实现资源自由流动。欧盟发起的"欧洲数字单一市场战略"极大地鼓励了数字经济的发展。2017年,欧盟将一站式征税制度的适用范围从成员国扩大到非成员国之间的电子商务交易,简化了企业纳税申报流程。2018年3月,欧盟委员会公布了数字经济公平课税方案,提出要通过"数字服务税"(Digital Services Tax, DST)对数字经济进行征税。

(三)法国对数字经济的相关税收政策

法国通用税法规定,每项交易发生时都需要进行纳税申报。在数字经济时代交易频繁发生的背景下,该规定无疑会增加征纳双方的负担,于是法国取消了通用税法中的该项规定,同时新增了网络平台自动报告和提交相关信息的义务。法国利用网络平台作为税收征管的工具,通过搜集纳税人的涉税信息确保税款的足额征收,方便法国政府以较低的成本对较为分散的纳税人实施税收管理,同时提高了纳税人的税收遵从度。法国面对世界领域的数字经济崛起趋势,单边提出拟对数字化企业征收"数字服务税",并于2019年7月在法国议会上通过了自2019年1月1日起征收税率为3%的数字服务税的法案,规定年全球销售收入7.5亿欧元以上并且源自法国的年销售收入2 500万欧元以上的数字化企业为征税对象,这一法案针对数字化企业在法国提供的数字服务获得的收入或从法国消费者身上获得的收入进行征税,显然是一种利益保护性税收政策,也体现出法国对全球数字经济产业转型的重视程度以及参与数字经济收益分配的积极态度。

(四)印度对数字经济的相关税收政策

发展中国家针对数字经济制定的税收政策与发达国家有明显不同之处,发展中国家一般对数字经济相关交易征收关税和增值税,并加强税收征管力度,从而保护本国企业和国家税收权益。印度是首批对电子商务征税的国家之一。1999年4月,印度规定境外的计算机系统从印度公司取得收入,视同境外机构获得来源于印度的特许权使用费,印度对此项交易收入有权征收预提税。印度虽然没有针对数字经济开征新的税种,但通过拓宽征税范围的方式对电子商务征税,符合国际税收中规定的税收中性原则。2017年7月,印度开始实施商品和服务税(Goods and Services Tax, GST)的新税制,通过单一的GST来取代繁琐的地方税,并放宽跨境贸易,促进电子商务的发展。印度政府还针对电商平台、打车平台等平台经济的商家征收源头税(Tax Collected at Source，TCS)，这部分税收在平台向商家付款时直接采取代扣代缴的方式予以征收。

（五）国际数字经济税收规则紊乱的应对

通过综合分析世界上典型国家关于数字经济的税收政策与监管措施，剖析基于内外部税收利益考量框架下的博弈行为与税收政策导向，我们发现各国的经济状况决定了其对数字经济征税采取的态度。同时，国际税收环境的变革趋势也是各国制定税收政策时考虑的因素之一。各国提出的数字经济税收单边措施造成了国际税收规则的紊乱，因此 OECD 为达成国际共识提出了解决数字经济税收问题的两大支柱：① 建立一个新的联结度和利润分配规则，重新分配征税管辖权；② 解决数字经济存在的避税问题。

中国在全球的数字经济体系中占有重要地位，并且拥有广阔的数字经济消费市场，中国已然成为全球数字经济发展的领跑者。但目前我国数字经济相关税收制度并不完善，未形成完整的税收征管体系与数字经济发展状况相匹配。我国目前针对数字经济发展的税收优惠政策主要包括税收减免、研发费用加计扣除等政策措施，但这些政策措施具有普适性，没有体现促进数字经济发展的内在需求，现行税制与数字经济之间的适应性有待提升。因此，中国应密切关注世界各国针对数字经济提出的税收政策，为中国数字经济发展营造良好的外部营商环境。

四、数字经济发展和现行税制的适应性分析

（一）促进数字经济发展的税收政策作用机理

1. 降低企业运营成本

数字经济企业利用研发费用加计扣除、税收减免等税收优惠政策，可以降低企业的经营成本，鼓励企业加大研发投入。对企业来说，无论是直接税还是间接税的税前抵扣与扣除政策，都有助于企业减低运营成本，提高市场竞争力。

2. 引导生产要素流动

在数字经济发展中，信息技术起到关键性作用。政府应通过制定相应的税收政策促使生产要素向相关产业流动，为数字经济的发展提供技术条件。税收政策具有经济调节作用，政府应通过税收激励政策促进企业加大对数字经济基础设施、专用技术的投资，利用减免税等方式鼓励数字经济产业加大对人才的引进和培养，改善就业环境，提高技术水平和劳动生产率。

3. 增强税制的激励性

政府应鼓励数字经济产业创新且允许试错创新，对数字经济中涌现的新业态、新技术、新模式实施税收激励，允许数字经济产业享受低税率、税收减免等优惠政策。这不仅符合"宽税基、低税率"的税制改革要求，也有利于倒逼传统产业升级换代，淘汰落后产能，推动数字经济产业发展。

4. 营造税收公平的税收环境

在数字经济征税问题上，坚持税收公平原则，就是对数字经济与实体经济一视同仁，对交易结构、交易功能相同的纳税人，不论属于实体经济领域，还是属于数字经济范畴，征

税政策要保持一致,不能因交易形态而有所差别,尽量体现税收公平性。同时,数字经济税制的全球一致性安排,也成为世界各国普遍关注的问题之一。因此,坚持税收公平导向,秉承税收中性原则,才是维持数字经济蓬勃发展的根本之道。

（二）数字经济和现行税制的不适应性

1. 缺乏针对数字经济发展要求的税收制度

现有的税收优惠政策一般适用于高新技术企业、科技研发型企业等。数字经济涉及的不只是技术和软件等的研发创新,还包括对数据的搜集、处理和分析等。这些独属于数字经济的业务也会产生一定的成本,而目前我国并未针对这方面制定专属的税收优惠政策。我国《企业所得税法》中对国家重点公共设施项目规定"三免三减半"的税收优惠,但在《公共基础设施项目企业所得税优惠目录》中没有与数字经济相关的基础设施类别。

2. 数字经济的衍生产业缺乏税收规范

数字经济的发展衍生出很多新兴产业,但税法并未对这些新兴产业的相关业务制定相应的税收政策,造成了数字经济发展给产品、业务定位带来了困难,取得的有关收入如何划分所属类别尚不明确。例如数字经济企业提供数据分析业务取得的收入,在征税时是按照销售收入还是提供服务收入计税难以确定。此外,目前我国的税收政策并不能应用于对跨境提供数字服务征税,对数字化商品和服务如何征税也没有明确的规定。

3. 常设机构判定的国际税收规则缺乏统一政策

拥有实体存在是我国判定常设机构的标准之一[①],然而在数字经济背景下这并不是从事生产经营活动的必备要素,传统的常设机构判定标准已不能满足当今信息技术发展的需求。虽然我国积极响应 BEPS 行动计划的号召,但仍未以明确的法律形式对新型常设机构的概念加以定义,有碍于执行效率的提高。

在我国税收制度中,纳税主体的界定较为模糊。数字经济时代,交易主体通过 IP 地址的混淆打破地域限制,使得税务机关难以在价值链整合的过程中准确判断纳税主体。同时,我国有关税收法律文件之间的关联程度不够紧密,不仅未形成相应的法律体系,各条文之间相对离散,使得部分情形游离于法律之外,存在避税的可能性。这显然不利于维护我国税收主权。

（三）数据价值创造和价值认定缺乏统一的税收制度

数字经济环境下,企业因技术升级改造、产品开发创新而获取的利润,离不开对消费者使用情况、消费习惯等数据的收集及分析,用户参与程度逐渐加大,因此消费者也在企业经营活动中具有价值贡献。比如境外的非居民企业通过对境内客户数据进行分析处理而获取的利润,应在境内进行相应的收益分配与纳税。虽然《国家税务总局关于发布〈特别纳税调查调整及相互协商程序管理办法〉的公告》(国家税务总局公告 2017 年第 6 号)[②]

---

① 国税发〔2006〕35 号第五条第一款规定:常设机构是指企业进行全部或部分营业的固定场所;第四款规定:常设机构不包括专门为本企业进行准备性或辅助性活动的目的所设的固定营业场所。

② 国家税务总局公告 2017 年第 6 号第三十条规定:判定企业及其关联方对无形资产价值的贡献程度及相应的收益分配时,应充分考虑各方在无形资产开发、价值提升、维护、保护、应用和推广中的价值贡献。企业仅拥有无形资产所有权而未对无形资产价值做出贡献的,不应当参与无形资产收益分配。无形资产形成和使用过程中,仅提供资金而未实际执行相关功能和承担相应风险的,应当仅获得合理的资金成本回报。第三十二条规定:企业与其关联方转让或者受让无形资产使用权而收取或者支付的特许权使用费,应当与无形资产为企业或者其关联方带来的经济利益相匹配。与经济利益不匹配而减少企业或者其关联方应纳税收入或者所得额的,税务机关可以实施特别纳税调整。

对无形资产收益分配方法提出了建设性指导意见,要求其资金成本的回报应符合相关功能及相应风险、注重无形资产的价值贡献,但涉及客户在交易中贡献的数据价值如何划分利润归属,并未给出明确的相关政策规定。

五、促进数字经济发展的税收政策选择

(一)促进我国数字经济规范化发展的税收政策选择

1. 规范数字经济发展的税收政策选择

数字经济的规范发展需要以健全的法律法规为基础,明确数字经济中各纳税主体的权利与义务,这是保障数字经济健康发展的先决条件。而目前数字经济缺乏税收立法,数字经济领域存在税收立法空白,因此数字经济的发展缺乏应有的税收约束。规范数字技术的高速发展所导致的税制匮乏和法律滞后问题,必须紧跟数字经济发展步伐健全相应的税收立法,以有效规范数字经济的发展。

2. 数字产权保护与界定的税收政策选择

产权界定是数据要素分配的重要前提。产权主要包括所有权和使用权,数字产权同样也包括所有权和使用权。但数据要素又与一般生产要素不同,其所有权和使用权分别归属于不同的群体。数据内容、数据采集、数据分析是数据特征的三个方面,数据内容是数据的本质,体现着数据的所有权;数据采集和数据分析则是数据产生效益的途径,体现着数据的使用权。因此,要促进数字经济发展,必须重点加强数字产权界定、数字产权保护以及数字税等方面的税制建设,形成数字产权保护与界定的相关税收惯例与税制体系,为数字经济发展提供良好的税制环境。

3. 适应数字经济发展的税收征管制度与政策选择

数字经济发展的隐蔽化和交易方式的多样性为税收征管带来了一定的难度,但同时数字信息技术和数据挖掘、数据分析也可以服务于数字经济的税收征管。税务机关可以利用数字经济平台与政府其他监管部门、社会组织、企业进行信息互换,也可以利用网络化交易形式推广电子发票,改变传统的"以票控税"征管模式,借助大数据进行涉税数据的综合分析利用,有针对性地开展税收征管活动,提高税收征管水平。此外,在国际税收领域,税务机关通过国际的税收合作与情报交换,解决跨境税收信息不对称问题,积极和其他国家及组织进行双边或多边税收协定磋商,积极解决数字经济带来的跨国税收征管问题。

4. 数字经济全球治理规则变革下的税收政策选择

数字经济是数据作为生产要素参与生产活动和收入分配的一种经济模式。当前,数字经济在整个国民经济中的地位上升。数据本身具有一定的价值,数据成为一种有价值的资产。在全球数字经济产业链中,**数字经济要求数据本身要实现共享,数据价值要实现共创**。我国已经开始引入数据要素参与分配的制度规则。如何评估数据价值,如何完善数字经济分配规则和收益分享机制已经成为国际税收利益协调的重要内容。以数据要素参与收入分配,提升我国数字经济在国际产业链中的地位,需要考虑如何保护国家税收利益,避免国内税收流失,增强我国数字经济的国际竞争力和国际税收规则制定的话语权。

(二)促进经济社会数字化转型的税收政策选择

数字经济的发展推动经济社会的数字化转型,我国经济社会数字化转型主要涉及政

府、企业和中介机构等直接参与主体,如何促进数字化转型是一个必须克服的重点难点问题。政府作为特殊的社会主体,应充分利用数字技术推动政府治理数字化转型,提升政府治理效能。企业作为市场主要参与主体也必须紧跟数字经济发展步伐,扩大数字经济的辐射范围,积极参与现代信息技术创新,顺利完成数字化战略转型。中介机构是指为业务活动双方提供服务的第三方主体,是市场中普遍存在的第三方社会服务提供商。中介机构的服务范围需要不断扩大,服务技术与能力需要不断提高,也需要紧跟数字经济时代的发展,不断完成社会服务的数字化转型,即从低层次的服务逐步转向高层次的服务,提高社会服务的数字化水平与运行效率。

以税务中介机构为例,通过数字经济服务平台连接纳税人和政府部门,不断获取纳税人的涉税信息和政府发布的税收政策,利用人工智能、区块链、云计算、大数据技术为纳税人提供相应的代理记账、纳税申报、税务咨询、税收筹划等服务,将纳税人的涉税信息传输至政府税收征管平台,协助纳税人完成纳税申报、汇算清缴、财务记账等工作。税务中介机构还可以为纳税人提供高难度和高复杂性的涉税服务,分析纳税人的涉税数据,为纳税人提供专项税务咨询、市场调研、税收筹划等高端业务。同时中介机构还可以与金融机构、投资平台等其他专业平台或组织机构结合,利用对纳税人的数据分析建议适合的融资与投资路径。税务中介机构的数字化服务路径如图16-8所示。税务中介机构通过数字化转型,不仅能够实现数字化税务服务,提高服务效率和服务水平,还可以借助数据的处理和分析技术,为企业发展和政府管理提供相应的决策建议。

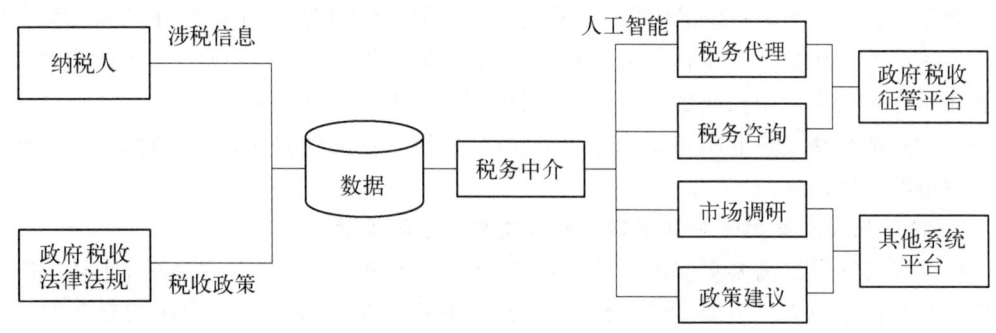

图 16 - 8　税务中介机构的数字化服务路径

(三)促进数据要素参与分配的税收政策选择

党的十九届四中全会首次明确提出"数据作为生产要素参与收入分配",体现了在数字经济快速发展的背景下我国基本经济制度的与时俱进,是一个重大的理论突破与政策创新。数据要素参与收入分配,有助于推动社会经济结构调整和制度创新,发挥大数据技术、数字经济在经济高质量发展中的引擎作用。随着科技进步和生产力发展,数据日益成为重要的经济资源和生产资料,数据的生产和开放利用、数据相关技术及产业创新成为推动我国乃至全球经济发展的重要驱动力。

数据要素的禀赋差异会影响收入分配的结果。一方面,在一些能对数据进行深入挖掘、系统分析的社会组织与市场机构手里,数据资源能带来巨大的收益,而对那些拥有庞大的数据资源却没有挖掘和分析能力的机构或组织来说,数据的价值无法体现出来,当然也就很难执行数据参与收入分配的规则。另一方面,当存在数据要素禀赋差异严重影响数据要素参与收入分配的结果时,税收就需要发挥收入调节作用。目前我国税制框架中,调节收入分配主要还是依靠直接税,但我国目前仍然以增值税为代表的间接税为主要税种,因此应该调整国内的税制结构,进一步探索提高直接税比重的改革措施,即主要通过个人所得税和企业所得税等直接税比重的提高,来对数据要素参与收入分配的不均衡结果进行调节,为数字经济的持续发展提供强有力的政策支撑。

(四)促进数字经济基础设施投资的税收政策选择

1. 放宽数字经济税收优惠政策的适用范围

现有的一些税收政策不适用于实施数字化转型的传统产业和依靠数字产业化发展起来的新兴平台类企业,不论是数字化转型的传统产业还是数字产业化的平台类企业,都部分或全部属于数字经济产业的范畴。如果要让针对性的税收政策在数字经济发展中发挥作用,就需要适当放宽税收政策的适用范围,让更多数字经济产业的企业能获得税收激励,进而推动数字经济产业的发展。如对从事数字产业化或产业数字化的相关企业的经营活动或研发活动,允许享受研发费用加计扣除、高新技术企业低税率优惠、投资税收抵免等优惠政策,以鼓励设备、技术投入的税收激励手段促进数字经济产业发展。

2. 数字经济基础设施项目加入税收优惠目录

产业数字化要求传统产业与数字化的深度融合,这对数字经济发展至关重要。但是,传统产业数字化转型也需要一个过程,很多经营传统业务的企业面临数字化转型还存在技术瓶颈。据有关研究证明,传统产业的数字化转型过程需要 3~10 年的时间。因此,应加大传统产业应用数字技术进行数字化转型的税收优惠力度。如修订《公共基础设施项目企业所得税优惠目录》,将数字经济的基础设施项目增加到目录中,使数字经济产业及其衍生产业能够享受企业所得税优惠政策,减轻传统产业类企业的数字化转型压力,提升税收政策的适应性。

3. 借助税收政策加强对数字领域专业技术人才的投资

数字经济的发展需要更多的人才。目前,社会上紧缺数字技术高端人才,尤其是能够将传统产业技术与人工智能、区块链、云计算、大数据分析等技术结合应用的复合型专业技术人才。政府应通过制定相应的税收优惠政策,引导数字技术专业人才进行有序流动,合理配置社会领域该类人才的结构。比如,加大企业对人才引进和培养的税收扣除力度,全额扣除职工教育经费支出和相关人才培养经费支出,为数字经济的发展在人才培养、人才储备方面提供保障。

六、促进数字经济发展的税收治理对策

(一)利用数据优势,构建数字经济税收生态系统

比照自然界生态系统,我们在税收领域可引入数字经济税收生态系统这一概念,即在区块链、大数据、物联网、云计算、人工智能等信息技术协同下,政府、纳税人和中介机构各方主体共同作用形成一个数字经济税收生态系统。从整体角度观察,数字经济税收生态系统维持一种动态平衡状态,映射出系统内部各参与主体及其与涉税环境之间的相互作用关系。数字经济税收生态系统的基本结构如图 16-9 所示。

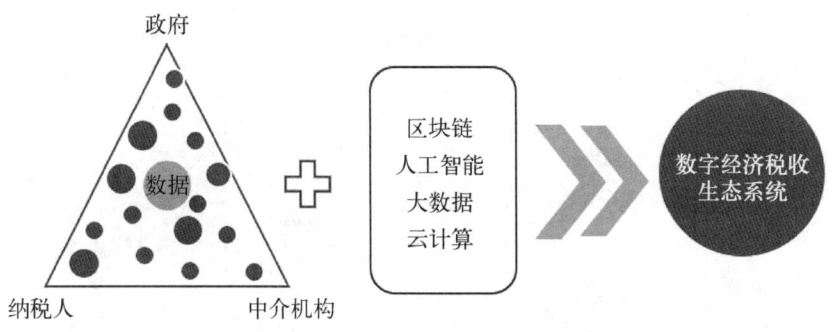

图 16 - 9 数字经济税收生态系统

数字经济税收生态系统是一个数字经济产业与税收系统有机结合的大系统,系统内部会产生大量数据与信息,庞大的数据集成以及较强的流动性会使交易的透明度增加,在动态平衡中促进各参与主体之间的协同发展,具体体现在以下几个方面:① 减少信息的不对称性,优化信用环境;② 提高纳税人的遵从度,改善税收征纳关系;③ 增强国家治理能力,提高治理水平,维护税收秩序;④ 增强技术力量,实现多维主体的税收共治效应。

数字经济税收生态系统离不开数据的有效性,以及数据信息在系统内部及系统与外部环境之间传递的畅通性。只有保证数据的有效性和数据传递的畅通性,才能保证发挥数据的集成效应和数据的可用性,才能真正形成具有动态平衡、透明度高、效率高的数字经济税收生态系统。

数字税收生态系统的构建还需要政府及社会各界对数据及个人隐私权予以保护,严格遵循"该开放的数据一定要最大限度开放,该保护的数据必须严格加以保护"的基本原则。在信息高度共享情况下,维护信息安全、加强数据保密是数据要素参与分配、促进经济高质量发展的前提条件。从技术层面分析,可以利用区块链技术实时维护系统数据的存储设备,加强数据加密技术的研究应用,确保数据存储的安全性,对泄露数据隐私的机构和个人严厉惩罚。从立法层面分析,政府应构建电子数据法律保障体系,建立起数据隐私权保护机制。

(二)完善数字经济的税收治理模式

数字经济税收协同治理是一个系统工程,相对复杂。同时,数字经济的不断发展变化又增加了税收治理的难度。因此,建立完善的税收治理结构与治理模式是促进数字经济发展的关键,**通过构建数字经济协同治理机制推进经济数字化建设**,促进数字经济健康有序发展。**协同治理是政府与企业、行业、公众等参与主体之间互动的合作治理模式,即利用社会力量构建一个协同互补的整体型数字经济税收治理模式。**数字经济协同治理模式摆脱了各参与主体之间的束缚,逐步形成统一高效的整体化协同效应,动态性地推动数字经济的发展进程。

在现代信息技术环境下,大数据、人工智能、云计算以及区块链技术不断与税收体系融合与发展,推动形成一种政府、纳税人、中介机构等多方参与的协同治理模式(见图 16 - 10),促进我国数字经济的快速发展与高效运行。

信息技术的发展为参与主体之间的信息共享提供了技术环境,大数据、人工智能、云计算、区块链等信息技术与税收征管活动不断融合,激发出各参与主体的活力,共同提升

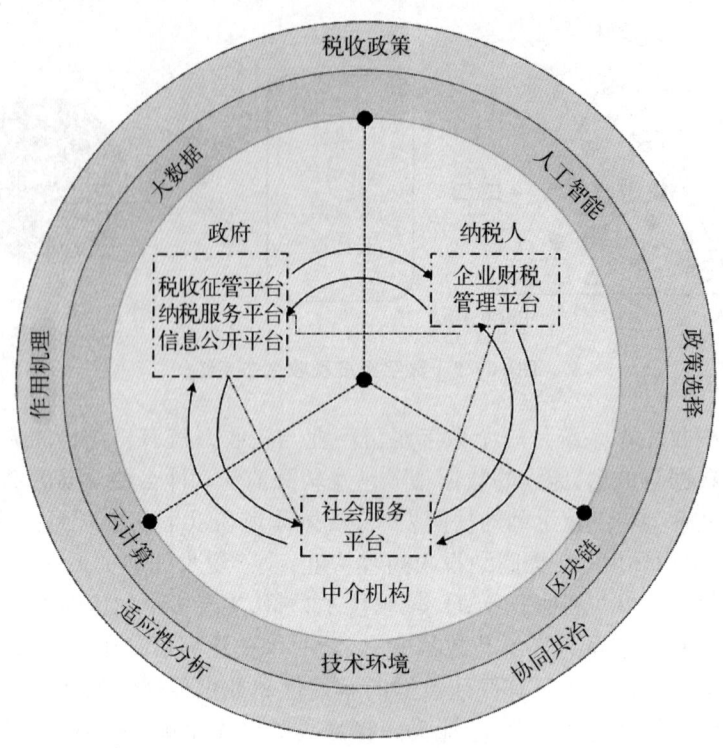

图 16-10 数字经济税收协同治理模式

数字经济的税收治理效率。

（三）推动我国数字经济税收征管创新

数字经济的发展对税收征管提出了新要求，这也成为数字经济税收治理领域的关键问题。在征管主体方面，重点工作之一是完善"互联网＋"税务的大数据治税平台，加强税收征管模式创新，运用电子税务局、应用互联网税收征管平台、移动端税收征管 App 等方式，将服务厅办税、网上办税、移动办税紧密结合起来。重点工作之二是税务机关组建专门的数据保护部门，定时维护数据存储设备和软件系统，确保数据安全存储和畅通传输。总之，税务机关必须充分利用"互联网＋"税务的技术手段，加强税源监控与税收征管工作，完善"互联网＋税务"在数字经济税收征管领域的技术创新与实践应用。

在税收征管制度方面，一是积极推进税收征管信息化法律体系的建设，完善与税收征管能力相匹配的现代化税收征管制度。坚持问题导向，破解征管制度与现代税收征管能力不匹配的难题，推进现代化税收征管制度的建设。二是建立标准化的行业准则，针对应用于数字经济税收征管的信息技术，完善相关技术标准，对风险实时提示、风险评估预警、税收征收入库率等各类行业标准、准则体系进行系统性建设，进一步完善信息和网络安全的监管制度，保障数字经济税收征管活动的顺利开展。

在税收征管手段方面，一是充分利用"互联网"技术，建立现代税收征管模式，使"互联网＋"成为推动税务部门职能转换的重要驱动力。加强税收征管信息安全保障体系建设。如在税收征管体系引入区块链，利用其强大的信息加密和防篡改功能，保障涉税数据的真实性与保密性。二是搭建数字化税收共享平台，争取让平台使用者共享更多的第三方信息,实现数字经济环境下涉税信息与第三方信息的共享,同时增强税收共享平台的可持续发展和移动便捷性,有效提升数字经济的税收征管效率。

第五节 大数据技术税收信用管理应用前沿

一、大数据技术的概念和分类

大数据,即规模、数量庞大到无法通过主流软件工具进行处理的数据。大数据技术,指能够对超大规模、数量的数据进行收集、存储、分析,发掘数据中的信息,并以此为基础对决策做出指导的架构和技术。大数据具有规模大、类型丰富、数据处理速度和响应时间快、价值密度低等特点[1]。按照处理流程来看,大数据技术可以分为以下五种。

（一）数据采集和预处理技术

常见的网络爬虫、第三方接入、传感器收集等都属于数据采集技术,可以根据不同数据源的特征选择对应的数据采集方法。在数据采集后,需要进行数据清洗、数据转换等预处理措施,以纠正存在的数据错误,将原始数据转化为特定的数据格式,满足后续数据应用需求。

（二）数据存储和管理技术

常见的数据存储和管理技术包括分布式文件系统,即将数据分散存储在多台主机中,并通过网络将这些节点进行连接,实现通讯和数据传输。NewSQL 和 NoSQL 数据库,相比于传统数据库,具有更灵活的水平、可拓展性以及更加灵活的数据模型。

（三）数据处理和分析技术

常见的数据挖掘技术是进行数据处理、分析的一种方法,通过分类、聚类、回归分析等算法,挖掘出隐藏在海量数据中的信息。

此外,还有机器学习技术。机器学习技术运用一定的算法,解析现有的数据,从中掌握人类进行某一行为的方式和规律,并加以学习,再使用计算机程序去模拟人类的行为,实现对特定行为的决策和预测。机器学习具有自动改进的功能,通过数据的不断丰富,进一步深入认识特定行为,从而不断改善自身性能,实现自动化的评估。

数据处理和分析的实现,离不开高效率的计算,针对不同的应用场景,采用不同的技术满足计算要求。批处理计算适用于数据的批量处理,流计算适用于流数据的实时计算,图计算适用于图形结构数据的处理,查询分析计算适用于数据的查询分析。

（四）数据可视化技术

数据可视化技术将复杂的数据集,通过处理,以简单易懂的图像化形式表示出来,从而使得人们可以更加直观地掌握数据中包含的关键信息与特征。

（五）数据安全和隐私保护技术

数据安全和隐私保护技术是通过身份认证、防火墙、访问控制、加密等技术保护数据

---

[1] IDC 提出的"4V"观点：Volume、Variety、Velocity、Value。

安全,利用数据水印、信息过滤等技术保护数据隐私。

此外,还有区块链技术,这是一种综合的数据技术,将数据存储进一个个区块中,按照顺序相连,形成一个链式数据结构,采用分布式节点实现数据的存入和更新,采用密码学方法保证数据的不可篡改性,保障数据安全。

二、大数据技术在税收信用管理中的应用

税收失信行为难以查处是因为存在信息不对称,税务机关难以获取到纳税人的完整信息,纳税人可以隐藏自己的真实经营、交易信息及财务状况,获得更高的经济利益;同时,即使税收失信行为被税务机关查处,由于不同政府部门的信息不对称,惩处措施仅限于税务机关内部,对纳税人的影响较小,威慑力不足。因而,税收信用管理的关键在于打破信息不对称现象,而大数据技术在数据搜集、数据共享、数据分析、数据应用等多方面都具有明显的优势,能够大大提升税收信用管理的效率和效果。

(一)大数据技术用于税收信用数据采集

税收信用管理的基础是全面、准确的税收信用数据,而大数据技术可以扩大税收信用数据采集的范围、提升税收信用数据采集的效率、提高税收信用数据的准确性,从而改变税收信用管理过程中的信息不对称现象,也为后续的数据分析及应用打下良好的基础。

(1)大数据技术可以扩大税收信用数据采集的范围。传统的税收信用评价主要基于税收征管系统中的纳税人税务登记、税款申报及缴纳、发票往来、税务检查等内部税务信息,同时参考部分海关、银行等与税收管理较为密切的政府部门的数据。大数据技术的引入可以实现全面的数据采集,包括企业内部生产消耗数据、纳税人的社交信息、网络交易平台数据等,税务机关可以从中挖掘隐藏信息。

(2)大数据技术可以提升税收信用数据采集的效率。随着经济活动的进行,税收信用数据不断产生,传统的税收信用管理的信息更新频率较低,往往以日或者月为单位,且需要人工的配合,效率较低,无法满足实时的数据分析需求。大数据技术可以实现部分数据的自动化批量采集,如通过特定的设定程序,利用网络爬虫技术自动获取公开的涉税信息,并进行定时更新。不仅如此,在数据端口统一的基础上,大数据技术可以实现系统化的第三方数据的直接接入应用,大大提升了效率。

(3)大数据技术可以提高税收信用数据的准确性。传统的税收信用数据,有很大部分由企业自主报送,缺乏相应的验证机制,而在大数据技术下,采集来的数据会通过数据清洗技术进行预处理,利用数据之间的关联,进行交互验证,剔除、纠正错误的数据信息,保证入库数据的一致、准确。同时,区块链技术还具有链上数据不可篡改的特性,可以有效地防止数据入库后由于数据篡改导致的数据不准确状况。

(二)大数据技术用于税收信用数据分析

(1)大数据技术可以发现潜藏的税收失信风险。目前的税收信用管理倾向于事后的评价、惩戒,而大数据技术可以将税收信用管理环节前置,进行事前的风险防范。机器学习技术可以实现对历史风险状况的特征提取、总结,以此为基础设立风险预警指标,从而更有针对性地对相关企业进行实时的风险扫描比对,及时提示潜藏的风险信息,阻断纳税人的失信行为,避免损失扩大化。

（2）大数据技术可以实现税收信用评价结果的动态变化。一方面,大数据技术具有处理速度快、响应时间短的特征,在需求者发出税收信用评价任务请求时,可以从数据库中抽取评价周期内的最新数据,进行高效的计算,并实时输出信用评价结果,反映纳税人在查询节点的真实税收信用状况。另一方面,大数据技术可以识别税收信用评价结果应用的不同场景,采用不同的评价指标,适用不同的评价模型,实现不同场景下税收信用评价结果的动态变动,在可控范围内给予纳税人更多的便利。

（三）大数据技术用于税收信用数据交互

传统的税收信用评价是税务机关对纳税人的单向管理行为,而大数据技术可以实现纳税人和税务机关之间的数据交互,引导纳税人税收守信。一方面,利用大数据技术,在法律的授权下,税务机关可以获取纳税人的一手经营信息和财务信息,并以此为基础,确认纳税人的纳税义务,在与银行系统连通的情况下,自动完成税款的扣缴,减少无意的错报、漏报行为,降低纳税人的遵从成本。另一方面,大数据可视化技术可以将税收信用评价结果以易于理解的形式反馈给纳税人,帮助纳税人了解扣分原因,引导纳税人进行自我信用管理。大数据技术还可以实现税收信用评价过程的全程流程可追溯,便于纳税人监督税务机关。

大数据技术还可以实现税务机关与其他政府部门的数据交互。一方面,利用大数据技术,搭建统一的数据库,各政府部门将相关数据同步至这一数据库,实现高度的数据共享,各政府部门可以根据需要调用库内数据。在此机制下,税务机关可以获得其他部门的涉税数据,拓宽税务信用评价的指标范围,评价结果更具实践意义。另一方面,利用大数据技术,税收信用评价结果可以更加及时地同步至其他政府部门,便于执行联合激励和惩戒措施,扩大评价结果的应用范围,形成更大的威慑力。

三、大数据应用于税收信用管理存在的问题

（一）涉税数据共享受阻

税收信用管理的基础是全面、准确的税收信用信息,包括税务机关内部信息,也包括其他政府部门外部信息,甚至通讯社交、网络交易信息等。这就要求建立完善的数据共享机制,实现涉税数据的统一汇集。但是目前,涉税数据共享缺乏法律支撑,2020年12月,贵州省在全国率先施行省级层面的政府数据开发共享条例。但全国性的、专门的数据共享法律仍缺乏。在没有法律义务的强制性规定下,各数据拥有者出于保护本单位数据隐私的考虑,不愿意进行涉税数据共享,尤其是一些核心数据的共享,这就使得大数据税收信用管理缺乏重要的外部信息支撑。目前仅银行与税务部门之间的数据共享进行得较为顺利,但仍停留在省级统筹层面,缺乏全国统一的信息平台。不仅如此,从信息共享实施过程来看,已经推行数据共享的部门,由于数据端口不统一,数据共享难度很大,且目前大多仅实现系统升级后的数据同步,难以实现历史数据的完全迁移。税收信用信息的不全面可能导致税收信用评价结果不准确,税收信用风险难以被察觉等问题。

（二）数据安全和数据隐私缺乏保障

随着技术的进步,纳税人躲避税收义务的手段也得到了提升,甚至侵入涉税数据库,篡改涉税数据,以达到违法目的。在长沙市公布的一起偷逃税案例中,犯罪嫌疑人正是通

过破解税控软件,篡改其中的数据,从而虚开发票实现牟利。除了纳税人外,税务机关工作人员也可能出现"以权谋私"的状况,如在税务稽查的过程中,帮助纳税人隐藏或者修改相关问题信息,逃脱处罚。因此,加强数据安全保护,防止数据篡改,对于准确进行税收信用评价具有重要意义。

在数据隐私方面,纳税人的生产经营及财务信息,乃至社交通讯信息、网络交易信息等,均属于纳税人的隐私,税务机关等政府部门出于公共目的,可以在一定的限度范围内收集调用。一旦出现数据泄露,纳税人的生产经营会受到极大影响,税务机关的公信力也将大打折扣。目前,全球范围内已经出现了多起严重的涉税数据泄露事件,2015年5月,美国国税局遭遇的一起数据泄露事件,波及70万纳税人,影响极为恶劣。因此,有效防止数据泄露,保护纳税人的隐私也是税收大数据应用的重要议题。

(三)未实现对数据价值的深入挖掘

当前,税收大数据应用程度低,缺乏对数据价值的深入挖掘。目前税务部门对税收数据的应用,大多是基础的数据分类、统计、查询,如计算纳税人的进销项比例、追踪纳税人的开票状况,缺乏进一步的信息挖掘,自动化程度也较低,通常作为税务工作人员人工评估、稽查工作的配合,搜集相关线索、证据,未充分凸显税收大数据的价值。

 本 章 小 结

1. 区块链技术被定义为一种基于计算机网络通过特殊加密的、点对点的、不可修改的、可溯源的交易技术和分布式记账技术,其基本构成是去中心化、点对点的交易系统和全网记录、可以溯源、不可篡改的分布式账户系统。

2. 区块链是一种能够存在于公开的、有风险的网络中的分布式数据库系统。这类系统具有以下三个性质:一是系统满足去中心化的分布式结构,且分布在不安全的运行环境中;二是系统能够通过密码学等方法,保证已有数据无法篡改;三是系统能够通过共识算法保证每个分布式节点对新增数据达成共识。

3. 将区块链运用到税源管理工作中,一方面,可以与工商、海关、金融等机构联合,获取与纳税人相关的商品交易信息、资金流向等更广泛的信息,形成多方联动的立体防控体系,根据纳税人的经营活动和涉税数据,建立起自动的风险识别和预警机制;另一方面,可以完善税收分析和纳税信用评级制度,通过预先设定规则,根据纳税人的税收遵从情况自动计算纳税信用评级,并根据实际情况实时变动,保障信用信息的准确性和及时性,从而对税源进行有针对性的管控。

4. 将区块链技术和智能合约相结合运用到税收征管中,可以简化税款征收流程,创新税款征收方式。

5. 在区块链技术下,区块链中记载企业完整的交易链条和相关信息,通过数据识别和采集程序,税务部门可以在区块链中便捷地获取和掌握企业的生产经营情况,确定企业在成本列支和收入申报中存在的疑点和异常行为,及时开展评估、稽查等征管活动。

6. 人工智能是一门研究、开发用于模拟、延伸和扩展人的智能的理论、方法、技术及应用系统的技术科学。人工智能在不同领域飞速发展,并在财务、金融等诸多应用场景中取得了一定的成效。

7. 税收风险分析基本上围绕查找异常企业、查找异常业务和查找异常行为三个方面来展开。查找异常企业是以大数据为基础展开的。查找异常业务是针对某一企业的具体生产经营行为的更细一步的分析,这一分析需要企业的账套数据。查找异常行为主要是针对企业存在的发生真实业务但是不入账的行为。这一分析主要通过税收发票数据和第三方数据实现。

8. 在税收分析中引入人工智能,基础是纳税人各类涉税信息,手段是具有自主学习功能的人工智能系统,核心是强化信息系统对税收政策与纳税人经营行为的关联。

9. 共享经济是将闲置资源重新分配给有需求的消费者,是对闲置资源与潜在消费者进行的排列组合,打破了个体闲置资源在时间、空间上的界限,这种全新的商业模式在这一过程中产生了新的价值。共享经济的本质是人类社会资源组织模式的创新,在带来众多价值的同时也给原有的社会管理体系带来一定程度的挑战。

10. 共享经济适应了新时代"创新、协调、绿色、开放、共享"的五大发展理念,是我国经济突破发展瓶颈、加快转变发展理念的突破口,也是实现创新驱动、推进供给侧结构性改革的试验场,对构建数字经济时代中国竞争新优势将产生深远影响。

11. 数字经济是指以数字化的知识和信息为关键生产要素、以现代信息网络为重要载体、以信息通信技术的有效使用为效率提升和经济结构优化的重要推动力的一系列经济活动。"数字化"不仅是技术,还是一种思维方式以及新型商业模式和消费模式的源泉。数字经济是"第四次工业革命"框架中的一部分。

12. 数字经济的规范发展需要以健全的法律法规为基础。明确数字经济中各纳税主体的权利与义务,是保障数字经济健康发展的先决条件。

13. 数字经济发展的隐蔽化和交易方式的多样性为税收征管带来一定的难度,但同时数字信息技术和数据挖掘、数据分析也可以服务于数字经济的税收征管。

 复习思考题

一、简述题

1. 试设计基于区块链技术的税收征管系统的基础架构,并分析其可行性。

2. 基于区块链技术设计的税收征管系统是否存在税收风险点?

3. 有了区块链技术,税务稽查还是必须的吗?

4. 简述在税收风险分析中引入人工智能的必要性。

5. 人工智能是如何应用在税务风险分析中的？

6. 共享经济税收治理的难点有哪些？

7. 共享经济对税收管辖权形成了怎样的挑战？

8. 为更好地发展共享经济，我国税制可以进行哪些改进？

9. 简述数字经济对我国现行税制的冲击。

10. 简述美国、欧盟、法国、印度的数字经济相关税收政策，并比较分析各自的优劣。

11. 我国现行税制能够适应数字经济的发展吗？

12. 为适应数字经济发展，我国税制应做哪些调整？

二、案例分析题

案例一　2022年7月18日，全电发票来了

为落实中办、国办印发的《关于进一步深化税收征管改革的意见》要求，全面推进税收征管数字化升级和智能化改造，降低征纳成本，国家税务总局建设了全国统一的电子发票服务平台，24小时在线免费为纳税人提供全面数字化的电子发票（以下简称"全电发票"）开具、交付、查验等服务，实现发票全领域、全环节、全要素电子化。经国家税务总局同意，决定在湖北省开展全电发票受票试点工作。

自2022年7月18日起，湖北省纳税人仅作为受票方接收由内蒙古自治区、上海市和广东省（不含深圳市，下同）的部分纳税人（以下简称"试点纳税人"）通过电子发票服务平台开具的发票，包括带有"增值税专用发票"字样的全电发票、带有"普通发票"字样的全电发票、增值税纸质专用发票（以下简称"纸质专票"）和增值税纸质普通发票（折叠票，以下简称"纸质普票"）。

在这之前：自2021年12月1日开始，广东省（不含深圳）、上海市和内蒙古自治区，一省一直辖市一个自治区，开始进行全电发票开票试点，即这三个省级行政区域的试点纳税人，可以开具全电发票，当然，这三个省级税务机关管辖的纳税人，也可以接受本省试点纳税人开具的全电发票。2022年5月10日开始，四川省纳入全电发票受票试点范围；2022年6月21日开始，北京市、江苏省、山东省（不含青岛）、浙江省（不含宁波）、深圳市等五省市纳入全电发票受票试点范围；2022年6月21日开始，广东省（不含深圳）、上海市和内蒙古自治区互相接受对方试点纳税人开具的全电发票；2022年7月18日起，湖南省、湖北省、河南省、河北省、安徽省、福建省、江西省、陕西省、重庆市等九省市纳入全电发票受票试点范围。至此，全国可以开具全电发票的省（自治区）仅广东省（不含深圳）、上海市和内蒙古自治区。全国可以接受全电发票的省份（除粤沪蒙外）共有14个：四川省、北京市、江苏省、山东省（不含青岛）、浙江省（不含宁波）、湖南省、湖北省、河南省、河北省、安徽省、福建省、江西省、陕西省、重庆市；此外，还有一个计划单列市：深圳市。

相较于之前的传统纸质发票及电子发票，全电发票有以下优点：

（1）发票信息全面数字化，实现发票全领域、全环节、全要素电子化。

（2）发票版式全面简化，重新设计了票面要素，简化购买方、销售方信息，仅需填写纳税人识别号和纳税人名称；联次全面简化，全票无联次；彻底取消了收款人和复核人栏，会计无需纠结。

（3）开票流程全面简化，开票零前置，无需税控设备即可开票，无需票种票量核定即可开票，一个企业确定开票总额度即可开票，且开票额度可动态调整。有网络就可以开票，登录网页、客户端或者手机 App 即可开票。

（4）电子发票重复入账报销问题彻底解决，纳税人可通过电子发票服务平台标记发票入账标识，避免重复入账。

（5）实现发票自动交付，纳税人可以通过电子发票服务平台税务数字账户自动交付全电发票，也可通过电子邮件、二维码等方式自行交付全电发票。

（6）红字发票处理流程简化，发票未入账时可直接全额红冲，发票已入账时销售方和购买方均可提出红字申请。

思考：

1. 全电发票取消了发票专用章，这是否为虚假开具发票提供了便利？

2. 全电发票不仅设有专有发票和普通发票，而且设有稀土电子发票、卷烟电子发票、建筑服务电子发票、旅客运输服务电子发票、货物运输服务电子发票、不动产销售电子发票、不动产经营租赁电子发票、农产品收购电子发票、光伏收购电子发票、代收车船税电子发票、自产农产品销售电子发票等多类专门发票。为什么要设置这么多种类？

3. 从全电发票的试点，谈谈区块链技术是如何改变税务征管的？

案例二　如何通过 9 万多条信息锁定 3 个风险点？
——国家税务总局常州市税务局第一税务分局的智能尝试

如何通过 9 万多条信息锁定 3 个风险点？如果用人工方法，这将是一个浩大的工程。但是如果借助信息化手段，这将变得比较简单。常州市税务局第一税务分局选取 2 家房地产企业和 3 家制造企业，作为人工智能系统的分析对象，采集企业以前年度的增值税专用发票信息、增值税普通发票信息、企业所得税申报表信息以及增值税申报表信息后，经过智能分析、风险分析、风险验证和实证结果讨论等环节，进行了实证研究。

常州市税务局第一税务分局在人工智能系统中输入 5 家企业增值税、企业所得税的发票信息和纳税申报表信息，共 94 640 条，识别出 8 类风险提示信息，包括取得的属于商业保险支出性质的增值税进项发票金额，大于申报的账载金额；获得的旅客运输服务增值税专用发票的进项税额，小于进项税额转出金额等。常州市税务局第一税务分局与相关纳税人再次沟通，并查阅有关资料，对发现的 8 项风险提示信息进行逐一验证，最终确认了 3 个风险点，包括分析系统发现某企业存在取得的疑为业务招待费，或与取得收入无关的支出性质的增值税进项发票金额，大于申报的账载金额的风险。经验证，该企业取得的增值税发票，为购买礼品开具的发票，属于业务招待费，根据规定其增值税进项税额不可以抵扣。

思考：税务部门应当如何巧用人工智能技术,精准分析大企业税务风险?

案例三　OECD发布平台运营商对共享和零工经济中卖家进行报告的规则范本
——共享经济涉税信息报告与交换的第一步

2020年1月,OECD信息交换和税收遵从第10工作组制定并发布了《平台运营商对共享和零工经济中卖家进行报告的规则范本》(The Model Rules for Reporting by Platform Operators with respect to Sellers in the Sharing and Gig Economy,以下简称《规则范本》)草稿,获得OECD财政事务委员会批准。2020年2月至4月,OECD第10工作组秘书处(以下简称"秘书处")就此草稿向各国税务机关、税务顾问以及行业代表公开征求意见。根据收集到的意见,秘书处对上述文稿进行了修订,并于2020年4月27日至30日召开网络视频会议,再次征求税务机关和行业代表的意见。秘书处根据会议讨论结果反复修改完善《规则范本》,并于2020年5月底再次开会征求意见。2020年7月3日,OECD正式发布《规则范本》。OECD税收政策与管理中心主任帕斯卡·圣塔曼指出:"G20/OECD包容性框架对《规则范本》的批准,表明达成应对数字经济税收挑战的多边解决方案是具有可能性的,无论对税务机关还是纳税人都不无裨益。"《规则范本》是OECD应对数字经济税收挑战策略的组成部分,将为提高税收政策透明度、营造数字经济稳定发展的税收环境奠定基础。《规则范本》共包括以下四个章节。

(一)相关定义

第一节对相关概念作出了定义,其中,核心概念有六个。

(1)"平台运营商",是指与卖家签订合同,向卖家提供全部或部分平台功能的实体。

(2)"应报告的平台运营商",是指构成实施《规则范本》管辖区的税收居民,或者虽不属于上述管辖区的税收居民,但依据《规则范本》实施地的法律成立或在该地拥有管理机构(含实际管理机构)的平台运营商。

(3)"无需报告的平台运营商",是指同时满足下列条件的平台运营商:① 促进不动产租赁或个人服务等相关服务的供给,且上一公历年度的总收益小于100万欧元,并已通知相关税收管辖区的税务部门选择按此处理的平台运营商;② 向税收管辖区税务部门提供了令其满意的证明,表明平台整体的商业模式不允许卖家从上述收益中获利;③ 向税收管辖区税务部门提供了令其满意的证明,表明平台整体的商业模式不允许存在应报告卖家。

(4)"应报告的卖家",是指除无须报告的卖家以外,根据第二节中规定的尽职调查程序,居住在应报告税收管辖区,或为应报告税收管辖区中的不动产租赁提供相关服务,或取得或应当取得与应报告税收管辖区中的不动产租赁服务相关的收益的活跃卖家。

(5)"无需报告的卖家"是指:① 报告期内,平台运营商为其促成超过2 000次不动产清单中的不动产租赁服务的实体(如大型酒店);② 政府实体;③ 其股票在既定证券市场上定期交易的实体,或者是其股票在既定证券市场上定期交易的实体的相关实体。

（6）"应报告的管辖区"，是指达成有效协议或安排的税收管辖区，依据该协议或安排，该管辖区会自动交换《规则范本》第三节中指定的信息，并且已被包含在发布清单中的税收管辖区。

思考：仔细研读《平台运营商对共享和零工经济中卖家进行报告的规则范本》，简述共享经济涉税信息报告与交换的国外进展，并思考我国应当如何应对。

案例四　亚马逊无惧英国新数字税：投资计划不变　成本或转嫁给卖家

据外媒报道，亚马逊对英国迫在眉睫的新数字服务税的威胁不屑一顾，声称它在英国的投资计划不会改变，并补充称它可能会将这一成本转嫁给卖家。

英国3月11日的预算案有望引入"数字服务税"，即对科技企业在英国的收入征收2%的税。由于很多科技企业的欧洲总部位于爱尔兰和卢森堡等避税天堂，因此这些企业只需在英国缴纳很少的企业税，甚至根本无需缴纳。

英国是亚马逊在全球的第三大市场。亚马逊驻英国地区经理道格·古尔（Doug Gurr）在接受记者采访时表示，这项税收不会影响亚马逊在英国创造更多就业机会和开设更多配送中心的计划，但它可能会提高那些使用亚马逊销售和配送平台的小企业的成本。他说："我们对英国的长期承诺是非常稳固的。我们有三个研发基地和两个公司办事处。只要英国仍然是我们获得优秀人才的地方，只要我们在这里有客户要服务，我们就会继续致力于此。"

虽然亚马逊"非常乐意支付所有必需的税款"，但古尔表示，它可以通过提高向卖家收取的费用，将数字服务税转嫁给卖家。在法国2019年7月引入3%的征税后，亚马逊向卖家上调了同样数额的费用。

"如果你在政策设计上不小心，这些税收实际上可能会直接打击所有使用我们服务的小企业。"古尔表示，"我们市场上的大部分卖家都是独立的小企业。如果这项税收转嫁给它们，那将是一个相当沉重的打击。"他表示，对于数字服务征税，伦敦应该等待"超越国家的解决办法"——经合组织有望今年就此达成一致。但到目前为止，谈判进展非常缓慢，以至于36个成员国中有35个国家决定实施自己的独立措施。

英国保守党政府承诺在2020年4月之前实施这项税收，预计初始收益大约为每年5亿英镑。亚马逊表示，在计划公布之前，它无法提供这样一项税收的成本数字。亚马逊2018年在英国的收入为109亿英镑，但它没有公布缴纳了多少企业税。然而，它确实表示，它支付了2.2亿英镑的直接税款，如雇主国民保险、营业税和进口税。自2010年以来，该公司在英国的投资已超过了180亿英镑，目前在剑桥、爱丁堡和伦敦的研发业务中雇用了2.95万名员工。该公司使用其在剑桥的研发中心进行无人机测试，这是一项承诺已久的无人机送货技术，由于持续的安全限制，今年不太可能推出。古尔表示："当监管法规准备就绪时，我们的技术也就准备好了。"

周四，在英国北部城市曼彻斯特，亚马逊在伦敦以外的首个英国办事处开幕。

古尔出席了开幕式,并发表了上述言论。这个办事处最终将有600名员工,他们不仅要负责当地的业务,而且还要支持亚马逊的全球业务。该公司在曼彻斯特雇用了6 000名员工,并在该地区经营着三个仓库。它还将资助学徒工,并为曼彻斯特大学的贫困学生提供奖学金。"我们在英国各地寻找有出色技能型人才和适合人居的地方。这就把我们带到了曼彻斯特。"他说,"我们没有拿英国的补贴。"

思考:

1. 查阅资料,了解英国引入的"数字服务税"是什么?
2. "数字服务税"是否真的如古尔所说,可以被转嫁?
3. 开征"数字服务税"将给英国带来怎样的经济影响?
4. 我国是否也可以引入"数字服务税"?

案例五 "双支柱"方案

随着数字经济的发展,新技术和新经济模式涌现,生产地、消费地与价值获取地的壁垒被打破,无形资产、用户数据等主要媒介被赋予数字经济流动性,降低了企业创新的技术门槛。这使得国际税收规则面临根本性变革。

自2013年G20圣彼得堡峰会委托OECD启动税基侵蚀与利润转移(BEPS)行动计划以来,OECD一直在推动全球范围的国际税制改革。2019年,OECD首次提出"双支柱"方案的设计框架。经过与各国曲折艰辛的谈判,OECD于2021年7月1日发布声明,130个国家(地区)支持"双支柱"解决方案。

支柱一重新分配大型跨国企业全球利润的征税权,以平衡经济数字化背景下国际税收权益分配格局,解决经济数字化带来的税收挑战。支柱二通过实施全球最低税,确保跨国企业在各辖区承担不低于一定水平的税负,抑制跨国企业逃避税行为,为各国税收竞争划定底线。

2021年10月8日,OECD再次发布声明,在7月共识的基础上,BEPS包容性框架下140个成员中的136个国家(地区)就"双支柱"方案达成共识。自2021年10月8日起,至2023年12月31日和多边公约生效日中较早一日,各辖区不得对任何企业实施新立法的数字服务税或者其他相关类似单边措施。实施关于实施金额A的多边公约将在2022年完成开发并开放签署,以使金额A在2023年开始生效执行。在经济数字化和正在酝酿的国际税改双重作用下,各国国内税制面临重大调整。

各国对OECD提出的"显著经济存在"规则和欧盟提出的虚拟(数字化)常设机构联结度课税规则逐渐趋于认同。OECD在跨国利润分配问题上一贯坚持税收要与实质经济活动和价值创造相匹配,过去强调生产(服务)创造价值,但现在引入了金额A,实际上强调消费也创造价值。这是理念上的一种重大变化。"双支柱"解决方案以"价值实现"即价值的货币化或利润实现为起点,采用公式分配法对跨国公司集团剩余利润进行分割,试图通过这一混合的方法对各利益相关方的利益诉求予以平衡,以最大限度地扩大解决方案的共识性基础。支柱一设计的历史性突破在于,它认可市场为价值创造做出贡献,数据与劳动力、资本、技术等其他生产要素一样可以获得利润回报,进而提出赋予市场国新征税权的规则条件,将跨国公司部分剩余利润(金额 A)单独分配给市场国征税。

起初,利润分配应与价值创造和经济活动一致的原则作为贯穿 BEPS 行动计划始终的指导思想,被写入《应对数字经济的税收挑战》报告。但在《双支柱声明》中,OECD 暂且搁置了价值创造的提法。OECD 提出的支柱一方案不再坚持以构成常设机构(联结度)为向市场国划分征税权的"定性"前提条件,而是改变为是否对市场国经济构成"显著且持续参与"的定量"新联结度",并以此向市场国划分"新征税权"。《声明》采用全球营业收入和利润率为阈值门槛的定量标准,试图以此将支柱一的适用范围限制在营业收入规模大、利润高,但数量有限的跨国企业集团层面。然而,支柱一方案可行性的基石仍然是《蓝图》第四章设立的收入来源规则。《声明》强调,收入来源确认的总原则是,只要商品或服务在终端市场辖区使用或消费,就可以确定营业收入来源于该终端市场辖区。金额 A 的判定具有较强的创新性。其核心的变化主要体现在对"来源地"的判定标准从常设机构的物理存在转变为市场国(销售地/消费地),首次承认了市场国对利润的贡献。

如果从事属于适用范围内业务活动的企业与市场国存在重大且持续的联系,根据新规则,该企业将会被认为与市场国产生了实际联系。支柱一反复强调市场国的征税权,与此前现代税制体系讨论中经常提及的消费地原则在整体思路上具有相当的一致性。虽然二者涉及的税种和具体方法有所不同,但市场和消费创造价值、税源归属地应和价值创造地一致、消费地应更多参与税源划分的基本理念是一致的。不过,新征税权的门槛标准使人们完全看不清用户数据信息和用户互动网络效应与这种新征税权分配的门槛标准之间存在的逻辑关联。如果不将改革方案集中在无实体提供远程数字产品和服务的行业(现行国际税收规则无法征税的领域),那么,该方案与现行国际税收规则的冲突在所难免。

讨论:1. 请从多个角度(对现行税制、对跨国企业、对我国等)分析国际税改的综合影响。

2. 试探讨中国应对经济数字化的可行税收对策。

参 考 文 献

［1］ Don Tapscott. The Digital Economy: Promise and Peril in the Age of Networked Intelligence[M]. The McGraw-Hill Companies,1995.

［2］ Kim, Beomsoo, A. Barua, and A. B. Whinston. Virtual field experiments for a digital economy: a new research methodology for exploring an information economy[J]. Decision Support Systems, 2002,32(3): 215 - 231.

［3］ G20. 二十国集团数字经济发展与合作倡议[EB/OL].(2016 - 09 - 20)[2020 - 01 - 18]. http://www.g20chn.org/hywj/dncgwj/201609/t20160920_3474.html.

［4］ 赵剑波,杨丹辉.加速推动数字经济创新与规范发展[J].北京工业大学学报(社会科学版),2019,19(06): 71 - 79.

［5］ 倪红日.经济数字化、全球化与税收制度[J].税务研究,2016(04): 3 - 7.

［6］ OECD. OECD/G20 Base Erosion and Profit Shifting Project, Programme of Work to Develop a Consensus Solution to the Tax Challenges Arising from the Digitalisation of the Economy. Inclusive Framework on BEPS [EB/OL]. http://www.oecd.org/tax/beps/programme-of-workto-develop-a-consensus-solution-to-the-tax-challenges-arisingfrom-the-digitalisation-of-the-economy.pdf. 2020 - 01 - 18.

［7］ 刘禹君.促进数字经济发展的税收政策研究[J].商业研究,2019(10): 86 - 90+135.

［8］ 李政,周希祯.数据作为生产要素参与分配的政治经济学分析[J/OL].学习与探索:1 - 7.

［9］ 郑夕玉.互联网时代我国数字经济发展策略研究——基于美国和欧盟发展经验的启示[J].西南金融,2019(12): 53 - 60.

［10］ 杜庆昊.数字经济协同治理机制探究[J].理论探索,2019(05): 114 - 120.

［11］ 蔡昌,赵新宇."互联网＋"背景下税收生态系统的构建[J].税务研究,2019(03): 63 - 71.

［12］ 丁芸,张岩."互联网＋"背景下税收征管模式探究[J].会计之友,2019(17): 131 - 135.